A COMPARATIVE DICTIONARY OF THE INDO-ARYAN LANGUAGES

A Comparative Dictionary of the
Indo-Aryan Languages

Volume One
TEXT

Volume Two
INDEXES

Volume Three
PHONETIC ANALYSIS

Sets out some 1,500 sounds and sound-groups. Under each, all the head-words of the Dictionary which contain that particular sound or sound-group have been listed in alphabetic order.

Volume Four
ADDENDA AND CORRIGENDA

Extends the scope of the Dictionary, particularly in respect of the peripheral dialects.

A COMPARATIVE DICTIONARY OF THE INDO-ARYAN LANGUAGES

R.L. TURNER

ADDENDA AND CORRIGENDA

Edited by

J.C. WRIGHT

[redacted]

Volume Four

MOTILAL BANARSIDASS PUBLISHERS
PRIVATE LIMITED • DELHI

Reprint: Delhi, 2008
First Indian Edition: Delhi, 1999
First Published: Britain, 1985

ISBN: 978-81-208-1664-0 (Vol. 4)
ISBN: 978-81-208-1665-7 (Set)

MOTILAL BANARSIDASS
41 U.A. Bungalow Road, Jawahar Nagar, Delhi 110 007
8 Mahalaxmi Chamber, 22 Bhulabhai Desai Road, Mumbai 400 026
203 Royapettah High Road, Mylapore, Chennai 600 004
236, 9th Main III Block, Jayanagar, Bangalore 560 011
Sanas Plaza, 1302 Baji Rao Road, Pune 411 002
8 Camac Street, Kolkata 700 017
Ashok Rajpath, Patna 800 004
Chowk, Varanasi 221 001

[redacted]

Printed in India

BY JAINENDRA PRAKASH JAIN AT SHRI JAINENDRA PRESS,
A-45 NARAINA, PHASE-I, NEW DELHI 110 028
AND PUBLISHED BY NARENDRA PRAKASH JAIN FOR
MOTILAL BANARSIDASS PUBLISHERS PRIVATE LIMITED,
BUNGALOW ROAD, DELHI 110 007

PREFACE

A Comparative Dictionary of the Indo-aryan Languages appeared first in separate parts from 1962, and the completed volume in 1966. This was followed by two supplementary volumes, *Indexes* in 1969, compiled by my wife, Dorothy Rivers Turner, and *Phonetic Analysis*, also specifically associated with her name, in 1971 a few months before her death. That she saw the whole work in print, with which she had been so closely associated through 52 years of our life together, brought a certain measure of consolation. After the publication of my *Collected Papers 1912–1972* in 1975, I set to the task of collecting material for a volume of Addenda and Corrigenda to the *Comparative Dictionary*, with the intention of leaving it to be deposited in the Library of the School of Oriental and African Studies where, if not subsequently published, it could be consulted. But, when approaching the age of 94 with failing eyesight I learnt that funds might be available for the publication of such a volume, I thought that the best use of the short time likely to be available would be to make the material already assembled ready for the printer. This material I had acquired from books and articles, the failure to read which had, I knew, left lacunae in the Dictionary. Of these I mention with gratitude *Assamese, its Formation and Development* by Banikanta Kakati, revised by Professor G. C. Goswami (3rd. ed., 1972), and especially *Himachali Studies, I Vocabulary* and *II Texts*, with their full description of Kocī and Koṭgaṛhī dialects of West Pahāṛī by Professor H. Hendriksen (1976–79); *Etymological Vocabulary of the Shughni Group* (1974) by Georg Morgenstierne, to whom we owe so deep a debt of gratitude for the knowledge he has given us of the Iranian–Indo-aryan frontier; *Die Sprache von Sau in Ostafghanistan* (1967) and *Khowar-Texte in Arabischer Schrift* (1982), both by Professor Georg Buddruss; *The Problem of Shwa in Sanskrit* by Professor T. Burrow (1979); articles by Professor C. Caillat in Paris, Dr. L. A. Hercus in Canberra, Professor M. B. Emeneau in California, Dr. P. B. F. Wijeratne, editor of the *Sinhalese Dictionary*, K. R. Norman, Editor-in-Chief of the *Critical Pali Dictionary*, and many others whose names appear in the List of Books and Journals.

R. L. TURNER

EDITOR'S NOTE

Sadly, Sir Ralph Turner died on the 22nd April, 1983, in his 95th year. Until a few days before his death he was still engaged upon a final revision of this volume of *Addenda* (referred to as Add^{2} in order to distinguish it from the original addenda).

On some 12,000 slips he had noted and indexed new attestations and etymologies taken from works published since the appearance of the *Dictionary*. These provide additional data relating, for the most part, to Kacchī (as far as the letter *m*), West Pahāṛī, Gaṛhwālī, Assamese, Old Mārwāṛī, Brajbhāṣā (as far as *n*), Maldivian, and the Shughni group of Iranian border languages, as well as Sanskrit. The scope of the *Dictionary* is thereby extended particularly in respect of the peripheral dialects—which have been less exposed to loss of inherited vocabulary due to the inroads of Persian, English, and Sanskrit. The use made of Hendriksen's unusually complete vocabulary of a dialect from the valley of the Sutlej north of Simla provides a key to the interpretation of data available from other much more scrappily recorded dialects of the Himalayas.

A period of grave illness and failing sight had put an abrupt end to Turner's active collection of fresh material. After his death a good deal of mechanical revision appeared to be needed: the phonetic transcriptions of both Hendriksen (WPah.) and Kakati–Goswami (Assamese) are very liable to be miscopied even by younger men than Turner. The editor has carried through a process begun by Turner of adapting the transcription of the WPah. consonants to conform with the usage of the *Dictionary* (e.g. substituting *ċch* in lieu of Turner's *ttsh* for Hendriksen's *t:sh*). The vowels have been left unaltered (*ə a ɪ i ɔ* instead of the *Dictionary's a ā i ī au*, etc.) in order to accommodate the notation of vowel length and intonation—although these remain generally non-phonemic in the dialect. Words drawn from Hendriksen had therefore to be listed separately from other WPah. material in the Index.

For the sake of brevity, Hendriksen's Kocī forms have been cited only when they differ materially from the Koṭgaṛhī. The reference 'kṭg. (kc.)' indicates that a form corresponding to the Koṭgaṛhī phonetic transcription cited has also been recorded from Kocī. Corresponding to the kṭg. endings, m.sg. *-ɔ*, f.sg. *-ɪ*, infinitive *-ṇõ*, kc. has *-o*, *-e*, *-ṇo* respectively.

For Assamese Turner tended in Add^{2} to adopt from Kakati–Goswami both orthographic and phonetic forms (e.g. *śel*, phonet. *xɛl* < ŚALYÁ-^{1}). The words are indexed as in the *Dictionary* (viz. *xel*). The editor has abandoned the convention whereby close *a* (phonet. [o]) is transcribed as *ɔ* (cf. A. *kɔlizā*, B. *kalijā* < KĀLĒYAKA- in the *Dictionary*). Such words are indexed in Add^{2} uniformly with *a*. The symbol *ɔ* has been retained only as a phonetic representation of Assamese open *â*.

For simplicity, Turner's corrigenda have been merged with the addenda. In view of the practice adopted in Add^{2} of assigning intercalary reference numbers to new head-words, the seventy or so additional head-words that appeared (printed with obelisks) in the original set of addenda have been entered again here and re-numbered at their proper place in the alphabetic sequence. In deference to Turner's wishes, the set of over 400 new head-words (printed with obelisks in Add^{2}) have been processed after the manner of the *Phonetic Analysis*. For economy of effort, this was done manually, rather than by computer. The human agency felt unable to follow the computer in tacitly omitting the category of polysyllables in *-ati* and treating e.g. **uddayati* on a par with *davayati*.

The opportunity was taken to include and adapt additional material from Koṅkaṇī

(S. M. Katre, *BSOAS*, XXX, 702–4), Old Panjābī (C. Shackle, *A Gurū Nānak Glossary*, London, 1981, with supplementary material in 'The non-Sanskritic vocabulary of the later Sikh Gurūs', *BSOAS*, XLVII, 76–107), and Old Bengali (T. Mukherjee, 'Śrīkr̥ṣṇakīrtane br̥kṣanāmer tālikā', *Viśvabhāratī Patrikā*, XXIX, 20–32). Other amendments of substance have been identified with the initials J.C.W. The Maldivian material was checked by Mr. C. H. B. Reynolds; additional etymological information bearing on Sinhalese and Maldivian which he kindly supplied has been incorporated, for the most part tacitly. Listing of Kacchī words has been completed in a Supplement to the main Addenda, and further attestations in Sanskrit have been noted from T. Burrow, *JRAS*, 1967, 39–42 and W. Rau, *OLZ*, 1970, 397f.

J. C. WRIGHT

CONTENTS

SIGNS AND ABBREVIATIONS x

ADDENDA AND CORRIGENDA 1
Supplement: Kacchī words from *r-* to *h-* 114

INDEXES 120
Middle Indo-aryan (MIA.)
- Pali (Pa.) 120
- Aśokan Inscriptions (Aś.) 120
- Niya Documents (Ni.) 120
- Prakrit (Pk.) 120
- Apabhraṁśa (Ap.) 121

New Indo-aryan (NIA.)
- Gypsy (Gy.) 121
- Kafiri (Kaf.) 121
- Dardic (Dard.) 121
- Kashmiri (K.) 122
- Sindhī (S.) 122
- Lahndā (L.) 126
- Panjābī (P.) 126
- West Pahāṛī (WPah.) 127
- Gaṛhwālī (Garh.) 138
- Kumaunī (Ku.) 141
- Nepālī (N.) 141
- Assamese (A.) 141
- Bengali (B.) 143
- Oṛiyā (Or.) 143
- Awadhī (Aw.) 143
- Hindī (H.) 143
- Brajbhāṣā (Brj.) 144
- Mārwāṛī (Marw.) 144
- Gujarātī (G.) 145
- Marāṭhī (M.) 145
- Koṅkaṇī (Ko.) 145
- Sinhalese (Si.) 146
- Maldivian (Md.) 146

Hittite and Indo-European reconstructions 147
Iranian 147
Other Indo-European 151
Dravidian 151
Other Non-Indo-European 151

PHONETIC ANALYSIS 154

SIGNS AND ABBREVIATIONS

(in addition to those noted in pages xii–xx of CDIAL)

SIGNS

†	denotes a new head-word in Add[2]
over vowel	high level tone (in Koṭgaṛhī words taken from Him.I) in tonic syllable when a sibilant or aspirate follows, when a following *h* has been lost, and when a voiceless aspirate precedes
over vowel	high falling tone (in Koṭgaṛhī words taken from Him.I) in tonic syllable when a voiced aspirate or *h* precedes, provided that no sibilant or aspirate follows (and that no following *h* has been lost)
ˈ	denotes following stressed syllable (in words taken from Him.I)

ABBREVIATIONS

GENERAL

abl.	ablative
Add.	Addenda in CDIAL
Add[2]	Addenda in the present volume
dem.	demonstrative
et al.	and other examples
etym.	etymology, etymological
expl.	explanation
indecl.	indeclinable
op. cit.	*opere citato*, in the work quoted
spel.	spelt, spelling
Suppl.	Kacchī supplement in the present volume

LANGUAGES AND DIALECTS

ba.	Baghī dialect of West Pahāṛī
barg.	Bargromatol dialect of Kāmdeshī
Bj.	Bajui (Iranian)
Brt.	Bartangi (Iranian dialect of the Shughnī Group)
cam.	Cameāḷī dialect of West Pahāṛī member of the Camba group spoken in Camba State of the Panjab
Chvar.	Chvarezmian (Iranian)
cur.	Curāhī one of Camba group of dialects of West Pahāṛī in Camba State of the Panjab
dig.	Digoric (or Western) dialect of Ossetic (Iranian)
EMIA.	Eastern Middle Indo-aryan
ga.	Gadī dialect of West Pahāṛī
Go.	Gondī
hāḍ.	Hāḍautī dialect of Mārwāṛī
Hit.	Hittite
in.sir.	Inner Sirājī dialect of West Pahāṛī
Ind.	IA. in India
J.	Tîka Râm Joshi, *A Dictionary of the Pâhari Dialects as spoken in the Punjab Himalayas.* JRASB (New Series) VII, 5, 1911 (abbrev. Joshi in CDIAL): primarily Kiũthalī dialect
kc.	Kocī dialect of West Pahāṛī. Examples in Add[2] from Hendriksen Him.I with phonetic representation of vowels (e.g. kc. *a*=J. *ā*, while kc. *ā*=J. *ā*’ with secondary length)
kiũth.	Kiũthalī dialect of West Pahāṛī (spelling Kyoṇṭhli in Hendriksen Him.I)
kṭg.	Koṭgaṛhī dialect of West Pahāṛī (equated with Sŏdōcī dialect in LSI ix 4, 647ff.). Examples in Add[2] are from Him.I with phonetic representation of vowels; kṭg. (kc.) indicates that an analogous form, not given, is attested in Kocī
kua.	Kuarī dialect of West Pahāṛī
kul.	Kuluī dialect of West Pahāṛī
lett.	Lettish
mand.	Mandeāḷī dialect of West Pahāṛī
OEng.	Old English
Orosh.	Oroshori (Iranian)
Port.	Portuguese
rāmp.	Rāmpurī dialect of West Pahāṛī
Rosh.	Roshani (Iranian)
sai.	Sainjī dialect of West Pahāṛī
sat.	Satlaj dialect of West Pahāṛī
serb.	Serbian dialect of European Gypsy
surkh.	Surkhulī dialect of West Pahāṛī
Swed.	Swedish
Wj.	Wanji (Iranian)
WPah.poet.	Examples from West Pahāṛī poetry taken from Him.I, with phonetic representation of vowels
X.	Khufi dialect of Iranian Shughnī Group

SANSKRIT WORKS AND AUTHORS

AitĀr.	Aitareya-Āraṇyaka
ĀpGṛ.	Āpastamba-Gṛhyasūtra
Harav.	Haravijaya
Hnigh.	Hemacandra Nighaṇṭu-śeṣa with Śrīvallabhagaṇi's Com.
MānŚr.	Mānava-Śrautasūtra
Prab.	Prabodhacandrodaya
RāmatUp.	Rāmatāpanīya Upaniṣad
ṢaḍvBr.	Ṣaḍviṁśa-Brāhmaṇa

Śāktān.	Śāktānandataraṅgiṇī
ŚrS.	Śrautasūtra
TĀr.	Taittirīya-Āraṇyaka
VādhS.	Vādhūlasūtra

BOOKS AND JOURNALS

AFD	Banikanta Kakati, *Assamese: its Formation and Development*. Ed. G. C. Goswami. 3rd ed. Gauhati, 1972.
AKŚ	Śāntibhāi Ācārya, *Kacchī śabdāvali*. [Gujarāt Vidyāpīṭh Granthāvali No. 147.] Ahmedabad (Navajīvan Trust), 1966.
BKhoT	Georg Buddruss, *Khowar-Texte in arabischer Schrift*, 1982.
Burrow Shwa	T. Burrow, *The Problem of Shwa in Sanskrit*. Oxford, 1978.
ColPa	R. L. Turner, *Collected Papers 1912–1973*. Oxford, 1975.
C.Shackle	*A Gutu Nānak Glossary*. London, 1981 (suppl. in BSOAS xlvii)
DEDS	T. Burrow and M. B. Emeneau, *A Dravidian Etymological Dictionary Supplement*. Oxford, 1968.
Emeneau Sk. *bhōgin-*	*American, Indian and Indo-european Studies: Papers to honor Madison S. Beeler*. [Trends in Linguistics: Studies and Monographs, 16.] The Hague, 1980.
EVSh	Georg Morgenstierne, *Etymological Vocabulary of the Shughni Group*. Wiesbaden, 1974.
Him.I	Hans Hendriksen, *Himachali Studies I Vocabulary*. København, 1976.
IB	*Indianisme et Bouddhisme: Mélanges offerts à Mgr. Étienne Lamotte*. Louvain, 1980.
KhubSD	Lachman M. Khubcandani, *A Comprehensive Sindhi Dictionary* [Mimeographed specimen pages from Sindhi Linguistics Department, Deccan College, Poona received 20.1.1969].
LFG	Mahavir Prasad Lakhera, *The Formation of Gaṛhwāḷī*. Thesis for degree of D.Lit. Calcutta submitted in Sept. 1964.
LKK	*Laghu Kāvyakṛtīyo of Kavi Lāvaṇyasamaya*. Ed. Śivlāl Jesalpurā. Ahmedabad, 1969.
LNH	T. Grahame Bailey, *Languages of the Northern Himalayas*. [Asiatic Society's Monographs, vol. XII.] London, 1908.
LOL	G. C. Praharaja, *A Lexicon of the Oriya Language Pūrṇṇachandra Orḍiā Bhāshā-kosha*. Cuttack, 1931–40.
LStH	T. Grahame Bailey, *Linguistic Studies from the Himalayas*. London, 1920.
Master GrOM	A. Master, *A Grammar of Old Marāṭhī*. Oxford, 1964.
Morgenstierne ID	G. Morgenstierne, *Irano-Dardica*. [Beiträge zur Iranistik, Bd. 5.] Wiesbaden, 1973.
Risley	H. H. Risley, *The Tribes and Castes of Bengal*. Calcutta, 1892.
RTMV¹	C. H. B. Reynolds, [typescript] *Maldivian Vocabulary* [1971].
RTMV²	C. H. B. Reynolds, [typescript] *Maldivian Vocabulary Supplement* [1979].
ShahidullahPresVol	*Shahidullah Presentation Volume*. Edited by A. S. Dil. [Pakistani Linguistics Series, vii.] Lahore, 1966.
S.M.Katre	Review of R. L. Turner, *A Comparative Dictionary of the Indo-aryan Languages* in BSOAS xxx 701–4
SN	*Saddanīti: La Grammaire palie d'Aggavaṁsa*. Texte établi par Helmer Smith. Lund, 1966.
ŚSB	*Śabdasaṁgraha of Bālaśikṣā*. [Prācīna-Gujarātī-Gadyasaṁgraha.]
SternbachVol	*Ludwik Sternbach Felicitation Volume*. Ed. J. P. Siṇha. Lucknow, 1979.
SZII	*Studien zur Indologie und Iranistik*.
Tau	*Indologia Taurinensia*.
Vīsaḷa	J. D. Smith, *The Vīsaḷadevarāsa: A Restoration of the Text*. Cambridge, 1976.
W.	H. H. Wilson, *A Sanskrit Dictionary*. 1832.

ADDENDA AND CORRIGENDA

(† denotes new head-word)

A

6 **áṁsa-** [*a* < non-apophonic IE. *o* (Goth. *ams*) T. Burrow BSOAS xxxviii 69]
†*VYAṀSA-.

9a **†akarmán-** 'not working, not performing good works' RV. [KÁRMAN-[1]: ˎKR̥]
S. *akamo* 'inactive, lazy, useless' (KhubSD) < **akramm-*?

28 **ákṣata-:** S.kcch. *ā̃kho* m. 'bull'.

38 **akṣára-:** WPah.kṭg. *ákkhər* m. 'letter of the alphabet', *ɔ́kkhər* m. (× *ɔkśər* ← Sk.), Garh. *ākhar*.

38a ***akṣalita-** Add. 14192.

39 **akṣavāṭa-:** S.kcch. *ākhāṛo* m. 'gymnasium'.

41a ***akṣāpita-** Add. 14194.

43 **ákṣi** [*a* < non-apophonic IE. *o* (Lat. *oculus*, etc.) T. Burrow BSOAS xxxviii 69]
S.kcch. *akh* f. 'eye', WPah.kṭg. (kc.) *ákkh*, obl. *-ɪ* f., Wkc. *akho* m., Garh. *ā̃khu* m.

43a **akṣība-** Add. 14196.

48 **akṣōṭa-** [← Ir. e.g. Rosh. *x̌it-x̌ō(y)g* f. 'walnut without outer skin'; *-x̌ōg* < **xšōḍ* EVSh 103]
S. (KhubSD) *ākhaṛu* 'walnut', WPah.kṭg. *khóṛ*, poet. *okhṛu, khóṛu* m., J. *khō'ṛ* m., jaun. *okhaṛ*; kṭg. *kəṭhṓṛ* (metath. from form with *kṣ* > *khr* Him.I 27) m. 'wild walnut'; poss. also *khənōr* m. 'chestnut', J. *kanhōr* m., kul. *khanor* 'horse-chestnut' (Hendriksen 16.4.77 compares *kṣ-* > *khr-* > *khəṇ-* in KṢÉTRA-Add[2]); Garh. *akhoṛ*.

48a **†akhādya-** 'not to be eaten' MW. [KHĀDYA-: KHĀD]
Pk. *akhajja-*, OP. *ahāju*.

48b **†akhila-** 'complete, whole' Kāv. [Closer to KHILA-[2], *KHILLA- in the (generalized?) sense 'defect' than to KHILÁ-[1], KHILYÁ- in the special sense 'uncultivated, fallow land'. — Alleged senses 'gap, supplement' (so EWA iii 691) are hypothetical]
Pk. *ahila-*, OP. *ahilā*.

55 **agní-:** WPah.kṭg. (kc.) *āg* f. (rarely m.) 'fire', Garh. *āg* f.
†*AGNIDHĀNYA-.

60a **†*agnidhānya-** 'fit for fire-receptacle'. [AGNIDHĀNA-]
WPah.kṭg. *gɛnnɔ* m. 'pieces of wood collected and kindled'.

65 **agniṣṭhá-:** WPah.kṭg. *gḗṭṭhɔ* m. 'stone fireplace', kc. *geṭṭho* m. 'campfire', kṭg. *gḗṭṭhɪ*, kc. *geṭṭhe* f. 'fireplace, firepan', J. *geṭhā* m.; Garh. *ageṭhī* 'portable firepan'.

68 **ágra-:** S.kcch. *eglo* 'former', *eghyā* 'in front of'; WPah.kc. *āg*, *aga* 'in front (of)', kṭg. Wkc. *aggɛ*; Garh. *aglu* 'former'; OMarw. *āgaḷi* 'in front of'. — (+ ARDHÁ-[2]) S.kcch. *agāṛ* f. 'forenoon'.
†*AGRAJANĪ-, †*AGRAMUKHA-, †*AGRĀMUKHA-.

71a **†*agrajanī-** 'first pregnancy' (?). [ÁGRA-, JÁNI-]
S.kcch. *ag(h)eṇī* f. 'first pregnancy', G. *agharṇī* f. (× *gharṇī* < GHARIṆĪ-?); — Si. *amadini* 'mother' (× AMBĀ́-?) DSL 528.

77a **†*agramukha-** 'facing forward'. 2. **†*agrāmukha-**. [Cf. *PAŚCAMUKHA-. With *agrā-* cf. PAŚCĀ́, UTTARĀ-PATHA-. — ÁGRA-, MÚKHA-]
1. WPah.kṭg. *gɔ̄́wh* 'ahead, onwards'.
2. WPah.kṭg. *gā́wh* (Hendriksen Him.I 40 derives both < **agramukham*), J. *gā̃ū̃*.

†*agrāmukha- see †*AGRAMUKHA-.

92 **agrimá-:** WPah.kṭg. *ágghuɔ* 'situated in front, next, coming, lower down the mountain'.

94 **agrēgū́-:** S.kcch. *agūo* m. 'leader', OP. *āgū* m.

97 **agryá-.** 2. **agriyá-:** WPah.poet. *agia* 'in front of, at'.

100 **aṅká-:** S.kcch. *āṅghel* 'branded'; G. *ā̃kelɔ* m. 'branded bull'.

103 **aṅkapāli-:** WPah.kṭg. (kc.) *ghwā̀ḷ* f. (obl. *-a*) 'embrace', kiũth. *ghyāḷ* LSI ix 4, 616 (< **aṅkīpāli-*? Him.I 50); H. *ā̃kor* m., °*rī* f. 'lap, bosom, embrace'. — OP. *nāli*, P. *nāḷ* 'with, together with'?

109 **aṅkurá-.** 2. Garh. *ā̃gru* 'sprout', *ā̃gryɔṇu* 'to sprout'.

111 **aṅkuśá-:** WPah.kṭg. *aṅgśu* m. 'wooden rake for collecting pine-needles'.

114 **áṅga-**[1]**:** WPah.kṭg. *aṅgəṛ* m. 'limb or loin of animal'; Garh. *ā̃gṛī* 'woman's shirt'; Md. *aṅgun* 'limb, support of swing'?

118 **aṅgana-:** WPah.kṭg. (kc.) *aṅgəṇ* m. 'courtyard', Garh. *ā̃gaṇ*.

125 **áṅgāra-:** Md. *aṅguru* 'charcoal'.

130 **aṅgāri-:** †*AṄGĀRIṢṬHA-.

130a †***aṅgāriṣṭha-** 'portable brazier'. [AṄGĀRI-, STHA-: cf. AGNIṢṬHÁ-]
WPah.kṭg. *garṭhɔ* m. 'charcoal'; J. *gārṭhā* m. 'a small burning coal'.

133 **aṅgīkarōti:** H.poet. *aernā* 'to agree' < *āgernā*?

134 **aṅgula-:** WPah.kṭg. *ɔṅgəḷ* m. 'finger's breadth', A. also *āṅul* 'measure of a finger' AFD 94; Md. *aṅgū* (*aṅgulek*) 'inch'.

135 **aṅgúli-:** S.kcch. *āṅghar* f. 'finger', Brj. *ā̃gurī*, Md. *iṅgili*. — S.kcch. phonet. *āgar* AKŚ xxviii.

†***aṅguṣ-** 'finger, thumb' in AṄGUṢṬHÁ-, *AṄGŪḌI-, poss. × NAKHÁ-.

137 **aṅguṣṭhá-:** S.kcch. *āṅghūṭho* m. 'thumb, big toe', WPah.kṭg. *gúṇṭhɔ* m. 'id.', *gɔ́ṇṭhɔ* m. 'thumb', kc. *guṭho*, *onṭho*, Wkc. *ɔṇṭho*; kṭg. *gúṇṭhı* f. 'finger, toe', *gɔ́ṇṭhı* f. 'finger', kc. *onṭhe*, Wkc. *ɔṇṭhe*; Garh. *āgoṭhu* 'thumb'. — S.kcch. phonet. *āguṭho* AKŚ xxviii.

***aṅguṣṭhiya-** see AṄGUṢṬHYA- Add[2].

138 **aṅguṣṭhya-**. 2. ***aṅguṣṭhiya-:** A. *āṅuṭhi* 'ring' AFD 206, Md. *aṅgoṭi*.

142 **accha-**[1] [Mayrhofer EWA i 22 < *ṛkṣá- but rather < *acchāya-*]
S.kcch. *acho* 'white', WPah.kṭg. *háccħɔ*, kc. *acho* 'good'; Garh. *acchū* 'good' ← P.

157 **ajānant-:** Garh. *ayāṇū* 'ignorant'.

158 **ajína-** [Cf. *ajinapatrā-*, °*trī-*, °*trikā* f. 'bat' lex.]
WPah.kṭg. *ēṇ* 'flying fox' Him.I 7.

ajinapatrā- 'bat' see AJÍNA- Add[2].

162 **ajñānin-:** Garh. *anāṛī* 'foolish, rude'.

AÑC: †*PRĀÑCATI, †VĪCI-.

168 **añcala-:** Garh. *ā̃caḷ* 'woman's skirt'; Brj. *ā̃car* m. 'border of shawl etc.', OMarw. *aṁcaḷa*; A. spel. *ā̃cal*.

169 **añjati:** Garh. *ā̃jṇu* 'to smear'.

171 **añjalí-:** WPah.kṭg. *andəl*, *ɔndəḷ* f. (poet. m.) 'both hands joined in greeting' (obl. **anj̈li* > *andli* Him.I 4), J. *annal* f.; Garh. *ajūḷ* (obl. pl. °*ḷyõ*) 'handful'.

172 **áñjas-:** Garh. *ā̃ju* 'collyrium'.

175 **aṭani-** [< IE. **elteni-* 'elbow' ~ **oltnī* > *ártnī-* f. 'end of a bow' RV. T. Burrow BSOAS xxxviii 65]

182 ***aṭṭakk-:** S.kcch. *aṭkā*(*y*)*nū* 'to stop, prevent'.

189 ***aḍḍa-:** S.kcch. *āḍī* f. 'crossbeam'; WPah.kṭg. (kc.) *aṛı* f. 'plough-handle, plough-stick with handle', J. *āṛī*.

190 **aḍḍana-:** Md. *aḍḍana* 'shield'.

191 ***aḍḍi-**. 3. ***ēḍḍi-:** WPah. kṭg. *eḍı* f. 'heel when used in spurring, spur'.

200 **áti:** Kho. *di* 'also' BKhoT 67.

204a †***aticchardati** 'casts on'. [ˎCHṚD]
A. *esāriba* 'to throw, cast off'? rather than < *ĀCCHARDATI.

†***atiyuṣati** see †*ATYUṢATI; cf. †*ADHYUṢYATĒ.

211 **átirikta-:** Md. *ituru* 'extra' < **iritu*?

223 **atyadbhuta-:** A. *ācābhuwā*, *ācahuwā* (phonet. -*s*-) 'strange'.

226a †***atyuṣati** 'burns'. 2. †***atyōṣati**. 3. †***atyuṣyatē** 'is burnt'. [Semant. rather than with Him.I 52 < *cūṣati*: cf. *uṣṇánt-* RV., *ōṣati* Pāṇ., †*ATYUṢṆA-, *átidahati* ŚBr., and †*ADHYUṢYATĒ: ˎVAS[3]]
1. Ku. *ciśṇo* 'to burn' or poss. < †**atiyuṣati* with loss of *a-* and assimilation of initial *t-* to following palatal (as in TUCCHYÁ- > Pk. *cuccha-* etc. or poss. TATHYA- > Gy. eur. *čačo* 'true, right opp. to left').
2. WPah.J. *cośnu* 'to burn'.
3. WPah.kṭg. *cúśṇõ* 'to be burnt'.

226b †***atyuṣṇa-** 'very hot'. [*uṣṇá-* RV.: ˎVAS[3]]
Pa. Pk. *accuṇha-* 'very hot'.

†***atyuṣyatē** see †***atyuṣati**.

227 **átyēti:** S.kcch. *acṇū* 'to come'.

†***atyōṣati** see †*ATYUṢATI.

athakim 'what else, certainly, yes' see ĀM Add[2].

238 **adṛṣṭa-:** G. *adīṭh*, °*ṭhū* 'unseen'.

242 **adyá:** S.kcch. *ajj* 'today', Garh. *āj*, Md. *adu*.

245a †***adhaōṣṭha-** 'lower lip' (cf. *adharauṣṭha-* m. n. 'upper and lower lip, the lips' Kālid.) suggested by K. R. Norman (quoted by J. D. Smith Vīsaḷa 335). [ADHÁḤ, ŌṢṬHA-]
Pk. *hōṭṭha-*, *huṭṭha-* 'lip', P. H. G. *hoṭh*, M. *hoṭ* m.

246 **adháḥ:** †ÁDHARA-, †*ADHAŌṢṬHA-.

adhamá-: †*ADHAMAUṢṬHA-.

247a †***adhamauṣṭha-** 'lower lip'. [Cf. *adharauṣṭha-* s.v. †**adhaōṣṭha-*: ADHAMÁ-, ŌṢṬHA-]
P. WPah.jaun. H. Aw.lakh. *hōṭh* m.; rather < or × *ōṣṭha-*: Ku. *ū̃ṭh*, gng. *ō̃ṭh*, A. M. *ōṭh*.

247b †**ádhara-** 'lower' RV.; m. 'lower lip' Kālid. [ADHÁḤ]
Pa. *adhara-* 'lower'; Pk. *ahara-* m. 'lip', OMarw. *ahara* (cf. Pa. *adharōṭṭha-* 'lower lip', Pk. *aharuṭṭha-* m.n.).

adharauṣṭha- see †*ADHAŌṢṬHA-.

247c †**ádharma-** m. 'unrighteousness' ŚBr., 'injustice' Mn. [DHÁRMA-]

Pa. *adhamma-* m. 'wickedness', Pk. *adhamma-*, *ahamma-* m.; S.kcch. *adham* m. 'tyranny' (< **adhramma-*?).

250 **ádhika-:** Kho. *ahi* rather than with BKhoT 65 < ÁDHI.

252 **adhikaraṇī́-:** S.kcch. *eṇ* f. 'anvil'; WPah.ktg. *ɛ́rəṇ*, *ɛ́rṇi* f. 'furnace, smithy'; *ā́rəṇ* m. prob. ← P. Him.I 4; jaun. *āraṇ*, *airaṇ*; G. *ɛraṇ*ⁱ f. 'anvil', M. *aheraṇ*, *ahiraṇ*, *airaṇ*, *airṇī*, *haraṇ* f.

256 ***adhiyardha-:** Md. *doḷu* 'one and a half'.

256a ***adhiyasta-** Add. 14210.

270a **†ádhr̥ta-** 'uncontrolled, restless' TS. (cf. *ádhr̥ti-* f. 'restlessness' ŚBr., 'discomfort' Suśr., Pk. *addhii-*, *adhii-* f. 'inconstancy'). [√DHR̥]
Pa. *addhita-* v.l. of *aṭṭita-* 'pained'; G. *adhar* 'unsupported' (*adhrū̃* 'difficult' AKS 9)?

275 ***adhyadhyaka-:** S.kcch. *jajo* 'much'.

275a **†*adhyantara-** 'interior'. [Cf. ADHYANTḖNA adv. 'close', N. *jhandai* 'almost, generally'. — ÁNTARA-¹]
WPah.ktg. *jɛndər* (for **jh* Him.I 54), *ǰɛndər* f. 'space between', *jɛndrɔ* 'situated between', *jɛndra* postp. 'between', kc. *ǰandra*.

280a **†*adhyuṣyatē** 'is lighted up, burnt', *adhyuṣitē* 'at daybreak' MBh. [Cf. ATYUṢATI. — √VAS³]
WPah.ktg. *jhúśhṇõ* intr. 'to burn', pret. *jhúśshuɔ* 'it got burnt'.

AN: †VYĀNÁ-.

289 **ánapēkṣa-:** WPah.ktg. *nɔ́kkhɔ* 'unusual, wonderful', J. *nokhā* (← H.? Him.I 165).

295a **anāmukta-** 'unclothed' Śak.: Add. 14212.

303 **anidra-:** †*ANIDRŌDGATA-.

303a **†*anidrōdgata-** or *†*aniryōdgata-* 'risen sleepless'. [ANIDRA- or *ANIRYA-, UDGATA-]
WPah.ktg. (kc.) *ṇəjogɔ*, *nəjogɔ* 'having had no sleep' (for *ṇ-* see NIDRĀ́-, ĀNĀYAYATI Add²).

304 ***aniyāya-:** Brj. *aneū* m. 'injustice'.

†*anirya- 'sleepless'. [NIRYĀ́-, see NIDRĀ́-]
†*ANIRYŌDGATA-.

†*aniryōdgata- see †*ANIDRŌDGATA-.

308a ***anīkya** or ***anīca-** Add. 14213.

†anukará- m. 'helper' AV. [√KR̥¹] see ANUCARÁ-.

314a **†anucará-** m. 'one who accompanies, servant' ŚBr. [√CAR]
S.kcch. *aṇvar* m. 'friend or relative of bridegroom who accompanies him throughout the wedding ceremony'; OG. *aṇuṁara* m.f., G. *aṇvar* m. 'friend or relation of a newly-wed couple'. — Or < †ANUKARÁ-: either rather than < *ANUVARA-.

332 **anurādhā́-:** Md. *nura*, *nora* 'the 17th asterism'.

335 ***anuvara-** see †ANUCARÁ-.

347 **ánta-:** †*BHIYANTA-; †*PĀRĀNTA-.

347a **†*antaḥkuṭī-** 'inner hut'. [ANTÁR, KUṬĪ-]
OB. *ā̃ntauḍī* 'lying-in hut', B. *ā̃tuṛ* (S. K. Chatterji *Balts and Aryans* 95).

350 **antaḥpura-:** Brj. *ã̄teur* m. 'women's apartments'.

356 **antár:** †*ANTAḤKUṬĪ-.

357 **ántara-¹:** S.kcch. *andhar* 'in, inside'; Md. *etere* adj. 'interior', *tere* 'inside'.
†*ANTARAKULA-; †*ADHYANTARA-, †*CHĒDĀNTARA-, †*BĪJYĀNTARA-, †*VARGĀNTARA-.

358 **ántara-²:** †*ĀSTHĀNTARA- or †*ĀSTHĀNĀNTARA-.

358a **†*antarakula-** 'inner house, women's apartments'. [ANTARA-¹, KÚLA-]
WPah.ktg. *nərõḷ* m. 'women's apartments, veil', J. *androḷ*, *naroḷ* 'purdah, veil': Him.I 169 compares the suffix with that of ANTARĀLA- without explanation of *ō*.

377 **antiká-:** WPah.kc. *ida* 'here', kṭg. (kc.) *dı*, *de* 'in, at'; LStH 136 ba. *anda* 'from', kiũth. *da* 'from'.

382 **andū-:** Md. *aṅda-goṅḍi* 'the stocks' (+ *goṅḍi* 'seat').

385 **andhá-:** S.kcch. *andho* 'blind', WPah.kṭg. *ándhɔ*.

386 **andhakāra-.** 1. S.kcch. *ãndhāro* m. 'darkness'.
2. ***andhīkāra-:** WPah.kṭg. (Wkc.) *nhɛ̀rɔ* m. 'darkness', kc. *nhyāro* m., Garh. *ãdhyāru*.
†*ANDHAKĀRAPAKṢA-.

386a ***andhakāratamasikā-** Add. 14221.

386b **†*andhakārapakṣa-** 'the dark fortnight'. [ANDHAKĀRA-, PAKṢA-]
WPah.J. *nhyairkh* m. 'the dark fortnight'.

386c **andhakūpa-** Add. 14222.

***andhīkāra-** see ANDHAKĀRA- Add².

395 **ánna-:** WPah.kṭg. *ɔnn* m.pl. 'corn' (← Sk.?), poet. *an* m. 'food' (← P.?).

398 **annā́dya-:** WPah.kṭg. (kc.) *nāǰ* m. 'food, corn', J. *naj*, *nauj* m., Garh. *nāj* 'corn'.

399 **anyá-:** S.kcch. *ane* 'and', WPah.kṭg. *aṇe*; Md. *anek* 'other'.

400 **anyatará-:** Brj. *anero* 'other'.

403 ***anyaparaśvas:** H. *narsõ* 'fourth day before or after today', Brj. *narõ*.

403a **anyamanas-** Add. 14223.

407 **áp-:** †*JAMBHĀPA-.

413 **apakva-** [Cf. Ir. Shgh. *abōx* 'stupid' EVSh 13]
S. *āko* 'unripe, unbaked, half-baked (of food, earthenware etc.)'?

414 **apakṣá-**: S.kcch. *aukh* f. 'inconvenience', *aukho* 'difficult'.

420a †***apacullī-** 'side or secondary stove'. [Cf. *apadvāra-* 'side door' Suśr.: CULLĪ-]
Pk. *ōculla-* n. 'a part of a stove' Deśīn.; G. *hol* f. 'hearth in form of a large trench', *(h)olo* m. 'side part of stove to hold pots'. — P. *āhulā, auhlā* m. 'secondary opening in a stove to put pots on', WPah.J. *auli* f. 'fireplace, stove' rather < *ĀCULLĪ-.

424 **ápatya-**: WPah.kṭg. *bɔċɔ* m. 'child, young of animal'.

434 **ápara-**: WPah.kṭg. (kc.) *ōr*, poet. *hōr* 'other', J. *hōr*; poet. *hār* 'other' (forms with *h-* poss. < *athāparam*); Garh. Ku. *aur* 'and'; — add MB. *āara, āra* 'more'.

438a ***aparahīyas-** Add. 14227.

444a †**apalapati**: OG. *aüḷavaï* 'cheats' ŚSB, G. *oḷavvũ* (A. Master).

450 **apavaraka-**: WPah.kc. *obro* m. 'lowest storey of a house (used as cattle-shed)', kṭg. *obrı* f. 'small cattle-shed'.

452 **ápavartatē**: Brj. *auṭno* 'to wander'.

462a **apaśakuna-** Add. 14229.

479a **apāná-** Add. 14230.

485 **ápi**: WPah.kṭg. (kc.) *bhī̃, bī, bı* 'also, even'.
†TATŌ 'PI.

490 **apútra-**: Garh. *ɔ̃tū* 'without issue' (obl. *ɔttā jī* 'property of one without issue').

491 **apūpá-**. 2. **pūpa-**: WPah.kṭg. *puṛı* f. 'thin bread like a pancake', J. *pūṛē* m.pl. 'puddings'.

492a †***apūraka-** 'incomplete'. [PŪRA-¹]
WPah.kṭg. *ɔrɔ* 'incomplete' Him.I 8, J. *aurā* 'unfilled'.

497 **ápaiti**: Kho. *be-*² 'to go' (aor. 3sg. *bir*) BKhoT 66 or < VRÁJATI.

501a †**ápriya-** 'disliked' AV. [PRIYÁ-, ˎPRĪ]
Pa. Pk. *appiya-* 'disliked'; Si. *apula, apila* 'disgusting, disgust' DSL 423 (< **appiulla-*. Cf. Pk. *piullaa-* der. PRIYÁ- Pischel GrPk 403).

502 **apsarás-**: Garh. *āchri* 'heavenly damsel'.

503 **abalá-**: S.kcch. *avro* 'not straight, lefthand'; G. *avḷũ* 'contrary, obstinate'.

509a †**abhíkarōti**, *abhíkr̥ṇōti* 'does on behalf of, effects' RV. AV. 2. †***abhikr̥ta-**. [ˎKR̥]
1. WPah.J. *herṇu* 'to work'.
2. WPah.kc. *heṛno* 'to do, work' (poss. also poet. *heṛno* auxiliary verb expressing will Him.I 223). — Both doubtful, but both rather than < ADHIKARŌTI, *adhikr̥ta-*.

†***abhikr̥ta-** see †ABHÍKARŌTI.

516 **abhijñāna-**: OMarw. *ahināṇa* m. 'characteristic, distinguishing feature'.
†SĀBHIJÑĀNA-.

521 **abhiplava-** (K. *yū̃pᵘ*, according to G. Buddruss KZ 77, 235ff., like *vyū̃pᵘ* < *UDĪPYA-).

527a †***abhiriśati** 'tears round (?)'. [Cf. Ir. Psht. *wrēšəl* 'to spin' < **abirais-* EVP 90. — ˎRIŚ]
Kmd. *břiċ-ə̄stə* 'to spin' GM 22.6.71.

527b †***abhilagati** 'adheres to'. [ˎLAG]
Si. *elenavā, ellanavā*, etc. (s.v. AVALĪYATĒ), Md. *elenī* intr. 'hangs' (or < AVALĪYATĒ).

528a †***abhilāgayati** 'attaches to'. [ˎLAG]
Md. *eluvanī* tr. 'hangs'.

533a ***abhihasati** Add. 14235.

abhyàkta- see *BHIYAJYATĒ Add².

543 ***abhyaṭati** see also *ĀBHIṬ- Add².

549 **abhrá-¹**: S.kcch. *abbh, ābh* m. 'sky'.

555a †**ámatra-** n. 'large drinking vessel' RV. [IE. **amatro-*, cf. MALLA-³ Burrow Tau vii 156]
Pa. Pk. *amatta-* n., Si. *amat* 'eating or drinking vessel'.

565 **amāvāsyā̀-**: Garh. *ɔ̃s* 'full moon'.

566 **amítra-**: Si. *amit* 'enemy'.

***amūliya-** see AMŪLYA-.

570 **amūlya-**. 2. ***amūliya-**: Si. *amila* 'priceless'.

574 **ambā́-**: WPah.kṭg. *ammā* f. 'mother', J. *āmā*; Md. *am̐bi* 'wife', *amā, amma* 'mother'.

586 **áyana-**: P. *aiṇ* m. 'hole in bottom of a polā to let grain out' (or < †ĀPĪNA-?).

587 **ayám**: Kho. *mi* 'this' BKhoT 71, Md. *mi*.

588 **ayaśás-**: Si. *ayaha, ayā* 'infamy, evil, unhappiness' DSL 590.

590 **áyas-**: Md. *da* 'iron', *dafat* 'piece of iron'.

596 **araghaṭṭa-**: S.kcch. *araṭ* m. 'spinning wheel'.

603 **aratní-**: S.kcch. *erak* f. 'elbow', WPah.Wkc. *ɔṛkəṇ* f., kṭg. *ɔṛkṇı* f. (with *ṛ* < *r* immediately before *k* Him.I 8).

604 **áram**: †ALAM̐DHŪMA-.

610 **ariṣṭa-²**: Garh. *rɛṭhũ* 'soap-nut'.

625 **arká-²**: S.kcch. *akk* m. 'Calotropis gigantea', OMarw. *āka* m. 'swallow-wort'.
†*ARKATALA-.

625a †***arkatala-** 'ground where Calotropis gigantea grows'. [ARKÁ-², TALA-]
S. *akero* m. (KhubSD) 'place where Calotropis procera plants grow, worthless land'.

629 ***argaḍa-:** WPah.kṭg. *aggəḷ* f. 'wooden bolt'. †*BHUJĀRGAḌĀ-.

630 **arghá-:** Brj. *āghu* m. 'price'.

ARC: †*ṚKṢÁ-[2].

635 **arcís-:** Garh. *ā̃c* 'blaze'; — Pa. also *acchi-* Tedesco JAOS 77 3, 97.

635a **arjaka-** Add. 14242: Pa. also *ajjaka-*.

636a **árjuna-** Add. 14243.

638 **ártha-:** †VYARTHA-.

644 **ardhá-**[2]: S.kcch. *adh* 'half'; WPah.kṭg. (kc.) *áddhɔ* 'a half', A. also *ādh* AFD 210.

651 **ardhatṛtīya-:** S.kcch. *aḍhaī* '2½', WPah.kṭg. *ḍhài*, Garh. *ḍhāi*.

672 ***ardhavayasa-**. — Read A. *ādah* (AFD 208).

683a **†árpaṇa-** n. 'piercing' AV., 'fixing' R. [√Ṛ]
Pa. *appanā-* f. 'concentration, ecstasy', Pk. *appaṇa-* n. 'gift, offering'; Si. *apuṇa* 'concentration' DSL 421.

687a **†árbha-** (*arbhá-* AV.) 'small' RV., *arbhaká-* RV., m. 'child' Ragh., *arbhagá-* RV.
Pk. *abbhaya-* m. 'child'; Si. *aba* 'a little, an instant' DSL 453.

693a **†alaṁdhūma-** m. 'thick smoke' lex. [ÁLAM, DHŪMÁ-]
A. *ālāndhu* 'soot' AFD 90.

695 **alakta-:** Si. *alatu* 'red dye' DSL 691.

708 **alasá-:** Md. *las* 'slow, late, lateness' (< ĀLASYA-?).

710 **alāta-:** Sh.gur. *alāū̃* 'bonfire'.

726a ***avakaḍḍhati** Add. 14245.

727a ***avakalati** Add. 14246.

727b ***avakasati** Add. 14247.

727c **†ávakā-** f. 'Blyxa octandra Rich., grassy plant in marshy land' VS., *ávaka-* m. id. MaitrS.
Kho. *awóγ* 'moss' rather than < ÚPŌDAKA- T. Burrow JRAS 1967 41.

732 **avakirati:** S.kcch. *auṛnū* 'to put (grain) into a mill'.

762a **†*avacchardati** 'abandons'. [√CHṚD]
WPah.kṭg. *ċhwádṇõ* 'to move off, do a bunk' (Him.I 69 **avacchṛd-* with ?).

avaṭá- see AVATÁ- Add[2].

774 **avatá-**. 2. **avaṭá-:** Md. *vaḷu* 'well, pit' or < 3.
3. ***āvāṭa-:** S.kcch. *avāṛo* m. 'large pond for watering cattle'.

777 **avatārá-:** OB. *oāra-* 'landing place'.

†ávadrāti 'falls asleep' (fut. part. *avadrāsyát-* ŚBr.) [√DRAI] see †*AVANIDRĀ-.

785a **†*avadhatta-**, *ávahita-* 'plunged into, fallen into' RV. [√DHĀ]
Pk. *ōhatta-* 'bent down, placed'; WPah.kṭg. *hòtṇõ* 'to descend' rather than < *avástāt*: altern. suggestion of a Pk. *avahatta-* (not in PSM) in Him.I 224.

788 **avanamati.** 1. Brj. *onawno* intr. 'to bend down'.
3. **avanāmayati:** Brj. *onā(w)no* tr. 'to make bend'.

avanāmayati see AVANAMATI Add[2].

791a **†*avanidrā-** f. 'falling asleep': cf. *ávadrāti* (fut. part. *avadrāsyát-* ŚBr.) and *avasupta-* MBh. [√DRAI]
WPah.kṭg. *ṇĩñj* f. 'sleep' with loss of the initial vowel of MIA. **ōṇijja-* paralleled by the loss of *ā-* in kṭg. *ṇauṇõ* caus. of *aṇṇõ* (ĀNAYATI), but Hendriksen, who gives both *nĩñj*, kc. *nīj* and *ṇĩñj*, derives both from NIDRĀ-, the initial *n-* being attracted to *ṇ-* by a group of reflex consonants replacing *-dr-* on its way to *-jj-*. Note kṭg. vowels *ni-* < *ni-*, but *ṇı-* < **oṇi-*.

804 **avamūrdha-:** WPah.kc. *uṅdi* 'down', kṭg. Wkc. *hùndi*, kṭg. *húndhi*; J. *undā*, kṭg. *hùndɔ*, *húndhɔ* 'turned downwards, upside down'.

805 **ávara-:** S.kcch. *oryā* adv. 'near'; WPah.kṭg. *órhi*, *ori*, *orɛ*, *orśɛ* 'on this side', *orśa* 'from this side', *órhu*, kc. *oru* 'to this side, to', kṭg. (kc.) *órhuɛ* 'since'.

814 ***avarīyatē:** Md. *varanī* 'pours', *fen v°* 'bathes', *verum* 'pouring'.

814a **†avarūḍha-** 'descended' AV. [√RUH]
WPah.kṭg. *ɔṛnõ* 'to set (of sun)' Him.I 8.

818a ***avartmaka-** Add. 14250.

826 **avalamba-:** Md. *olaṁbu* 'plumb-line'.

828 ***avalaya-:** WPah.kṭg. *ōl* f. 'cave'; H. *ol* m.f. 'screen, shelter'. — OP. *olhā* m. 'screen, shelter' × *ŌḌḌH-?

828a **†*avalayati** 'melts' (cf. *AVARĪYATĒ and VILAYANA-). [√LĪ[2]]
WPah.kṭg. *olṇõ* 'to dissolve, mix, stir' prob. < MIA. *ō-ll-* with anal. doubling of initial consonant of root in a cmpd. vb.

829 **avalalati.** 1. WPah.kṭg. *ɔḷnõ* 'to fall down'.
3. ***avalāla-:** WPah.kṭg. *rwaḷı* f. 'downward slope, descent'.

831 ***avalasati**. 3. ***avalasta-** (cf. *LASTA- id.): OP. *ulatthā* 'descended'.

***avalāla-** see *AVALALATI Add[2].

833 **avalīyatē.** 1. Si. *elenavā*, *ellanavā*, etc. and Md. *elenī* 'hangs (intr.)' altern. < *ABHILAGATI.

848 ***avaśara-:** S.kcch. *ausrī* f. 'front portion of house, verandah'.

848a **†*avaśalati** 'springs down'. [√ŚAL]
WPah.kc. *oċhəḷno* 'to descend' with *oċh-* from UCCHALATI (~ *uśś-) < *UT-ŚALATI.

848b †*avaśāla- 'descent'. [√ŚAL]
WPah.Wkc. *čhwāḷ* f. 'climbing down' (< **očhāḷ*: for *oč̣h-* replacing *ōś* — see †*AVAŚALATI).

855a †avaśrayaṇa- n. 'taking (anything) off the fire' Sāh. [√ŚRI]
Pk. *olhavaï, ulh°* 'makes cold, extinguishes', pass. *olhāi, ulh°*; G. *(h)olavvũ* 'to extinguish, compose (a quarrel), blot out': — < **avaślāpayati*??

†*avaślāpayati see †AVAŚRAYAṆA-.

860 avasāna- [Cf. Ir. *awa-haya-* in Yazgh. *away-* 'to put, take off (clothes)' EVSh 17]: P. *usāṇ* m. 'courage', H. *ausaṇ* m.

862 avasarayati: Md. *ohoranī* 'to pour, drop'.

*avasthānāntara- see AVASTHĀNTARA- Add².

874 avasthāntara-: A. *āthāntar* 'a bad turn' AFD 206 or < **avasthānāntara-* or *ĀSTH(ĀN)ĀNTARA-.

878a †*avasravati 'flows down'. [√SRU]
Pa. *ossavana-* n. 'outflow'; Md. *ohenī* intr. 'overflows, pours out'.

878b †avasrāvayati 'makes flow down' KātyŚr. (cf. Pa. *ossavana-* n. 'outflow' < **avasravaṇa-*). [√SRU]
S.kcch. *osāyṇū* 'to drain water from cooked rice', G. *osāvvũ*; Md. *ossanī* 'pours out' whence *ossenī* '(sun) sets'?

882a †avākká- 'speechless' ŚBr. [*avā́c-* id. ŚBr.: replaced by †NIRVĀKYA- id. R. — VĀC-]
B. *abāk* 'speechless, dumbfounded'. (direct der. doubtful but scarcely ← Sk. nom.sg. *avā́k*).

900 avēlā-: S.kcch. *aver* f. 'delay, lateness'.

910 aśáni-: Sh. *aĩyě̄r* (Lor. *aĩyār* → Bur. *ʌŋyɛr* 'hail' BurLg iii 17) poss. < **aśari-* from heteroclite *n/r* stem (cf. *áśman-*: *aśmará-* 'made of stone').

†*aśari- 'stone' see AŚÁNI-.

911 aśītí-: Md. (old) *āhi* '80'.

919 áśru-: Kho. *ašrú* 'tear' BKhoT 66, WPah.kṭg. (kc.) *áśśu* m. (poet. f.?).

926 aśvavāra-: WPah.kṭg. *śwārı* f. 'act of riding'; J. *śwār* m. 'rider'.

937 aṣṭamá-. 1. WPah.kṭg. *áṭṭhiɔ, °ṭhuɔ* 'eighth', Garh. *āṭhɔ̃*.
2. aṣṭamī-: H. *āṭhõ, āṭhẽ* 'eighth day of fortnight'.

940 *aṣṭavāra-. — × cmpds. with VĀTA-¹: H. *aṭhwāṛā* m., G. *aṭhvāḍiyũ* n., M. *āṭhavḍā* m. (*pandravḍā* m. 'fortnight').

941 aṣṭā́ [*a* < non-apophonic IE. *o* (Lat. *octo* etc.) T. Burrow BSOAS xxxviii 69]
S.kcch. *aṭṭh* 'eight', Md. *ař*.

946 aṣṭā́daśa: S.kcch. *ayṛo, ılṛo* '18', WPah.kṭg. (kc.) *ṭhā́ra*.

955 aṣṭi-: A. *ā̃ṭhi* 'stone of a fruit' AFD 206; — Si. *äṭaya-* Geiger EGS 16 also gives meaning 'bone' and drives from ÁSTHI-; Md. *oř* 'seed'.
†*KUVALĀṢṬI-.

955a †aṣṭhīlā- f. 'small pebble, ball' MBh., 'globular swelling below navel' Suśr., *°la-* m. or n. Hcat., *°likā-* f. 'kind of tumour' Suśr.
Pa. *aṭṭhilla-* prob. 'round stone'; A. *ṭhilā* 'stopple'.

AS²: †ASTAVYASTA-; †SÁMASYATI.

963a †*asabhāgya- 'unfortunate'. [SABHĀGYA-]
WPah.kṭg. *ság, sɛ́g* f. 'bad omen' Him.I 207.

972 asáu: S.kcch. *ū* 'he, that'.

973 ásta-¹ n. [< IE. **n̥sto-*, cf. Gk. *νόστος* 'return home' EWA i 66: √NAS]

†asta-² see †ASTAVYASTA-.

974 astamayá-: OP. *āthõ* f. 'the west'.

976a †astavyasta- 'tossed hither and thither' Sūryapr. [*asta-*² 'thrown aside' Ragh. (*ánasta-* ŚBr.), *vyàsta-* 'dismembered' RV.: √AS²]
A. *āthe-bethe* (phonet. *-bɛthe*) 'in haste' AFD 206.

977 ásti. 1. Gy.eur. *asom, som* 'I am'; — × BHÁVATI: *ham*; — despite Him.I 2, connexion is doubtful of WPah. *-thī* in kṭg. *ánthi*, J. *ā̃thī*, kc. *asti*, kṭg. (kc.) *átthi* '(there) is' which prob. is pres.st. < STHITÁ- (+ ĀSATĒ q.v.?); if so, Gy. *asti* = OIA. *ásti* is less convincing. J.C.W.
2. Delete second sentence (OB. *-ahaï* is not relevant; for B. *hay, haoyā*, see BHÁVATI; for M. *āhṇẽ*, see ÁKṢĒTI and ÁSATĒ); BKhoT 66 derives Kho. 2 sg. *asus* from **asasi*.

†*asthāghiya- see *ASTHĀGHYA-.

981 *asthāghya-. 2. †*asthāghiya-: A. *âthāi* 'fathomless' AFD 224.

982 ásthi- [*a* < non-apophonic IE. *o* (Gk. *ὀστέον*) T. Burrow BSOAS xxxviii 69]: Si. — read *äṭa-*.

983 ásthira-: S.kcch. *āthar* 'mannerless', *athro* 'mischievous'.

986 asmad-: Kho. *ispā̆* 'we' BKhoT 68, S.kcch. *asī̃* dir. 'we', obl. *asā̃-*, Garh. *ham* dir. and obl., A. *āmi*.

988 asmā́ka-: Garh. *hamārū* 'our'.

992 ahám: Kho. *awā̆* 'I' BKhoT 66, WPah.kc. *aũ*, Wkc. *hũ, haũ*.

993 áhar: †AHARNIŚAM.

993a †aharniśam 'day and night, continually' Mn. [ÁHAR, NIŚĀ-]
Pk. *ahaṁṇisa, ahaṇṇisa* id., OP. *ahinisi*.

Ā

997 ***āī-:** S.kcch. *āī* f. 'mother'; WPah.kc. *ai.*

1008 **ākāśá-:** Bur. *aiyʌš, ayʌš* 'sky' ← OSh. **āyāš* or **āyāž* (replaced by Sh. *agāi* f. ← *ākāśa-*).

1012 **ākula-:** OMarw. *ākuḷaü* 'agitated, deranged'.

1013 ***ākkaḍa-:** WPah.kṭg. *ɔṅkəṛnõ* 'to stretch oneself, strut'; WPah.J. *akṛnu* 'to be stiff, strut'.

1014 ***ākkira-:** OMarw. *ākaraü* 'bright (of lamps), sharp (of speech)'.

1019 **ākrōśati:** H.poet. *akosnā* 'to abuse'.

1020a **†*ākṣata-** 'injured, cut'. [√KṢAN[1]: for **ā-kṣan-* cf. *ā-tud-, ā-cchid-*]
S. *ākho* (KhubSD) 'gelded (esp. of oxen), flaccid (of penis)'. But cf. ÁKṢATA- Add[2].

1020b ***ākṣapāṭa-** Add. 14264.

1024 ***ākṣalati.** 2. ***ākṣālayati:** Garh. *akhāḷnu* 'to rinse'.

***ākṣālayati** see *ĀKṢALATI Add[2].

1031 **ákṣēti:** Brj. *ahaï* 'is'.

1037 **ākhēṭa-:** WPah.kṭg. (kc.) *hèṛɔ* m. 'hunting'.

1038 **ākhēṭika-:** WPah.kṭg. (kc.) *hèṛı* m. 'hunter'.

1043 **ākhyāna-:** S.kcch. *ākhāṇī* f. 'tale'.

1044 **ā́gacchati:** WPah. poet. *àchṇo* 'to come', kṭg. imper. *àcch*; Md. absol. *ais*, pp. *ai, ā*, verbal noun *aum* (*annanī* 'comes' ∼ Si. *enavā* id.).

1045a **†āgantu-** m. 'newcomer' Ragh., °*uka-* 'arriving of one's own accord' Yājñ., m. 'guest' Hit. [√GAM]
Pa. *āgantu-*, °*uka-* adj. and m., Pk. *āgaṁtu-*, °*uga-*, °*uya-* 'guest'; Si. *amut* 'newcomer, guest', *amutu* 'new, fresh' DSL i 551.

1046 **āgamana-:** Brj. *āgaun* 'arrival'. — See ĀPANA- Add[2].

1050 **āgurate.** 2. ***āgṛta-:** M. *avaḍṇẽ* 'to be pleasing' rather than < ĀPATATI.

***āgṛta-** see ĀGURATĒ Add[2].

1063 ***ācakṣati:** Woṭ. as- 'to say, speak' Buddruss Woṭ 89.

1064a **†ācamati** (indecl.part. *ācamya* Mn.) 'sips water from the hand for purification' ŚBr. [√CAM]
Pa. *ācamati* 'rinses', Pk. *āyamaï.* — with *-cc-*: A. *ācõiba* (phonet. *-s-*) 'to wash after eating' AFD 332.

1072 **ācāriya-:** Md. *eduru* 'teacher'.

1075 ***ācullī-** see *APACULLĪ- Add[2].

1092 **ā́jāyatē:** Kho. *ā̃ž-* 'to be kindled' BKhoT 66, *ažek* 'child' ib.

1095 **ājñā-:** S.kcch. *āṇ* f. 'command containing an oath'; OMarw. *āṁṇa* f. 'oath'.

1103 ***āḍu-:** WPah.kṭg. (kc.) *aru* m. 'peach', J. *arū* m. 'apricot'.

1111 **āṇḍá-:** cf. *ānda-* AitĀr. EWA iii 626. [Dial. *a* ∼ *ā* < IE. **ondó-*, cf. IE. **endro-* in OSl. *jędro* and **āndra-* in Kal. *õndrak* T.Burrow BSOAS xxxviii 71]
S.kcch. *īnõ* m. 'egg'; WPah.J. *āṇḍi, ānni* 'testicle', kṭg. *aṇḍı* f.

1135 **ātmán-.** 1. S.kcch. *pā̃* 'we, us', *pāṇ* 'we'; WPah.kṭg. (kc.) *āp, appu, ápphu* '-self', A. *ātā* 'grandfather' AFD 202, *āpā* 'son' AFD 211.
2. ***ātmanaka-:** WPah.kṭg. (kc.) *apṇɔ* 'one's own', Garh. *apṇu* (*a*?), A. *āpon.*

***ātmanaka-** see ĀTMÁN- Add[2].

1140 **ā́dadhāti:** A. *āriba* 'to deposit, pledge' AFD 332, deriv. *āri* 'a deposit, pledge' 234.

1143 **ādarśá-:** S.kcch. *ārīso* m. 'mirror', WPah.kṭg. (kc.) *arśu* m., J. *ārśu.*

1147 **ādāna-**[1]**:** †*DIVASĀDĀNA-.

1157 **ādēśá-:** S. *āiso* (KhubSD) m. 'sign, signal'.

1162 **ādhara-:** S. *āiro* (KhubSD) m. 'foundation, plinth'.

1163 **ādhāna-:** †*ḌŌMBADHĀNA-.

1167a **†ādhikya-** n. 'excess' R. Mn. [ÁDHIKA-]
WPah.kc. *eka* 'excessively' Him.I 6 *bhɔri eka* 'too much'.

1174 **ā́nayati.** 1. WPah.kṭg. (kc.) *aṇnõ* 'to bring, to marry (a woman)'.
3. **ānāyayati:** WPah.kṭg. *ṇauṇõ, ṛāuṇõ* 'to cause to be brought' (for *ṇ-* cf. NIDRĀ́-, †*ANIDRŌDGATA-).

ānāyayati see ÁNAYATI Add[2].

1180a **āntám** Add. 14270.

1182 **āntrá-** [Dial. *a* ∼ *ā* < IE. **ontro-* (cf. OSl. *ǫtrĭ* 'inside') ∼ Gk. ἔντερα 'entrails']
S.kcch. *ā̃dhrā* m.pl. 'intestines', Garh. *ā̃dṛu.*

†ānda-, †*āndra- see ĀṆḌÁ-.

1193 **āpatati** [Cf. Av. *āpat-* 'to rush along', Shgh. *bad-* 'to go' EVSh 155]
M. *avaḍṇẽ* 'to be pleasing' rather < *ĀGṚTA- s.v. ĀGURATĒ Add[2].

1195 **āpatti-**: Si. *äväta* 'offence, fault' EGS 18.

1198 **āpana-**: Brj. *āwanī* f. 'arrival'. — MIA. × ĀGAMANA- Add[2] (cf. DVIRĀGAMANA-)?

1200 **āpayati**: WPah.ktg. *āṇo* 'to come', J. *āwaṇu*.

1202 **āpāka-**: S. *āī* (KhubSD) f. 'potter's kiln'.

1210a **†āpīna-** m.n. 'udder' Kālid. [√PĪ]
Garh. *ɛṇ* 'udder'; – P. *aiṇ* m. 'hole in the bottom of a polā to let grain run out' (or < ÁYANA-).
†*ĀPĪNYA-.

1210b **†*āpīnya-** 'swelling'. [ĀPĪNA-, √PĪ]
WPah.ktg. *ɛnnɔ* 'udder' Him.I 6, jaun. *ain*.

1211 **āpula-**[1]: †*VIGHNĀPULA-.

1211a **†*āpula-**[2] 'big vessel'. [Same as ĀPULA-[1]? — √PṚ]
WPah.ktg. *auḷı* f. 'earthen pot for drinking water'?
†*GHṚTĀPULA-.

1219a **†āpyāya-** m. 'becoming full, increase' Kathās., *āpyāyana-* n. 'satiating, refreshing' Mn. [√PYAI, √PĪ]
OP. *apiāu* m. 'food, sustenance', H. *pyāū* m. 'stand dispensing water for refreshment'; OP. *āpāu* m. 'irrigation'.

1222 **ābandha-**: A. *ān* 'string of a yoke' AFD 230.

1225 **ā́bharati** [cf. Av. *ābar-* 'to bring', Shgh. *vār-* EVSh 84]

1227 **ābhā-**: †DHŪMRĀBHA-.

1230 ***ābhiṭ-**: OG. *ābhiḍaï* 'becomes polluted by touching' ŚSB, G. *ābhaṛvũ* (A. Master), *abhṛāvvũ* (or < *ABHYAṬATI?).

1235 **ām**. 1. Garh. *hā̃* 'yes', Ku. *au*, Md. *āñ* (RTMV[2]).
2. K. S. poss. < *athakim*, Pk. *adhaïṁ*, *ahaïṁ* 'yes'.

1241a **†*āmantra-** 'invitation'. [MÁNTRA-]
Pa. *anāmanta-* 'uninvited'; — poss. in a cmpd. with *vilāpa-* in WPah.ktg. *bəlaundɔ* m. 'invitation to a funeral' see VILĀPAYATI Add[2].

āmantraṇa- see ĀMANTRAYATĒ Add[2].

1242 **āmantrayatē**. 2. **āmantraṇa-**: Si. *amatun* 'addressing, inviting' DSL i 526.

1242a **†āmanthati** (*āmamantha* R., *āma(n)thya* MBh.) 'shakes, sets in motion'. [√MANTH]
Si. *amatanavā* 'to hesitate, waver' (in sense 'think' prob. < SAṀMANTRAYATĒ), *amatavanavā* 'to cause stirring or shaking about (with reference to nausea)'.

1256 **āmiṣá-**: Md. *em* 'bait'.

āmukta- see ĀMUÑCATI Add[2].

1259 **āmukha-**: Si. *amu* 'beginning, prelude', adj. 'facing, in front of' DSL i 546.

1260 **āmuñcati**. 4. **āmukta-**: Si. *amut* 'worn, tied round, shot off, daubing' DSL i 554.

1263a **āmṛśati**: Si. *amiyanavā* 'to lick, eat' DSL i 542.

1268 **āmrá-**: S.kcch. *ā̃bho* m. 'mango tree, big ripe mango'; Garh. *ām* 'mango', Md. *añbu*.

1275 **āmrātaka-**: Si. also *aṁbaḷa* DSL i 576.

1279 ***āmrāṣṭi-**: Pa. *ambaṭṭhi-* 'mango stone', A. *āmaṭhi*, *āmaṭhu* AFD 206.

1280 **āmlā-**: S.kcch. *āmbhrī* f. 'tamarind', *āmbharyo* m. 'seed in a tamarind pod'.

1287 **āyācatē**: Md. *edenī* 'desires, asks'.

1287a **†*āyācana-** 'request'. [√YĀC]
Pa. *āyācana-* n. 'request', Si. *ayadan-a* DSL i 582.

1288 **ā́yāti**: WPah.poet. *ajṇo*, *ajṇo* 'to come'.

1290 **āyukta-**: Si. *avutu*, *amutu* 'joined, yoked' or < SAṀYUKTA-.

1292 **ā́yuṣ-** (or < †*ĀYUṢIYA-?): Brj. *āī* f. 'life-span'.
ĀYUṢYÀ-.

†*āyuṣiya- see †ĀYUṢYÀ-.

1292a **†āyuṣyà-** 'giving long life' ŚBr., n. 'long life' AV. [ĀYUṢ-]
1. Pa. *āyussa-* 'giving long life'; S.kcch. *āyas* f. 'life'.
2. **†*āyuṣiya-**: Brj. *āī* f. 'life span' or < ĀYUṢ-.
†*JĪVANĀYUṢYA-.

1294a **†*āyōgya-** 'relating to a yoke'. [*āyōga-* m. 'yoke or team of draft animals' ŚāṅkhŚr., Pa. *āyōga-* m. 'yoke'. — √YUJ]
Pk. *āōga-*, *āogga-* m. 'furniture'; WPah.ktg. *ōg* 'pin or wedge which fastens the plough-beam on the plough', J. *ō̃g* Him.I 9.

1295 **ārá-**[1]: WPah.poet. *are* 'to or on this side', *arśa* 'from this side'.

1298 **ārakṣati**: Si. *arakinavā* 'to protect'.

ārabdha- see ĀRABHATĒ Add[2].

1305 **ā́rabhatē**. 1. Si. *arayanavā* 'to begin, prepare'.
2. **ārabdha-**: Si. *aradu* 'begun'.

1307 **ārambha-**[1]. 2. **ārambhati**: Si. *aram̐banavā* 'to begin'.

1309 **ārava-**: †*BHĀṢĀRAVA-.

1313 **ā́rā-**: S.kcch. *ār* f. 'pointed iron spike'.

1319 **ārāva-**: Si. *arava* 'quarrel' (but DSL i 649 identifies it with *arava* < ĀRŌṢA-).
†*BHĀṢĀRĀVA-.

1326 ***āruhati**: Si. *aranavā* 'to climb' (or < ĀRŌHATI), Md. *aranī* 'rises, climbs', *aruvanī* 'lifts, loads', *erenī* 'is lifted into, enters'. 2. **ārūḍha-** 'ascended', replaced by **ārūṇa-* in Si. *aruṇu* 'ascended, mounted'.

ārūḍha- see *ĀRUHATI Add[2].

1331a **†ārōpa-** m. 'imposing (as a burden), placing on, superimposition' Vedānt., *ārōpaka-* 'planting' Mn. [√RUP]
Si. *aruva* 'impression, stamp, mould' DSL i 642.

1332 ***ārōṣa-:** Si. *aru* 'anger', *arova* (st. *arō-*) 'quarrel, dispute'.

1333 **ārōha-:** Si. *aru* 'rider'.

1335 **ārōhati.** 1. Si. *aranavā* 'to climb, mount' (or < *ĀRUHATI).
2. **ārōhayati:** Si. *aravanavā* 'to raise'.

†ārka- 'coming from the plant Calotropis gigantea' VarBṛS. [ARKÁ-^{2}]
†*ĀRKAVĀLA-.

1335a **†*ārkavāla-** 'fibre from Calotropis gigantea'. [†ĀRKA-, VĀLA-]
S. *ăkāro* (KhubSD) m. 'fibre esp. of Calotropis procera, cloth or rope made from it'.

1336 **ārkṣá-:** line 2 ṚKṢA- read ṚKṢA-^{1}.

1336a **†ārjava-** 'straight, sincere' Pāṇ., n. 'honesty' ChUp. [ṚJÚ-]
Pa. *ajjava-* 'straight, upright'; Pk. *ajjava-* n. 'straightness, sincerity'; — Si. *adura-*, *aňd°* 'straight, sincere' DSL i 372 rather < †*ṚJUTARA-.

1338 ***ārta-^{2}:** S.kcch. *aṭo* m. 'flour', WPah.kṭg. *aṭṭɔ* m.

†ārtnī- see AṬANI- Add^{2}.

1340 **ārdrá-** [< IE. **ordró-* T. Burrow BSOAS xxxviii 64]
2. **†*ālla-:** WPah.kṭg. *allɔ* 'fresh'; Garh. *āl* 'moisture'; A. *ālā* (*cāul*) 'unboiled (rice)' AFD 236.

1341 **ārdraka-:** S.kcch. *ādhū* m. 'ginger', Garh. *ādu.*

1343 **ārdrā-:** Md. *ada* 'the sixth asterism' (← Si. ← Pa.).

1351 **āryikā-:** WPah.poet. *ije* f. 'mother', J. *iji.*

1352 **āla-^{1}:** S.kcch. *ār* m. 'false charge'.

1361a **ālabdha-** Add. 14281.

1363 **ālamba-:** A. *ālam* also 'support' AFD 231.

1366 **ālaya-:** S.kcch. *āryo* m. 'recess in a wall'.

1371 **ālasya-:** S.kcch. *ārsū* 'idle'; Md. *las* 'lateness' (or < ALASÁ-?); A. also *elāh* (phonet. *ɛlah*) 'laziness' AFD 226 (for *e* cf. ALASÁ- in CDIAL).

1373 **ālāpa-:** †*BHĀṢĀLĀPA-.

1376 ***ālāpayati^{1}:** Brj. *alāwno* 'to speak, sing'.

1388 **ālu-:** WPah.kṭg. (kc.) *aḷu* m. 'potato'; Md. *ala* 'yam', *alu*(*v*)*i* 'potato'.

†*ālla- see ĀRDRÁ-.

1418 **āvartá-:** Md. *avař* 'ward, village'?

1420 **āvartayati:** S. *āuṭaṇu* (KhubSD) intr. 'to melt, dissolve', tr. 'to smelt, cast (metal)'.

1432 **āvāsa-:** WPah.poet. *wās* m. 'abode, bird's nest' (or ← Sk. *vāsa-^{2}*?).
†*JANYĀVĀSA-.

1439 ***āvunāti:** Md. *amunanī* 'strings together' rather < **samūna-* (for *am-* < *ām-* or *sam-* cf. Si. *amutu* < †ĀGANTÙ-?).

1439a **†āvṛṇōti** 'covers, restrains, hems in' MBh. [√VṚ^{1}]
Si. *amuṇanavā* 'to be entangled in' perh. rather than with DSL i 550 < *ĀVUNĀTI (cf. Si. *amutu* < †ĀGANTU-).

1444a ***āvṛddha-** Add. 14286.

1449 **āvēṣṭana-:** S. *āiṭhaṇu* (NS. *āīṭh°* KhubSD) m. 'a small swift or reel for winding yarn etc.', *āuṭhaṇi* (KhubSD) cf. 'stick used for twisting thread or fibre into a rope'.

1451a **†*āvrāṇa-** 'dam'. [*vrāṇá-* 'pent up (of rivers)' RV.: √VṚ^{1}]
Si. *avuṇa*, *amuṇa* 'water confined by dam, irrigation channel; dam, embankment' DSL i 549.

1456 **āśas-:** WPah.kṭg. *áś* f. 'hope', J. *ā'ś*, Garh. *ās*; — line 2 √ŚĀS read √ŚAṀS.

1460 **āśṛṇōti:** Md. *ahanī* 'asks, hears', (hon.) *assanī*, *assavanī.*

1468 **āśrayati** [Cf. Shgh. *axay-* 'to throw sheaves under the bullock's feet on threshing floor' < Ir. **āsraya-* EVSh 17]
Md. *assanī* 'ties'?

1471a **†āśvāsita-** 'encouraged, consoled' Daś. [√ŚVAS^{1}]
WPah.kṭg. *śéɪ*, *śɛ̃* f. (obl. *śéi* 'at ease'), kc. *śɔe* f. 'ease, comfort, peace of mind' (Him.I 200 < *āśvasiti*).

1473 **āṣāḍhá-:** WPah.kṭg. (kc.) *śáṛh*, *śāṛh* m. 'month mid June to mid July', Garh. *asāṛ*.

1474 **āṣāḍhīya-:** WPah.kṭg. *śáṛɔ* m. 'apricot'; J. *śāṛhī* f. 'autumnal harvest'; poet. *śaṛe* f. 'apricot (tree)', kṭg. *śáṛṭɪ*, *śaṭṭɪ* f. 'apricot tree'.

1478a **āsajati** Add. 14290.

1480 **āsatē.** 1. WPah. *ās-* in kṭg. *ássa* 'am, is, are', pres.part. poet. *asdo* 'existing', kc. *kāse* 'what is?'; — WPah. *āh-* in pres.part. kṭg. *neĩ āndɔ* '(there) is not'; — perh. pres.part. + *-thī* < STHITÁ- in kc. *asti* '(there) is', kṭg. *ánthi*, J. *ā̃thī*, kṭg. *neĩ ánthi*, *neĩ átthi*, *nítthi* (rather than < ÁSTI ac. Him.I 2). J.C.W.

1484 **āsana-^{1}:** †*ŚĒYYĀSANA-.

1493a **āsīdati** Add. 14292.

1505 **āstara-:** S.kcch. *āthar* m. 'jute cloth under wooden frame on donkey's back'.

1507 **āstarati:** Md. *aturanī* 'arranges', *eturenī* 'is spread' — or < SAṀSTARATI.

1512 **āsthā-:** †*ĀSTHĀNTARA-.

1514 **āsthā́na-:** †*ĀSTHĀNĀNTARA-.

†*āsthāntara- or **†*āsthānāntara-** [ĀSTHĀ- or ĀSTHĀ́NA-, ÁNTARA-²] see AVASTHĀNTARA- Add².

1515 **āsthāpana-:** S.kcch. *āthāṇū* m. 'pickles'; — cf. S.kcch. *āthṇū* 'to season with spices', G. *āthvū̃*.

1524 ***āsnāpayati:** Brj. *anhwāno* 'to bathe'.

1526 ***āsphara-:** S.kcch. *āphro* m. 'wind in the stomach'.

1531a **†āsphōṭa-** m. 'sound of clapping' MBh. [√SPHUṬ]
Si. *apoḷa* 'clapping the hands' DSL i 427.

1539 ***āhana-:** †*ĀHANAŚĀLĀ-.

1539a ***āhanaśālā-** 'blacksmith's forge'? [*ĀHANA-, ŚĀ́LĀ-]
Garh. *aṇsāḷ* 'blacksmith's workshop'.

1544 **āhāra-:** †*KĀLYĀHĀRA-, †*DṚŚĪKĀHĀRA-, †*NAVĀHĀRA-, †*BHAKTĀHĀRA-, †*RĀTRYĀHĀRA-.

I

1550 **ikṣú-:** Brj. *īkh* m. 'sugarcane'; Md. *ukdaňḍi* 'sugarcane', *ussakuru* 'molasses'.

1556 **iccháti:** WPah.kṭg. *híchṇõ* 'to promise'; J. *hichṇu* 'to promise, agree'.

1558 **iñcāka-:** Md. *ihi* 'prawn, lobster'.

1564 **itthám:** WPah.kṭg. *ɛt, ɛ́th* 'here, hereon'.

1567 **idā́nīm:** Md. *dādi den-me* 'just now', *den* 'in future, next'; — line 5 S. read Si.

1572 **índra-:** WPah.poet. *indra* m. 'god of rain' (← Sk.?).
†INDRAMAHA-.

1579a **†indramaha-** m. 'festival for Indra' MBh. [ÍNDRA-, MÁHAS²]
WPah.kc. *ino* m. 'the month mid September to mid October'? (cf. Kanauri *indrŏmŏn* id. Him.I 11).

1589 **iyattaká-:** S.kcch. *etro* 'so much' (*autrī* 'this much'); WPah.kṭg. *etrɔ* 'so much, so big'.

1591a **irāvatī** Add. 14296.

1600 **íṣṭakā-:** S.kcch. *eṭṭ* f. 'brick', Garh. *ī̃ṭ*; — Md. *īṭ* 'tile' ← Ind. (cf. H. M. *īṭ*).

1605 **ihá:** WPah.kṭg. *ī̄* (high level tone) 'here', kc. *ia*, roh. *iyyā* (LStH 121), ba. *īe*.

Ī

1611 **īdṛ́śa-:** MIA. **īdina-* after nom. **īdi* < *īdṛ̥k*; WPah.kc. *ɪṇo* 'such', J. *iṇu*, kṭg *ɛṇɔ* (after *tɛṇɔ* see TĀDṚ́ŚA- Add²).

1615 **īrṣyā́-** (× RÍṢYATI): WPah.kṭg. (kc.) *riś, rīś* (obl. *-a*) 'jealousy'; kṭg. *riśhṇõ* 'to be jealous', caus. *rəśáuṇõ* 'to make jealous'; Garh. *rīs* 'jealousy'.

1616 **īrṣyālu-.** — < MIA. **ĭ̄rissālu-* (or Sanskritized hybrid **ī(r)sālu-*, cf. ULKĀ́- Add²): OP. *rīsālu* 'lovely, fair' semant. cf. amelioration of *māninī-* in *madhumāninī-* 'wife of Madhu' BhP.

1619 **īśvará-:** WPah.J. *iśar* m. 'God'.
†JĪVITEŚVARA-.

U

1630 **úkhya-:** WPah.kṭg. *ókkhər* 'kitchen utensil (vessel, kettle)' (Him.I 9 or < †AUKHYA-).

1632 ***uṅghati:** Garh. *ũgṇu* 'to be sleepy'.

1634 **ucca-:** S.kcch. *ūcũ keṇū* 'to raise', *aucõ* 'high'; WPah.kṭg. *uċṭɔ* 'high, tall', kṭg. (kc.) *úċhṭɔ*, J. *uchṭā* 'higher' (aspirate from words indicating upward movement e.g. *úkkhəḷnõ*, *ʋṭhṇo* or words from Sk. *ut-ś-*, *ut-s-*), poet. *unċo* 'exalted' ← H. *ū̃cā*, Garh. *ūcu* 'high' (*uccu* ← P.), Ku. *ūc*, Md. *us* 'high' (of things); — WPah.J. *ūc* ← P. Unlikely ext. with *-akka-*: Paš. *cak-* 'to rise (of sun), to climb', WPah.kṭg. *ċakṇõ*, *ċagṇõ* 'to lift, take up, carry', J. *cakṇu*, P. *cakkṇā*; — with *-la-*: A. *ucalā* (phonet. *-s-*) 'projecting' AFD 217.

1635 **uccaṭati:** WPah.poet. *cɔṛno* 'to flee, run away' (why not *ċ*?), Garh. *ucaṛnu* 'to jump'.

1640 ***uccayayati:** WPah.poet. *uċṇo* 'to suck, absorb'? (Him.I 12 < *uccita-*); — kc. *unċṇo* 'to pluck flowers' (Him.I 12 < **uccayati*).

1641 **úccarati**. 2. 'utters': OMarw. *ūcaraï* 'recites'.

1642 ***uccalyati**. 2. ***uccālayati:** WPah.kc. *ċwaḷno* 'to pick up'; — delete Add. 14301 (see UTPLAVATE Add[2]).

1644 ***uccāla-:** S.kcch. *aucāṛo* m. 'movable goods'.

***uccālayati** see *UCCALYATI Add[2].

1645a **†ucciṅgaṭa-** m. 'cricket, crab' lex. [See *UCCIṄGAKA- in CDIAL]
A. *uciṅarā* (phonet. *-s-*) 'cricket' AFD 217.

†ucchrayaṇa- see †*UT-ŚRAYAṆA-.

1661 ***ujjaṭati:** Garh. *ujaṛnu* 'to be dilapidated'.

1666a **†*ujjihītē** 'springs up'. [See UJJHÁTI; *jíhītē* 'springs away' AV. — √HĀ[2]]
WPah.kc. *uǰhiṇo* 'to rise, get up', kṭg. *húǰhṇõ*, LSI ix 4, 652 sat. *uzṇau*, *uzuṇau*, 689 in.sir. *ūjhe* 'up'.

1668 ***ujjvara-:** Brj. *ujer(o)* m. 'light, moonshine'?

1671 **újjvalati**. 2. ***ujjvālayati:** S.kcch. *ūjāṛṇū* 'to brighten', Garh. *ujāḷnu*.

1673 ***ujjvālaka-:** S.kcch. *ūjāro* m. 'light, twilight'.

***ujjvālayati** see ÚJJVALATI Add[2].

ujjháti: see †*UJJIHĪTĒ.

1676a **†*ujjhāpayati** 'causes to spring up, wakes'. [Caus. to UJJHÁTI, †*UJJIHĪTĒ. — √HĀ[3]]
Pa. *ujjhāpēti* 'vexes'; WPah.kṭg. *ǰhɛ̃uṇõ* tr. 'to wake up, lift', kṭg. (kc.) *ǰhɛ̃ḷnõ*, Wkc. *ǰhwāḷno*.

1693 ***uḍidda-:** Brj. *udd* m. 'a pulse' AO 32, 331.

uḍḍayatē, uḍḍāpayati see UḌḌĪYATĒ Add[2].

1697 **uḍḍīyatē** [Turner BSOAS xlii 2, 359 et seq.]
1. Gy.eur. (Slovak) *urnando mišos* 'bat' Arch. Or. 34, 471.
2. **uḍḍayatē:** S.kcch. *auḍṇū* 'to fly'.
3. (× *UDDRĀTI) WPah.Wkc. *ḍwāṇo*, *ḍyāṇo* (< **ḍwyā-* < **uḍḍiyā-*) 'to fly'.
4. **uḍḍāpayati:** Wkc. *ḍwauṇo* caus.
5. †***uddayati:** WPah.kc. *ʋṛno* 'to fly' (*udd-* > *udᶻd-* > *užḍ-* > *ūṛ-*), kṭg. *ṛɛuṇõ*, *ṛɛ̃ṇõ* (and poss. all forms in 2. *uḍḍayatē* which can represent *-ḍ-* or *-ḍḍ-*) rather than < **uddriyāti* × *UDDRĀTI.
6. †***uddāpayati:** WPah.kṭg. *ṛauṇõ* 'causes to fly away, drives away (birds etc.)' or < *UDDRĀVAYATI.

1703 ***utkaṭa-**[3]**:** Md. *ukuḷu* 'buttocks'.

1716 ***utkalati**. 1. S.kcch. *aukkarṇū* 'to boil'; WPah.kṭg. *ukəḷnõ* 'to climb, ascend', *ukkhəḷnõ* (with *kkh* from *níkkhəḷnõ* < *niṣkalati* Him.I 11); Garh. *ukaḷnu* 'to climb, ride'; A. *ukaliba* 'to pass (as time)' AFD 332.
3. **utkālayati:** S.kcch. *okāṛṇū* tr. 'to boil'; WPah.kṭg. *kwaḷnõ*, *khw*° 'to make ascend'; A. *okāliba* 'to eject from the mouth'.

1718 **útkasati**. 3. ***utkāsayati:** Md. *ukanī* 'throws a short way, bales (a boat), turns (a page), waves (the hand)'.

1719 ***utkāmayatē** [Cf. Ir. **kāmaya-* in Shgh. *čẽmb-*, *čomb-* 'to will, agree', Wkh. *kəmi-*, Sang. *kəmay-*]

1720 ***utkāla-:** S.kcch. *okār* m. 'slope'; WPah.kṭg. *kwaḷı* f. 'upward slope', Wkc. *kwāḷ* f.

utkālayati see *UTKALATI Add[2].

***utkāsayati** see ÚTKASATI Add[2].

1732 **utkr̥ṣṭa-** [Cf. Ir. **us-kr̥š-*: Sar. *sikaxt* (pret.?) 'to release' s.v. Shgh. *sikix̌-t* 'to scribble' EVSh 73]

1751a ***utkṣurati** 'scrapes out'. [√KṢUR]
Md. *ukuraṇī* 'scrapes out'.

1753 **útkhanati:** OP. *ukkhaṇaṇu* 'to dig up'.

1765 **uttamá-**. — Loc. *uttamē*: OP. *uttai*, P. *utte*, *te* 'on'; — *uttamasmin*: OP. *utaṁhi*, P. *utā̃h* 'upwards, up'.

1767 **úttara-:** Md. *uturu* 'north'.

1770 **úttarati**. 1. S.kcch. *auttarṇū* 'to come down', WPah.kṭg. (kc.) *uttərnõ*, J. *utarṇu*, Garh. *utarnu*; Md. *uturenī* 'overflows'.
2. **uttārayati:** S.kcch. *otāṛṇū* 'to take down, take

off (clothing)'; WPah.ktg. *u'tarnõ* (without expected metathesis).

1774 **uttarāpatha-:** H. *utarhā* 'northern', Brj. *utarho*, G. *utrāhū*.

1785 **uttāná-:** WPah.ktg. *twaṇɔ* 'lying on the back', J. *twāṇā*.

1788 ***uttāpala-:** S.kcch. *autāvaṛ* f. 'haste'; WPah.ktg. (kc.) *tauḷɔ* 'rash'; J. *tāwḷā* 'hot-tempered'.

1791 **uttāra-:** Garh. *utār* 'downward slope'.

uttārayati see ÚTTARATI Add².

1805 ***utthalati.** 2. ***utthalyati:** S.kcch. *othlāṇū* 'to overturn, invert', *authlo* m. 'relapse (in disease)'.

***utthalyati** see UTTHALATI Add².

1809 ***utpaṭati.** 2. **utpāṭayati:** Garh. *upāṛnu* 'to uproot'; Md. *ufuranī* 'plucks out or up' rather than < *UT-SPHĀRAYATI¹.

1810 **útpatati.** 1. With MIA. *-ṭ-*: S.kcch. *aupaṛṇū* 'to start'.
2. †***utpatyatē** (pass. of caus. *patáyati* RV., cf. *útpātayati* RV.): A. *opaciba* (phonet. *-s-*) 'to overflow' (AFD 211 with ?).

†***utpatyatē** see ÚTPATATI.

1814 **utpadyatē.** 1. WPah.ktg. *pɔ̃jṇõ* 'to grow (of crops)', *pɔ̃jɔ* m. 'produce', J. *pajṇu* 'to grow', Garh. *upjaṇu*; A. *opaziba* 'to be born' AFD 332, Md. *ufedenī*, *uhedenī* 'is born', *ufaddanī* 'produces'.
2. **utpanna-:** Brj. *upānno*, *upnāno* 'to produce, create', Md. *ufan* 'born'.
3. **utpādayati:** Brj. *upāno* 'to produce, create'.

utpanna- see UTPADYATĒ Add².

utpāṭayati see UTPAṬATI Add².

1820 **utpāta-:** WPah.poet. *pwaṛo* m. 'miraculous feat' Him.I 124.

utpādayati see UTPADYATĒ Add².

1824a †***utpāhāḍa-** 'high hill'? [*PĀHĀḌA-]
WPah.poet. *pwāṛ* m. 'hill, mountain' (very doubtful < *PĀHĀḌA- which in Him.I 124 does not explain *pwā-*, though regular < MIA. **uppā-*).

1830 **útpūrayati** [Cf. Ir. **us-pārnaya-* in Shgh. *sipēn-t* 'pour into, fill up, scatter, place', Sar. *spon-d* 'to replenish' EVSh 74]

1834 **utplavatē:** Md. *uful(l)anī*, *uhu°* 'lifts up, bears'.

1836 ***utphaṇati, *utphāṇayati** [Cf. Ir. *usfan-*: Shgh. *sifan-* 'to rise, ascend', Shgh. X. Rosh. *sifēn-t* 'to raise' EVSh 72]

***utphāṇayati** see *UTPHAṆATI Add².

1843 ***ut-śalati:** OMarw. *ūchaḷaï* 'flies up, flutters'.

1846 ***ut-śāla-:** WPah.ktg. *śwáḷɔ* m. 'great noise (from excitement)', J. *śwāḷā* m. 'a great cry'. — WPah.ktg. *ċhā̃ḷ* f. 'leap, jump' rather with Him.I 65 < **chāla-* or ← H. *chāl* f. 'wave', K. *ċhāl* f. 'jump'.

1855 ***ut-śuṣta-** [Cf. Ir. in Shgh. *ziγůyd*, pret. *ziyuxt* 'to dry up' < **uz-hauša-*, **uz-hušta-* EVSh 109]

1857a †***ut-śrayaṇa-**, *ucchrayaṇa-* n. 'raising, erecting' KātyŚr. (cf. *ucchraya-* m. 'height of tree or mountain etc.' MBh.). [ˎŚRI]
Kmd. *wuċə̄ř* 'savage, wild'? (GM 23.6.81 without etymology).

1858 ***ut-śrayati.** 2. ***ut-śrāpayati:** M. *usavṇẽ* 'to rise (of the sun)'.

***ut-śrāpayati** see *UT-ŚRAYATI Add².

1861 ***ut-śrāyati:** Md. *ussanī* 'makes rise (of bread), kneads'? or < *UT-ŚRĪYATĒ¹.

1864 ***ut-śrīyatē¹:** Md. *ussanī* 'makes rise (of bread)'? or < *UT-ŚRĀYATI.

1866 ***ut-śvasiti.** 1. OMarw. (Vīsaḷa) absol. *usasāi* '(horse) panting'.
2. ***ut-śvāsayati**, *ucchvāsayati* 'causes to breathe again', BhP.: WPah.ktg. *śwáuṇõ* 'to yawn'. — *swásṇõ* 'to sigh' ← H. *usās* m. 'sigh' < *UT-ŚVĀSA-, *ucchvāsa-*.

1867 ***ut-śvāyati:** WPah.ktg. *śwā̃ṇõ* 'to swell'.

1868 ***ut-śvāsa-**, *ucchvāsá-* m. 'froth' RV., 'deep breath' KātyŚr.: WPah.ktg. *śwáı* f. 'yawn' (< **uśśāha-*); A. *uśāh*, phonet. *uxah* 'breath', **uhāh* > *uwāh*, *uh* AFD 224.

***ut-śvāsayati** see *UT-ŚVASITI Add².

1876 **utsavá-:** G. *occhav* m. 'festival'.

1877 ***utsavati:** rather < *UT-ŚRĀPAYATI Add².

1882 **utsāha-:** Garh. *uchāh* 'joy'.

1886a †***utsupna-** 'wakefulness'. [Cf. *utsvapna-* 'starting out of sleep' lex. ~ UTSVAPNĀYATĒ]
WPah.ktg. *ūṇɔ* m. 'wakefulness' < **sūṇɔ* (< **ussuviṇa-*) replaced, in view of clash with *sūṇɔ* 'sleep' < *SUPNA-, after pairs *umḷɔ sūmḷɔ* etc. Him.I 12.

1895 ***utskarati:** WPah.ktg. *khɔ̄rı* cf. 'irritation' (< **ukkhaur-*?) Him.I 33.

1896 ***utskartati** [Cf. Ir. **skr̥ntati* in Shgh. *xičand-* 'to cut off', **skr̥sta-* in Shgh. *xičuxt* EVSh 188]

1900 ***ut-sthāti:** WPah.kc. *uṭhṇo* 'to rise, stand up'; A. *uṭhiba* (phonet. *uth-*) 'to rise'.

1903 ***ut-sthāpayati:** WPah.kc. *uṭhauṇo* 'to lift'.

1904 ***ut-sthāpyatē:** S.kcch. *authāpṇū* 'to violate'; Brj. *uthapno* AO 32, 331.

1907 ***ut-sthita-:** S.kcch. *ūṭhīṇū, auṭh°* 'to arise, wake up'.

1909 ***ut-spandati:** A. *ophandiba* also 'to swell' AFD 213.

1910 ***ut-sphaṭati:** A. *ophariba* 'to bound off' (rather than with AFD 213 < †*UT-SPHARATI[1]).

†*ut-spharati[1] 'leaps up' [√SPHAR[1]] see *UT-SPHAṬATI[1].

1911a ***ut-sphalati** Add. 14310.

1913a ***ut-sphārayati**[1] 'jerks up'. [√SPHAR[1]] Add. 14311.
Md. *ufuranī* 'plucks out or up' — or < UTPĀṬAYATI.

1914 ***ut-sphārayati**[2] 'makes abundant'. [√SPHAR[2]] — read thus.

1914a ***ut-sphāla-**[2] 'abundance'. [√SPHAL[2]] Add. 14312.

1914b ***ut-sphālayati** Add. 14313.

***utsvapna-** see †*UTSUPNA-.

UD: *UNDA-; †*SAMUTTA-.

1921 **udaká-:** Md. *diya* 'liquid, juice'.

***udukkhala-** see ULŪKHALA- Add[2].

†udgata- 'risen' MBh. [√GAM]
†*ANIDRŌDGATA-.

1948 **udgamana-:** S.kcch. *aughoṇū* m. 'the east', OP. *uggaṇi* f.

1954 ***udgāti:** S.kcch. *ūgṇū, aughṇū* 'to grow, sprout'; Garh. *ugṇu* 'to grow'.

1956 ***udgāmayati:** S.kcch. *aughāmṇū* 'to strike'?

1961a **†*udgūra-** 'threatening'. [Cf. UDGURATĒ VS. with *ū* from *udgūrṇa-* n. 'threatening' Yājñ.: √GUR[1]]
†*VĀTŌDGŪRA-.

1964 **údgr̥hṇāti** [Cf. Ir. **udgr̥fsa-* in Sogd. *zγrwβs-* 'to be raised' EVSh 37]
Md. (old) *ugenenī* 'learns' RTMV[2].

1967 **udgrāhayati:** WPah.kc. *grāṇo* 'to collect revenue', J. *grā'ṇu* (both < **grwā°*?).

1968 **udghaṭati.** 2. **udghāṭayati:** S.kcch. *ūghāṛṇū* 'to open', WPah.kṭg. (kc.) *ghwàṛṇõ*, J. *ghwāṛnu*, Garh. *ughāṛnu*; A. *ughāliba* 'to uproot' (*-l-*? AFD 236, 333).

1971 ***udgharati**[2]**:** S.kcch. *oghrāṇū* 'to collect'.

udghāṭayati see *UDGHAṬATI Add[2].

1981 **uddaṁśa-:** A. also *urāh*.

†*uddayati see UḌḌĪYATĒ.

1985 ***uddahati:** A. *urahiba* also 'to be scorched' AFD 332.

†*uddāpayati see UḌḌĪYATĒ.

1988a **†*uddāra-** 'cave' [Cf. DĀRA-[1], UDDĀRITA-. — √DR̥]
WPah.kṭg. *ḍwār* m. 'cave' Him.I 86.

1991 ***uddāla-**[2]**:** Md. *udali* 'hoe', — *oḍā* (*oḍalek*) 'adze' cf. KUḌḌĀLA- ~ KUDDĀLA-[1].

uddēhikā- see UPADĪKA-.

2003 ***uddrāvayati:** WPah.kṭg. *ṛauṇõ* 'to cause to fly, drive away (flies etc.)' or < †*UDDĀPAYATI s.v. UḌḌĪYATĒ Add[2].

2009 **úddharati.** 1. OMarw. (Vīsaḷa) pp. *ūdharaü* 'raised, exalted'.
2. **uddhārayati:** S.kcch. *audhārṇū* 'to debit'; WPah.kṭg. *dhwàrnõ* 'to borrow'.

2018 **uddhārá-:** S.kcch. *audhār* m. 'loan', WPah.kṭg. (kc.) *dhwā̀r* m.

uddhārayati see ÚDDHARATI Add[2].

2041a **†udbhāva-** m. 'production' MBh., *udbhāvana-* n. 'neglect, disregard' MBh. [√BHŪ]
WPah.kṭg. *bhwau* m. 'misfortune, ill luck' (cf. Pk. *ubhāvaṇā-* f. 'neglect, overlooking').

2052 **udyā́na-** [Pa. *uyyāna-* with *-yy-* from implosive final *-d* of *ud-yā-* opposed to *-jj-* from interior exploded *d* of Pa. *ajjā* < *adyā́*: so Si. *uyana* 'garden' ~ *ada* 'today'. This *uyy-* > MInd. (Pk.) *ujj-* just as pass. suffix *-iyy-* (< *-īy-*) > *-ij-*. Cf. *ud-r-* and *ud-l-* with final implosive *-d* > *ur-* and *ul-* ~ exploded *d* in *-dr-* > *-d-*]
Si. uyana 'park, garden'.

2053 ***udyāpayati:** S.kcch. *ūjavṇū* 'to celebrate'.

2061 **udricyatē,** *udrēka-* m. [Pa. *uddēkanika-* 'fit for drawing off water' PTSD, 'water-scoop' CPD, but 'spouting' ZDMG 114, 445. For implosive final *-d* + *y-/r-/v-/h-* see Turner BSOAS xlv 84 et seq.: OIA. *uddrēka-*, Pa. *uddēka-* instead of expected MIA. **urr-* > NIA. *ur-*]

***udriṇa-** see *UDRĪYATĒ Add[2].

2063 ***udrīyatē.** 1. Si. *ireṇavā* and 2. ***udriṇa-:** Si. *iruṇā* — rather with tr. *iranavā* 'to split, crack, cut', Md. *iranī* 'tears' < *CĪRAYATI or perh. < †*ŚĪRAYATI.

2063a **†*udrupati** 'pierces'. [√RUP]
Md. *uruvanī* 'runs aground' tr.

2065 **udrēka-** see UDRICYATĒ Add[2].

2069 **udvapati.** 2. UDVĀPAYATI: WPah.kṭg. *bwauṇõ* 'to dry (clothes or body)', *bwáuṇõ* 'to get dried' intr. Him.I 153.

2071 **údvartatē:** Md. *vaṙanī* 'rubs on' (rather than < VARTÁYATI).

2077 ***udvāna-**[2]**:** Kho. *awān* 'hem' BKhoT 66.

udvāpayati see UDVAPATI Add[2].

2095 **undura-:** S.kcch. *ūndhar* m. 'mouse'.

2110 **únmajjati.** 2. ***unmagna-:** OP. *umakaṇu, umakāvaṇu* 'to be delighted', P. *umak* f. 'delight'.

2129 **unmīlayati:** WPah.kṭg. *meḷnõ* 'to let cattle loose for grazing' (*ē* for *ī* as in other caus. vbs.); B. *melā* 'to open'.

2176a †**upadarśayati** 'causes to appear, illudes' Kathās., 'illustrates' Yājñ., *úpadadarśa-* RV. [√DṚŚ]
Pa. *upadaṁsēti* 'causes to appear', Pk. *uvadaṁsaï* 'shows'; WPah.kc. *baśi* adv. 'like, as' Him.I 136.

2178 **upadī́ka-**. 2. **uddēhikā-:** S.kcch. *audhaī*, *auḍaī* f. 'termite'.

2178a ***upadūyatē** Add. 14326.

2188a †***upapacati** 'overcooks'. [√PAC]
Pa. *upapacciyamāna-* 'being boiled out'; Md. *udanī* 'puts on to cook'?

2199a †**úpabharatē** 'brings near' RV., 'bears' Kir. [√BHṚ]
Md. *uranī* 'carries (a child)'.

2218a †***uparika-** 'upper'. [UPÁRI]
Md. *veri* 'leader, possessor' (*verikam* 'régime', *verirař* 'capital').

2218b †***uparic-:** Kho. *pech-* 'to abandon' < **pehc-* < **perc-* < **uparic-* BKhoT 72 rather < PARITYAJATI as in CDIAL.

2226 **upalakṣayati:** S.kcch. *oṛakhṇū* 'to recognize, know'.

2227 ***upalagati**. 2. **upalagna-:** OMarw. *ūḷaga* 'servant', *ūḷagaï* 'serves, waits upon'; OM. *uḷiga* 'service' (← Drav. DED 646) perh. ← Drav. ← IA. see AVALAGNA-.

***upalagna-** see *UPALAGATI Add[2].

2229a †***upalābhana-** 'blame'. [√LABH]
H. *ulāhan* m. 'blame', or < *UPĀLĀBHANA-.

2234 **upalīyatē**. — Absol. **upalīya*: OP. *valli* 'near, at one's side', f. 'side', P. *vall* 'towards'.

2237 ***upavayati** [Cf. Ir. Shgh. *bawεy-* 'to cover, veil']

2242 **upavasatha-:** Md. *foi*, *fō* 'fortnightly observance'.

2245 **úpaviśati** (see also VÁSATI). 1. WPah.kṭg. *béśṇõ* (pret. *béśśɔ*) 'to sit' (*-e-* × UPAVĒŚÁ-, etc. Him.I 140), caus. kṭg. (Wkc.) *bəśéḷnõ* 'to seat', OMarw. (Vīsaḷa) *baïsāryaü* caus. pret. 'made sit'.
2. **upaviṣṭa-:** WPah.poet. *bεṭhṇa* 'to sit down' (← H.? Him.I 137), J. *beṭhṇu*, Garh. *bεṭhṇu*.

upaviṣṭa- see ÚPAVIŚATI Add[2].

2271 **upástha-[1]:** S.kcch. *auṭho gaṇṇū* 'to take support from'.

2302 **upānáh-:** WPah.kṭg. *páṇṇhı* f. 'shoe', J. *pāṇi* f.

2303 **upānta-:** WPah.poet. *pando* postp. 'on', J. *pāndē*.

2304 **upāntika-:** G. *vatī* 'instead of, on the side of, in behalf of', *vate* 'by means of' (to be separated from *vaṛe* < VARTIN-).

2312 **upā́labhatē** etc.: for NIA. *-l-* see UPĀLAMBHA- Add[2].

2313 ***upālabhana-**. 2. ***upālābhana-:** H. *ulāhan* m. 'blame' rather than < **upalābhana-*.

2314 **upālambha-** [NIA. forms with *-l-* < **uall-* having analogical doubling of root initial consonant after *ā*]
OMarw. *ulaṁbhaṛaü* m. 'reproach'.

***upālābhana-** see *UPĀLABHANA- Add[2].

2326a ***upōttapti-** Add. 14328.

2327 **úpōdaka-** see †ÁVAKĀ-.

2337 ***ubbakka-:** S.kcch. *aubākī* f. 'yawn'?

2339 ***ubbal-**. 1. WPah.kṭg. *ubəḷnõ* intr. 'to boil'.
2. ***ubbāl-** WPah.kṭg. *bwaḷnõ* tr. 'to boil', *bwāḷ* m. 'vapour (e.g. from wet clothes)'; J. *bwā'ḷ* m. 'heat'.

***ubbāl-** see *UBBAL- Add[2].

2360 **ulū́khala-**. 1. A. *ural* 'a mortar' < **uḍū°* AFD 234.
4. ***udukkhala-:** S.kcch. *aukkhar* f. 'a mortar', WPah.kṭg. *ukhḷı* f. 'hole in barn floor for pounding corn, mortar', kc. *ukhḷe* f., J. *ukhaḷ* m.

2362 **ulkā́-:** A. *ukā* 'burnt straw carried about by the wind'; — MIA. Sanskritized hybrid **ū(l)kiā-*: OP. *lūkī* f. 'torch', H. *lūk* f.

2368 ***ullaṭati**. 1. S.kcch. *aulaṛṇū* 'to be tipped up', *ālaṛṇū* 'to lie down' (× ĀLĪYATĒ?).
2. ***ullaṭyatē:** S.kcch. *ūḷṭī keṇī* 'to vomit', *auṭṭalṇū* 'to become upside down', WPah.kṭg. *ulṭnõ*, *ulṭɔ* 'left, reverse', *ulṭauṇõ* 'to turn upside down, or inside out'; B. *ulṭo* 'reversed'; — read B. *ulṭā̃nā* 'to turn over'.

***ullaṭyatē** see *ULLAṬATI Add[2].

2375 **ullasati**. 3. **ullāsa-:** A. *ulāh* 'buoyancy' AFD 88.

uṣṭa-[1] see VÁSATI Add[2].

2387 **úṣṭra-:** S.kcch. *auṭṭh* m. 'camel', Garh. *ūṭh*, Md. *oř*.

2388 **uṣṭrapāla-:** S.kcch. *auṭhārī* m. 'camelman'.

2389 **uṣṇá-[1]:** Md. *hūnu* 'hot'.

Ū

*ūḍhārayati see ÚDDHARATI.

2402 *ūṇḍa-: S.kcch. *ūno* 'deep'.

2411 ūnaviṁśati-: S.kcch. *ūnaī* '19', WPah.kc. *uˈṇī, uˈṇiś*, roh. *niś*, kṭg. *ṇī*.

2417 úbadhya-: S.kcch. *aujrī* f. 'stomach'.

2420 ūrú-: Md. *uru* 'hip'.

2422 ūrjas-: Md. *uda* 'swell of the sea' (or < ŌJAS- ~ Si. *oda* 'strength').

2424 ū́rṇā-: S.kcch. *aunn* f. 'wool', WPak.kṭg. *ūn* f., Garh. *ūn*. — Read G. *ūn, un* n.

2426 ūrdhvá-: S.kcch. *obho thīṇū* 'to stand up', *aubhūṇū* 'to stand, be erected'; WPah.kc. *ubhi, ubi*, kṭg. (Wkc.) *húbbhi* 'up, above', poet. *ubhṛo* 'situated high up'; A. *ubhiba* 'to erect' AFD 336.

2432 ūrdhvamukha-: Md. *uḍḍun* 'facing upwards', *uḍutila*.

Ṛ

Ṛ: †ÁRPAṆA-.

2445 ŕ̥kṣa-[1]: WPah.kṭg. *ríkkh*, kc. *rīkh* m. 'bear', J. *rīkh* m., kṭg. *ríkkhəṇ* f. 'she-bear'; Garh. *rikka* 'bear' (← WPah.?).

†*r̥kṣá-[2] 'shining'. [√ARC Mayrhofer EWA i 22: see ACCHA-[1]]

2448 r̥jú-: †ĀRJAVA-, †*R̥JUTARA-.

2449a †*r̥jutara- 'rather straight'. [R̥JÚ-]
Si. *aduru, aňd°* 'straight, sincere'.

2450 r̥ñjáti: delete Pa. *añjati* 'pulls'.

2451 r̥ṇá-: WPah.kṭg. (kc.) *rīṇ* m. 'debt, loan', Garh. *rīṇ*.

Ē

2462 éka-. 1. A. *e-ṭā* 'one', *e-zân* 'one man' AFD 90 (or via *ek-*?).
2. *ēkka-: WPah.kṭg. (kc.) *ek* 'one', Garh. *ēk*, Md. *ek*.
†ĒKIN-; †ĒKAVĀRAM in Add[2] supplement.

2463 ēkaká-: Kho. *iyó* 'one person' BKhoT 68.

2464 ékacatvāriṁśat-: Md. *ekāḷīs* '41' ← Ind.

2469 ékatriṁśat-: Md. *ektirīs* '31' ← Ind.

2471 ēkanavati-: Md. *ekānavai* ← Ind. (cf. H. *ekānwe*).

2472 ēkapañcāśat-: Md. *ekāvanna* '51' ← Ind. (cf. H. *ekāwan*).

2475a †ēkavāram in Add[2] supplement.

2476 ékaviṁśati-: WPah.kṭg. *kɔ́yh* '21' Him.I 20; Md. *ekāvīs* '21' ← Ind. (cf. H. *ikkāīs*).

2478 ēkaṣaṣṭi-: Md. *ekāhaṭṭi* '61' ← Ind.

2479 ēkasaptati-: Md. *ekāhattari* '71' ← Ind.

2485 ékādaśa[1]: WPah.kṭg. *gɛ̄ra* '11', kc. *gyāra*, Md. *egāra* (← Ind.? cf. H. *igārah*).

2486 **ēkādaśá-²**: Garh. *ēkās* '11th day of a lunar month', H. *gyāras* '11th day of a lunar fortnight'.

2491 **ēkāśīti-**: Md. *ekāhi* '81' ← Ind.?

2492a †**ēkin-** 'consisting of one' Lāṭy., cf. *ēkīya-* 'belonging to one' Gr̥hyas. [ĒKA-]
WPah.kṭg. *ekiɔ* 'solitary' (with MIA. *-kk-* after *ekka-*).

2494 **ēkōna-**: Md. *ona-* 'less by one' (in *onavihi* '19', *onatirīs* '29', *onasatta* '69') ← Ind.

†**ētā́vant-** 'this big' RV. [ĒṢÁ¹]
Ext. *-ḍ-* in Ap. *evaḍa* 'this big' see VAḌRA- Add².

2528 **ēvam ēva**: Md. *-me* emphatic enclitic.
Ap. *emvahĩ, evvahĩ, evahĩ*: WPah.kṭg. *ɛbbɛ* 'now', kc. *ebe*; kṭg. *ébbhi* 'immediately', kc. *ebi*; OA. *ewe* 'now', *ebho* (< *ēvam ēva khalu*?) AFD 325, OMarw. *hiva* Vīsaḷa p. 159, OG. *hiva(i), hivaḍā̃*; — poss. × ADHUNĀ́: OG. *hivaṇā̃*.
× pron. A-: Pk.amg. *havvaṁ* 'now', WPah.kc. *abe*, OA. *āwe*, H. *ab, abhī*, OG. *hava(i), havaḍā̃*.
× KÁ-²: WPah.kṭg. *kɛbɛ* 'when?', kc. *kebia, kabhia, kabia* 'sometimes, ever'; B. *kabe*, H. *kab* 'when?', *kabhī* 'ever'.
× TÁ-: WPah.kṭg. *tɛbbɛ* 'then', kc. *tabe*, kṭg. *tébbhi* 'immediately', kc. *tebi*, OA. *tāwe, tebe, tewe*, B. *tabe*, H. *tab, tabhī*.
× YÁ-: WPah.kṭg. *jɛ̈bbɛ* 'when', kc. *jabe*, kṭg. *jebbhi*, kc. *jebi*, OA. *jebe, jewe, jāwe*, H. *jab, jabhī*.

2530 **ēṣá¹**: Md. *e* 'that'.
†ĒTĀVANT-.

AI

2533 **aikya-**: Garh. *ekū* 'unity'.

2537 **aiṣámaḥ**: Sh. *ažu* 'this year', WPah.kṭg. (kc.) *áśśu*, J. *aĩśu* (with *a-* for *e-* or *ɛ-* after other pronominal words with *a-* such as *āj* 'today', *abe* 'now' Him.I 5), Garh. *ẽsu*.

Ō

2538 ***ōkk-** 'vomit'. [~ Drav. DED 866]

2540 ***ōccha-** [~ *HŌCCHA- Add²; cf. WPah.kṭg. *ókkhɔ* 'small' ~ *HŌKKHA- Add²]: S.kcch. *ochū̃ keṇū* 'to lessen'.

2541 **ōjas-**: Md. *uda* 'swell of the sea' poss. < ŪRJAS-.

2544 ***ōṭṭā-**. 2. ***ōḍḍā-**: S.kcch. *oḍāṇū* 'to shut (the eyes)'.

***ōḍḍā-** 'screen' see *ŌṬṬĀ- Add².

2547 ***ōḍḍh-** 'cover': Brj. *uṛhnā̃* m.pl. 'clothes'.

2549 **ōḍra-¹** 'a tribe of Śūdras' Mn.: WPak.kṭg. *ōḍ* m. 'carpenter, name of a caste'; Garh. *oḍ* 'mason'.

2560 ***ōllanī-** 'spiced milk': WPah.Wkc. *olən* 'a partic. sauce or soup', J. *olaṇ* m. 'soup of cooked pulse'.

2563 **ōṣṭha-**: WPah.poet. *oṭhḷu* m. 'lip', *hoṭru*, kṭg. *hóṭṭh*, kc. *ōṭh*, Garh. *hoṭh, hõṭ*.
†*ADHAŌṢṬHA-, †*ADHAMAUṢṬHA-.

AU

†**aukhya-** 'prepared in a cauldron' lex. [UKHĀ-] see ÚKHYA-.

K

2574 **ká-**[2]. 1. WPah.kc. *ka* 'what? why? any', kṭg. *kɛ*, J. *kā*; Garh. *ko* 'who?'; — Pk. gen. *kissa*: OA. *kisa*, *kiha*, A. *kiya* 'why?' AFD 224.
2. **kásmāt** Add. 14374.

2575 **kaḥ punar:** WPah.kṭg. *kŭṇ* 'who', poet. *kɔ̄ṇ* (obl. *kɔs*); Md. *kon* 'which?'.

2576 **kaṁsá-**[1]**:** A. *kāh* also 'gong' or < KĀ́ṀSYA-.

2585 **kakkaṭa-**[1]**:** WPah.kṭg. *kakkər* m. 'kind of deer', J. *kākkaṛ* m. 'barking deer'.

2587 **kakkhaṭa-:** WPah.kṭg. *kákhṛɔ* 'hard (e.g. of work), harsh (e.g. of words)'.

2588 **kákṣa-**[1] [*a* < non-apophonic IE. *o* (cf. Lat. *coxa*) T. Burrow BSOAS xxxviii 69]
S.kcch. *kachī* f., *kaukh* f. 'armpit', WPah.kṭg. *káčch* f., J. *kāch* m.; Md. *kak* 'armpit, gusset of garment', *kihili* 'armpit'.

2589 **kákṣa-**[2]**:** S.kcch. *kakh* f. 'chip, straw'.

†**kakṣaka-** m. 'name of a Nāga' MBh. †*KAKṢAKAKULA-.

2589a †***kakṣakakula-** [KAKṢAKA-, KULA-]
WPah.poet. *kaċhḷe* f. 'name of the temple of the Nāga god' or < **kakṣakālaya-* (Him.I 15 but without etym. for *-ḷe*).

2590 ***kakṣapaṭṭa-:** A. also *kāchuṭi* (phonet. *kasuti*) 'hem of a lower garment' AFD 217.

2592 **kakṣyā̀-:** WPah.kṭg. káčchu m., °*uɔ* m. 'strap (for carrying a bag on the back)', J. *kāchṛi* f. 'rope for a load'; kṭg. *kəčhéuṇõ* 'to tie a load on the back with a rope'.

2596 **kaṅkaṭa-**[1]**:** WPah.kṭg. *kaṅgṛa* m. 'place-name (Kangra)'.

2597 **kaṅkaṇa-:** WPah.kṭg. *kaṅgṇu* m. 'bracelet', kc. °*ṇa* m.pl.; kṭg. °*ṇɪ* f., kc. °*ṇe* f. 'finger-ring'; J. *kā̃gaṇo* (m.pl.) 'bracelets', Garh. *kaṅgaṇ*.

2598 **káṅkata-:** WPah.kṭg. *kaṅgɪ* f. 'comb'; J. *kāṅgṛu* m. 'small comb'.

2602 **kaṅkara-**[2] [Ext. of **kaṅka-* in Pers. *kank* 'hump-backed', Shgh. *čung*, f. *čang* 'curved, bent (with age)'?]

2606 ***kaṅkunī-**. 4. †***kāgunī-:** WPah.kc. *kauṇe* f. 'millet', kṭg. *kauṇɪ* f., J. *kauṇī* f., bhal. *kõṇī* f., N. *kāuni*, Bi. *kāun* Him.I 14 (but rather dissim. < **kā̃gunī*, **kāṅunī* as in N. *kāũni*).

†**KAC** 'pull, fasten, tie': †*KACYATĒ.

2613 ***kacca-**[1]**:** S.kcch. *kaco* 'unripe, raw'; WPah.kṭg. *kaċɔ*. — + intensive †NIṢ-: OP. *nikaccu* 'utterly imperfect' C. Shackle.

2614 ***kaccapūra-:** WPah.kṭg. *kəčɔru* m. 'small pie or wafer'.

2615 **kaccara-**[1] [~ Drav. DED 916]: S.kcch. *kācrī* f. 'small pieces', — cf. A. *kēcerā* (phonet. *kɛ̄sɛra* AFD 404) 'naughty' AFD 217.

2619 **kacchapa-**. 1. A. *kācha* (phonet. *-s-*) 'tortoise' AFD 217.
2. ***kacchabha-** (with *-pa-* replaced by animal suffix *-bha-*): Md. *kahaṅbu* 'tortoise-shell'.

***kacchabha-** see KACCHAPA- Add[2].

2621 **kacchū́-:** Md. *kas* 'itch', *kahanī* 'itches, scratches' (or < KHASA-[1]?) — Si. *kasanavā* s.v. KAṢATI.

2621a †***kacyatē** 'is bound'. [Cf. *kacatē* 'binds, fetters' Dhātup., *kañcati* id. Dhātup.: ˎKAC]

A. *kāsiba* 'to fasten tightly' AFD 330; — and all entries in CDIAL under **kacc-*[1], replaced by †√KAC.

2622 **kajjala-:** WPah.kṭg. *kaĵəḷ* m. 'lamp-black, tattoo mark', poet. *kaĵlu* m. (Him.I 15); Garh. *kājal* 'lamp-black, soot' (*l* ← H.).
†KAJJALITA-.

2624a **†kajjalita-** 'covered with lamp-black' Pāṇ., 'blackened, soiled' Hcat. [KAJJALA-]
Pk. *kajjalia-* 'blackened'; WPah.poet. *kaĵḷi* 'dark, black'; A. *kāzalī* 'dark red, purple'; M. *kāĵḷī* 'made of soot'.

2626 **kañcu-.** 2. **kañcuka-:** OMarw. *kaṁcū* m. 'bodice'.

kañcuka- see KAÑCU- Add[2].

2627 **kañculī-:** S.kcch. *kañjarī* f. 'snake's slough'.

†kaṭa-[5] m. 'bier, corpse' lex.: see KAḌĒBARA- Add[2].

2633 **kaṭacchu-** 'ladle' VarBṛS.: S.kcch. *kachī* f. 'ladle'.

2638 **kaṭāha-**[1]: WPah.kṭg. *kəṛā́* m. 'iron pot', *kəṛáu* m., *kəṛáı* f. 'small do.', J. *kṛāh* m.

2641 **kaṭú-:** Garh. *kaṛu* 'bitter'; OMarw. *kaṛuvaü* 'harsh (of speech)'; Md. *kuḷi* 'bitter'; — WPah.Wkc. *kəṛɛṅkho* 'bitter' (+?); — A. × KAṢṬÁ- q.v.

2643 **kaṭutva-:** — OP. *kaüṛattaṇu* m. (with *-tvana-*).

2650 **kaṭhiná-:** Garh. *kaṛɛ* 'hardness' (<?).

2656 **kaḍēbara-:** WPah.poet. *kərera* m. 'a special bier for satīs' (Him.I 29 cf. also *kaṭa-*[5] and *khaḍū-* 'bier' Ujjval. and *khaṭṭi-* m. 'bed on which corpse is carried to funeral pyre' ib. and *khaṭvā-*).

2658 ***kaḍḍa-** cf. KHAḌḌU- Add[2].

2660 **kaḍḍhati:** S.kcch. *kaḍhṇū* 'to take out, squeeze out (juice etc.)'; A. also *kāṛhiba* 'to draw, snatch away' AFD 142, 328.

2668 **kaṇṭa-**[1]. 1. A. also *kā̃iṭ*; Md. *kaři* 'thorn, bone'.
2. **káṇṭaka-:** S.kcch. *kaṇḍho* m. 'thorn'; WPah.kṭg. (kc.) *kaṇḍɔ* m. 'thorn, mountain peak', J. *kā̃ḍā* m.; Garh. *kā̃ḍu* 'thorn'.

káṇṭaka- see KAṆṬA-[1] Add[2].

2680 **kaṇṭhá-:** (*a*) S.kcch. *kano* m. 'neck (of a pot)'.
(*d*) S.kcch. *kaṇṭho* m. 'bank, coast'; Garh. *kā̃ṭhu* 'throat (?), bank (?)'.
†KAṆṬHĀLA-.

2681 **kaṇṭhaka-:** WPah.kṭg. *kaṇḍhı* f. 'hairy ring on neck of some birds'.

2682a **†kaṇṭhāla-** m. 'boat' lex. [KAṆṬHÁ-]
G. *kāṭhāḷ* 'maritime'.

2686 **kaṇḍáyati:** A. *kā̃riba* also 'to husk paddy' AFD 330.

2689 **kaṇḍūyáti:** × KHARJU- or KHARA-[1] (or KHÁNATI Him.I 36): WPah.kc. *khəṇamiṇe* f. 'itching', *khəṇamiṇo* 'to itch', kṭg. *khəṇɛuṇõ*.

2694 **káti:** Brj. *kaï, kai* 'how many?'.

2703 **katháyati:** Md. *kiyanī* (pp. *kī*) 'reads, calls, sings', *kiyavanī* 'teaches'.

2705 **kathānaka-:** WPah.kṭg. *kā́ṇı* f. 'tale'; kc. *kaiṇ* (obl. *kāṇi*), kṭg. (Wkc.) *kɛ́iṇ*; J. *khāṇi*, Brj. *kānī̃* f.

2707 **kathita-:** Md. *kī* 'said'.

2710a **†kadara-** m.n. 'corn or callosity on foot' Suśr.
A. *kâr* 'corn on hand or foot' AFD 186.

2712 **kadala-:** S.kcch. *kerā-pharī* f.pl. 'bananas'; Garh. *kēḷu* 'plantain', Md. *keyo* (*kēlek*), *kēlu*.

2715 **kádru-:** also Kho. *khadur* 'dirty, muddy' ID 165, *khātur* 'dust' BKhoT 70.

kana-: †*KANAVITASTI-.

2716a **†*kavavitasti-** 'small span'. [KANA-, VITASTI-]
WPah.kṭg. *kəṇīəth* f. (obl. *-a*) 'span from extended thumb to extended forefinger' (< MIA. **kaṇa-vihatthi-* Him.I 28).

2721 **kanthā-**[2]: Garh. *khātṛu* 'rag' (*ā̃*?); OP. *khinthā*, *khinthaṛī* f. 'patchwork quilt worn by yogis', P. *khā̃dholā* m., OP. *khiṁdholaṛā* m.; A. *kẽthā* (phonet. *kẽthā* AFD 131) 'blanket'.

2730 **kandhara-:** Md. *kaňdurā* 'nape'.

2732 **kanya-:** WPah.kṭg. *kɔnnɔ* 'little, younger', J. *kannā*.

2735 **kanyasa-:** WPah.Wkc. *kaňcho* 'small, smallest', J. *kañchā* 'younger, youngest' (Him.I 17 suggests *ns* > *ňch* as *nś* > *nch*).

2736 **kanyasā-:** WPah.Wkc. *kaňche ɔṇthe* f. 'little finger'.

2740 **kaparda-:** S.kcch. *koḍī* f. 'small cowry', A. *kari* (phonet. *kori*) AFD 234.

2744 **kapā́la-.** 4. ***kappāla-** (× KARPARA- ~ *KŌPPARA-? — see *KHŌPPA-[1] Add[2]): S.kcch. *kippār* m. 'forehead'.

2750 **kapilá-.** 1. S.kcch. *kavlī* f. 'milch cow', OMarw. (Vīsaḷa) f.adj. *kaviḷī* 'reddish brown (of cow)'.
2. **†*kapilla-:** WPah.kṭg. *kɛ̄l* f. 'blue pine', J. *kail* f.

†*kapilla- see KAPILÁ-.

2751 **kapiśīrṣa-** (°*ṣaka-* id. Arthaś.).

2753 **kapṓta-** [Cf. Ir. Shgh. *čibůd* 'pigeon' < **kapauta-*]

2754 ***kapōtra-:** Md. *kotaru* 'pigeon' ← Ir.?

2755 **kapōlá-:** Md. *kolu, kō* (*kolek*) 'cheek'.

***kappāla-** see KAPĀ́LA- Add[2].

2756 **kapha-:** †*KAPHILA-.

2756a **†*kaphila-** 'having phlegm'. [KAPHA-]
Garh. *kɛli* (*-l-* < *-ll-*) 'affection due to excess of phlegm'.

2757 **kaphōṇi-:** S.kcch. *kaũṇī* f. 'elbow', WPah.kṭg. *kʋṇı* f., Garh. *kwīṇu* (*ṇ*?).

2764 **kamala-^{2}:** Garh. *kaũl* 'lotus' (*l* ← H.?).

2767 **kámpatē:** WPah.kṭg. *kambṇõ*, *kamṇõ* 'to tremble', Garh. *kā̃pṇu*, A. also *kā̃piba* AFD 330.

2768 **kampana-:** WPah.kṭg. *kamṇı* f. 'trembling'.

2771 **kambalá-^{1}:** WPah.kṭg. (kc.) *kambəl* m. 'blanket' (← H.), J. *kāmmaḷ*; Garh. *kāmḷu* 'rug'; Md. *kanbaḷi* 'blanket, sheep' (or ← M. G. *kā̃bḷī*).

2774 **kambi-:** A. *kāmi* 'rib-like split bamboo'.

2776 ***kamra-** [Cf. Ir. **kamaka-* or **kamraka-* 'back' in Shgh. *čůmč* 'back', Sar. *čomǰ* EVSh 26]

2780 **kara-^{2}:** S.kcch. *kar* m. 'tax'.

2782 **karaka-^{2}:** Ko. *karo* 'hail', cf. M. *gārā* 'hail'?

2784 **karaṅka-:** A. *karaṅgan* (phonet. *kɔrɔṅɔn*) 'thigh-bone' AFD 186.

2791 **karaṇīya-:** WPak.kṭg. *kɔrnı* f. 'act, action'.

2797 **karabhá-:** OMarw. *karaha* 'camel'.

2799a **karambhá-** Add. 14358.

2800 **karavīra-.** 2. **karṇikāra-:** S.kcch. *kaṇer* f. 'oleander'.

2807 ***karīṣa-^{2}** 'a measure of land'. [~ Drav. DED 1057]

2811 **karuṇā-:** Md. *kulunu* 'compassion'.

2814 **karṓti:** Kho. *ă̄r* pret. of *kōr* 'to do', 2 sg.pret. *āru* < *akarōḥ* BKhoT 65; S.kcch. *keṇū* 'to do', WPah.kṭg. (kc.) *kɔrnõ*, Garh. *karnu*, Md. *kuranī* (pres.part. *kurā*, absol. *koṛ* < **kartū*, pp. *kuḷa* < *kr̥tá-*); — WPah.kṭg. (kc.) pret. *kiɔ*.

2816 **karkaṭa-^{1}**, also *karkōṭa-* (VP.), °*ṭaka-* (MBh.) m. 'n. of a Nāga' ~ L.

2817 **karkaṭa-^{2}:** WPah.poet. *kakṛe* f. 'a partic. fruit'; J. *kākṛī* f. 'cucumber'.

2820 **karkara-^{2}:** S.kcch. *kakro* m. 'pebble'.

2830 **kárṇa-:** S.kcch. *kann* m. 'ear', WPah.kṭg. (kc.) *kān*, poet. *kanṛu* m. 'ear', kṭg. *kannı* f. 'pounding-hole in barn floor'; J. *kā'n* m. 'ear', Garh. *kān*; Md. *kan-* in *kan-fat* 'ear' < KARṆAPATTRAKA-, *kan-huḷi* (+ CŪḌA-^{1}) 'side-burns'.
†*KARṆAVĀLA-.

2837 **karṇapattraka-:** Md. *kanfat* 'ear'.

2842a †***karṇavāla-** 'hair over the ears'. [KÁRṆA-, VĀ́LA-]
WPah.kṭg. *kənɔlṭı* f. 'long hair to the shoulders' (rather < †*SKANDHAVĀLA-: Him.I 28 suggests cmpd. with *kánnh* 'shoulder' as first member, but rejects VĀ́LA- as second).

karṇikāra- see KARAVĪRA- Add^{2}.

2851 **kartá-^{1}** [Cf. Shgh. *čāg-dil* 'pit of stomach' < **kartā-*, cf. KHAṬṬA-^{3}]

2854 **kártati^{1}:** WPah.kṭg. *kaṭṇõ* 'to cut, fell', J. *kāṭṇu*, kṭg. caus. *kəṭauṇõ*; Garh. *kāṭṇu* 'to cut', *kaṭṇu* 'to be cut'.

2855 ***kartati^{2}:** S.kcch. *katṇū* 'to spin', WPah.kṭg. (kc.) *katṇõ*.

2858 **kartari-:** S.kcch. *katar* f. 'scissors', Md. *katuru*.

2860 ***karttāra-:** S.kcch. *kaṭār* f. 'dagger', WPah.kṭg. *kəṭār* m.

2863 **karttrī-:** WPah.kṭg. *kəṭɛurɔ* m. 'scissors'.

2866 ***kartyā-** [Cf. Ir. **kartyā-* in Shgh. *čā̊d* 'knife']

2871 **karpaṭa-** [or sanskritization of Pa. *kappaṭa-* < *kad-paṭa-* = *ku-paṭa-* see PAṬA-]
S.kcch. *kapaṛ* m. 'cloth', *kapṛo* m. 'garment'; WPah.poet. *kapṛu* m. 'cloth', kṭg. (kc.) *kapṛɔ* m. 'cloth, clothes'.

2876 **karpara-** [~ †KHARPA-, KHARPARA-. if < IE. **(s)kerp-* EWA i 174; but Pk. suggests ~ *KŌPPARA-, *KHŌPPA-^{1}, *KHŌPPARA-. — × KAPĀ́LA- q.v.]

2877 **karpā́sa-** [Cf. Ir. Shgh. *čipōs* 'cotton', Yazgh. *k̆əbes* ← Pk.]
S.kcch. *kapā* m. 'cotton', Garh. *kabāsū*, Md. *kafa*.

2879 ***karpāsabīja-:** S.kcch. *kapāsyā* m.pl. 'cotton-seeds'.

2880 **karpūra-:** Garh. *kapūr* 'camphor'.

2892 **kárman-:** Kho. *kórum* (obl.pl. *kormān* BKhoT 69) 'work', S.kcch. *kamm* m., WPah.kṭg. (kc.) *kām* m., Wkc. *kamo* m.; Garh. *kām* m., WPah.kṭg. *kammuɔ* 'busy'; Md. *kam* 'action, event'.
†AKARMÁN-, †*VARDHAKIKARMAN-.

2897 ***karmāpayati:** S.kcch. *kamāyṇū* 'to earn', WPah.kṭg. *kəmauṇõ*.

2898 **karmā́ra-:** Md. *kañburu* 'blacksmith'.

2900 **karmín-:** Garh. *kāmī* 'slave'.

2908 **kárṣati** [Cf. Ir. in Shgh. *kirā̆x̌t* 'to drag, remove', Rosh. *kirēx̌t* EVSh 41 < **krāršaya-* < **kāršaya-*]
WPah.kṭg. (kc.) *kɔ́śṇõ* 'to tighten, tie', J. *kaśṇu*.

2909 **karṣí-** (*kdṣī-* f. 'spade' lex.). [Like Av. *karšivant-* 'cultivator' < IE. **kʷorsi-* with alternative development of IE. *o* ~ *kā́rṣi-*, *kārṣīvaṇa-* 'cultivator' T. Burrow, BSOAS xxxviii 63, 70; cf. *karṣū́-* ~ †*KĀRṢŪ- Turner BSOAS xxxvi 425]

2913 **kalañja-** [~ Drav. DED 1135]

2915 **kálatra-** [Semant. cf. *CHĒDU- and DĀRA-^{2}]

2920 **kaláśa-:** S.kcch. *karsī* f. 'a corn measure (=16 maunds)', *karsyo* m. 'goblet'; WPah.kṭg. (kc.) *kɔḷəś* m. 'waterpot'.

2927 **kalā́-²**: A. *kâl* 'machine' AFD 92.

2931 **kalāpa-**: WPah.ktg. *kəḷaɪ* f. 'stick tied with ropes placed along the back of mules for carrying loads'.

2933 **káli-¹**: OMarw. *kaḷi* f. 'quarrel'.

2934 **kali-²**. 1. WPah.poet. *kɔḷe* f. 'flower-bud'.
2. ***kalli-**: S.kcch. *kālo* m. 'cotton-pod'.

2944 **kalpáyati**: S.kcch. *kapṇū* 'to cut'; Md. *kafanī* 'stabs'.

2949 **kalya-²**: WPah.poet. *kalo* 'lame, deaf and dumb'.

2951 **kalyapāla-**: S.kcch. *kalāl(ī)* m. 'liquor-seller'.

2954 ***kallara-** [~ Drav. DED 1145]

***kalli-** see KALI-² Add².

2963a †**kavārí-** 'stingy, mean' RV.
A. *kawāri* 'stingy, mean' (← Sk.?).

2967 **káścid**: WPah.ktg. (kc.) *koi* 'somebody, anybody'.

2974 **kaṣāya-**: A. *kahāiba* 'to tinge, colour (clothes)' AFD 336.

2978 **kaṣṭá-**: WPah.kc. *kaṭho* 'hard (figuratively)'; — × KAṬU-: A. *kaṭhuwā* 'severe' AFD 206.

2985 **kastūrī-**: WPah.ktg. *kɔ́tthər*, *kɔ́thrā* m. 'musk deer', *kɔ́thrɪ* f. 'musk' Him.I 21.

kā-: †*KĀŚAKUNA-.

2987 **kā́ṁsya-**: A. *kā̃h* also 'gong', or < KAṀSÁ-.

2993 **kā́ka-**: WPah.ktg. *kau* m. 'crow'; — ext. with *-ṭa-* in Md. *kauḷu*, *kāḷu* 'crow'; — with *-la-* in WPah.ktg. *kauḷɔ* m.
†*KUKĀKA-.

2994 **kākaciñcā-** see also S. at *KĀṄKUKA-.

2998 ***kākka-**: WPah.ktg. *kāk* m. 'father's brother (used in the Khaś tribe)'.

†***kāgunī-** see *KAṄKUNĪ-.

3002 **kā́ṅkṣati** [Denom. from KĀṄKṢĀ- < IE. **koṅksā-* T. Burrow BSOAS xxxviii 61]

3007 **kāca-¹**. 2. ***kācca-**: WPah.ktg. *kəcɛṭɪ* f. 'white pebble, quartz, crystal'.

3011 ***kācahāra-**: G. *kahār* m. 'litter-bearer'.

***kācca-** see KĀCÁ-¹ Add².

3015 **kā́ñcī-** [< IE. **koṅkī-* and related to *KAÑCU- T. Burrow BSOAS xxxviii 62]

3016 **kāñjika-**: A. also *kā̃ci* (phonet. *-s-*) 'inspissated milk' AFD 217.

3019 **kāṇá-**: S.kcch. *kāṇī* f.adj. 'one-eyed'; WPah.ktg. *kaṇɔ* 'blind in one eye', J. *kāṇā*; Md. *kanu* 'blind'.

3023 **kā́ṇḍa-** [< IE. **kondo-*, Gk. *κονδύλος* 'knuckle', *κόνδος* 'ankle' T. Burrow BSOAS xxxviii 55]
S.kcch. *kāṇḍī* f. 'lucifer match'?

3034 **kāndavika-**: S.kcch. *kandhoyo* m. 'confectioner'.

3050 **kāya-²**: WPah.ktg. *kaɛ* postp. 'at, in the house of'; sat. *kāẽ* 'near' LSI ix 4, 650; and many NIA. postpositions with initial *k-* (Him.I 14).

3053 **kāra-¹**: †*PŪJĀKĀRA-, †*LAṄGHAKĀRA-, †*HASTĪKĀRA-.

-kāra-³: †*DYŌḤKĀRA- s.v. †JYŌTKĀRA-.

3056 ***kāra-⁶**: Kho. *kār* 'ear' certainly not ← Wg. BKhoT 69.

3057 **kāraṇa-**: Brj. *kāran* 'on account of'.

kārín-: †*KĀRMAṆAKĀRIN-.

3069 ***kārti-** [Cf. Shgh. *čād* 'knife', EVSh 25, 40]

3070 **kārttika-**: WPah.ktg. (kc.) *kattɪ*, *kati* m. 'mid October till mid November', J. *kāti* m. 'October'.

3075 **kārmaṇá-**: S.kcch. *kāmaṇ* m. 'sorcery'.

3075a †***kārmaṇakārin-** 'practising magic'. [KĀRMAṆÁ-, KĀRÍN-]
Pk. *kammaṇagāri-* id., OP. *kāmaṇiāri* f. 'witch'.

3078 **kāryà-**: Garh. *kāj* 'work'.

3079 **kāryin-**: WPah.poet. *kaje* m. 'functionary (e.g. at a temple)' ← H. Him.I 15.

3081a †***kārṣū-** f. 'furrow, trench' ~ *karṣū́-* with dial. IA. *a* for *ā* < IE. *o* as in Av. *karšū* 'ploughed land' and in KARṢÍ- ~ KĀ́RṢI- T. Burrow BSOAS xxxviii 70, Turner BSOAS xxxvi 429.
Pa. *kāsū-* in *aṅgāra-kāsū-* f. 'fire-pit'.

3083 **kāla-¹**: S.kcch. *kāro* 'black', WPah.ktg. (kc.) *kaḷɔ*, Md. *kaḷu*.

3084 **kālá-²**: WPah.ktg. *kāḷ* m. 'famine' J. *kā'ḷ* m. 'time of death, famine'; Garh. *kāḷ* 'time'.

3103 **kālēyaka-**: S.kcch. *kārjo* m. 'heart'; WPah.ktg. *kaljɔ*, *°ju* m. 'heart, mind' (Him.I 18 lw. on account of dental *l*?); J. *kāljā* m. 'liver', A. *kalizā* with *yy* > *j* (*z*)?

3104 **kālya-**. 1. WPah.ktg. *kallɛ*, kc. *kala* 'tomorrow'.
†*KĀLYĀHĀRA-.

3105 ***kālyaka-**: WPah.ktg. *kɔllɪ* f. 'morning meal', J. *kalewā* m.

3106a †***kālyāhāra-** [KĀLYA-, ĀHĀRA-]
WPah.ktg. *kəlārɪ* f. 'small breakfast', kc. *kəlār* f. 'lunch', *kəlē̃r* f. (Him.I 29 no trace of *-h-* in accentuation).

3107 ***kāvaraka-** [Cf. Ir. **kuwarana-* in Shgh. *xūrn*, Yid. *xʷorn* 'crow']

3113a †***kāśakuna-** 'accursed vulture'. [KĀ-, ŚAKUNÁ-]
WPah.ktg. *kauśəṇ* f. 'vulture' < metath. **kaśauṇa*? (Him.I 14 poss. double pejorative *kā-ku-*?).

3120 **kāṣṭhá-** [T. Burrow BSOAS xxxviii 58 < IE. **kolstho-* with *ā* < *o* in *-s-* extension of **kelā-* 'to hew']
S.kcch. *kāṭhī* f. 'wood'; WPah.ktg. *káṭṭhı* f. 'saddle'; Garh. *kāṭh* 'wood', A. *kāṭhi* 'verandah' AFD 206.
†*ŚAMYĀKĀṢṬHA-.

3127 **kāṣṭhapādukā-** id. Dhūrtaviṭasaṁvāda.

3135 **kāsatē:** Md. *kessanī* 'coughs'.

3142 **kāhala-^{2}:** WPah.ktg. *kā̃ḷɔ, káuḷɔ* 'restless, impatient', ktg. *kā̃ḷı*, kc. *kāḷe* f. 'depression'; kc. *kāḷino* 'to become restless', ktg. *kā̃ḷhnõ*.
†*KĀHALABHŪTA-.

3142a †***kāhalabhūta-** 'having become restless'. [KĀHALA-^{2}, BHŪTÁ-]
WPah.ktg. (kc.) *kā̃ḷhuɔ* 'having become restless'.

3144 **kiṁcid:** WPah.ktg. *kiċċh, kiċ* 'something, anything' (*kúċċh, kuċ* ← H.).

3149 **kiṁśuka-:** line 2 ***kēśuka-** r. **kaiṁśuka-** 'pertaining to Butea frondosa' Suśr.

3153 ***kicca-**. 1. S.kcch. *kicaḍ* m. 'mud', H. Brj. *kīc, kīcaṛ* m., Ko. *kiċkiċu* 'muddy'. — H. *kicṛā* 'secretion from eye' cf. Ko. *piċċaḍa* id. (< *piccaṭa-*, see *PICCIKĀ-) S. M. Katre. — S.kcch. phonet. *kɨcaṛ* AKŚ xviii.

3156 **kiṭṭa-:** 1. S.kcch. *kiṭṭ* m. 'rust'; A. *keṭār* (phonet. *kɛtar*) 'eye-dirt' AFD 106.

3157 **kiṭṭāla-** [Semant. cf. Ir. Shgh. *dūr* 'miller's basket' ~ Sar. *dewr* 'abdomen' EVSh 29]

3160 **kina-^{2}:** †*KAIṆA-.

3164 **kim:** Kho. also *khi* 'which?' BKhoT 70 (whence *h*?), Md. *kiek, kīk* 'what?'.

3167 ***kiyatta-:** S.kcch. *kitrī* 'how much?', *kitrāk* 'how many?', WPah.kc. *ketri*; ktg. (kc.) *ketti* 'how much? how many? some'; ktg. *ketrɔ*, kc. *ketṇo* 'how much?', G. *keṭlī*, pl. *keṭlāk*, Md. *kitak*.

3172 **kiráti:** S.kcch. *kirṇū* 'to fall down (as fruit from a tree)', Md. *kiranī* 'weighs'.

3193 **kīṭa-^{1}:** WPah.ktg. (kc.) *kīrɔ* m. 'worm', Garh. *kīṛu*, °*ṛo* 'insect'; Brj. *kīṛo* m. 'worm, insect', *kīṛī* 'ant'; G. *killū* n. 'grain-moth'.

3201 **kīryatē:** WPah.ktg. *kı̃jṇõ* 'to rot (of fruit or vegetables)', J. *kījṇu*.

3202 **kīla-^{1}**. 1. WPah.ktg. (kc.) *kīl* m. 'metal nail', J. *kīl* f.; Garh. *killu* 'wedge'.
5. ***khīlla-:** WPah.ktg. *khíllı* f. 'peg'.

ku-: †*KUKĀKA-, †*KUPŪTA-.

3204a †***kukāka-** 'accursed crow'. [KU-, KĀKA-]
WPah.kc. *kwago* m. 'crow' Him.I 20; — J. *kauwā* m. 'crow' (with similar metath. as in †*KĀŚAKUNA-).

3206 **kukka-^{1}:** WPah.ktg. *kukṭu* m. 'small dog', poet. *kukṭe* f. 'bitch'.

3208 **kukkuṭa-:** WPah.ktg. (kc.) *kukhṛɔ* m. 'cock', *kúkhṛı* f. 'hen', kc. *kukhṛe*; J. *kukṛā* m. 'cock pheasant'; Garh. *kukhṛu* 'cock'; Md. *kukuḷu* 'hen'.

3212 ***kukkusa-:** A. *kukuhā* 'bits of burnt grass carried about by the wind' AFD 187; OMarw. *kūkasa* m. 'chaff'.

3213 **kukṣi-:** WPah.ktg. *kúkkhı* f. 'waist, loin, belly'.

KUC: cf. *KŌCC-.

3217 **kucika-**. 2. **kuñcikā-:** A. *kũciyā* (phonet. *-s-*) 'eel-like fish' AFD 217.

3220 ***kucchadya-:** delete entry (L.mult. *kucajjā* 'slovenly (of women)', OP. *kucajjā* is MIA. cmpd. [KU-, CARYĀ-] replacing *kucará-* 'roaming about' RV., 'wicked' MBh.).

3222 ***kujjati** rather < *pū̆yati* 'is putrid' TS. × KÚTHYATI (T. Burrow JRAS 1967 42).

3224 **kuñcatē:** A. also *kũciba* (phonet. *-s-*) 'to shrink' AFD 217.

3225 **kuñcikā-:** S.kcch. *kūñjī* f. 'key'.

3227 **kuṭa-^{1}:** OMarw. (Vīsaḷa) loc.sg.m. *kūṛaï* 'pot'; G. *kuṛlī* f. 'small pitcher'.

3229a †**kuṭala-** n. 'roof, thatch' lex., *kuṭaṅka-* m. ib.
WPah.poet. *kuraḍ* m. 'long beam along the ridge of the roof of a temple', J. *kur-ṛ* m. 'timber log placed over the joint of the roof of a village deity's temple' (Him.I 26)?

3232 **kuṭi-:** WPah.ktg. *krʋṛı* f. 'granary (for corn after threshing)'; Garh. *kuṛu* 'house'; — B. phonet. *kũṛe*.
†*ANTAḤKUṬĪ-, †*MĒṢAKUṬĪ-.

3235 **kuṭumbin-:** S.kcch. *kūṇbī* m. 'cultivator'.

3237 ***kuṭṭa-^{2}**. — Ext. *-kk-*: Ko. *kuṛko* 'small piece'.

3240 **kuṭṭanī-:** S.kcch. *kauṭṭaṇ* f. 'prostitute'.

3241 **kuṭṭáyati:** S.kcch. *kauṭṭṇū* 'to beat, thresh'; WPah.kc. *kʋṭno* 'to pound, beat', J. *kuṭṇu*; Garh. *kuṭṇu* 'to pound'; Md. *koṙanī* 'chops, cuts, pounds, clears (a path), unfurls (a sail)'.

kuṭmalá- see KUḌMALÁ- Add^{2}.

3244 **kuṭhāra-:** WPah.ktg. *khəṛarı, kəṛarı* f. 'axe'.

3245 ***kuḍa-^{1}** [Same Drav. root as in KUḌMALÁ- q.v.]

3250 **kuḍmalá-** [M. B. Emeneau Bull. Institute of History and Philology, Academia Sinica xxxix 1, 9ff. ← Drav. 'young new sprout' in DED and DEDS 1787, which appears also as loan in *KŌRA-, KŌRAKA-, KUḌA-^{1}]
1. WPah.ktg. *kʋmbḷı* f. 'sprout, bud', J. *kumaḷ* m., *kumḷi* f. 'sprout'.

2. **kuṭmalá-:** OMarw. *kūpaḷa* m. 'fresh bud or shoot'.

3251 **kuḍya-**. 1. Ko. *kūḍa* 'a room' (indicating conn. KUṬĪ-?).

3254 ***kuḍha-** [Perh. < *kṛdhú* 'small, deficient' RV., Ir. **kṛdu-* in Shgh. *čūrδ* 'crooked', Pers. *kul*, Yazgh. *kiδ*]

3256 **kuṇáti:** or der. *kunakha-*, see KUNAKHÍN-.

3264 **kuṇḍa-^{1}:** S.kcch. *kūṇḍho* m. 'flower-pot', *kūnnī* f. 'small earthen pot'; WPah.kṭg. *kṓṇḍh* m. 'pit or vessel used for an oblation with fire into which barley etc. is thrown'; J. *kū̃ḍ* m. 'pool, deep hole in a stream'; Brj. *kū̃ṛo* m., °*ṛī* f. 'pot'.

3267 **kuṇḍaka-** in cmpd. *kaṇa-kuṇḍaka-* Arthaś.

3268 **kuṇḍala-^{1}:** S.kcch. *kūṇḍāṛo* m. 'circle', *tūṅgal* m. 'a kind of ear-ring'.

3271 **kútaḥ:** Kho. **kur* in *kurā* 'where', *na kurā* 'nowhere', *kuri* 'whither' with loc. suffix *-ā* or *-i* BKhoT 70; S.kcch. *ko* 'why?'.

3275 ***kutta-^{1}** [Cf. Ir. **kuta-* in Shgh. *kud* m., *kid* f. 'dog' EVSh 40, Sar. *kūd* m. *kid* f., Yid. *kʷod* m., *kəč* (< **kutačī-*)]
S.kcch. *kauto* m. 'dog', WPah.kṭg. *kʋttɪ* f. 'bitch', Garh. *kūtī*, Ku. *kutiyā*.

3281 **kutsáyati.** — *kutsita-*: Ko. *kusḍo* 'selfish'? (or ~ M. *kusḍā* 'rotten' < KÚTHYATI?).

3286 **kuddāla-^{1}:** WPah.poet. *kuˈdaḷe* f. 'spade, pickaxe', J. *kudāḷi* f. 'hoe'; — Md. *oḍā* (*oḍalek*) 'adze' < *UDDĀLA-^{2}.

3298 **kunduru-:** G. *kī̃drũ* n. 'gum of Boswellia thurifera'.

3298a †***kupūta-** 'very putrid'? [KU-, PŪTI-]
A. *kũwā* 'putrid from stagnation'?

***kuppa-** see KŪPA-^{3} Add^{2}.

3299 **kúpyati:** Garh. *kupṇu* 'to be angry'.

3300 **kubjá-:** A. also *kũzā* 'humpbacked' AFD 220.

3301 ***kubba-** [Cf. Ir. Shgh. *kūp* 'camel's hump']: WPah.kṭg. *kūb* m. 'hump', *kubṛɔ* 'hump-backed'; J. *kūb* m. 'hump'.

3303 **kumārá-:** WPah.kṭg. *kwār* m. 'bachelor' (poet. *kɔ̃wər* m. 'prince', Garh. *kawar* ← P. *kãvar*).

3305 **kúmuda-:** Brj. *kuī̃* f. 'water-lily'.

3305a †**kumudī-** f. 'the plant *kaṭphala-* or Myrica sapida' lex., *kumudikā-* f. id. lex., *kumudā-* f. name of several plants including *kaṭphala-*.
WPah.kṭg. *kʋɪ* f., kc. *kui* f. 'wild rose'; — kṭg. (kc.) *kujjɔ* m. 'a certain flower' ← J. *kūjō* f. 'a kind of white wild rose' (< **kumudya-*?) Him.I 25 but without expl. of *-jj-*.

3305b †***kumudya-** see †KUMUDĪ-.

3306a †***kumpa-^{3}** 'hole, pit'. [See KŪPA-^{1}, and cf. KUMPA-^{2} or KŪPA-^{3}]
WPah.kṭg. *kumbɪ* f. 'auditory canal' Him.I 26 who compares KŪPA-^{1}.

3308 **kumbhá-^{1}:** × KṢÚMPA- Add^{2}.

3310 **kumbhakāra-:** WPah.kṭg. *kəmhā̀r* m. 'potter', J. *kmhār* m.

3317 **kumbhīra-:** Md. *kiñbū* (°*bulek*) 'crocodile'.

3329 **kurkurá-:** WPah.kṭg. (kc.) *kukkər* m. 'dog', kṭg. *kʋkrɪ* f. 'bitch', J. *kūkr* m., Garh. *kūkur* m.

3339 ***kulāgāra-:** Ko. *kuḷāra* id.

3340 **kulā́ya-:** WPah.kṭg. *kóḷḷh*, kc. *kolho* m. 'bird's nest' (Him.I 23 kc. < **kōlya-*, **kaulya-*?).

3347 ***kululi-** [Cf. also KÚRARA- 'osprey' onom. ac. EWA i 235]: Pk. *kurulaï* 'caws', OP. *kuṛulāvaṇu* 'to cry (of crane), lament'.

3352 **kulyā́-:** WPah.kṭg. (kc.) *kull* (obl. *-a*) 'small stream, canal', J. *kūl* f., Garh. *kūl*, *gūl* (× *GALĪ-).

3354 ***kulla-^{3}:** OMarw. (Vīsaḷa) loc.sg.m. *kūlhaṛaï* 'pot'.

3358 **kúvala-:** Pa. Pk. *kōla-* (poss. < †*KAUVALA-) m. 'jujube'.
†*KUVALĀṢṬI-.

3358a †***kuvalāṣṭi-** 'kernel of the jujube fruit'. [KÚVALA-, AṢṬI-]
Pa. *kōlaṭṭhi-* 'kernel of the jujube'; A. *kolaṭhi* 'the soft belly part of a fish' AFD 206?

3367 **kuśí-:** S.kcch. *khau* f. 'sharp iron bar for digging'; L. *kuhī*, *kahī* f. 'mattock', P. *kahī* f.; WPah.kṭg. *kɔ́śṭɔ* m. 'hoe', *kɔ́śṭɪ* f. 'little hoe'; J. *kaśī* f. 'mattock' (Him.I 22: interchange of *u* with *a*, exemplified also in CDIAL, is not explained).

3371 **kúṣṭha-^{2}.** 2. ***koṭṭha-^{2}** (with early NIA. shortening of *ṭṭh* after long vowel): S.kcch. *koḍh* f. 'leprosy', WPah.kṭg. *kóṛh* f. (obl. *-ɪ*), J. *kōṛh* f.

3373 **kuṣṭhin-.** 2. **kōṣṭhin-:** WPah.kṭg. *kóṛhɪ* m. 'leper'.

3374 **kuṣmāṇḍa-.** 1. Brj. *kumhṛo*, *kõhṛo* m. 'gourd'.

3380 **kustumbarī.** 2. ***kōstambarī-:** Ko. *kottambari* (= Drav. Kan.); Md. *kotañbiri* 'coriander'.

3384 **kúha** [< **kudha* cf. Ir. Shgh. *kād* < **kudā* EVSh 40]

3386 **kuha-^{2}:** A. *kuwali* 'fog' AFD 223.

3390 ***kūkkati** [Poss. < **kuhukk-*: cf. *kuhurava-* (*kuhūrava-* Naiṣ.) m. 'cry of the kōkila' MBh., *kuharita-* n. (*KUHARAYATI) lex.; *kuhakuhārāva-* m. 'cry of the cātaka' Bālar., *kuhakārāva-* m. 'neighing' HPariś., *kuhakka-* m. 'a musical measure' MW.]

OP. *kuhakaṇu* 'to coo (of the kōkila)'; OMarw. (Vīsaḷa) absol. *koki* 'summoning'.

3392 **kūṭa-^{2}:** Brj. *kūro* m. 'heap'.
†TṚṆAKŪṬA-.

3400 **kū́pa-^{1}** [Cf. †*KUMPA-^{3}]: WPah.kṭg. (kc.) *kuɔ* m. 'well', J. *kuā* m.

3401 **kūpa-^{2}:** Md. *kum̃bu* 'mast'.

3402 **kūpa-^{3}.** 3. ***kuppa-:** Ko. (= Kan.) *kuppi* 'vial, bottle'.

3412 **kū́rdati:** WPah.kṭg. (kc.) *kudṇõ* 'to jump', Garh. *kudṇu*, Brj. *kūdno*, *kudakno*, caus. *kudlāno*; A. *kudiba* 'to romp' AFD 330.

KṚ^{1}: †ANUKARÁ-, †ABHÍKARŌTI, †*ABHIKṚTA-.

***kṛkaṇṭaka-** see KṚKALĀSA-.

3418 **kṛkalāsá-.** 3. ***kṛkaṇṭaka-:** WPah.kṭg. *kíkkhəṇ* m. 'lizard'.

3419 **kṛkāṭikā-, kṛ́kāṭa-:** S.kcch. *tiṛo* m. 'back', pl. 'bones of the back' < **tṛkāṭa-* with dissimilation of *k-k*; WPah.kṭg. *kɛṛı* f. 'neck', kc. *kēr*, J. *kyāṛi*, *keṛi* f. — cf. Wkc. *kɛṭho* (*kɛṭo*?) m. 'neck'.

KṚT^{1}: †*KṚNTYATĒ.

3426 **kṛ́tti-:** Ko. *kāti* 'skin, snake-skin'.

3427 **kṛttikā-:** Md. *keti* 'the Pleiades'.

kṛtyā́-^{1} see KṚTYÁ-.

***kṛtyā-^{2}** see *KARTYĀ-.

†**kṛdhú-** 'defective, short' RV.: see †*KUḌHA-.

3432 **kṛntáti^{1}** [Cf. Ir. **apa-škṛnta-* in Shgh. *bixčūnd* 'splinter']
2. †***kṛntyatē** 'is cut': A. *kā̃ciba* (phonet. *-s-*) 'to cut up' AFD 217, 330.

†***kṛntyatē** see KṚNTÁTI^{1}.

3440a **kṛmuká-.** 3. †***kṛmbuka-:** WPah.kṭg. *cimmu-* m. 'mulberry' (← a language in which *kr* > *c* Him.I 52), J. *kimu* m. Perhaps also forms under 2 and 3 in CDIAL.
4. ***kṛmukalī-:** WPah.kṭg. *camvḷı* f. 'mulberry tree'.

***kṛmukalī, †*kṛmbuka-** see KṚMUKÁ-.

3441 **kṛśá-:** WPah.poet. *kaś*, *kiś* m. 'tiny thing, small creature' (Him.I 18 with ?).

KṚṢ: †*KĀRṢU-, †SAMĀKṚṢṬA-.

3446 **kṛṣáti.** 2. ***kṛṣyati:** WPah.kṭg. *kríśṇõ* (1 sg. *kríśśu*) 'to comb the hair'.

3447 **kṛṣāṇa-:** Garh. *kisāṇ* 'cultivator', Ku. (LSI) *kiśāṇ*.

3451 **kṛṣṇá-:** S.kcch. *kinno* 'dirty (of a child)'.

3455 **kṛṣya-:** †*CATUḤKṚṢYA-.

***kṛṣyati** see KṚṢÁTI Add^{2}.

3460 ***kēṭṭa-** [Cf. CĀṬA-, CĒLLA-]: †*GURJARAKĒṬṬA-, †*DARIDRAKĒṬṬA-.

3461 ***kēḍa-** 'stick'. [Poss. der. from SÁṀKIRATI, OP. *sakelaṇu* 'to collect (firewood)'; C. Shackle p. 32 derives the OP. verb from **kēḍa-*] J.C.W.

3462 **kētaka-:** S.kcch. *kair* m. 'Pandanus o.'.

3463 **kēdāra-:** WPah.kṭg. *kyār* 'irrigated paddy field', kc. *kyarək* m.; Garh. *kyāri* 'garden plot', Brj. *kiyārī* f.

3469 **kēvárta-.** 1. Bi. *kewat* (*ṭ*?) 'fishing and cultivating caste in Bihar' Risley quoted by Emeneau Sk. *bhōgin-* 116; Brj. *kewaṭ*, *khewaṭ* m. 'boatman, offspring of Kṣatriya father and Vaiśya mother'.
2. ***kēvāṭa-:** Md. *keoḷu-kam* 'fishing'.

3470 **kḗvala-:** WPah.kṭg. *kyaḷı* f. 'valley (?), level place, ground'?

***kēvāṭa-** see KĒVÁRTA- Add^{2}.

3471 **kḗśa-:** Md. *kes* 'pubic hair'.

3474 **kḗsara-:** Md. *keheri* 'animal hair, fur'.

3477a †***kaiṇa-** 'worm-eaten'? [KIṆA-^{2}]
A. *keṇā* (phonet. *kɛna*) '(fruit) bored by an insect' AFD 186.

3483 **kōkila-^{1}:** Md. *koveli* 'a partic. bird (with the cry kohō)'.

3484 **kōkila-^{2}:** S.kcch. *koylo* m. 'coal'; WPah.kc. *koilo* m.

3489 ***kōcc-:** cf. *KUCYATĒ.

3490 ***kōjava-,** cf. *kaucapaka-* m.n. 'kind of rug' Arthaś.

3495 **kōṭáyatē:** — intr. OP. *kuṛaṇu* 'wither, dry up', P. *kuṛnā* (cf. *kuṭ-*, *kuṇḍ-* 'burn' Dhātup.?).

3497 **kōṭi-^{1}:** WPah.kṭg. *kōṛ* f. (obl. *-ı*) 'the side nearest to the hill-slope of a terraced field'; Md. *koḷu* 'end', *koḷu-fas* (+ *PAŚCA-) 'stern'.

3500 **kōṭṭa-^{1}:** A. *kōṭh* 'fort' and other lggs. with aspirate and meaning 'fort' perh. × KŐṢṬHA-^{2} Add^{2} (AFD 206).

kōṭṭha-^{2} see KÚṢṬHA-^{2} Add^{2}.

3503 ***kōḍi-:** S.kcch. *koḍī* '20'.

3504 **kōṇa-:** S.kcch. *khūṇo* m. 'corner', WPah.kṭg. *kvṇɔ* m., kc. *kvṇe* f., J. *koṇā* m., Garh. *kōṇū*.

3512 ***kōtr-.** 2. ***khōtr-:** S.kcch. *khotarṇū* 'to scratch (for itching)', P. *khoṭṇā* 'to dig, scratch, poke'.

3515 **kōdrava-:** WPah.kc. *kodo* m. 'certain coarse grain', kṭg. *kodrɔ* m. ← P.
†*KŌDRAVAPIṢṬA-.

3515a †***kōdravapiṣṭa-** 'flour of Paspalum scrobiculatum'. [KŌDRAVA-, PIṢṬÁ-]
WPah.kc. *kodṭho*, *kədıṭṭho*, kṭg. *kədríṭṭhɔ* m. 'flour of this grain', J. *kdiṭhā* m.

3519 ***kōppara-**: Pk. *kuppara-* m. 'skull' (see KARPARA-).

3522 ***kōbb-**. 2. ***kōmb-**: Ko. *khombtā* 'thrusts'.

3523 **kōmala-**: WPah.kṭg. *kɔ̄ḷɔ* 'soft'.

***kōmb-** see *KŌBB- Add².

3526 ***kōra-** [← Drav. see KUḌMALÁ- Add²]
S.kcch. *koro* 'blank', WPah.kṭg. *kɔ̄rɔ* 'straight' (Him.I 23 why *ɔ́*?), J. *korā* 'plain, unused', OP. *nikoru* 'quite pure' (+ intensive †NIṢ-).

3527 **kōraka-** [← Drav. see KUḌMALÁ- Add²]

3530 ***kōrati**: S.kcch. *korṇū* 'to bore (a hole)'; WPah.kṭg. *kornõ* 'to bore, drill', *kurnõ* 'to be bored'.

kōla- see KRŌḌÁ- Add².

3535 **kōlika-**: WPah.kṭg. *koḷı* m. 'low-caste man', *koḷəṇ*, kc. *koḷıṇ* f. 'his wife' (→ Eng. *cooly* HJ 249).

3536 ***kōlhu-**: WPah.kṭg. *kóllhu* m. 'sugar-cane or oil press'.

3539 **kōśa-**: Kho. *koš* also 'boil, burn-blister' BKhoT 69; Kmd. *kuč* 'pod (of bean or pea)' GM 28.6.71; S.kcch. *khūvo* m. (< **kūho*) 'large bucket for drawing water from well'; WPah.kṭg. (kc.) *kośṭɔ* m. 'plate (for eating off)'.

3546 **kōṣṭha-²**: WPah.kṭg. *kóṭṭhı* f. 'house, quarters, temple treasury, name of a partic. temple', J. *koṭhā* m. 'granary', *koṭhī* f. 'granary, bungalow'; Garh. *koṭhu* 'house surrounded by a wall'; Md. *koḍi* 'frame', — *koři* 'cage' (× KŌṬṬA-). — with ext.: OP. *koṭhārī* f. 'crucible', P. *kuṭhālī* f., H. *kuṭhārī* f.; — Md. *koṭari* 'room'.

3550 **kōṣṭhāgāra-**: WPah.kṭg. *kəṭhā̆r*, kc. *kuˈṭhār* m. 'granary, storeroom', J. *kuṭhār*, *kthār* m.; — Md. *kořāru* 'storehouse' ← Ind.

3551 **kōṣṭhāgārika-**: G. *koṭhārī* m. 'storekeeper'.

kōṣṭhin- see KUṢṬHIN- Add².

3552 ***kōṣma-**: S.kcch. *koso* 'hot'.

***kōstambarī-** see KUSTUMBARĪ- Add².

3556 **kaukṣa-**: Garh. *kokh* (obl.pl. °*khyõ*) 'womb'.

†kaucapaka- see *KŌJAVA- Add².

3565a **†kauvala-** n. 'the jujube' Pat. [KÚVALA-]
Poss. in Pa. Pk. *kōla-*, Or. *koḷā*, °*ḷi* 'the tree and its fruit', Si. *koli* 'the tree'.

3569 **kausumbhá-**: S.kcch. *khombhī* f. 'saffron-coloured sāṛī'.

3574 **krándati**: A. *kāndiba* 'to weep' AFD 187; Md. *keñdenī* 'importunes'.

3592 **krīḍati**: Md. *kuḷenī* 'plays'.

3598 **kruddhá-**. 1. Garh. *khud* 'yearning'?
2. ***krūḍha-**: Brj. *kuṛh* f. 'anger, grief', *kuṛhno* 'to be angry'.

3602 **krūrá-**: Brj. *kūr* 'cruel'.
†*KRŪRATVANA-.

3602a **†*krūratvana-** 'cruelty'. [Cf. *krūratva-* n. Mn. — KRŪRÁ-]
Brj. *kūrpan* m. 'cruelty'.

3607 **krōḍá-**: Garh. *koḷ*, *koli* 'lap'; Brj. *kūlho* m. 'hip'. — Cf. S.kcch. *khauro* m. 'lap', G. *khoḷɔ*.

3611 **krōśa-** [~ *klōśa-* RV. — √KRUŚ]
Garh. *kos* 'measure of 2 miles'.

3612 **krōśati**: Garh. *kosṇu* 'to bewail'.

3621 ***klindati**, *klindant-* Mudr. v.l.

3632 **kvánati**: WPah.poet. *kɔnnõ* 'to murmur, moan'; J. *kaṇṇu* 'to groan'; Garh. *kaṇāṇu* 'to make an indistinct sound'.

3634 **kvathá-**: A. *kâh* 'decoction' AFD 88.

3639 **kvāthá-**: Garh. *kāṛu* 'juice extracted by boiling'.

3643 ***kṣaṇati**. 1. S.kcch. *khaṇṇū* 'to lift up'.
4. ***kṣāṇayati**: S.kcch. *chāṇṇū* 'to sift', WPah.J. *chāṇnu*.
6. ***kṣāṇa-²**: S.kcch. *aṭe-chāṇū*, °*cheṇū* f. 'sieve'.
7. ***kṣāṇana-**: WPah.kṭg. *chāṇnı* f.

3649 **kṣatriya-**: WPah.poet. *khace* m. 'member of the warrior class'.

KṢAN¹: †*ĀKṢATA-.

3651 **kṣapayati**: WPah.kṭg. *khóṇõ* 'to disturb, spoil, waste (money)'; J. *khoṇu* 'to spoil'.

3652 **kṣapā-**: Kho. *čhui* 'night'? (*čh-* scarcely < *kṣāp-* BKhoT 67).

3655 **kṣapyatē**: A. *khapiba* 'to pass (as the night)' AFD 330.

3661 **kṣayá-**: S.kcch. *khau* m. 'destruction, annihilation'; — very doubtful in WPah.kṭg. *khɛ̃* f. 'ashes, filth'; J. *khēh* f. 'excrement'; P. H. *kheh* f. 'ashes, dust, rubbish, ordure'.

3664 **kṣálati**: WPah.kṭg. *khrɔ̄ḷnõ* intr. 'to melt', caus. *khəḷauṇõ*.

***kṣāṇa-²** see *KṢAṆATI Add².

kṣātra-: †*KṢĀTRAVṚTTI-.

3667a **†*kṣātravṛtti-** 'practice of a Kṣatriya'. [KṢĀTRA-, VṚTTI-]
G. *khatarvaṭ* f. 'profession or conduct of Kṣatriyas'.

3668 **kṣānti-**: Md. *ket* 'patience'.

3671 **kṣāmá-**: A. *chāi* (phonet. *s-*) 'ashes' AFD 216.

3674 **kṣārá-**[1]**:** S.kcch. *khāro* m. 'saline earth (for washing clothes)', adj. 'salty, pungent, bitter'; WPah.ktg. *ċhār* m. 'ashes', J. *chā'r* f., Garh. *khāru, chār* ← H.; — OP. *pāchāru* m. 'dust under the feet' (< **pādakṣāra-*) C. Shackle.

3675 **kṣāra-**[2] 'treacle' Arthaś.

3680 **kṣālá-:** S.kcch. *khār* f. 'sewage drain'.

3681 **kṣāláyati:** WPah.ktg. *khrā́ḷnõ* 'to dissolve'; Garh. *chāḷnu* 'to wash'.

3690 **kṣīṇá-:** A. *chinā* (phonet. *s-*) 'small, thin'.

3694 **kṣība-:** S.kcch. *khibbo* 'toothless'.

3695 **kṣīyátē:** Garh. *khijṇu* 'to scold' or < KHIDYATĒ?

3696 **kṣīrá-:** S.kcch. *khīr* f. 'milk'; *khīr* 'rice cooked in milk'; A. *khīrāiba* 'to milk' AFD 336; Md. *kiru* in *mini-kiru* 'breast-milk'.

3707 **kṣuṭyatē:** S.kcch. *chūṭā poṇu* 'to disperse'; WPah.ktg. (kc.) *ċhúṭṇõ* 'to be discharged, get loose, run away'; J. *chuṭṇu*.

3709 **kṣutta-.** 2. ***kṣuttikā-:** Kho. *çhuti* 'soil' BKhoT 67.

KṢUD: †KṢŌDYA-.

3712 **kṣudrá-** A. also 'particle of rice'; Md. *kudi* 'small' (*kujjā* 'child', *kudin* 'children'), *kuḍa* 'small, younger'.

3717 ***kṣundati:** S.kcch. *khūndhṇū* 'to trample'; WPah.ktg. *ċhúnṇõ* 'to crush, break, destroy' (× CHINNÁ- Him.I 69).

3724 **kṣúmpa-** [For association of name of mushroom with KUMBHÁ-[1] cf. Lat. *cucumela* 'little jar': Fr. *coucoumelle* 'parasol mushroom', Port. *cogomelo* 'mushroom' R. G. Wasson letter 20.4.1970]

A. *khōpā* 'hair done in a knot' (from its shape?) AFD 211.

3727 **kṣurá-:** WPah.ktg. *ċhúrɔ* m. 'dagger', Garh. *khur, churī* 'knife', A. spel. *churī* AFD 216.

3735 **kṣētra-:** WPah.ktg. (kc.) *khēc* m. 'field', Garh. *khet.* — WPah.ktg. *khétrı, khétti* f. 'personal property gained by field-work' ← other WPah. dialects; *khəṇēc* m. 'personal field for grass' prob. ← a northern dialect in which *kṣ* > *khr* > *khn* Him.I 36 (as in WPah.cur. **bubhukṣaka-* > *bhrukhṇā* 'hungry'). †KṢĒTRAPARPAṬA-.

3735a †**kṣētraparpaṭa-** m. 'Oldenlandia biflora or other species', °*ṭī-* f. id. lex. [KṢḖTRA-, PARPAṬA-[2]]

A. *ṣet-kaparā* (phonet. *xɛt-kɔpɔra*) 'kind of medicinal plant' AFD 62.

3738 **kṣēpa-:** A. *ċheo* (phonet. *s-*) 'measure in a dance' AFD 216.

3745 **kṣḗma-:** S.kcch. *khī̃* m. 'well-being'.

3746a ***kṣairaka-** Add. 14424.

3747 **kṣōṭayati:** S.kcch. *chorṇū* 'to untie (a knot)'; WPah.ktg. (kc.) *ċhəṛɛuṇõ* 'to cause to be discharged, to wean'; OMarw. *choḍaï* 'leaves'.

†**kṣōdya-** see *KHŌJJA-.

KH

3763 ***khaṅkh-:** S.kcch. *khaṅgh* f. 'cough', *khaṅgharo* m. 'sound of gargling, phlegm'.

3765 ***khaccara-:** WPah.ktg. *kháċċər* f. 'mule', J. *khācr* f.

3769 **khaṭa-:** S.kcch. *khaṛ* m. 'grass, weeds'; WPah.ktg. *khɔ̄ṛ* m., poet. *khɔṛu* m. 'grass, straw, grass for fodder', J. *khauṛ* m.

3770 **khaṭakkikā-:** S.kcch. *khaṛkī* f. 'small gate'; WPah.ktg. *khíṛkı* f., kc. *khiṛke* f. 'window' (Him.I 34 prob. ← H.).

3771 **khaṭakhaṭāyatē:** S.kcch. *khakhaṛṇū* 'to rattle'.

3772 **khaṭati.** 2. †***khaṭyatē** 'is desired': A. *khāṭiba* 'to supplicate' AFD 202.

3773 **khaṭikā-:** Garh. *khaṛi* 'chalk'.

3777 **khaṭṭa-**[1]**:** S.kcch. *khaṭo* 'sour'; WPah.ktg. *kháṭṭɔ* 'sour', poet. *khaṭa* m. 'sour milk'; J. *khāṭā* 'sour'.

†***khaṭṭa-**[3] 'hole'. [For list of 'hole' words see KARTÁ-[1]]

†*KHAṬṬATALA-.

3778a †***khaṭṭatala-** 'ravine'. [*KHAṬṬA-[3], TALA-]

WPah.ktg. *kháṭṭəḷ* m. 'ravine' (Him.I 31 refers only to ktg. *khāḍ* 'ravine' and group under KARTÁ-[1]).

3779 **khaṭṭayati:** S.kcch. *khaṭṇū* 'to profit'; WPah.ktg. *khɔ̄ṭṇõ* 'to work, do, win', J. *khaṭṇu*.

†***khaṭyatē** see KHAṬATI.

3781 **khátvā-:** Garh. *khāṭ* 'cot', A. *khāṭ* AFD 92.

3783 **khaḍa-** [Same as Ko. *khaḷu* 'viscous gravy', M. *khaḷ* < KHALĪ- ac. S. M. Katre BSOAS xxx 702]

3784 **khaḍaka-:** WPah.kṭg. *khɔ́ṛɔ* 'erect, upright'; *khɔ́ṛhṇõ*, kc. *khɔṛiṇo* 'to stand, rise', J. *khaṛuwṇu*.

3790 ***khaḍḍa-:** S.kcch. *khaḍḍ* f. 'pit'; WPah.kṭg. *kháḍ* m. 'hole in the earth, ravine', poet. *khāḍ* (obl. *-o*) f. 'small stream', J. *khāḍ* f.

3790a †***khaḍḍu-** 'ram'. [Cf. words listed under *KAḌḌA-] P. *khāḍū* m. 'hill goat'; WPah.J. *khāḍū* m. 'ram', kṭg. (kc.) *kháḍḍu* m., poet. *khaṛu* m. (Him.I 31 all prob. conn. K. *kaṭh*, stem *kaṭ-*, < *KAṬṬA-[2]).

3792 **khaṇḍá-[1]:** S.kcch. *khā̃ḍho* 'broken'.

3795 **kháṇḍatē:** S.kcch. *khanṇū* 'to pound (grain etc.)'; Md. *kan̆ḍanī* 'breaks, picks, subtracts, reduces', *ken̆ḍenī* 'is broken, disappears'.

3800 **khaṇḍu-[1]:** WPah.poet. *khɔṇḍ* (obl. *-a*) f. 'sugar' ← P. Him.I 33.

3803 ***khadakhada-:** Ko. *khatkhati* 'boiling'.

3805 **khadirá-:** S.kcch. *khair* m. 'Acacia catechu'.

3806 **khadiraká-:** Md. *kairu* 'red chewing medicine'?

3811 **khánati.** 1. Garh. *khaṇṇu* 'to dig'; Md. *konnanī* 'digs'.
2. **khānayati:** A. also *khāndiba* 'to dig' (× *KHŌDD-?).

3816 ***khappa-[1]** 'cover'. [~ Drav. DED 1024]

3817 ***khappa-[2]** 'hole'. [~ Drav. DED 1026]

3818 **khara-[1]:** Bshk. Kt. *kur* 'donkey' (for loss of aspiration Morgenstierne ID 334).
†*KHARATARA-.

3819 **khara-[2]:** WPah.kṭg. (kc.) *khɔ́rɔ* 'great, good, excessive'; J. *kharā* 'good, well'; OMarw. *kharaü* 'extreme'.

3820a †***kharatara-** 'mule'. [KHARA-[1]: cf. Ir. **xaratara-* in Khot. *khaḍara* 'mule' H. W. Bailey BSOAS x 590 and letter 14.9.79, Sogd. *γatark* Benveniste Textes sogdiens 179 (→ Turk. *qatir* → Oss.dig. *qadir*). See Type *aśvatará-* in New Indo-aryan R. L. Turner in ColPa 419ff.]

3827 **kharju-[1]** [Not with CDIAL ← Drav. but dial. *a* ~ *ā* < IE. *o* T. Burrow BSOAS xxxviii 73]
S.kcch. *khājī* f. 'scabies'; G. *khājvāḷvũ* 'to itch', A. *khazuli* 'itching' AFD 220.

3828 **kharjūra-:** Md. *kaduru* 'dates'; A. also *khezur* AFD 136.

3829 **kharjūraka-:** WPah.poet. *khəjūri* f.pl. 'small plaits (in hair of head)'.

3831 †**kharpa-** m. 'skull' Bu. (EWA i 304), *kharpara-* m. lex. [~ KARPARA- if indeed < *(*s*)*kerp-* EWA i 174: but cf. *KŌPPARA- ~ *KHŌPPA-[1], *KHŌPPARA-, all 'skull, coconut shell'; Pk. *kappara-*, *kuppara-* m. 'skull']

3832 **kharvá-:** A. *khābṭā* 'dwarfish' AFD 214.

3834 **khála-[1]:** S.kcch. *kharo* m. 'threshing floor', WPah.kṭg. (kc.) *khɔ́ḷ* m.

3845 **khalī-:** S.kcch. *khaṛ* m. 'oil-cake'; — WPah.kṭg. *khɔ́llı* f. (← H. Him.I 33); kc. *khɔljo* m. 'a kind of resin', J. *khaljā* m.?

3848 **khalla-[1]:** S.kcch. *khallo* m. 'an old shoe'; WPah.kṭg. *khálṭɔ* m. 'animal hide, big bag of goat-skin', J. *khā'l* f.

3849 **khalla-[2].** 1. WPah.kc. *khāl* m. 'hole in the earth, tank', J. *khā'l* m. 'tank, pond'.
2. ***khāla-:** Garh. *khāḷ* 'bottom of a valley'.

3853 **khaśa-:** WPah.kṭg. *khɔ́ś* m. 'name of a caste', J. *khauś*.

3854 **khasa-[1]:** S.kcch. *khas* f. 'scabies'; — Md. *kas* 'itch', *kahanī* 'itches, scratches' or < KACCHŪ-.

3856 ***khasati[1]:** G. *khasvũ* 'to move, slide'; Ko. *khasu* 'sprain'; Md. *kassanī* 'slips', *kahanī* 'sweeps away, winds round', *kehenī* 'slips from the hand'.

3862 **khātá-:** Brj. *khāv* f. 'a hollow'.

KHĀD: †AKHĀDYA-.

3865 **khā́dati.** 1. S.kcch. *khāyṇū*, *khaĩṇū*, *kheṇū* 'to eat', *khārāyṇū* 'to feed'; WPah.kṭg. (kc.) *khā́ṇõ* 'to eat'; J. Garh. *khāṇu*; OMarw. *khāi* 'eats, enjoys', Md. *kanī* (pp. *kē*) 'eats'.
3. **khādayati:** WPah.kṭg. (kc.) *khέuṇõ* 'to give to eat', kc. *khilauṇo*, *khəl°*; Md. *kevenī* 'gets eaten'.

3867 **khādana-:** S.kcch. *goṭh-kheṇ* f. 'mass dining of a village'; WPah.kṭg. *khāṇ* m. 'food, meal', kṭg. (kc.) *kháṇɔ*; — Md. *keim*, *kēm* 'food' (verbal form like B. *khābār* 'food'?).

khādayati see KHĀDATI Add[2].

3872 **khādya-:** Garh. *khāju* 'eatable'; Brj. *khāj* m. 'food'.
†*KHĀDYAPHALA-; †AKHĀDYA-.

3872a †***khādyaphala-** 'fruit to eat'. [KHĀDYA-, PHÁLA-[1]] OG. *khājahalaüṁ* n. 'edible fruit' ŚSB.

3875 **khārá-:** WPah.kṭg. *khā́r* (obl. *-i*, *ia*) f. 'grain measure, unit of weight', J. *khā'r* f., Garh. *khār*.

***khāla-** see KHALLA-[2] Add[2].

3879 **khiṅga-** (v.l. *khiḍga-*, *ṣiḍga-*) 'libertine' lex.

3880 **khiccā-:** WPah.kṭg. *khíčṛı* f. 'dish of rice and pulse', kc. *khinčṛe* f., J. *khičṛi* f.

3881 ***khiñc-.** 1. WPah.kṭg. *khínčṇõ*, *khέnčṇõ*, *khánčṇõ* 'to draw, pull, scratch'.
2. ***khēñc-:** S.kcch. *khē̃čṇū*, *khaĩčṇū* 'to pull, draw (water)'.

3882 ***khiḍ-**. 5. ***khill-:** WPah.kṭg. *khílṇõ* 'to blossom'.

3884 **khidyatē:** Garh. *khijṇu* 'to scold' or < KṢĪYÁTĒ?

3886 **khila-**[2] m. '*callosity' in 'insoluble problem in algebra' Gol., 'obduracy' Lalit., 'appendix' (in *khilakāṇḍa-* n. Vd.), adj. 'defective' BhP. [*khila-*[2], **khilla-* (*khilīkr̥ta-* 'powerless, baffled' Kāv., †AKHILA- 'entire' Kāv.) is hardly separable from KHILÁ-[1] 'uncultivated land', KHILYÁ- (*khilīkr̥ta-* 'impassable' Kālid., *khilībhūta-* 'deserted' Car.) J.C.W.]

***khill-** see *KHIḌ- Add[2].

3888 ***khis-:** S.kcch. *khisṇū* 'to move', WPah.kṭg. *khísəkṇõ* 'to crawl'; G. *khasvũ* 'to move, slide' (rather < *KHASATI[1]).

3889a †***khuṅk-** 'cough'. [Cf. *KHŌKKH-]
WPah.kṭg. *khúṅg* f. 'cough', *khúṅgṇõ* 'to cough', kc. *khuṅgiṇo*, J. *khuṅgi* f., *khuṅgṇu*.

3892 ***khuṭati**. 2. ***khuṇṭati:** WPah.kṭg. *khúṇḍhṇõ* 'to break, pinch' (see also *KHUṆṬHA- Add[2]).
4. ***khōṭayati:** WPah.kṭg. *khóṛnõ* 'to dig, scratch, engrave' — see *KHŌDD- Add[2].

3893 ***khuṭṭa-**[1]. 2. ***khuṇṭa-**[1]**:** WPah.kṭg. *khúndɔ* 'pole for fencing or piling grass round' (Him.I 35 *nd* poss. wrong for *ṇḍ*); J. *khuṇḍā* m. 'peg to fasten cattle to'.

3894 ***khuṭṭa-**[2]**:** WPah.poet. *khuṭe* f. 'leg (of a domestic animal)'; J. *khuṭi* f.pl. 'legs'; Garh. *khuṭu* 'foot'.

3895 ***khuṭṭa-**[4] [Cf. Ir. Shgh. *kut* m., *kat* f. 'short'. Sang. and Wkh. *kuṭ* prob. ← IA. — Av. *kuta(ka)-* would not explain Shgh. *t* EVSh 41]

3897 ***khuḍḍha-:** Md. *kuḍa* 'twisted'.

***khuṇṭa-**[1] see *KHUṬṬA-[1] Add[2].

***khuṇṭati** see *KHUṬATI Add[2].

3899 ***khuṇṭha-:** S.kcch. *khũṇḍh* 'slow-witted'; WPah.kṭg. *khúṇḍh* m. 'any object broken into pieces, stump'; *khúṇḍhṇõ* 'to break, pinch' (see also *KHUṆṬATI s.v. KHUṬATI Add[2]); Garh. *khuṇḍu* 'blunted'.

3906 **khura-:** WPah.kṭg. (kc.) *khūr* m. 'hoof', J. G. *khur* m.

3911 **khuriṇi-** see *THUḌḌ- Add[2].

***khull-** see *KHŌLL- Add[2].

3912 ***khūha-:** S.kcch. *khūvo* m. 'well'. ***khēñc-** see *KHIÑC- Add[2].

3916 **khēṭa-**[2]**:** line 4 read *KHĒḌ-[2] (s.v. *KHIḌ-); — see *KṢĒḌATI Add[2].

3918 ***khēḍ-**[1]. 6. ***khēl-:** WPah.kṭg. *khéḷɔ* 'gay'; Garh. *kheḷnu* 'to play', A. *kheliba* (or < 7).
7. ***khēll-:** WPah.kṭg. *khēl* m. 'game', *khélṇõ* 'to play'; J. *khe'l* 'game'.

***khēḍ-**[2] 'plough' see *KHIḌ-[1].

3919 **khēda-:** WPah.poet. *kheu* m. 'desire, longing, grudge'.

3921 ***khēdd-:** WPah.kṭg. *khédṇõ* 'to drive (e.g. cattle)'; J. *khedṇu* 'to drive, hunt'.

***khēl-**, ***khēll-** see *KHĒḌ-[1] Add[2].

3926 ***khōkkh-** [Cf. *KHUṄK- in Add[2]]

3927 ***khōkkha-:** S.kcch. *khokho* 'old'.

3929 ***khōjja-** [Ac. AFD 220 Pk. *khojja-* 'footprint' < *kṣōdya-* 'to be trampled on' R.]
1. WPah.poet. *khōj* m. 'footprint, trace', J. *khō'j*.
2. WPah.poet. *khojno* 'to search, trace, enquire'.

3931 ***khōṭṭa-:** WPah.kṭg. *khōṭ* m. 'fault', *khoṭɔ* 'false'; J. *khoṭā* 'wicked'; Md. *kuř* 'error'.

***khōḍa-** 'cavity' see *KHŌLA-[2] Add[2].

***khōḍḍ-** 'dig' see *KHŌDD- Add[2].

***khōtr-** 'dig' see *KŌTR- Add[2].

3934 ***khōdd-**. 1. S.kcch. *khodhṇū* 'to dig', WPah.kṭg. (Wkc.) *khódṇõ*, J. *khoďṇu*.
2. ***khōḍḍ-:** WPah.kc. *khoḍṇo* 'to dig'; — kṭg. *khoṛnõ* id. see *KHUṬATI Add[2].

3936 ***khōppa-:** WPah.poet. *khobo* m. 'scratch, hole'; A. *khob* 'hole, cave'.

3941 **khōra-**[1]**:** Md. *koru* 'lame'.

3943 ***khōla-**[2]. 3. **khōḍa-:** WPah.kṭg. *khóṛ* m. 'lowest storey of house where cattle are kept (often dug into the hillside)' (but cf. P. *kuṛ*, kgr. *kuṛh* f. 'enclosure for cattle' Him.I 35); — perh. also *khóṛ* 'dung, manure'.

3945 ***khōll-**. 1. S.kcch. *kholṇū* 'to open'; WPah.kṭg. (kc.) *khólṇõ*.
2. ***khull-:** WPah.kṭg. *khúlṇõ* 'to be opened', *khullɔ* 'spacious, wide'; J. *khulā* 'loosened'.

G

3949 ***gakṣa-** 'tree'. [Cf. VṚKṢÁ- with same final] A. also *gâchā* (phonet. *-s-*) 'lampstand' AFD 217.

3950 **gagana-:** WPah.kṭg. *gẽṇ* f. 'sky', kc. *gɔiṇ* f.; poet. *gɛṇe* 'in the sky, up, above' Him.I 40; J. *gaiṇ, gaiṇī* m.f. 'sky'.

3952 **gáṅgā-:** A. *gā̃* 'river' AFD 92.

3955 **gácchati:** Md. *gos* 'having gone' (absol. of *danī* < *yā́ti*).

3960 ***gañj-**. 1. WPah.kṭg. *ganj'ɔ* 'bald-headed', P. *gañjā*.

3965 ***gaṭṭa-:** WPah.kṭg. *gɔṭṭɔ* m. 'small stone, pebble', J. *gaṭi* f.

3968 ***gaḍa-²:** WPah.kc. *gɔ̄ṛ* m. 'farmyard, earth, ground'.

3970 ***gaḍḍ-¹:** OMarw. (Vīsaḷa) m.pl. part. *gāḍyā* 'buried'.

3981 ***gaḍḍa-¹:** WPah.kṭg. *gāṛ* 'hole (e.g. after a knot in wood)'.

3983 ***gaḍḍa-⁴**. 2. **gaḍḍara-:** S.kcch. *gāḍar* m. 'sheep'.

gaḍḍara- see *GADDA-⁴ Add².

3985 ***gaḍḍhati:** WPah.kṭg. (kc.) *gárhnõ, garnõ* 'to take out, pull out'.

3986 ***gaḍha-:** S.kcch. *gaḍḍh* m. 'fort'.

3993 **gaṇáyati:** S.kcch. *gaṇṇū* 'to count', WPah.kṭg. *gɔṇnõ*, J. Garh. *gaṇnu*, OMarw. *giṇaï*.

3997 **gaṇḍá-¹:** S.kcch. *gaṇḍho* m. 'swelling resulting from a contusion'; Md. *gan̆ḍu* 'ulcer, swelling'.

3998 **gaṇḍa-²:** S.kcch. *gann* m. 'handle'; — WPah.kṭg. *gannɔ* m. 'sugar-cane'; Md. *gan̆ḍu* 'piece, page, playing-card'.

4000 **gaṇḍa-⁴**. 2. ***gayaṇḍa-:** WPah.kṭg. *gɛṇḍɔ mɪrg* m. 'rhinoceros', Md. *genḍā* ← H.

4001 **gaṇḍaka-**. — With *DU-²: OP. *dugāṇā* m. 'coin worth eight cowries'.

4007 **gaṇḍūpada-**. 2. **gaṇḍōlaka-:** Ko. *gā̃yḍaḷu* 'earthworm'.

gaṇḍōlaka- see GANDŪPADA- Add².

4008 **gatá-:** Garh. *gayo* 'gone', OMarw. *gayaü*.

4009 **gáti-:** WPah.kṭg. *gɔĩ* f. 'step, pace'; OMarw. adv. and postp. *gaïla* 'en route, in company with'.

4013 ***ganagana-**. 2. ***gunaguna-:** S.kcch. *gūṅgūṇ keṇī* 'to hum, whisper', Ko. *guṇguṇtā* 'murmurs'.

4014 **gandhá-:** Gy.boh. rus. *khan-* 'to smell good'; WPah. kṭg. *gándh* f. 'smell' ← H.
†*MĀNUṢAGANDHA-.

4022 ***gappa-:** WPah.kṭg. *gɔp* f. (obl. *-a*) 'gossip', J. *gap* f.

***gabhīna-** see GABHĪRÁ- Add².

4024 **gabhīrá-**. 1. WPah.poet. *gēr* m. 'thicket', kṭg. (kc.) *gḗrɔ* 'deep, dense', Garh. *gɛru*, Brj. *gahro* 'deep'.
2. ***gabhīna-:** A. *gahī̃* also 'deep'.

GAM: †ĀGANTU-, †UDGATA-.

4027 **gámana-:** Brj. *gawan, gauno* m. 'first coming of bride to husband's house'.

4028 **gamáyati:** WPah.poet. *gəwauṇo* 'to lose' Him.I 44, Brj. *gawā̃no*.

4029 **gámbhan-:** Md. *gan̆banī* tr. 'sinks'.

4031 **gambhīrá-:** Md. *gen̆buru* 'deep offshore'.

4033 **gamyatē:** A. *gamiba* also 'to ponder over' AFD 330.

***gayaṇḍa-** see *GANDA-⁴ Add².

4040 ***garu-²:** P. *garī* f. 'kernel of coconut', WPah.kṭg. *gɔrɪ*, Wkc. *gire* f. 'coconut, kernel of coconut', J. *garī* f., H. *garī* f.

4043 **gargara-²:** WPah.kṭg. *gaggər* f. (obl. *-ɪ*) 'brass water vessel', J. *gāgar* f.; Garh. *gāgar* 'pitcher'.

4046 **gárjati:** S.kcch. *gajṇū* 'to rumble, roar'; Garh. *gājṇu* 'to make a loud noise'.

4048 **garjā-:** S.kcch. *gajj* f. 'thunderclap, roar'.

4053 ***garda-²:** S.kcch. *gādhī* f. 'soft pad, throne'.

4054 **gardabhá-:** S.kcch. *gaḍoṛī* f. 'she-ass'; WPah.kṭg. (kc.) *gáddhɔ* m. 'donkey', Garh. *gardhā, gadṛu*, A. *gādha* AFD 210.

4055 **gárbha-:** A. *gāb* 'pregnancy' AFD 214.

4062 **garbhíṇī-:** S.kcch. *gabhṇī* f.adj. 'pregnant', Garh. *gābhṇi, gɛbṇī*, A. also *gābhin* AFD 94.

4068 **garhā-**. 2. ***galhā-:** WPah.kṭg. *gɔl* f. (obl. *-a*) 'word, talk, matter' (← P. Him.I 41).

GAL¹: †GALANA-.

4069 **gala-¹** see †MADAKALA-.

4070 **gala-²:** WPah.kṭg. *gɔ̄ḷ* m. 'throat, neck', *gɔ̄ḷɔ*, kc. °*ḷo* m., J. *gaḷā* m., Garh. *gaḷu* 'throat, neck'.
†*NIGAḌA-².

4074 **galati¹:** WPah.kṭg. *gɔḷnõ* 'to melt, decrease, perish', J. *gaḷnu*, Garh. *gaḷnu*.

4075a **†galana-:** 'dripping' Nir., 'melting' VarBṛS., 'trickling' VScom. [√GAL¹]
S.kcch. *gayṇo* m., *gẽṇū* m. 'cloth for filtering water etc.', G. *gaḷṇū* n. AKŚ 25.

4085 **gali-**: × KULYĀ- Add².

4088 **galyā-**: S.kcch. *galo* m. 'throat'.

***galhā-** see GARHĀ- Add².

4093 **gava-**: Brj. *gaw* m. 'Bos gavaeus'.

4098 **gavākṣa-**: Brj. *gaukh(o)* m. 'little window, skylight'.

4108 ***gahura-**: Brj. *ghorū* 'serious, solemn'.

4112 ***gāṭṭa-²** 'stunted'. [~ Drav. DED 965]

4116 ***gāḍḍa-**: S.kcch. *gāḍī* f. 'small cart', *gaḍal* f. 'toy-cart'.

4118 **gāḍha-**: WPah.kṭg. *gáṛhɔ* 'close, intimate', jaun. *gāṛho* 'tight'; Garh. *gāṛu* 'thick'; A. *gārha* 'deep' AFD 91.

4121 **gāti**: Kho. aor. 1 sg. *goī* 'comes', inf.obl. *gikoi*, absol. *giti* BKhoT 67.

4124 **gātra-**: Garh. *gāt* m. 'body'.

4125 **gātraka-**. 2. **gātrikā-** f. 'girdle' lex.: WPah.kṭg. *gaccı* f. 'girdle (used by men and women), waist, unit of height (e.g. of snow) measured from ground to waist', J. *gāci* f.

gātrikā- see GĀTRAKA- Add².

4130 **gāna-**: WPah.kṭg. *gāṇ* f. (obl. *-a*) 'praise in song, praise', *gaṇɔ* m. 'song, singing'.

4133 **gāndhika-**: S.kcch. *gāndhī* m. 'grocer'.

gāpayati see GĀYATI Add².

4135 **gāyati**. 1. S.kcch. *gāyṇū* 'to sing', WPah.kṭg. (kc.) *gāṇõ*, Garh. *gāṇu*.

2. **gāpayati**: WPah.kṭg. *gwauṇõ* 'to cause to sing'.

4137 ***gāra-** [Cf. GHĀRA-]: WPah.kṭg. *gār*, *garɔ* 'mud mixed with water, mortar', poet. *gare* f. 'refuse (from a pipe)'; jaun. *gārā* m. 'kneaded clay, mortar'.

4140 **gārjara-** [~ *garjara-* in S. with dial. *a* ~ *ā* < IE. *o* T. Burrow BSOAS xxxviii 73]

S.kcch. *gajar* m. 'carrot'.

4141 **gārbha-**: S.kcch. *gābho* m. 'calf'.

†*GĀRBHAKŪṬA-.

4141a **†*gārbhakūṭa-**: 'collection of calves'. [GĀRBHA-, KŪṬA-²]

S.kcch. *gābhoṛ* m. 'herd of calves'.

4144 **gālayati**: S.kcch. *gārṇū* 'to strain, defecate'; *ghārṇū* 'to defecate, dissolve' (or < *ghārayati*¹); WPah.kṭg. *galṇõ* 'to cause to melt', J. *gāḷnu*.

4145 **gāli-**: S.kcch. *ghār* f. 'abuse' (*gāl* f. 'easy talk' ← G.); WPah.kṭg. *gāḷ* f. (obl. *-ı*) 'scolding', kc. *gaḷe* f., J. *gāḷi* f.; Garh. *gāḷ* 'abuse'.

4147 ***gāva-**. 2. ***gāvā-**: S.kcch. *gaū* f. 'cow', Garh. *gauṛī* f.

3. **gāvī-**: WPah.kṭg. (kc.) *gau* f. (obl. kṭg. *gawı*, *gaı*, *gau*, kc. *gabi*) 'cow', OMarw. *gāi* f.

***gāvā-**, **gāvī-** see GĀVA- Add².

4150 ***gāvuta-**: S.kcch. *gāū* m. 'distance of 2 miles'; Md. *gavi* 'league' RTMV².

4151 **gāhá-¹**: WPah.kṭg. (kc.) *gāṛ* f. 'brook' (Him.I 39), kṭg. (LNH i 31) *gāhṛ*, in.sir. (LSI ix 4, 688) *gāhḍ*.

4154 ***gicca-**: S.kcch. *giccī* f. 'neck'.

4157 ***giḍḍ-**: OP. *geṛa* f. 'time, turn', P. *geṛ* f.?

4159 ***girati¹** [See GALATI¹: √*GṜ¹]

2. **†*gilati¹**: OMarw. (Vīsaḷa) 1 sg.pres. *giḷaüṁ* 'waste away'.

4161 **girí-** [Ir. **gari-* in Shgh. *žīr*, Psht. *γar* 'stone', Yazgh. *γar* 'mountain' and 'stone' EVSh 110]

Si. *gal* 'stone' (× Tam. *kal*), Md. *galu*, *gau*, *gā* (Md. *giri* 'big rock' ← Sk.?).

†*gilati¹ see *GIRATI¹.

4171 ***guṅga-**: S.kcch. *ghūṅgho* m. 'dumb', WPah.kṭg. *guṅgɔ*.

4172 **guccha-**: WPah.kṭg. *guċṭı* f. 'braid of hair'; — B. *guchana*, *gochāna* 'to arrange'?

4174 **guñja-²**: WPah.kṭg. *gunj̈ɛ* f.pl. 'moustache'.

4175 **gúñjati**: Garh. *gūjṇu* 'to echo (?)'.

4180 ***guḍ-**: WPah.kṭg. *gʊṛku* m. 'thunder', *gʊṛnõ* 'to thunder', poet. *gəṛakṇo* 'to resound'; J. *gṛikṇu* 'to roar (of thunder)'.

4181 **guḍa-¹**: WPah.kṭg. *gʊḷɔ* m. 'buttock', kc. *guḷkho* m.; kṭg. *guḷčhu* 'thigh, hind thigh of farm animal'; J. *guḷchu* m. 'flesh of the buttocks'; Md. *guḷa* 'a kind of game; a pasty, a ball of something edible'.

4182 **guḍá-²**: S.kcch. *gauṛ* m. 'molasses'; WPah.kṭg. *gʊ̃ḷ* m. 'raw sugar, molasses'.

4189 ***guḍḍa-**: WPah.kṭg. *ghʊ̀ṇḍı* f. 'doll' (or < *GHUṆṬA-² Him.I 49)?

4191 **guṇáyati¹**: Md. *gunanī* 'counts'.

4191a **guṇayati²**: Md. *guna kuranī* 'multiplies'.

4193 **guṇḍaka-**: A. *gūrā* 'powder' AFD 234.

***gunaguna-** see *GANAGANA- Add².

4199 **gundra-**: S.kcch. *gūndho* m. 'a kind of tree', G. *gūdī* (AKŚ 25).

GUP: †GŌPYA-.

4204 ***gupphā-**: WPah.kṭg. *gúpph* f. (obl. *-a*) 'hole in the earth, den'.

4205 **gupháti**. 4. (× *gaṁthaï* < GRANTHÁYATI) S.kcch. *gūthṇū* 'to knit, weave'.

4206 **gumphana-**. 2. ***gōpphanā-**, *gōsphaṇa-* m.n. 'sling' Arthaś.

GUR¹: †*UDGŪRA-.

4209 **gurú-:** S.kcch. *ghor* m. 'family priest' ← G. ← Sk.; WPaḥ.kṭg. (kc.) *gɔrkɔ* 'heavy', J. *garkā*; kṭg. *gɔrtɔ* 'dear', *nəgɔrtɔ* 'disliked' (+?), H. *gartī* f. 'modest woman' Him.I 41.

4210a †***gurjarakēṭṭa-** 'son of a Gurjara'. [Rather than < *GURJARABĒṬṬA-: GURJARA-, KĒṬṬA-]
H. *gujreṭī* f. 'Gūjar girl', Brj. *gujreṭo* m., °*ṭī* f. 'Gūjar boy or girl, cowherd'.

4212 ***gurjarabēṭṭa-:** rather NIA. < †*GURJARAKĒṬṬA-.

4217 **gúlma-:** S.kcch. *gūmbhṛo* m. 'tumour'; — Md. *goṅbi* 'dent'.

4219 **guvāka-:** Brj. *gu(w)o* m. 'Areca or betel-nut tree'.

4220 **gúhā-**[1] see †GŌPYA-.

4223 **gūḍhá-**[1]**:** WPah.kṭg. *gv́ṛh* m. 'priest who will be possessed and act as prophet or magician'. — Him.I 86 with metathesis: kṭg. *ḍʋggɔ*, kc. *ḍʋṅgo* 'deep', J. *ḍuṅgā*, L. P. *ḍūghā*.

4225 **gūtha-:** S.kcch. WPah.kṭg. J. *gū* 'human excrement', Md. *gui* 'dung'.

4232 **gṛ́dhyati:** Garh. *gijṇu* 'to be habituated'.

4233 **gṛ́dhra-:** S.kcch. *gidho* m., °*dhī* f. 'young goat' (semant.?).

4236 **gṛbhāyáti.** 2. **gṛhṇā́ti:** S.kcch. *gīnṇū* 'to buy'; WPah.kṭg. *ghinnɪ*, *gɪnnɪ* 'with', *ghinṇõ*, *gi*° 'to take, keep, buy'; J. *ghinṇu* 'to buy'; OA. *ghenāiba* 'to accept' AFD 194; Md. *gannanī* 'takes' (absol. *gane*, *gen* 'having taken, with', pp. *gat* < *GHṚPTA-).

gṛhṇā́ti see GṚBHĀYÁTI Add[2].

GṚ[1]**:** †*GILATI[1].

4251 **gēhá-:** Md. *ge*, *gē* 'house, room' (in *etere-gē* 'inner room').

4254 **gairikā-:** Garh. *geru* 'red chalk'; Brj. *gerū* f. 'red clay'.

4255 **gṓ-:** †GŌPURĪṢA-.

4270 **gōjihvikā-:** WPah.kṭg. *gobbɪ* f. 'cabbage'.

4271 ***gōṭṭa-:** also Ko. *gōṭu* 'silver or gold braid'.

4272 ***gōḍḍa-:** S.kcch. *gūḍo* m. 'knee', *gauḍo* in *gauḍe vajṇū* 'to kick' (see VRÁJATI Add[2]).

4274 **gōṇa-:** Md. *miṅgunu* 'buffalo' (< MAHIṢÁ- + GŌṆA-).

4275 **gōṇī́-:** WPah.kṭg. *gʋ̄ṇ* f. (obl. *-ɪ*) 'sack for corn'; — Md. (RTMV[1]) *gōni* 'sack' ← Ind.

4279 **gōtrá-:** Garh. *got* 'clan'; — A. *goṭāiba* 'to collect' AFD 336.

4286 **gōdhā́-:** S.kcch. *go* m. 'iguana'.

4287 **gōdhū́ma-:** WPah.kṭg. (kc.) *giũ* m.pl. 'wheat', J. *gīũ* m., Garh. *gewũ*, A. also *ghēhu* AFD 194; — Md. *godan* (+ *dan* < DHĀNYÀ-) 'wheat'.

4293 **gōpālá-:** WPah.kṭg. (kc.) *gwaḷɔ* m. 'cowherd'; Ku. (LSI) *gwāl*, Brj. *gwār(o)* m.

4295a †**gōpurīṣa-** n. 'cowdung' lex. [GṐ-, PÚRĪṢA-]
WPah.kṭg. (kc.) *gəríśṭu* m. 'small quantity of cowdung, cowdung cake', kṭg. °*ṭɔ* m. 'cowdung, cowdung cake' Him.I 45.

4296a †**gōpya-** 'to be kept secret' Daś. [√GUP]
A. (× GÚHĀ-[1]) *ghop* 'dark secluded place' AFD 194?

4297 **gōpyatē:** Garh. *gopṇu* 'to conceal'.

4306 **gōmūtra-:** WPah.kṭg. *gɔ̃ñc*, kc. *gɔũc* 'cow's urine', J. *gõñc*.

4313 **gōrūpá-:** WPah.kc. J. Garh. *goru* m. 'cattle'.

4316 **gōrvara-:** WPah.kṭg. (kc.) *gobbər* m. 'cowdung, manure'.
†*GŌRVARARĀŚI-.

4318a †***gōrvararāśi-** 'heap of cowdung'. [GŌRVARA-, RĀŚI-]
WPah.kṭg. *gobrəś*, *gobbəś* (obl. *-ɪ*) 'heap of cowdung', J. *gobrauś* f.

4321 **gōla-**[1]**:** S.kcch. *gholī* f. 'bullet'; WPah.kṭg. *gɔ̄ḷ* 'round', m. 'round object, ball', J. *goḷ*; Ko. *gūḷi* 'pellet', *gūḷo* 'globe, ball'.

4331 **gōvṛnda-:** Pk.jmh. *gōviṁda-* 'herd of cows' Brown, Story of Kālaka p. 41, verse 39 (interpretation by M. Emeneau in letter 3.2.69: not Brown's); Brj. *gõṛo* m. 'cowshed, cowpen'.

4336 **gōṣṭhá-.** 1. Sv. *guš* (*goš* Buddruss) with regular *š* < *ṣṭh* ZDMG 116, 414; S.kcch. *goṭh* m. 'village'; Garh. *goṭh* 'cowshed', Brj. *goṭh* f.
†GŌṢṬHIKA-.

4338a †**gōṣṭhika-** 'relating to a society' Pañcat. [GŌṢṬHÁ-]
S.kcch. *goṭhī* m. 'fellow-villager', *goṭhyo* m. 'guest'; G. *goṭhiyɔ* m. 'friend' (rather der. of GŌṢṬHĪ-).

4342 **gōsvāmin-:** Garh. *gusɛ̃* 'a class of ascetics'.

4345 **gaurá-:** WPah.kṭg. *gorɔ* 'having a fair complexion'; Garh. *gorū*.

4347a †***graḍḍha-** 'old': S.kcch. *gaḍho* 'old', *gaḍhpaṇ* m. 'old age'; G. *gharḍũ* (*gharḍerũ*) 'old', *ghaḍpaṇ* n. 'old age'.

4348 **grathna-:** WPah.kṭg. *gáṭṭhɔ* 'compact, narrow'?

4350 **grantha-.** 1. WPah.kṭg. (kc.) *gáṇṭh* m.f. 'knot' ← H.; Garh. *gā̃ṭhu* ← H.; A. *gā̃thā* 'stringing' AFD 205 ← H. — OP. *gatthu* m. 'stock, capital', P. H. *gath* m.

4353 **granthā́yati:** WPah.kṭg. *gáṇṭhṇõ* 'to tie' ← H.; Garh. *gā̃ṭhṇu* 'to fasten'; Md. *gatanī* 'plaits', *getum* 'plaiting'.

4354 **granthí-:** S.kcch. *gaṇḍh* f. 'knot'; WPah.kṭg. *gáṇṭhɪ* f. 'knob' ← H.; Md. *goř* 'knot, button', — *gaṭari* 'bale of stuff' ← Ind.

4363 **gráha-:** A. *gâ* 'obduracy' AFD 223.
†MUṢṬIGRAHA-.

4364 **gráhaṇa-**. 2. WPah.kṭg. *g´ɔṇɔ* m. 'ornament', J. *ga'ṇā* m.
3. Garh. *gɛṇ*, *gaiṇū* 'star'; (← Sk. S.kcch. *gharaṇ* m. 'eclipse', WPah.kṭg. (kc.) *grɔ̃́ṇ* m., Garh. *garaṇ*?).

4366 **grahila-:** OMarw. (Vīsaḷa) *gahilī* f. 'mad woman' < *-ll-*.

4368 **grā́ma-:** WPah.kṭg. (kc.) *graũ* m. (obl. kṭg. *graũ*, kc. *grama*) 'village'.

4369 **grāmakūṭa-** m. 'village headman' Arthaś.

4371 ***grāmadāra-:** WPah.kṭg. *gwā̃r*, *gwār* m. 'brute, fool'; Brj. *gā̃wār(ū)* 'boorish, stupid'; Md. *gamāru* 'stupid' RTMV².

4377 **grāmin-:** WPah.kṭg. *graũɪ* m. 'villager'.

4383 **grāhayati:** OMarw. *gāhijaï* 'is clutched'.

4387 **grīvā́-:** Brj. *gīv*, *gī̃v* 'throat'.

†GRUC² 'move, go': †*GRUCYATI.

4393a **†*grucyati** 'goes, moves' Dhātup., *grōcati* id. ib., *glōcati*, *gluñcati* id. ib. [√GRUC²]
A. *guciba*, phonet. *gusiba* 'to be off, to pass away' AFD 331.

GH

4406 **ghaṭa-¹**. 1. WPah.kṭg. (kc.) *ghɔ̀ṛɔ* m. 'earthen pot', J. *ghaṛā* m., Garh. *ghaṛo*, °*ṛu* m.
2. **ghaṭī-:** WPah.kṭg. *ghɔ̀ṛɪ* f. 'moment'; Brj. *ghaṛī* f. 'period of 24 minutes'; Md. *guḷi* 'jar'.

4407 **ghā́ṭatē**. 1. OMarw. (Vīsaḷa) pp. f.sg. *ghaṛī* 'formed'.
2. **ghaṭayati:** Md. *guḷanī* 'joins', *gen-guḷenī* 'uses, employs', *gaḷuvanī* 'pushes', *geḷenī* 'is pushed'.

ghaṭayati see GHÁṬATĒ Add².

4411 **ghaṭā-:** A. *rah-gharā* 'honeycomb' AFD 194 (*rah-* < RÁSA-).

ghaṭī- see GHAṬA-¹.

4413 ***ghaṭītāḍa-** [GHAṬĪ- (see GHAṬA-¹), TĀ́ḌA-¹]
Brj. *ghariāl*, °*ār* m. 'gong'.

4415 ***ghaṭṭati:** S.kcch. *ghaṭṇū* 'to decrease'; WPah.kṭg. *ghàṭṭɔ* m. 'loss', poet. *ghaṭi* 'without'.

4417 **ghaṭṭáyati¹**. 1. Md. *gaṙanī* 'stirs up'.
2. ***ghōṭṭ-:** A. *ghõṭiba* also 'to churn' AFD 331.

4418 ***ghaṭyatē:** OMarw. *ghaṭyaü* 'occurred'.

4420 **ghaṇṭa-:** WPah.kṭg. (kc.) *ghàṇḍu* m. 'throat'.

4421 **ghaṇṭā-¹:** WPah.kṭg. *ghàṇṭɔ* m. 'bell', Garh. *ghaṇṭā* m. both ← H.

4424 **ghaná-²:** S.kcch. *ghaṇo* 'sufficient', *ghɔ̀ṇɔ* 'dense, compact, thick'; Garh. *ghaṇu* 'thick'; Md. *gina* 'much, many'.

4426 ***ghanatara-:** Garh. *ghaṇeru* 'dense, enough'.

4428 **ghara-:** S.kcch. *ghar* m. 'house'; WPah.kṭg. (kc.) *ghɔ̀r* m. 'house', poet. *ghɔr-bɔn* (< VÁNA-¹) m. 'house and household', kṭg. *ghɔ̀rnu* m. 'small house, house(hold)'; Garh. (Śrīnagrī dial.) *ghɔr*, (Salānī dial.) *ghɛr* m. < loc. *ghari*.

4445 **gharmá-:** Garh. *ghām* 'sunshine'.

4446 **gharmacarcikā-:** A. also *ghāmaci* (phonet. *ghamosi*) 'prickly heat' AFD 217.

4450 **ghárṣati**. 1. S.kcch. *ghasṇū* tr. 'to rub'; Md. *gānanī* 'scrapes, grinds', *gēnum* 'grinding' — also *jahanī* 'strikes', *jehum* 'striking' (~ Si. *gahanavā* 'to strike': whence abnormal *j*-?).
2. ***ghṛṣati:** WPah.kṭg. *ghíśṇõ* 'to drag', *ghúśṇõ* 'to rub, brush, wash' (whence *u*?); Garh. *ghasṇu* 'to smear with mud', *ghusṇu* 'to rub'.

4451 ***gharṣṭra-:** WPah.kc. *gərāṭ* m. 'watermill', J. *ghrā̀ṭ* m., kṭg. *ghɔ̀rṭ*, J. *ghauṭ*; G. *ghā̃ṭɔ* m. 'grindstone', °*ṭī* 'mill'; °*ṭɔ̄* m. 'portable mill, grindstone'.

4453 ***ghala-:** †*NĪCAGHALA-.

4458 ***ghāṭa-:** WPah.kṭg. *ghā̀ṛ* f. (obl *-a*) 'share of crop due to the owner from tenant' (Him.I 47)?

4459 **ghāṭā-¹** [< IE. *gholtā- T. Burrow BSOAS xxxviii 55, but dial. *a* < *o* would have become **ghaṭā-*, not **ghaṭṭā-*]
2. ***ghaṭṭā-:** OP. *ghaṭṭu* m. 'throat', P. *ghaṭ*.

4460 **ghāta-:** S.kcch. *ghā* m. 'wound' (*ghā keṇū* 'to throw' or < *ghārayati¹*?); Garh. *ghɔ* 'wound'.

4464 **ghāti-:** A. *ghāi* also 'bird-net' AFD 194.

4466 ***ghāna-¹** [Extracted from cmpd. *ghāṇa-piṇyāka-* n. 'oil-cake from (a filling of) oil-press' Arthaś.?]
S.kcch. *ghāṇī* f. 'oil-mill turned by a camel'.

4467 ***ghāna-**^{2} in cmpd. *ghāṇa-piṇyāka-* n. Arthaś.?: WPah.poet. *ghaṇo* m. 'filling with food, satiety'.

4468 **ghāra-**. 1. S.kcch. *ghāro* 'mud'; or < 2. ***ghāla-** (cf. *GĀRA-).

4469 **ghārayati**^{1}. 2. ***ghālayati:** deriv. S.kcch. *ghā keṇū* 'to throw' (or < GHĀTA-?), *ghārṇū* 'to dissolve, to defecate' (or < GĀLAYATI); WPah.kṭg. *ghāḷnõ* 'to dissolve' (tr.), J. *ghāḷṇu*.

4470 ***ghārayati**^{2}. 2. ***ghārita-:** but Pk. G. ← Drav.? (Ko. *ghāryo*, *ghāri* 'fried cake of pulse', Kan. *g(h)ārige*) S. M. Katre BSOAS xxx 702.

***ghārita-** 'round (?)' see *GHĀRAYATI^{2} Add^{2}.

***ghāla-** see GHĀRA- Add^{2}.

***ghālayati** see GHĀRAYATI^{1} Add^{2}.

4471 **ghāsá-:** S.kcch. *ghā* m. 'grass', WPah.kṭg. *ghā̃*, *ghás* m. (obl. *ghása*), kc. *ghās*, J. *ghā* m., Garh. *ghās*.

4474 ***ghir-**. 2. ***ghēr-:** S.kcch. *ghero keṇū* 'to surround'; WPah.kṭg. *ghèrɔ* m. 'circumference, circle, embrace', poet. *ghero* m. 'courtyard', kṭg. *ghèrnõ* 'to surround', J. *gherṇu*; Md. *giranī* 'stirs (into water)'?
†*VIGHĒRA-.

4479 **ghuṭa-**. 2. **ghuṇṭa-**^{1}**:** WPah.kc. *ghʊṇḍo* m., °*ḍe* f. 'base', kṭg. *ghʊ̀ṇḍḷɔ* 'ankle'.
3. ***ghuṭṭa-:** WPah.bhal. *guṭṭhu* 'joint of a limb'; kc. *ghʊṭno* m. 'knee'.

4481 ***ghuṭṭ-** [~ Drav. DED 1378, 1381]: WPah.kṭg. *ghʊ̀ṭṇõ* 'to swallow', J. *ghuṭṇu*.

***ghuṭṭa-, ghuṇṭa-**^{1} see GHUṬA- Add^{2}.

4483 ***ghuṇṭa-**^{2}**:** WPah.kṭg. *ghʊ̀ṇḍı* f. 'doll' (altern. < *GUḌḌA-), *ghʊ̃ṇḍu* m. 'veil carried by the goddess'; J. *ghũḍ* m. 'veil'.

4484 ***ghumba-**. 2. ***ghumbapaṭṭa-:** S.kcch. *ghũmṭo* m. 'veil'; *ghũṅghaṭ* m.

4485 ***ghummati**. 1. S.kcch. *ghũmṇū* 'to move round', *ghũmri* f. 'turning', WPah.kṭg. *ghʊ̀mṇõ* 'to stroll, move', *gəmhàuṇõ* tr. 'to move, lead, turn', J. *ghumṇu* 'to turn back', Garh. *ghumṇu* 'to wander'; A. *ghumaṭi* 'sleep'; — read B. *ghumā̃na*.

4487 **ghúrati**^{1}**:** WPah.kṭg. *ghʊ̀rnõ* 'to sound, resound'.

4488 ***ghurati**^{2}**:** WPah.kṭg. *ghʊ̀ḷnõ* 'to wrestle'.

4489 **ghurghurā-:** Md. *guguranī* 'thunders', *guṅguru* 'rattle'.

4492 ***ghuss-**^{1}**:** S.kcch. *ghusāṇū* 'to push into'.

4494 **ghūka-:** S.kcch. *ghūvaḍ* m. 'owl'.

4500 **ghṛṇá-:** WPah.kṭg. *ghiṇ* f. (obl. *-a*) 'compassion, pity', *ghiṇɔ* 'pitiable'; Garh. *ghiṇ* 'hate'; Brj. *ghin* f. 'dislike, disgust'.

4500a **ghṛṇí-** Add. 14473.

4501 **ghṛtá-:** S.kcch. *ghī* m. 'ghee' (*gharat* m. ← Sk.), WPah.kṭg. (kc.) *ghìu* m. (obl. *ghiwa*, *ghiya*), J. *ghiū* m., Garh. *ghiu*, Md. *gi-teu* (+ TAILÁ-).
†*GHṚTĀPULA-.

4503 ***ghṛtabhāṇḍa-:** Brj. *ghiā̃ro* m. 'pot for ghee'.

4508a **†*ghṛtāpula-** 'pot for ghee'. [GHṚTÁ-, †*ĀPULA-^{2}] WPah.kṭg. *ghèuḷı* f. 'big earthen pot for ghee'.

4509 ***ghṛpta-:** Md. *gat* 'taken': see GṚBHĀYÁTI Add^{2}.

***ghṛṣati** see GHARṢATI Add^{2}.

***ghēr-** see *GHIR- Add^{2}.

4515 ***ghōcc-:** S.kcch. *ghõcṇū* 'to pierce'.

4516 **ghōṭa-:** S.kcch. *ghoro* m. 'horse', WPah.kṭg. (kc.) *ghòrɔ*, m. 'horse', kṭg. *ghòṛu* m. 'small horse, colt', Garh. *ghoṛū* m. 'horse', Brj. *ghoṛo*, *ghoro* m., *ghoṛī*, *ghorī* f.

4522 **ghōrá-**^{1}, **ghōrā-** f. 'night' lex.; P. *ghor* 'dark, horrible', WPah.kc. *ghōr* adj., m. 'darkness'.

4523a **†*ghōraḍa-** 'a kind of deer or wild goat'. [Kanaurī *gorḍ* m. 'a kind of deer']
L. *gōraṛ* m. 'male ravine-deer'; WPah.kṭg. (kc.) *ghòrəḍ* m. 'a kind of deer', kṭg. *ghóllh* m. 'wild goat', J. *gho'l* m., Ku. *ghorar*, N. *ghoral*.

4524 **ghōla-**^{1}**:** A. *ghol* 'whey'.

4526 **ghōlayati:** WPah.kṭg. *ghòḷnõ* 'to stir, make dissolve, mix'.

4529 **ghōṣati:** Md. *govanī* 'calls' (*govvani* 'explodes', *sangu govvanī* 'blows the conch').

C

4536 **cakōra-**. 2. ***cakkōra-**: WPah.kṭg. *ćakkur*, °*kər* m. 'partridge', *ćakurı*, *ćakrı* f., jaun. *cākurā* m.

***cakkōra-** see CAKŌRA-.

4538 **cakrá-**: S.kcch. *cakk* m. 'potter's wheel', WPah.kṭg. *ćɔkkər* m., J. *cakkar* m. prob. ← P. Him.I 89; Garh. *cāk*; — Ko. *ćāka* rather 'slice'.
†CAKRIN-.

4540 **cakrakulyā-**: OB. *cākuli* id.

4548 ***cakrala-**: Ko. *ćākkaḷa* 'round bite mark'.

4554a †**cakrin-** 'having wheels' lex., 'driving in a carriage' Yājñ., 'discus-bearer' MBh., 'oil-miller' Yājñ., 'potter' lex. [CAKRÁ-]
Pk. *cakki*(*ya*)- m. 'potter', CAKKISĀLĀ- f. 'oil-shop'; — S.kcch. *cākī* m. 'oil-miller', *cākaṇ* f. 'his wife' (rather < CĀKRIKA-?).

4557 ***cakṣati**: S.kcch. *cakhṇū* 'to taste', WPah.kṭg. (kc.) *ćákhṇõ*, J. *cākhṇu*.

4564 **caṅga-**: S.kcch. *caṅgho* 'good'; — deriv. **caṅgatara-* in OP. *caṁgerā* 'good, rather good', P. *cãgerā*.

4565 **caṅgēri-**: Brj. *cãger*(*ī*) f., *cãgelī* f. 'bamboo basket'.

4569 **cañcu-**. 2. S.kcch. *cũñj* f. 'beak', WPah.kṭg. *ćũnj* f. (obl. -*ı*) 'beak', *ćunj̈ṭı*, kc. °*ṭe* f. 'beak, nose'.
3. Garh. *cōc* 'beak'.

4570 ***caṭa-**: S.kcch. *caṛakdho* 'shining'; Garh. *caṛ* 'sound of splitting wood'.

4571 **caṭaka-**. 1. WPah.poet. *ćɔṛe* f. 'small bird', kṭg. *ćɔṛkı*, kc. °*ke* f., kṭg. (kc.) *ćɔṛku* m. 'bird', Ku. *callā*.
2. ***citaka-**: WPah.kṭg. *ćiṛı* f. 'small bird', J. *ciṛu* m.

4573 ***caṭṭ-**: S.kcch. *caṭṇū* 'to lick', WPah.kṭg. *ćaṭṇõ* (kc. *ćaṭiṇo*) 'to lick, taste', caus. *ćɔṭauṇõ*, J. *cāṭṇu*.

4574 ***caṭṭa-** 'bamboo matting'. [~ Drav. DED 1907]

4575 ***caṭṭu-** 'wooden ladle'. [~ Drav. DED 1905]

4578 ***caḍhati**. 1. S.kcch. *caṛṇū* 'to climb', *caṛāṇū* 'to incite'; WPah.kṭg. *ćɔ̃ṛhnõ*, kc. °*no* 'to climb, break out (of illness)', J. *caṛhnu*.

4579 **caṇa-**: S.kcch. *caṇo* m. 'chickpea', WPah.kṭg. (kc.) *ćɔṇɔ* m., Brj. *cano* m.

4584 **caṇḍa-**: WPah.kṭg. *ćannɔ* 'bright, violent'.

4586a †***catuḥkṛṣya-** 'to be ploughed four times'. [CATUR, KṚṢYA-]
MIA. cmpd. with *catu-* in H. Brj. *caus* m. 'land ploughed four times'.

catur-: †*CATUḤKṚṢYA-, †*CATURMĀRGA-.

4595 **catura-**[2]: WPah.poet. *ćɔre* f. 'platform (for public at a fair)'.

4596 **cáturaṅga-**: A. *caurãṅgi* (phonet. *s*-) 'prostration (i.e. with arms and legs on the ground)'.

4599 **cáturguṇa-**: Garh. *cɔgṇu* 'fourfold'.

4600 **caturthá-**: WPah.kṭg. *ćɔ́tthɔ̃*, kc. *ćɔ̄tho* 'fourth', kṭg. *ćɔ̃tthɛ*, kc. *ćɔ̄the* 'on the day after the day after tomorrow'; Garh. *cɔthu* 'fourth'; A. *ca'thā* (phonet. *so*-) 'fourth day'; Ko. *ćovati* 'fourth lunar day'.

4605 **cáturdaśa**: WPah.kṭg. (kc.) *ćɔda* '14', Garh. *cɔdda*, Md. *sauda*, *sāda* ← Ind.

4611 **caturdvāra-**: Brj. *caubār*(*o*) m., *cabāro* m. 'pavilion'.

4614 **caturnavati-**: Md. *saurayānavai* '94' ← Ind.

4615a †***caturmārga-** 'crossroads'. [CATUR-, MĀRGA-]
G. *cɔmag* 'everywhere, all around'.

4616 **caturmāsa-**: Garh. *cɔmāsu* 'the rainy season'.

4623 **caturviṁśati-**: WPah.kṭg. *ćɔbí*, *ćɔbi-bī́* '24', J. *caubi*, Garh. *cɔbis*, Md. *sauvīs* ← Ind.

4626 ***caturhaṭṭa-**: Brj. *cauhaṭ*, *cauhaṭṭo* m. 'square, bazar'.

4628 **cátuścatvāriṁśat-**: Md. *saurayāḷīs* '44' ← Ind.

4629 **catuṣka-**: WPah.kṭg. *ćɔ̄k* m. 'market-place'; Garh. *cauk*, *cɔk* 'a collection of 4'.

4641 **cátuṣpada-**: with MIA. *catu-* in Brj. *cuwo* 'four-footed', m. 'cattle'.

4646 **cátuṣpāda-**. 1. S.kcch. *caupā* m.pl. 'cattle'.

4655 **catvārah**. 2. S.kcch. *cā̃ī* 'four', WPah.kṭg. (kc.) *ćār* (obl. *ćɔu*), *ćari* 'all the four', *ćɔu* id.; Garh. *cār*, Md. *hataru*. — S.kcch. *cār* AKŚ xxv (*cā̃ī* after **baī*, **traī*?).

4656 **catvāriṁśát-**: Garh. *cāḷis* '40'. — Read Md. *sāḷīs* in Add. 14481.

CAND: †*CĀNDIKĀ-.

4658 **candana-**: Brj. *cãnan* m. 'sandalwood'.

4661 **candrá-**. 2. 'moon' VS.: S.kcch. *candhar*, *cāndho* m. 'moon', Garh. *cā̃d*, Brj. *cā̃d*, *cān* m. — Read Md. *handu* in Add. 14483.
3. †**candrā-** f. 'hall with roof only, awning' lex.: A.

cānda (phonet. *s-*) 'awning' (or < *candrātapa-* 'awning' lex. AFD 215).

4662 **candraka-[1]:** S.kcch. *cāndharyo* 'white-spotted'.

†candrā- see CANDRÁ-.

4669 **candrikā-:** S.kcch. *c̃ā̃dhī* f. 'silver' ← G., WPah.kṭg. *ċandı*, kc. °*de* f. (or poss. all forms under CANDRIKĀ- with Him.I 58 < *CĀNDIKĀ-).

4670 **candrōdaya-:** Garh. *cā̃dowā* 'canopy'.

4674 ***capp-**. 2. ***camp-:** OMarw. (Vīsaḷa) pp. m.pl. *cā̃mpyā* 'oppressed, restrained'.
3. ***cipp-** [Cf. PICCAYATI]: S.kcch. *cīplāṇū* 'to be pressed between' ~ G. *pīcḷāvũ* AKŚ 31.

CAM: †ĀCAMATI.

4676 ***camakka-**. 1. WPah.kṭg. *ċə̃ṅkṇõ* 'to wake (intr.) with a start'.
2. ***cammakka-:** S.kcch. *camakṇū* 'to shine'; Ko. *ċamkatā* 'walks'.

4677 **camará-:** S.kcch. *cammar* f. 'fly-whisk' ← G. or Sk.; WPah.kṭg. *ċɔ̃̄r* m. 'whisk of yak tail's hair'.

***camp-** see *CAPP- Add[2].

4678 **campa-:** WPah.poet. *ċambo* m. 'small flower growing on trees on river beach, the campaka flower', J. *cāmbā* m. 'a fragrant yellow flower'.

4680 ***campavēlli-:** OB. *cāmbalī* (sic), B. *cāmeli* id.

CAR: †ANUCARÁ-.

4683 **cará-[1]:** †ŚANAIŚCARA-.

4685 **cáraṇa-:** †CĀRAṆA-[2].

4686 **cárati:** S.kcch. *carṇū* 'to graze'; WPah.kṭg. (kc.) *ċɔrnõ* 'to move, graze' intr., J. *carṇu*, Garh. *carnu*, OMarw. *caraï* 'grazes'.

4692 **carú-:** S.kcch. *carūo* m. 'earthen pot for buttermilk'; A. *cariyā* (phonet. *so-*) 'washing pot'.

4696 ***carpa-**. 1. Ash. Wg. *čapā́l* 'palm of hand' < **carpa-la-* ~ **carpa-ṭa-* Buddruss ZDMG 116, 415.
2. ***carpaṭa-:** A. also *cāpar* (phonet. *s-*) 'blow with palm' AFD 211.

carpaṭa- see *CARPA- Add[2].

4698 **carmakāra-:** WPah.kṭg. *cəmār* m. 'caste of skinners and cobblers', J. Garh. *camār*.

4701 **cárman-:** S.kcch. *camm* m. 'leather', *camṛī* f. 'the skin'; WPah.kṭg. *ċamṛı* f. 'human skin', Garh. *cām*, Md. *ham*.

4710 **caryā-:** OP. *cajju* m. 'good conduct'; — MIA. cmpds.: OP. *kucajjā* f.adj. 'slovenly', L. *kucajjā*, OP. *sucajjā* 'competent', L. *sucajjā* (not < *KUCCHADYA-, *SUCCHADYA-) C. Shackle.

4711 **cárvati:** S.kcch. *cabṇū* 'to chew', WPah.kṭg. *ċabṇõ*, J. *cābṇu*; OP. *cabbaṇu* m. 'tooth'; A. *cobā* (phonet. *s-*) 'chewing' AFD 214.

4712 ***carṣati**. 2. S.kcch. *cā̃s keṇā* 'to rake' (= G. *cās karvā*); A. also *câh* (phonet. *sɔh*) 'cultivation' AFD 217, 226.

4715 **cálati:** Garh. *caḷnu* 'to walk'.

4720 **calita-:** S.kcch. *caryo* (f. *caraī*) 'mad'.

calu- see CULU- Add[2].

4721 ***calyati:** WPah.kṭg. (kc.) *ċalṇõ* 'to go, walk, advance', J. *cālṇu*; kṭg. caus. *ċəlauṇõ* 'to drive'; kṭg. (kc.) *ċəlɛuṇõ* 'to cause to walk'; Garh. *calaṇ* 'custom'.

4722 ***calyā-:** WPah.J. *cā'l* f. 'gait, custom' (on account of *-l-* and J. gender not with Him.I 58 < CĀLA-[2]), kṭg. *ċāl* m.

4724 ***cavati:** S.kcch. *coṇū* 'to say'.

4726a **†caṣaka-** m. 'small unit of time' VarBṛ.com. [Same as *caṣaka-* m.n. 'cup' Kāv., Pk. *casaya-* m. (← Ir. EWA i 380) as part of water-clock?]
OP. *casā* m. 'a minute, $\frac{1}{3}$ of a pala'.

4727a **†caṣati[2]:** 'hurts', *chaṣati* Dhātup. [Cf. CĀṢA-[2], *CASSAKK-, *CAHAKK-]
WPah.kc. *ċaśiṇo* 'to be burnt (e.g. hand on hot iron)'?

4730 ***cassakk-** see CĀṢA-[2] and †CAṢATI[2].
S.kcch. *casko* m. 'shooting pain, craving'.

4731 ***cahakk-** see CĀṢA-[2] and †CAṢATI[2].

4732 **cākrika-** [CAKRÁ-]
S.kcch. *cākī* m. 'oil-miller', *cākaṇ* 'his wife' rather than < †CAKRIN-.

4733a ***cāṅkṣati** [CDIAL Add.]
WPah.kṭg. (kc.) *ċā̃ṇõ* 'to wish', kṭg. *ċáu* m. 'desire', J. *cā'ṇu*, *cāw* m. (Him.I 58 only refers to CDIAL *CĀH-).

4734 ***cācca-:** WPah.kṭg. (among Rājputs) *ċāċ* m. 'father's brother', *ċaċı* f. 'his wife', J. *cācā* m.

4735 **cāṭa-** m. 'a minor official' Yājñ., 'rogue' MW.

4737 **cāṭu-:** Ko. *ċāḍi* 'slander' (→ Kan. *cāḍi*? cf. EWA i 371).

4739 ***cāḍḍa-:** S.kcch. *cāḍī* f. 'stone vessel to catch leavings of food for cattle and dogs'.

4740 **cāṇḍālá-:** S.kcch. *caṇḍhāṛ* 'vile'; Garh. *caṇḍāḷ* 'an outcaste'.

4743a **†*cāndikā-** 'bright metal'. [√CAND]
All forms under CANDRIKĀ- are with Him.I 58 < **cāndikā-*; WPah.kṭg. *ċandı*, kc. °*de* f. 'silver'.

4745 ***cāndraṇa-:** WPah.kṭg. *ċandṇı* f. 'moonlight', poet. *ċandṇo* 'shining like silver' (but see †*CĀNDIKĀ-); OG. *cā̃mdriṇuṁ* n. 'time of moonlight'.

4747 **cāmara-:** Garh. *cɔ̃r* 'fly-whisk'.

4749 ***cāmala-** [~ Drav. DED 1976]: Brj. *cā̃wal*, °*war*, *cāwal*, °*war* m. 'husked rice'.

†**CĀY** 'observe': †CĀ́YATI.

4752a †**cā́yati** 'observes' TS., imperf. *ácāyat* TS., 1 sg. aor. *ácāyiṣam* AV. [√CĀY, cf. √CI[2]]
A. *cāiba* (phonet. *s-*) 'to look at' AFD 331: rather < *CĀH-.

4755 **cāra-[2]:** 1. WPah.poet. *ċār* m. 'custom'.
2. Gy.eur. *čar* f. 'grass, fodder'; S.kcch. *cāro* m. 'weeds', G. *ghās-cārɔ* m.

4756 **cāra-[3]** [~ Drav. DED 2160]

4758 **cāraṇa-[1]:** S.kcch. *cārāṇī* f. 'wages for pasturage' (*ā* from caus. in *-āṇū*?); M. *ċārṇī* f. 'grazing'.

4758a †**cāraṇa-[2]** 'belonging to the same Vedic school' Gaut., m. 'wandering actor or singer' Mn. [CÁRAṆA-]
Pa. *cāraṇa-* 'wandering', Pk. *cāraṇa-* m. 'caste of panegyrists'; S.kcch. *cāyaṇ* f. 'caste of bards', G. *cāraṇ* m. (*cārṇī* f. 'their dialect'), M. *ċāraṇ* m.

4760 **cāráyati:** WPah.ktg. *ċarnõ* tr. 'to herd, graze'; Garh. *cārnu* 'to carry'; A. *cāriba* (phonet. *s-*) 'to graze (cattle)' AFD 333.

4769 **cāla-[2]:** S.kcch. *cāro* m. 'prank'; — WPah.ktg. *ċāl* m. 'progress, state of health' rather < *CALYĀ-.

4772 **cāláyati:** A. *cāliba* (phonet. *s-*) 'to sift' AFD 333; Md. *halanī* 'shakes', *hallanī* 'vacillates' (~ Si. *halanavā* 'to shake', *hälenavā* 'to tremble' < *sa*°, *sä*°).

***cāh-** see *CĀṄKṢATI in Add. and Add[2].

4779 **cikka-[1]:** A. *cikā* (phonet. *s-*) 'rat' AFD 187.

4780 **cikka-[2]:** WPah.ktg. *ċikṭɔ* 'greasy', m. 'grease', J. *cik* f. 'mud, earth', ktg. *ċikṛɔ* m. 'mud'.

4781 ***cikka-[3]** [Cf. Shgh. *ċeg* 'child', *ċəgag* 'small']
A. *cikā* (phonet. *s-*) 'small' AFD 216; Kho. *ċeq* or *ċiq* 'small' BKhoT 67 with?

4783 ***cikṣurati** (or **cukṣurati* with *i* after *c* Him.I 61: cf. Ku. *ciśṇo* < *ATYUṢATI).
WPah.ktg. *ċíkhru* m. 'weeding-iron'.

4786 **ciṅgaṭa-:** Ko. *suṅgaṭa* 'shrimp' ~ B. *ucuṅgā* < *(*c*)*uccuṅga-* (see *UCCIṄGAKA-).

4789 ***cicc-**. 2. ***cēñc-:** WPah.rāmp. *ciñjṇõ* 'to call (from a distance)'.

4790 ***cicca-**. 1. A. *cīcā* (phonet. *sisa*) 'emaciated' AFD 216.
2. †***ciñca-:** A. *cīcā* (phonet. *sīsa*) 'flattened' AFD 155.

†***ciñca-** see *CICCA-.

***ciṭaka-** see CAṬAKA-.

4794 ***ciḍ-**. 1. Garh. *ciṛnu* 'to be cross with'.
2. ***ciḍh-:** WPah.ktg. *ċíṛh* f. 'hatred', *ċíṛhnõ* 'to hate'.
3. ***chēḍ-[2]:** WPah.ktg. *ċhéṛnõ* 'to disturb, trouble', J. *cheṛnu*.

***ciḍh-** see *CIḌ- Add[2].

4796 **citā-:** S.kcch. *cai* f. 'funeral pyre'.

4799 **citta-[1]:** WPah.ktg. *ċīt* m. 'mind', OMarw. *cita*; Md. *hit* 'heart, soul', *hit vanī* 'feels like', *hitanī* 'thinks with care' (< CINTÁYATI).
†*JĪVACITTA-.

4803 **citrá-:** S.kcch. *cittar* m. 'picture'; WPah.poet. *ċinċuo* m. 'lamp' (*ċinċ-* < *ċinc-*)? Him.I 62.

4804 **citraka-:** A. *citā* (phonet. *s-*) 'leopard' AFD 202, Ko. *ciṭṭo* (= *ciṭṭyā vāgu*).

4807 **citrakāra-:** S.kcch. *catār ḍīṇū* 'to describe' (= G. *citār devɔ*).

4809 **citráyati:** S.kcch. *cittarṇū* 'to draw'.

4810 **citrala-:** WPah.poet. *ċitḷu* 'white and black coloured (e.g. of cattle)' ← P. Him.I 61.

4812 **citrā́-:** Garh. *cit* 'a month'; Md. *hita* 'the asterism Citrā'.

4814 **cinṓti:** Pk. *cuṇaï* 'picks up'; WPah.ktg. *cıṇṇõ* 'to build', J. *ciṇnu*, ktg. *ċυṇṇõ*; kc. °*no* 'to pick up (esp. of birds)'; Garh. *ciṇnu* 'to build'.

4815 **cintáyati:** Md. *hitanī* 'thinks with care' (rather than < CITTÁ-[1]).

4816 **cintā́-:** S.kcch. *cindhā* f. 'worry' ← G. ← Sk.

4818 **cipiṭá-**. 1. WPah.ktg. *ċıυṛ* m. 'parched rice', J. *cīuṛi* f., Brj. *ciuṛo*, *ciuro* m.
4. ***cippiṭṭa-:** S.kcch. *cipṭo* 'flattened', A. *cepeṭā* (phonet. *sɛpɛta*) 'flat' AFD 216, G. *capṭɔ* 'flattened' AKŚ 30; — N. *nepṭo* 'flat-nosed' with intensive *ni-* ~ †NIṢ-? (cf. *nibiḍa-[2]* 'crook-nosed' Kāś. ~ **biḍḍa-* 'flat-nosed').

***cipp-** see *CAPP- Add[2].

4819 ***cippa-:** WPah.poet. *ċiplo* 'slippery' (< **cippalla-* or ← P.); ktg. *ċıpəṭṇõ* 'to stick, adhere' (prob. ← H. *cipaṭnā* or P. *cipaṭṇā*).

4820 **cibuka-:** WPah.poet. *ċubku*, *ċupku* m. 'chin' (< **cubbukka-* or like H. *cibuk* ← Sk.); — ktg. (kc.) *ċhɔ̃ṇṭı* f. 'chin' (< **cabhuṇṭi*? but if so why not *ṇḍ*?).

4822 ***cimb-** [In sense 'blink' ~ Drav. DED 2097]

4824 **cirá-:** Gy.boh. *čiro* m. 'time', *čirla* adv. 'a long time ago' (< MIA. *cirādō* ~ Sk. *cirāt*?).

4826 **cirbhaṭa-**. 1. S.kcch. *cibbhaṛ* 'musk-melon', G. *cībhṛū* n. (AKŚ 30), *cibhṛī* f. 'the plant'.

†***cila-** see *CILLA-^{2} Add^{2}.

cilla-^{1} 'blear-eyed'. [CULLA-^{1} × PILLA-]

4827 ***cilla-**^{2}. 2. †***cila-**: WPah.kṭg. *ċiḷək* 'morning sunshine, first rays of the sun', J. *ciḷk* f. 'morning sunshine on the highest peaks' Him.I 62.

4827a †**cillakā-** f. 'cricket' lex.: A. *celā* (phonet. *sɛla*) 'centipede' AFD 215.

***cillā-** see CĪDĀ-.
†*CILLĀSPHĀṬA-.

4828a †***cillāsphāṭa-** 'pine needles and branches'. [*CILLĀ- (CĪDĀ-), *SPHĀṬA-]
WPah.kṭg. *ċəlāpphəṛ* m. 'network of pine needles and branches', kul. *cilāph* 'pine needles (used as manure)'.

4829 **cilli-**: WPah.poet. *ċilu* m. 'a partic. bird of prey', J. *cīl* f. 'kite'.

4832 ***ciṣṭa-**: WPah.kṭg. *ċiṭṭhɪ* f. 'note, message'.

4836 **cihnayati**: Garh. *cinṇu* 'to recognize'.

4839 **cītkāra-**: Ko. *cīkāru* 'noise'.

4842 **cīna-**^{2}. 1. S.kcch. *cīṇo* m. 'millet'.

4842a **cīmara-** Add. 14496. [Cf. Shgh. *čindōn* 'furnace for smelting iron' perh. ← Dardic or Kafiri e.g. Kt. *čimə* in cmpds. like *čim-dur* 'saucepan']
Md. *timara* 'lead, tin'.

4843 **cīra-**: S.kcch. *cīrɔ vijṇū* 'to scratch (as by a thorn)' = G. *cīrɔ paṛvɔ* (AKŚ 31).

4844 ***cīrayati**: WPah.kṭg. (kc.) *ċirnõ* 'to tear, cleave'; J. *cirṇu* 'to split', Garh. *cīrnu*; — Md. *iranī* 'tears' (or < *ŚĪRAYATI).

4848 ***cukk-**: S.kcch. *cukāṇū* 'to pay, remit', *cūke vaṇṇū* 'to miss (a target)', WPah.poet. *ċukṇo* 'to err, forget, be finished', J. *cukṇu*.

4853 ***cuṅgati**: WPah.kṭg. (kc.) *ċuṅgṇõ* 'to lift up, carry', J. *cuṅgṇu*.

4853a **cuci-** 'nipple': WPah.kṭg. *ċuɪ* f. 'nipple' Him.I 62. — See *CUCCU-.

4857 **cuṭáti**. 6. **cuṇṭháyati**: S.kcch. *cūndhṇū* 'to select'.

†***cuṭṭa-** 'small' see †*CHŌṬA-.

cuṇṭháyati see CUṬÁTI Add^{2}.

4859 **cuṇḍati** [Cf. †*CUṬṬA-, CULLA-^{2}]

4860 ***cutta-**: WPah.kṭg. *ċuttər* m. 'thigh, buttocks'.

4864 ***cuppa-**^{1}: WPah.kṭg. *ċup* f. (obl. *-a*) 'silence', *ċuppɔ* 'silent'; — A. *copiba* (phonet. *s-*) 'to lie in wait' AFD 331.

4865 ***cuppa-**^{2}: WPah.kṭg. (kc.) *ċoppəṛ* m. 'butter', J. *cupar* m.; A. spel. *cupi* 'small oil vessel'.

4867 ***cubhyatē**: WPah.J. *cubhṇu* 'to pierce'.

4868 **cumba-**: Brj. *cumbo, cummo, cūmo* m. 'kiss'.

4869 ***cumbaṭa-** 'pad'. [~ Drav. DED 2204]

4870 **cumbati**: Brj. *cumbno, cūmno* 'to kiss'.

4875 **culu-**. 1. Brj. *cullū* m. 'handful of water'.
2. **calu-**: S.kcch. *carū* f. 'rinsing the mouth after meals'; A. *col, calu,* phonet. *sol, solu* 'palmful of water' AFD 216.

4876 **culla-**^{1} [< *cyutla- with Pk. *c-* < *cy-* Burrow Tau vii 156]

4877 ***culla-**^{2} 'small'. [Cf. also †*CUTTA-]

4879 **cullī-**: WPah.kṭg. (kc.) *ċūl* (obl. *-ɪ*) f. 'fireplace, oven', J. *culi* f., Brj. *cūlho* m.
†*APACULLĪ-.

4883 **cūḍa-**^{1}. 1. WPah.kṭg. *ċuḷɔ* m. 'small broom' (semant. cf. P. *jūṛā* < JŪṬA-); Md. *huḷi* in *kan-huḷi* (< KÁRṆA-) 'side-burn', *uḷi* 'strand of rope', *huḷi* 'small bun on hair, arching of wave', *huḷu* 'wrist-joint, hinge'.
3. ***cōṭṭa-**^{1}: S.kcch. *coṭī* f. 'peak', WPah.kc. *coṭe* f. (why not *ċ-*?).

4884 **cūḍa-**^{2}: S.kcch. *cuṛo* m. 'ivory bracelet'; WPah.kṭg. *ċuṛɪ* f. 'small anklet, bracelet'.

†**cūḍa-**^{3} 'small' see *CULLA-^{2} in CDIAL.

4888 ***cūra-**: S.kcch. *cūro* m. 'crumbs'; WPah.kṭg. *ċurɔ* m. 'fragment, piece, powder', *ċūrɪ* f. 'particle'.

4889 **cūrṇa-**. 2. Garh. *cūnu* 'flour'; — ext. *-ḍa-*: OP. *cūnaṛī* f. 'red-spotted sāṛī'.
†*PRACŪRṆA-.

4898 **cūṣati**: S.kcch. *cūyṇū* 'to suck', WPah.kṭg. *cúśṇõ* (← some lg. or dial. which preserves *c-*), J. *cuśṇu* 'to suck, absorb' (in sense of burning Him.I 52 rather < †*ATYUṢATI).

***cēñc-** see *CICC- Add^{2}.

4902 **cēṭa-** [Cf. *KĒṬṬA-, *CĒLLA-]
Brj. *cero* m. 'boy', *cerī* f. 'girl'; Ko. *ceḍi* 'prostitute'.

4907 **cētas-**: Md. *hei, hē* 'mind, life, consciousness'.

4908 **cēttṛ-**: S.kcch. *cetāyṇū* 'to warn'; Garh. *cetṇu* 'to become aware of'.

4911 ***cēlla-** [Cf. Ir. in Shgh. *čəl-dūr* 'younger']
Ku. *celo* m. 'boy', *celī* f. 'girl', Brj. *celo* m. 'boy', *celī* f. 'girl'.

4915 **caitrá-**: Garh. *cɛt* 'the month'.

4918 **cōkṣa-**: S.kcch. *caukhā* m.pl. 'rice'; — WPah.J. *cokhu* 'clean, chaste'.

†**cōca-** n. 'cinnamon bark' Suśr., 'bark, skin, the

uneatable part of a fruit' lex., *cōcaka-* n. id. ib. — See TVÁC- Add².

†*cōṭa-² 'small' see †*CHŌṬA-.

4922 ***cōṭṭa-²**: WPah.poet. *ċɔṭue* f. 'vagabond girl, faithless girl'; Brj. *coṭṭo* m. 'thief'.

***cōṭṭa-¹** see CŪḌA-¹ Add².

4923 **cōḍa-¹**: WPah.kṭg. *ċoṛɪ* f. 'bodice'.

4929 ***cōddati**: K. *-cod* 'copulating' (← Ind. with *c*) in *bīth-cod* (with *BĒṬṬA-, see *BIḌḌA-); WPah.kṭg. *ċodṇõ* 'to copulate'.

4930 **cōdya-**: Brj. *coj* m. 'jeer'?

4931 **cōrá-**: WPah.kṭg. (kc.) *ċōr* 'thief'.

4933 **cōráyati**: S.kcch. *corṇū* 'to steal', WPah.kṭg. (kc.) *ċornõ*; kc. *ċoriṇo* 'to hide oneself, abscond', *ċoria*, °*iɛ* 'stealthily'; J. *corwṇu* 'to be concealed or stolen'; Garh. *cornu* 'to steal'.

4937 **caurikā-**: WPah.kṭg. *ċorɪ*, (kc.) *ċore* f. 'theft'.

4938 **caurya-**. 2. ***cauriya-**: S.kcch. *coraī* f. 'theft'?

***cyutati** see CYÓTATI Add².

4948 **cyótati**. 2. ***cyutati**: S.kcch. *cuāk* m. 'leak in a roof'; Garh. *cūṇu* 'to trickle'.

CH

4956 ***chakka-¹**: S.kcch. *chakk* 'astonished'.

4957 ***chakka-²**: WPah.kṭg. *ċhā́k* m. 'cooked food given to servants and labourers'; J. *chākkā* 'a day's labour paid for with two seers of grain and a meal'.

4961 ***chagana-**: line 3 delete Kt. *čũ* GM 22.6.71.

4963 **chagalá-** (*chēlaka-* m., *chēlikā-* f. 'goat' Bhpr.). 1. MB. *chāliyā* m. 'boy', B. *chele*.
2. ***chagalla-**: WPah.poet. *ċhelo* m. 'goat', J. *chelā*.

***chagalla-** see CHAGALÁ- Add².

4965 ***chaṭ-**: WPah.kṭg. *ċhɔ́rnõ* 'to pound (corn or rice)', J. *chaṛnu*.

4966 ***chaṭa-** [∼ Drav. DED 1899 — see SAṬṬA-²]
1. S.kcch. *chaṛī* f. 'a cane'; WPah.kṭg. *ċhɔṛɔ* (*ɔ́*?) m. 'stick, rib', *ċhɔ́ṛɪ* f. 'stick, symbol like a stick carried before an idol in procession'; J. *chaṛi* f. 'gold- or silver-mounted stick kept by a gatekeeper'; Garh. *chaṛ* 'iron bar'.
3. ***chiṭṭa-**: WPah.kṭg. *ċhíṭṭɔ* 'lopped bare branch'.

4968 ***chaṭṭ-**: WPah.kṭg. *ċháṭṇõ* 'to whitewash'.

4970 ***chanṭ-**: S.kcch. *chanḍhṇū* 'to sprinkle'.

4971 ***chatti-**: S.kcch. *chatt* f. 'ceiling'.

4972 **chattra-¹**: S.kcch. *chattar* m. 'big umbrella'; WPah.kṭg. (kc.) *ċhɔ́ttər* m., poet. *ċhɔtre* f. 'umbrella' both ← P.
†*CHATTRAYATI.

4974a †***chattrayati** 'acts as cover'. [Denom. of CHÁTTRA-¹]
A. *chāṭiba* (phonet. *satibɔ*) 'to cover' AFD 202.

4976 **chattvará-**: WPah.kṭg. (kc.) *ċháppər* m. 'roof', J. *chāpar* m.

CHAD¹: CHALLI-, †*CHĀDĀPANA-.

4980 **chadís-**: A. also *chai* (phonet. *soi*) 'roof, covering' AFD 216.

4981 **chádman-**. 1. Pk. *chabbaya-* n. 'strainer, bamboo basket', *chabba(ga)-* m.n. 'kind of vessel', OP. P. *chābā* m. 'pan on scales', P. *chābbā* m. 'flat basket', *chābbū̃* 'small do.', *chābṛī* f.; WPah.kṭg. *ċháb* m. 'big basket, baby's cot', °*ṛɪ* f. 'basket', H. *chabṛā* m., °*ṛī* f.; G. *chāb* f. 'shallow do.', *chābṛī* f. 'small do.', M. *sābḷī* f. (*chabḍī* f. ← G. H.); S. *chāba* f. 'dam in canal', L.mult. *chāb* f. (P. *chābbū*, *jhābū* m. 'muzzle' × *JABBU-) J.C.W.
2. A. *chō̃*, phonet. *sō̃* 'actor's mask' AFD 216.

4983a **chánda-²**: WPah.kṭg. *ċhándɔ* m. 'hospitality, generosity', °*dɛ* m.pl. 'entertaining', J. *chānde* m.pl.

4989 **channa-¹**: S.kcch. *chano* m. 'temporary residence for a marriage party during a wedding'; Garh. *chān* 'cowshed'; A. spel. *chāniba* 'to cover' AFD 337.

4994 ***chapp-**. 1. WPah.poet. *ċhapo* m. 'stamp, hallmark'; kṭg. *ċhəpauṇõ*, °*pɛuṇõ* 'to conceal', J. *chapṇu* intr. 'to hide'.

4998 **chárdati** [Partly × KṢŌṬAYATI]
1. S.kcch. *chaḍṇū* 'to abandon', WPah.kṭg. (kc.) *ċhāṛnõ* 'to set free, send, leave, put, keep', J. *chāṛṇu*; Brj. *chāṛno* 'to abandon'; — Si. *heḷanavā* 'casts down, throws, lets fall' EGS 2939, Md. *aḷanī* 'casts down, pours, spreads' (rather than < *ŚĀṬAYATI¹, *ŚĀṬAYATI², or *HALATI Add²) C. H. B. Reynolds.

2. ***chr̥ndati:** Brj. *chā̃ṛno* 'to vomit', OMarw. absol. *chaṁḍi* 'leaving, giving up'.

†CHAL: †CHALITA-.

5001 **chala-¹:** WPah.kṭg. *ċhɔḷ* m. 'haunt of an evil spirit, haunted feeling', J. *chaḷ* m.

5002 ***chala-².** 2. ***chalakka-:** WPah.kṭg. *chɔ̀lkəṇõ, chɔ̀ləkṇõ* intr. 'to splash' (with *ch* and *-l-* ← H. or P.).
5. **†*chāla-:** WPah.kṭg. *ċhā́ḷ* f. (obl. *-ɪ*) 'jump, leap' Him.I 65 — or < *UT-ŚĀLA-, but if so, why not **śwāḷ*?

***chalakka-** see *CHALA-² Add².

5003 **chalayati:** S.kcch. *chalṇū* 'to cheat'.

5003a **†chalita-** 'deceived' R. [Pp. of CHALAYATI: √CHAL]
Pk. *chalia-* 'deceived', Garh. *chaḷyū* 'taken by a ghost'.

5005 **challi-** [< **chadli-*: √CHAD T. Burrow Tau vii 152]
S.kcch. *chall* f. 'bark', WPah.kṭg. (kc.) *ċhā́l* f. (obl. *-ɪ*); A. also *chāli* (phonet. *s-*) AFD 216.

5005a **†*challī-** f. 'maize': P. *challī* f. 'maize-cob'; WPah.kṭg. *ċhállɪ* f. 'maize'; J. *chālli* f. 'maize-cob'.
†*CHALLĪPIṢṬA-.

5005b **†*challīpiṣṭa-** 'maize-flour'. [*CHALLĪ-, PIṢṬÁ-]
WPah.kṭg. *ċhəlíṭṭhɔ* m. 'maize-flour' (Him.I 69 cf. *kədríṭṭhɔ* < †*KŌDRAVAPIṢṬA-).

5006 **chavi-:** Brj. *chail(o)* 'foppish', Garh. *chɛlu*.

5012 ***chācchī-:** S.kcch. *chāy* f. 'whey, buttermilk'; WPah.kṭg. *ċhā́* f. 'whey, curd mixed with whey'; J. *chā* f. 'watery curd'; Garh. *chāc* 'buttermilk'.

5014 ***chātti-:** WPah.kṭg. *ċháttɪ* f., kc. °*te* f. 'chest, mind'.

5017 **chādana-:** WPah.kṭg. *ċháuṇɪ* f. 'cantonment' ← P.; *ċhɛ̄́ṇ* m. 'bed, bedding for cattle, the pine needles used for bedding', J. *chwaiṇ* m. 'leafy bedding for cattle' < MIA. *chāvaṇa-* × *chāyaṇa-* (cf. *chādinī-* f. 'skin' = *chādana-* n. id. lex.?).

5019 **chādáyati:** WPah.kc. *ċhāṇo* 'to cover, spread (blankets)', J. *chā(w)ṇu*; Garh. *chāṇu* 'to cover (esp. with a roof)'; — Pk. *chāyavēi*, WPah.kṭg. *ċhɛ́uṇõ*, *ċhɛ̄́ṇõ* 'to cover, deck, decorate, spread (blankets), thatch'.

5023 **chādya-:** Brj. *chajjo*, *chāj(o)* m. 'veranda, roof'.

5026 ***chāpa-:** WPah.kṭg. (Khaś tribe) *ċhɛ́ɪ* f. 'small girl, younger sister'.

5027 **chāyā́-:** WPah.kc. *ċhaī̃*, kṭg. *ċhɛ́ī̃*, *ċhɛ̄̃́* (with high level tone) f. 'shadow', J. *chaī̃*; Garh. *chɛlu* 'shade, shadow'; Brj. *chā̃h*, *chāī̃*, *chā̃ũ* f.

†*chāla- 'jump' see *CHALA-².

5032 **chikkā-:** S.kcch. *chikk* f. 'sneeze'; WPah.kṭg. *ċhíṅk* f. (obl. *-a*) 'a sneeze', *ċhíṅkṇõ* 'to sneeze', J. *chīk* f., *chikṇu*.

5035 ***chiṭ-.** 2. ***chiṭṭ-:** A. *chiṭā* (phonet. *s-*) 'stain, splash'.
4. **†*chēṭ-:** WPah.poet. *ċheṛu* m.pl. used banteringly about small children, J. *cheṛu* 'one who stirs' rather than with Him.I 66 < *CHĒḌ-¹, *CHĒḌ-².

***chiṭṭ-** 'scatter' see *CHIṬ- Add².

CHID: †*CHĒDU-.

5043 **chidrá-** [~ †*CHĒDU-, *CHILLA-¹]: Brj. *chīdo* 'having holes, thin'; Garh. *chedṇu* 'to make holes (in a lute)'.

5045 **chinátti:** Kho. *čhinik* 'to cut (off)' BKhoT 67.

5047 **chinná-:** WPah.J. *chinṇu* 'to lop, cut'; — kṭg. *ċhúnṇõ* 'to crush, break, destroy' (× KṢUNDATI).

5049 ***chir-** 'pierce'. 1. A. *chiriba* (phonet. *s-*) also 'to be torn' AFD 331.
2. ***chēr-:** WPah.kṭg. (kc.) *ċhérnõ* 'to obsess (of a god), to be obsessed (by a god)' Him.I 66.

5051 ***chilla-¹** [Same as *CHILLA-²? ~ CHIDRÁ- ext. of *chita-* 'cut off, torn' lex. with *-illa-* Burrow Tau vii 153]

5052 ***chilla-²** [Same as *CHILLA-¹?]
WPah.kṭg. *ċhílkɔ* m. 'bark (of trees)'; J. *chilṇu* 'to bark, peel'.

5053 **chucchundari-:** S.kcch. *chuchūndar* f. 'mole'.

5055 **chupáti:** WPah.kṭg. (kc.) *ċhū̃ṇõ* (with high level tone) 'to touch', J. *chū̃wṇu*; kṭg. *ċhwáuṇõ* 'to cause to be touched'.

CHR̥D: †*ATICCHARDATI, †*AVACCHARDATI.

***chr̥ndati** see CHÁRDATI Add².

†*chēṭ- 'sprinkle' see *CHIṬ-.

***chēḍ-²** 'make angry' see *CIḌ- Add².

5064 **chēda-** see †*CHĒDU-: Brj. *chew*, *cheh* m. 'stroke, end', OMarw. *chehalaü* 'last, final'. — WPah.Wkc. *ċekṇo* (*ċh*?) 'to beat'.
†*CHĒDĀNTARA-.

5067a **†*chēdāntara-** 'gap caused by split'. [CHĒDA-, ÁNTARA-¹]
WPah.kṭg. *chɛ́ndrɔ* m. 'split in a tree' Him.I 53.

5067b **†*chēdu-** 'cut, slit'. [Suffix *-u-* ~ *-ra-* in CHIDRÁ-, √CHID]
Poss. forms ending *-u* or *-w* under CHĒDA-. — Ext. *-kka*: WPah.kṭg. *ċhéukɔ* m. 'parting in women's hair' (Him.I 66). — Ext. *-ṭa-*: kṭg. *ċhéuṛɪ*, kc. °*ṛe* f. 'woman, wife', J. *chēoṛi* (semant. cf. KÁLATRA- and DĀRA-¹ ~ DĀRA-²: Him.I 66).

CHŌ: *CHILLA-¹.

5070 ***chōkara-:** WPah.kc. *ċhoru* m. 'child, boy'.

5071 †*****chōṭa-** 'small'. 1. Pk. *chōḍī-* f. 'small', WPah.kc. *ċhoṛe* f. 'girl'.
2. ***chōṭṭa-** 'small': WPah.kṭg. (kc.) *ċhóṭṭɔ* 'small'; kṭg. *ċhõṭu* 'boy, son', *ċhõṭı* 'girl, daughter', J. *chō'ṭī*, kc. *ċhoṭe* f. (but these are, according to Him.I 68 of different origin from *CHŌṬṬA- 'small' as also kc. *ċhoru* 'boy, son' poss. < *CHŌKHARA- or *CHŌKARA-).
3. †***cōṭa-**[2] 'small': Pk. *cōḍī-* f. 'small'; G. *coṛī* f. 'girl'.
4. †***cuṭṭa-** 'small': A. *cuṭi* (phonet. *suti*) 'dwarfish'. — Cf. CÚṆḌATI, CULLA-[2], †CŪḌA-[3].

5072 ***chōra-** [< *CHŌKHARA- or *CHŌKARA-?]

5073 ***chōll-** [MIA. ext. with *-ulla-* of *chyáti* to *chaülla- > Pk. *chollaï* Burrow Tau vii]
S.kcch. *cholṇū* 'to scrape'; WPah.kṭg. *ċhólṇõ* 'to scratch, cut'.

J

5081 **jáṅghanti:** WPah.kṭg. (kc.) *jhaṅgṇõ* 'to beat, kill'.

5082 **jáṅghā-:** S.kcch. *jaṅgh* f. 'thigh', Garh. *jā̃gṛu*.

5086 **jáṭā-**. 1. WPah.rudh. *jaṛ* 'goat's hair'; kṭg. *jɔṛu* m. 'lamb', *jɔ̃ṛh* f. 'root', J. *jauṛ* f. (both perh. ← P. Him.I 73), Garh. *jaṛ*; A. *jari* (phonet. *zori*) 'rope' AFD 218.
2. ***jaṭṭa-**[1]**:** WPah.kṭg. *jɔ̃ṭ* f. (obl. *-a*) 'matted twisted hair' (lw. Him.I 73).

***jaṭṭa-**[1] see JÁṬĀ- Add[2].

5090 **jaḍa-:** WPah.Wkc. *jɔḷno* 'to get sour (of milk)'.

5091 ***jaḍati** [Burrow Shwa 63 *yátatē* 'places himself in the right position' RV. with spontaneous cerebralization > **yaṭati* > Pk. *jaḍaï* whence Sk. *jaḍita-* 'studded with jewels'. According to Burrow < IE. **yéteti* 'fixes', Toch. *yät-* 'to decorate', *yatwe* 'decoration'; see also YATYATE Add[2]]

5093 **játu-:** A. *jau, jo* 'lac' AFD 96.

5094 ***jatughara-** see †JYŌTKĀRA-.

5095 ***jatta-**, cf. *jarta-* 'hairy' CandraUṇ.

5097 ***jadas-:** delete entry (see Add. 14514).

JAṆ: †*JÑA-[2].

5098 **jána-:** WPah.kṭg. *jɔṇɔ* m. 'person', Garh. *jhaṇu*.

5102 **janáyati:** S.kcch. *jaṇṇū* 'to give birth to', Garh. *jaṇnu*.

5103 **jáni-:** Si. *amadini* 'mother' DSL 528 — see †*AGRAJANĪ-.

5110 **jantú-**. 1. Ko. *dantu* 'intestinal worm' (*j* — *t* > *d* — *t*, cf. YANTRÁ- Add[2]) S. M. Katre.

5113 **jánman-:** Pk. *jammaï* 'is born', WPah.kṭg. (kc.) *jɔmṇõ* 'to grow, germinate, be born, be frozen', J. *jamṇu*; Garh. *jamṇu* 'to be produced'.

5116 **jánya-:** S.kcch. *jann* f. 'marriage party'; G. *jānī-* in *jānīvāsɔ* m. 'lodging given to bridegroom's party', M. *jānī-* in *jānivsā* > *jānavsā* m. (rather than < *JANYAVĀSA-).
†*JANYĀVĀSA-.

5118 **janyayātrā-:** OG. *jānutra*, G. *jānotar* f. 'marriage party' (whence *u/o*?).

5119 ***janyavāsa-:** rather †***janyāvāsa-** as in OG. *jānāvāsaü* ŚSB.

5124 ***jabbu-** see CHÁDMAN- Add[2].

5131 **jambú-:** Md. *dañbu* 'a kind of fruit', *dañbu-ruk* 'king coconut tree'.

5136 **jambula-**. 2. ***jambūna-:** Garh. *jāmṇu* 'a kind of fruit, the rose-apple'.

***jambūna-** see JAMBULA- Add[2].

5137 **jámbha-:** †*JAMBHĀPA-.

5139a †***jambhāpa-** 'saliva on jaws'. [JÁMBHA-, ÁP-]
Kmd. *jamõ* m. 'mucus of animal's mouth'.
†*JAMBHĀPALASA-.

5139b †***jambhāpalasa-** 'stickiness of spittle'. [†*JAMBHĀPA-, *LASA-]
Kmd. *jamōlos* 'slavering' GM 22.6.71.

5140 ***jamm-:** WPah.kṭg. *jamṇõ* 'to be hot, get enraged, (of ear) experience a burning sensation' (lw. with *j-*? — but cf. JHAMM-[4]), *jɔmauṇõ* 'to kindle'.

5141 **jáya-:** Garh. *jɛ* 'victory' (← Sk.?).

5142 ***jayakāra-**, Pk. *jekkāra-* m. 'shout of victory' replacing earlier †JYŌTKĀRA-, Pk. *jokkāra-*.

5152 **jarāyu-:** S.kcch. *jar* f. 'umbilical cord of an animal'.

5154 **jarjára-:** Brj. *jājar, jājal* 'old, worn out'.

5155 **jala-:** WPah.poet. *jɔll* m. 'water', J. *jal* (← H.), OMarw. *jaḷa* m.

5160 **jalāśaya-:** A. also *jalāh* 'a large sheet of water' AFD 218.

5163 **jálpati:** WPah.poet. *jɔpṇo* 'to talk' (lw. on account of *ɔ* Him.I 54), Garh. *japṇu* 'to mutter, esp. a mantra'.

5174 **jā́grat-:** Pk. (with suffix *-ra-*) *jaggira-* 'awake', WPah.kṭg. *jagərnõ* intr. 'to wake up', kṭg. (kc.) *jagrɔ* m. 'nocturnal religious ceremony', J. *jāgrā* m., poet. *jage* f. 'guard, watching', J. *jā'g* f. 'awaking'.

5175 **jāgrati:** WPah.kṭg. (kc.) *jagṇõ* intr. 'to wake', tr. 'to watch, guard', J. *jāgṇu*; Garh. *jāgṇu* intr. 'to be awake'; WPah.kṭg. *jəgauṇõ* tr. 'to wake', Wkc. *jəgɛuṇo*.

5177 **jāṅgala-:** WPah.kṭg. (kc.) *jaṅgəl* m. 'forest, waste land' (poss. like forms of L. P. WPah.bhad. rather ← H. etc. than with Him.I 71 < **jāṅgalya-*).

5180 **jāḍya-:** Garh. *jāḍḍu* 'cold'; A. spel. *jāṛ*.

5182 **jātá-:** WPah.poet. *jao* m. 'son', *jai* f. 'originating from' (a married woman in relation to her village); (with diminutive or pejorative suffix) kṭg. *jaṭṭu* m. 'illegitimate child' Him.I 70.

5193 **jānā́ti:** S.kcch. *jāṇṇū* 'to know' (*jaṇāṇū* 'to feel by touch' = G. *jaṇāvũ* AKŚ 34), WPah.kṭg. (kc.) *jaṇṇõ*, J. Garh. *jāṇnu*; Md. *dannanī* (absol. *dane, dene, dena*) 'knows', *dannavanī* 'informs' (*dennevum* 'informing').

5195 **jā́nu-** n. 'knee' RV., *jānuka-* n. VarBr̥S.: WPah.kṭg. *jaṇu, jānu* m. 'knee' (cf. Pa. Pk. *jannu-, jaṇṇu-* with *-nv-* of obl. cases), J. *jāṇu* m.

5197 **jānya-:** S.kcch. *jā̃ī* m.pl. 'men accompanying bridegroom in marriage party'.

5198 **jā́mātr̥-:** WPah.kṭg. (kc.) *jwaī* m. 'son-in-law', Garh. *jawaī*, Md. *dañbidari* (*-dari* < *dāraka-*).

5200 **jāmí-:** M. *jāv* 'wife of husband's brother', Ko. *jāva*.

5204 **jā́yatē:** WPah.kṭg. *jāṇõ* 'to be born'.

5204a ***jāyantī-** Add. 14518.

5206 **jārá-:** S.kcch. *jār* m. 'paramour'.

5212 **jāríya-:** S.kcch. *jārī* f. 'illicit sexual intercourse'.

5213 **jā́la-:** S.kcch. *jārī* f. 'window-bars'; Garh. *jāḷu* 'cobweb'; Md. *dalek, dau, dā* 'net'.

5224 **jitá-:** S.kcch. *jītṇū* 'to conquer', WPah.kṭg. *jitṇõ* (absol. *jittia* 'forcibly', J. *jitia* 'having won' Him.I 74), J. *jitṇu*; A. *zit* 'victory' AFD 203; Garh. in *ɔttā jī* 'property of a sonless man' (or < JĪVITÁ-?).

5227 **jiyā́-.** 2. G. *jevrī* f. 'bowstring'.

5228 **jihvā́-:** S.kcch. *jibbh* f. 'tongue', WPah.kṭg. *jibbh* f., kc. *jībh* f. (obl. *-a*), J. *jībh* f., Garh. *jīb(h)*, Mth. *jibhelā*, (SETirhut) *jihelā*, (NETirhut) *jihlā* 'right-hand peg passing through roller of weaver's loom preventing it from revolving' Grierson BPL 75 with illustration; Md. *dulek, dulu, dū* 'tongue' (*-l-* by anal. with other words ending in a long vowel).

5231 ***jihviya-:** S.kcch. *jibbhī* f. 'dry saliva on the tongue'.

5234 **jīraka-:** Md. *diri* 'cummin'.

5236 ***jīrayati:** Md. *direnī* 'is digested', *diruvanī* 'digests'.

5239 **jīvá-[1]:** Gy.boh. *ji* m. 'heart, soul'; WPah.kṭg. (kc.) *jiu* m. (obl. kṭg. *jiwa*, kc. *jiba*) 'mind, heart, thought, person'; J. *jiū* m. 'mind, person', Garh. *jyu*.
†*JĪVACITTA-.

5240a **†*jīvacitta-** [JĪVÁ-, CITTÁ-[1]]
WPah.poet. *jiuto* m. 'mind, heart, life' or < JĪVATVA- rather than ← Sk. *jīvitá-* with Him.I 74.

5241 **jīvati:** S.kcch. *jīvṇū* 'to live', WPah.kṭg. (kc.) *jivṇõ*, J. *jīwaṇu*.

5242 **jīvatva-:** WPah.poet. *jiuto* m. 'mind, heart, life' or < †*JĪVACITTA-.

5243 **jīvana-:** WPah.kṭg. *jivṇ* m. 'livelihood'.
†*JĪVANĀYUṢYA-.

5243a **†*jīvanāyuṣya-** 'span of living'. [JĪVANA-, ĀYUṢYÀ-]
WPah.kc. *jiuṇaiś* f. (obl. *-i*) 'livelihood' (or + ĀŚRAYA- with metath. Him.I 74).

5244 **jīvantá-:** WPah.kṭg. (kc.) *jiundɔ* 'living, alive'.

5247 **jīvalá-.** 2. ***jīvāla-:** S.kcch. *jyārṇū* 'to give life to'.

5250 **jīvāpayati:** WPah.kṭg. *jɛuṇõ* 'to give life to'.

***jīvāla-** see JĪVALÁ- Add[2].

5252 **jīvitá-:** Garh. in *ɔttā jī* 'property of a sonless person' or < JITÁ-?
†JĪVITĒŚVARA-.

5252a **†jīvitēśvara-** m. 'a name of Śiva' MW. [JĪVITÁ-, ĪŚVARÁ-]
WPah.kṭg. *jiśśər, jinśər* m. 'name of a god who is brother of *dẽṭhu* (< *DĒVAKŌṢṬHA-)' or < **jīvēśvara-* Him.I 55.

5255 **juṣṭá-:** WPah.kṭg. *juṭṭhɔ* 'polluted', J. *juṭhā*; kṭg. *juṭhṇõ* 'to wash hands and mouth after a meal', J. *juṭhṇu*; Brj. *jūṭh(o), jū̃ṭh* m. 'leavings'.

5258 **jūṭa-.** 1. P. *jūṛā* m. 'top-knot, broom' (semant. cf. WPah.kṭg. *cuḷɔ* < CŪḌA-[1]).

5265 **jr̥mbhatē:** Garh. *jāmṇu* 'to yawn', Brj. *jābhāno, jamhāno, jamuhāno* (× MIA. *muha-* < MÚKHA-?).

5266 ***jr̥mbhāyita-:** WPah.kc. *jəmhaī* f. 'yawning', J. *jmhāi* f., OM. *jāmbhaī* f. (< *jr̥mbhā-, jambhakā-* Master GrOM §77), Ko. *jāmbhai*.

5271 **jŏ́ṣati:** Kho. *joṣik* 'to think' BKhoT 69.

5272a **†*jña-^{2}** 'born'? [√JAN]
†*NAVAJÑA-?

5273 **jñaptá-:** Md. *dat* 'known'. — Delete last sentence of 1.

JÑĀ: †PRÁJĀNĀTI.

5277 ***jñāti-^{2}:** delete entry (see NYĀYÁ- Add^2).

5278 ***jñātighara-:** Brj. *naihar* m. 'wife's father's house'.

5279 ***jñātra-:** WPah.ktg. *nattɔ* m. 'community of relations', J. *nātā* 'relative' (both ← H.).

5281 **jñāna-:** †*sajñāna-.

5284 **jñāyatē:** — for Ap. H. see NYĀYÁ- Add^2.

5286 **jyḗṣṭha-:** S.kcch. *jeṭh* m. 'husband's elder brother', Garh. *jeṭh* m. (*jiṭhāṇ* f. 'his wife'); WPah.ktg. *jéṭṭhɔ* 'elder, eldest', Garh. *jeṭhu*; Md. *doři*, °*řī* 'big, biggest, eldest'.
†JYĒṢṬHĀ-.

5292a **†jyḗṣṭhā-** f. 'the 16th or 18th lunar mansion' AV. [JYḖṢṬHA-]
Pk. *jeṭṭhā-*, *jiṭ*° f. 'a particular asterism'; Si. *deṭa* 'the 18th lunar mansion', Md. *dořa*.

5293 **jyaiṣṭha-:** S.kcch. *jeṭh* m. 'the 8th month May–June', WPah.ktg. *jéṭṭh* m., Garh. *jeṭh*.

†jyŏ́k 'for a long time' RV. [← OMIA. (Pk.) *jokkāra-* m. 'wish for long life, shout of triumph (= *jekkāra-* PSM)'; origin in exclamation is presupposed by context of triumph (*kṣētrajḗṣḗ*) in RV. 1.33.15 *jyŏ́kkr̥-* 'live long' and by phrase underlying *jyŏ́gjīvā́tu-* f. 'long life' ŚBr.; OIA. **dyōḥkr̥-* ~ *pradívaḥ*, etc.] J.C.W.

5298 **jyōtiriṅgaṇa-:** H. *jugnī*, *jugnū*.

5300 **jyōtis-:** WPah.sat. *jŏ̃th* 'moon'; ktg. *jótth* f., Wkc. *jɔ̃th* f. in phrases 'moon is waxing, waning'; J. *joti* f. 'light of sun or lamp' — all ← Sk., partly × WPah.ktg. *jɔṇ* 'moonlight' < JYŎ́TSNĀ-.

5300a **†jyōtkā́ra-** m. 'shout of acclamation', *jyōtkarōti* 'acclaims' Kāv. [T. Burrow BSOAS xli 179; Sk. ← Pk. *jokkāra-*, *jōhāra-* (< **dyōḥkāra-* 'wish for long life, shout of triumph' see †JYŎ́K); — JYŎ́K, -KĀRA-^{3}]
Pk. *jokkāra-*, *jōhāra-* m. 'deferential salute', *jōhārijjaï* 'is saluted with deference', OP. *johārī* 'hail!', OMarw. *juhāra* m. 'salutation (with the words 'live long')', M. *jŏhār*, H. *johār* f., vb. *juhārnā*; — from sense 'shout of triumph' (see †JYŎ́K): H. *johar*, *jauhar*, *jūhar* m. 'fight to the death, self-immolation', Marw. G. *jauhar* n. rather than < *JATUGHARA-. J.C.W.

5301 **jyŏ́tsnā-:** WPah.ktg. *jɔ̄ṇ* f. (obl. *-a*), *jɔ̃ṇ*, kc. *jūn*, kiũth. *jūhṇ*, J. *jũ'ṇ*; Garh. *jon* 'moonlight', (LSI) *jūn*, A. *jonāk* (phonet. *z-*), Brj. *jonh*, *jonhāī*, *jõdhaiyā* f.

5302 **jyautiṣiká-:** Brj. *jo(i)sī* m. 'astrologer', OMarw. *joisī*.

5303 **jvará-:** WPah.ktg. *jɔr* m. 'fever', J. *jar* m., Garh. *jar*.

5304 **jvárati:** WPah.ktg. *jɔ̃rhṇõ* (part. *jɔria*) 'to be feverish', Garh. *jareṇu* (denom. of *jar* < JVARÁ-?).

5306 **jválati:** WPah.ktg. (kc.) *jɔḷnõ* intr. 'to burn, blaze', caus. *jəḷauṇõ*, J. *jalāwṇu*; Garh. *jaḷnu* intr., caus. *jaḷɔṇu*; Md. *dillanī* caus. 'makes shine' (× *JHIL-? — Si. *dalvanavā*), *dillenī* intr. 'shines' (Si. *dilenavā*).

5312 **jvālá-:** Ko. *jāḷa* n.pl. 'entry'; — *jaḷāra* 'mosquito' < **jvālākāra-*?

5314 **jvālayati:** WPah.ktg. (kc.) *jaḷnõ* tr. 'to burn, kindle, set on fire'.

JH

5316 ***jhakk-^{1}:** Ko. *jhāṅki* 'ribald speech'.

5318 ***jhakk-^{3}.** 3. ***jhagg-:** Ko. *jhagjhagi* 'shining, polished'.

***jhakk-^{5}** 'clump' see *JHAṄK-^{1} Add^2.

5321 ***jhagaḍ-.** 2. ***jhaggaḍ-:** S.kcch. *jagharṇū* 'to quarrel'; WPah.kc. *jhɔgṛo* m. 'quarrel' prob. ← H. (Him.I 77).

***jhagg-** 'shine' see *JHAKK-^{3}.

***jhaggaḍ-** 'quarrel' see *JHAGAḌ- Add^2.

5323 ***jhaṅk-^{1}.** 2. ***jhakk-^{5}:** WPah.ktg. *jhàkkəṛ*, *jhàkṛɔ* m. 'shrub, bush', J. *jhākhṛ* m.

5327 ***jhaṭ-.** 2. ***jhaṭṭ-:** S.kcch. *jaṭṇū* 'to snatch', *jaṭko* m. 'blow'; WPah.ktg. *jhɔṭ* 'suddenly'.
5. **†*jhiṭ-:** WPah.kc. *jhɪṛno* 'to pull'; J. *jhiṛṇu* 'to drag, draw'; ktg. *jhìṛkṇõ* 'to interrupt (sleep) suddenly'; J. *jhiṛkṇu* 'to scold'; H. *jhiṛaknā* 'to shake, scold'.

5328 ***jhaṭati.** 1. WPah.J. *jhaṛnu* 'to fall'; Garh. *jhaṛnu* 'to drop down'.
2. ***jhāṭayati:** WPah.poet. *jhaṛno* 'to cut (e.g. branches off a tree)'; P. *jhāṛnā* 'to trim trees'.

***jhaṭṭ-** 'sudden movement' see *JHAṬ- Add^2.

5329 ***jhaḍī-:** WPah.poet. *jaṛaṇe* 'in the rainy season'; J. *jhaṛ* m.pl. 'continued rain'; A. spel. *jaṛi*.

5334 ***jhaṇṭa-.** 1. S.kcch. *jaṇḍ* m. 'first hair on a child's head'; WPah.ktg. *jhàṇḍɛ* f.pl. 'pubic hair', J. *jhāṇṭo* f.pl.

5339 ***jhamm-**[1]**:** cf. OP. *jhimijhimi* f. 'steady drizzle', P. *jhim-jhim* f.

5341 ***jhamm-**[3]**:** WPah.poet. *jhɔmko* m. 'light, flash'; J. *jhamākā* m. 'lightning'. — Cf. S.kcch. *jabakṇū* 'to flash', G. *jhabakvũ* AKŚ 45.

5343 **jhara-:** WPah.Wkc. *jhɔro* 'clouded over' Him.I 77.

5346 ***jharati**[1]**:** A. spel. *jariba* 'to come out' AFD 219, 'to ooze out' 331.

5346a ***jharati**[2]**:** WPah.kṭg. *jhɔ̀rı*, kc. *jhɔre* f. 'sorrow, worry, concern', kṭg. *nəjhɔ̀riɛ* 'at ease'.

5351 ***jhal-**[2]. 2. ***jhall-**[1]**:** S.kcch. *jalṇū* 'to hold'.

†***JHAL**[3] 'flame, blaze': *JHAL-[3], JHALĀ-, *JHALL-[2], *JHĀLA-[2].

5354 **jhalā-** [√†*JHAL[3]]: WPah.kṭg. *jhɔ̀ḷ* f. (obl. *-ı*) 'heat from a burning hearth', J. *jhauḷ* f. 'fire'; Garh. *jhaiḷ* 'blaze'.

***jhall-**[1] 'sudden movement' see *JHAL-[2].

5355 ***jhalla-** 'bush': WPah.kṭg. *jhàll*, kc. *jhāl* m. 'bush'; J. *jhāll* m.pl. 'thorny shrubs'; poet. *jhɔlṭu* m. 'bush'.

5362 **jhāṭa-:** 1. WPah.kṭg. *jhàṛı* f. 'shrub, bush'.
5. †***jhēṭa-:** WPah.kṭg. *jhèṛı* f. 'thorny bush' Him.I 77.

5366 ***jhāma-**[1]. 1. WPah.kṭg. *jhā̀wɔ* m. 'flash of lightning', J. *jhā̃wā* m. 'light'.
2. A. *jhão* (phonet. *zão*) 'vitrified brick', Brj. *jhā̃wo*, *jhāmo* m.

5369 ***jhāmala-**[1]**:** Brj. *jhā̃warno* 'to become black'.

5379 ***jhāla-**[2] [√†*JHAL[3]]: WPah.kc. *jhāḷ* f. (obl. *-a*) 'heat of the sun, sunrays'; Garh. *jhāḷ* 'burning heat'.

5382 ***jhālayati:** WPah.kṭg. *jhàḷnõ* 'to clean (e.g. by brushing dirt off clothes), to scold'.

5384 ***jhikk-:** WPah.kṭg. *jhìkṇõ* intr. 'to swing, sway, tilt'.

†***jhiṭ-** 'sudden movement' see *JHAṬ-.

5390 ***jhirati**[1]**:** M. *jhirapṇẽ* 'to trickle' (Master GrOM 136, Doderet BSOS iv 63).

5392 ***jhilla-**[2]**:** G. *jhīl* f. 'a kind of plant'.

†***jhīvara-** see DHĪVARA-.

5399 ***jhukkati.** 3. †***jhōkkati** tr.: S. *jhokaṇu* 'to push faggots on the fire', P. *jhokṇā* 'id., thrust forward'; WPah.kṭg. *jhòkṇõ* 'to throw down or away' Him.I 78, J. *jhokṇu* 'to throw fuel on fire'; — kṭg. *jhòkṭı* f. 'firewood', J. *jhokkū* m. 'fuel', N. *jhok* 'net hung up to hold clothes', cf. Sh. *jŭk* m. 'wood', WPah.kṭg. (kc.) *jhúkhṛɔ* m. 'wood', kṭg. *jhúkhṛı* f. 'firewood', J. *jhukhrī* f.

5404 ***jhuppa-**[2]. 2. **jhubba-:** OP *jhubbaṇu* intr. 'to crowd together'.
3. ***jhumma-:** WPah.kṭg. *jhùmkɔ* m. 'cluster'.

5404a †***jhumba-** 'blanket': WPah.kṭg. *jhũ̀m* m. 'cloak with a hood', J. *jhūm* f., P. *jhumb*, *jhumm* m. 'blanket thrown over the head' Him.I 78.

***jhumma-** 'crowd' see *JHUPPA-[2] Add[2].

5406 ***jhulyati:** WPah.kṭg. *jhùlṇõ* intr. 'to swing', J. *jhulṇu*, kṭg. caus. *jəlhèuṇõ*, poet. *jəlharo* m., °*re* f. 'act of waving, scintillating', intr. *jəlharno*; kṭg. (kc.) *jhùllɔ* m. 'rope-bridge', *jhùlləṇ* m. 'washing-line'.

5407 ***jhūṭṭha-:** WPah.kṭg. (kc.) *jhúṭṭhɔ* 'false, untrue'; J. *jhuṭṭh* m. 'untruth'.

5409 ***jhūrati:** WPah.kṭg. (kc.) *jhùrnõ* 'to pine away (esp. from love), to long for, love', kṭg. *jhùrı* f. 'sweetheart, a certain kind of song'.

†***jhēṭa-** see JHĀṬA-.

5414 ***jhōṭati:** A. *juriba* (phonet. *z-*) 'to clear forest' AFD 219 (3 sg. *jure*), 331 (st. *jor-*).

5414a †***jhōṭṭa-**[3] 'buffalo'.
Pk. *jhoṭṭī-* f. 'a kind of buffalo'; WPah.jaun. *jhoṭā* m. 'buffalo'; poet. *jhōṭ* m. 'calf', kṭg. *jhòṭṭɔ* m. 'buffalo', kṭg. (kc.) *jhòṭru* m. 'buffalo calf' Him.I 78; G. *jhoṭ* f. 'buffalo heifer'.

5415 ***jhōla-**[1]. 1. WPah.J. *jhoḷā* m. 'wallet'.
2. ***jhōlla-:** WPah.kṭg. (kc.) *jhòllɔ* m. 'bag'.

***jhōlla-** 'bag' see *JHŌLA-[1] Add[2].

Ṭ

5418 *ṭaüna-: WPah.kṭg. (kc.) ṭɔṇɔ 'deaf', J. ṭõnwṇā.

5420 *ṭakk-^{1}. 2. *ṭikk-: WPah.J. ṭikṇu 'to stop'. 3. *ṭēkk-: WPah.kṭg. (kc.) ṭekṇõ 'to stop, stay, stand, support, endure, place'; J. ṭekṇu 'to support'.

5423 *ṭakka-^{3}. 12. *ḍuṅga-: S.kcch. ḍū̃ghar m. 'hillock'.

5424 ṭakkarā-: S.kcch. ṭakrāṇū 'to collide', G. ṭakrāvũ AKŚ 37.

5426 ṭaṅka-^{1} [H. W. Bailey in letter of 6.11.66: Khot. tanka is not = kārṣāpaṇa- but is older Khot. ttandäka 'so much' < *tantika-]

5428 ṭaṅka-^{3}. 1(b): S.kcch. ṭaṅg(h) f. 'leg', WPah.kṭg. (kc.) ṭãṅg f. (obl. -a) 'leg (from knee to foot)'. 2. ṭaṅga-^{3}: A. ṭãṅī 'wedge' AFD 201.

5434 ṭaṅkaśālā-: Brj. ṭaksāḷī, °sārī m. 'mint-master'.

ṭaṅga-^{3} 'leg' see ṬAṄKA-^{3} Add^2.

5439 *ṭaṭṭa-: WPah.poet. ṭaṭo 'dumb, stupid', J. ṭāṭā; kṭg. ṭɔṭṭɔ 'stammering'.

5441 *ṭaḍḍha-: Garh. ṭāḍā 'distant', Ku. ṭāṛo, ṭaṛā.

5444 *ṭapp-. 2. *ṭipp-^{2}: S.kcch. ṭipakṇū 'to drip'; WPah.kṭg. ṭɪppɔ m. 'drop', J. ṭipā m.

5445 *ṭappa-^{2} 'blow'. 3. †*ṭippa-^{3} (same as *ṬIPP-^{1} 'pinch'?): WPah.kiũth. ṭipṇa 'to beat', ṭipuṇa 'to fight' (refl.) or by metath. of PIṬṬAYATI (Him.I 81).

5446 *ṭappa-^{3}. 2. *ṭippa-^{2}: S.kcch. ṭippar f. 'head'. 4. ṭibba-: WPah.kṭg. (kc.) ṭɪbbɔ m. 'hill', kṭg. ṭɪbrɪ f. 'small hill'.

5446a †*ṭabbara- 'boy'. P. ṭabbar m. 'family'; WPah.kṭg. ṭabər m. 'family member', H. ṭābar m. 'boy, family'.

5450 ṭálati. 1. WPah.kṭg. ṭɔḷnõ 'to be put aside, to disappear, flinch'; Garh. ṭaḷnu 'to slip away'. 2. ṭālayati: WPah.kṭg. ṭaḷnõ 'to put aside, evade' (J. ṭāḷṇu).

5452 *ṭalla-^{2}: WPah.poet. ṭalo 'piece of cloth, cloth', kṭg. ṭallɪ f. 'patch on cloth', J. ṭāllī f. 'bit of cloth'.

ṭālayati see ṬÁLATI Add^2.

†ṬIK 'to go': †ṬIKYATĒ.

*ṭikk- 'stop' see *ṬAKK-^{1} Add^2.

5458 *ṭikka-^{1}: S.kcch. ṭiko m. 'mark on forehead'; WPah.kṭg. ṭɪkkɔ m. 'caste-mark (round mark applied to forehead of women esp. when married), eldest son of a rājā', J. ṭīkā m. 'heir apparent of a chief', P. ṭikkā m. 'caste-mark, oldest son of a king'.

5459a †ṭikyatē 'is gone' Dhātup. [√†ṬIK] A. ṭekelā (phonet. tɛkɛla) 'errand boy' AFD 201.

5460 *ṭiṅkara- 'stick'. [Ext. of a *ṭiṅka- ~ *ḌAKKA-^{2}] 2. †*ṭiṅkaṭa-: WPah.kṭg. ṭɪṅgṛɔ m. 'top branch' (rather than with Him.I 81 < *ṬIṄKARA-).

5461 ṭiṭṭibha-: S.kcch. ṭīṭoṛī f. 'hen lapwing or sandpiper'.

5464 *ṭipp-^{1} 'pinch' (see *ṬAPPA-^{2}, †*ṬIPPA-^{3}): WPah.kṭg. ṭɪpṇõ 'to pinch', kc. ṭɪpṇo 'to pick up'.

*ṭipp-^{2} 'drip' see *ṬAPP- Add^2.

*ṭippa-^{1} 'note' see *ṬIPPATI Add^2.

*ṭippa-^{2} 'hill' see ṬAPPA-^{3} Add^2.

†*ṭippa-^{3} 'flow' see *ṬAPPA-^{2} Add^2.

5465 *ṭippati. 2. G. ṭīp f. 'list, note, document'. 3. ṭippaṇa-: S.kcch. ṭipṇo m. 'almanac'.

ṭippaṇa- see *ṬIPPATI Add^2.

*ṭibba- 'hill' see *ṬAPPA-^{3} Add^2.

5466 *ṭukk-. 1. WPah.kṭg. (kc.) ṭʊkṇõ 'to bite, eat', J. ṭukṇā. 2. *ṭukka-: WPah.kṭg. ṭʊkṛɔ m. 'piece, morsel'.

5468 *ṭunṭa-^{2}: WPah.kṭg. ṭʊnḍ m. 'branchless tree', ṭʊnḍɔ 'blunt, one-armed', J. ṭunḍā.

5469 *ṭubb-: S.kcch. ṭubbī f. 'a dive'.

*ṭēkk- 'stop' see *ṬAKK-^{1} Add^2.

5473 *ṭēr-: WPah.kṭg. ṭēr f. 'request, urge'.

5474 ṭēraka-: A. ṭerā (phonet. t-) 'squint-eyed' AFD 201.

5475 *ṭēv-: WPah.kṭg. (Wkc.) ṭɛuṇõ 'to arrange, manage', kṭg. ṭewɪ f. 'wooden peg attaching yoke to pole' Him.I 79.

5476 *ṭōkk-: Garh. ṭokṇu 'to hinder, check'.

5477 *ṭōkka-: WPah.kṭg. ṭokrɔ, °ru m. 'basket', Md. ṭukuri.

†*ṭōṭa- see *ṬŌṬṬA-^{1}.

5479 *ṭōṭṭa-^{1}. 4. †*ṭōṭa-: S.kcch. ṭoṛī f. 'bamboo stick'.

5481 *ṭōppa-^{1}: S.kcch. ṭopī f. 'top of a hookah'; WPah.kṭg. (kc.) ṭoppɔ m., kṭg. ṭoppɪ f. 'small cap', poet. ṭopu, ṭopṛu m. 'cap'; Md. tofi (totpek) 'cap'.

5483 *ṭōla-. 2. *ṭōlla-: WPah.kṭg. ṭollɪ f. 'bundle of grass piled round a pole'.

*ṭōlla- 'party' see *ṬŌLA- Add^2.

5486 *ṭōh-: WPah.kṭg. ṭɔ̃ī f. 'desire, craving'.

ṬH

*ṭhakk-[2] 'cheat' see *ṬHAGG- Add[2].

5488 ṭhakkura-: Garh. *ṭhākur* 'master'; A. *ṭhākur* also 'idol' AFD 205.

5489 *ṭhagg-. 1. S.kcch. *ṭhagg(h)* m. 'rogue', *ṭhagṇū* 'to cheat', Garh. *ṭhagṇu*.
2. ṭhakk-: Md. *ṭekum* 'cheating'.

5495 *ṭhapp- [Cf. also Pk. *ṭhappa-* 'to be put, fit to be set up' < †STHĀPYA-]

5496 *ṭhamm-: cf. OP. *ṭhimaṇu* 'to mince', P. *ṭhimakṇā*, *ṭhumakṇā*.

5499 *ṭhass-: cf. OP. *ṭhāhaṇu* 'to grieve, distress'?

5502 *ṭhiṭṭha-. 7. †*ṭhiṇṭa-: WPah.poet. *ṭhīṇḍ* m. 'lazy and idle person', J. *ṭhīḍ* m. 'a youth', *ṭhīḍnu* 'to play a trick', cam. *ṭhiṇḍ* 'ignorant'.

5503 *ṭhīkka-: WPah.kṭg. *ṭhīk* 'accurate'.

5506 *ṭhuṭṭha-. 3. *ṭhōṭṭha-: WPah.kṭg. *ṭhóṭṭhɪ* f. 'detachable pipebowl', *ṭhóṭṭhɔ* m. 'object fixed on an arrowhead as a cover (to be used in a game)'; H. *ṭhoṭhrā* 'hollow'.
4. †*ṭhuḍḍa-[2]: WPah.kṭg. *ṭhύḍrɔ*, *ṭhύḷrɔ* 'hornless'.
5. †*ṭhōḍa-: WPah.kṭg. *ṭhóḍrɔ*, *ṭhóḷrɔ* 'hornless'.

†*ṭhuḍḍa-[2] 'defective' see *ṬHUṬṬHA-.

5509 *ṭhēkk-: WPah.kṭg. *ṭhékɔ* 'work done under contract'; J. *ṭhēk* f. 'prohibition, restriction'; P. *ṭhekā* m. 'work done under contract'.

5511 *ṭhēcc-. 2. *thēcc-: WPah.kṭg. *théc* f. 'obstinacy' Him.I 95; J. *thecṇu* 'to beat'.
5. †*thōcc-: WPah.kṭg. *thɔ́c* 'sound of a splash', kc. *thucuk* f. (obl. *-a*) 'small slap', kṭg. *thəcrāṛ*, kc. *thəcṛā* m. 'big slap' Him.I 96.

5512 *ṭhēḍḍ-. 2. *ṭhēll-: S.kcch. *ṭhelṇū* 'to push', OMarw. 3 sg. pres.pass. *ṭhelijaï*.

*ṭhēll- 'push' see *ṬHĒḌḌ- Add[2].

5513 *ṭhōkk-. 1. S.kcch. *ṭhokṇū* 'to hammer, strike'; WPah.kṭg. *ṭhókṇõ* 'to copulate (of men)', *ṭhókku* m. 'copulation'; Garh. *ṭhokṇu* 'to drive into, beat'.

*ṭhōṭṭha- 'defective' see *ṬHUṬṬHA- Add[2].

†*ṭhōḍa- 'defective' see *ṬHUṬṬHA-.

Ḍ

5516 *ḍakk-[1]: WPah.kc. *ḍakṇo* 'to drive (e.g. cattle)'; J. *ḍākṇu* 'to chide, dispatch'.

5517 *ḍakk-[2]. 2. *ḍaṅk-: S.kcch. *ḍaṅgh* m. 'a sting'; WPah.poet. *ḍaṅge* f. 'a sting, pang'; A. *ḍā̃kiba* (phonet. *d-*) 'to bite' AFD 207.

5520 *ḍakka-[2]. 2. *ḍaṅga-[1]: WPah.kṭg. *ḍāṅg* f. (obl. *-a*) 'stick', *ḍaṅgrɔ* m. 'stalk (of a plant)'; — poss. kṭg. (kc.) *ḍaṅgrɔ* m. 'axe', poet. *ḍaṅgru* m., *°re* f.; J. *ḍā̃grā* m. 'small weapon like axe', P. *ḍaṅgorī* f. 'small staff or club' (Him.I 84).

5521 *ḍakkāra- [Cf. *ḌHIKK-]: WPah.kṭg. *ḍəkār* f. 'belch, hiccup'; J. *ḍāk* f. 'vomit'.

5524 *ḍagga-[2]. 8. *ḍhagga-[1]: transfer words for ox and cow to †*ḌHAGGA-[2] s.v. †*ḌAGGA-[3].
12. *dhiṅga-: S.kcch. *dhīṅgho* 'stout'.
13. †*dhakkha-: P. *dhakkh* 'small'; WPah.kṭg. (kc.) *dhɔ́kkh* 'little, some', kṭg. *dhɔ́khnɪ* f. 'one eighth' (Him.I 108), J. *dhakh* 'a little'; Garh. *dhakkaṛ* 'a good-for-nothing man'.
14. †*dhagga-: P. *dhagṛā* m. 'paramour', *dhagaṛ* 'violent man', WPah.poet. *dhɔgra* m. 'scoundrel, paramour', H. *dhagṛā*.

5524a †*ḍagga-[3] 'cattle'. 2. †*ḍhagga-[2]. [Cf. *ḌAṄGARA-[1], *ḌAṄGARA-]
1. WPah.kṭg. *ḍɔggɔ* m. 'a head of cattle', *ḍɔggɛ* m.pl. 'cattle', sat. (LSI ix 4, 667) *ḍōgai* 'cattle'.
2. S.kcch. *ḍhago* m. 'ox', L(Shahpur) *ḍhaggā* m. 'small weak ox', *ḍhaggī* f. 'cow', Garh. *ḍhā̃gu* 'old bull'.

***ḍaṅk-** 'bite' see *ḌAKK-[2] Add[2].

***ḍaṅga-**[1] 'stitch' see *ḌAKKA-[2] Add[2].

***ḍaṅgara-**[1] 'cattle'. [Cf. †*ḌAGGA-[3]]

***ḍaṭṭha-** see *ḌAṆṬHA- Add[2].

5527 ***ḍaṇṭha-**. 1. S.kcch. *ḍā̃ḍhī* f. 'small drumstick', *ḍā̃ḍhyo* m. 'short thick stick'.
4. ***ḍaṭṭha-**: A. *ḍaṭh* 'elephant goad' rather < *DAṀṢṬRA-?
11. †***taṇḍa-**: Md. *taṅḍi* 'stalk'.
12. †***ḍiṇṭa-**: M. *ḍẽṭ* 'stem, stalk', Ko. *ḍẽṇṭu*.

5528 ***ḍabba-**[1]. 1. S.kcch. *ḍabī* f. 'small box', *ḍabo* m. 'carriage'; WPah.poet. *ḍabu* m. 'small box'; J. *ḍābū* m. 'round wooden box'.
7. †***ḍabbara-**[2]: S.kcch. *ḍabrī* f. 'small round metal vessel'; Bhoj. *ḍabarā* m. 'a round vessel'; H. *ḍabrī* f. 'leather cup'; G. *ḍābrī* f. 'box', *ḍābrũ* n. 'leather bag'.

†***ḍabbara-**[2] 'box' see *ḌABBA-[1].

5531 **ḍamaru-**. 1. WPah.J. *ḍõru* m. 'small drum', Garh. *ḍɔ̃ru* m., Brj. *ḍaurū̃*.
2. ***ḍambaru-**: WPah.kṭg. (kc.) *ḍɔmru* m. id.

***ḍambaru-** 'drum' see ḌAMARU- Add[2].

5534 **ḍáyate**. 2. †***ḍāpayati**. [Cf. UḌḌĀPAYATI]
1. WPah.kṭg. (kc.) *ḍeuṇõ* 'to go', J. *ḍewṇu*, dialects of kc. *ḍoa* 'goes'; A. also *ḍeo-* 'to stride across' AFD 331.
2. WPah.kṭg. *ḍɛuṇõ* 'to lead, move'.
Or < †ḌÁVATI, †ḌAVAYATI.

5536 ***ḍala-** 'lump'. 2. ***ḍalla-**[1]: WPah.kṭg. *ḍāl* f. 'stomach' Him.I 84.
4. ***ḍēlla-**: WPah.jaun. *ḍelī* 'fruitstone'.
9. ***ḍalla-**: WPah.Wkc. *ḍɔle* f. 'laziness' (see also *ḌHILA-).
10. ***dilla-**: WPah.poet. *dile* f. 'fruitstone' Him.I 102.
12. †***ḍhōla-**[2]: WPah.kṭg. (kc.) *ḍhɔ̃ḷ* m. 'stone', kṭg. *ḍhɔ̀ḷṭɔ* m. 'big stone or boulder', *ḍhɔ̀ḷṭu* 'small id.' Him.I 87.

***ḍalla-**[1] 'lump' see *ḌALA- Add[2].

5537 ***ḍalla-**[2]: S.kcch. *ḍallo* m. 'big basket' (*ḍālo* m. ← G.).

5539 ***ḍavva-**. 3. ***ḍābba-**: S.kcch. *ḍābo* 'left'.

5541 **ḍāka-**: WPah.kṭg. (kc.) *ḍāg* f. (obl. kṭg. *-ɪ*) 'witch, evil eye', J. *ḍā'g* f. 'witch'.

5542 **ḍākinī-**. 1. S.kcch. *ḍẽṇ* f. 'witch', WPah.kṭg. *ḍɛ̄ṇ* f. (obl. *-ɪ*) 'witch, evil eye', Garh. *ḍɛṇ* 'sorceress'.
2. ***ḍākkinī-**: S.kcch. *ḍākaṇ* f. 'witch'.

***ḍākkinī-** 'witch' see ḌĀKINĪ- Add[2].

†***ḍāpayati** see ḌÁYATĒ.

***ḍābba-** 'left' see *ḌAVVA- Add[2].

5545 ***ḍāl-**: WPah.poet. *ḍalṇo* 'to throw' (← H. Him.I 84).

5546 **ḍāla-**[1]. 1. S.kcch. *ḍār* f. 'branch of a tree'; WPah.kṭg. *ḍāḷ* m. 'tree', J. *ḍā'l* m.; kṭg. *ḍaḷɪ* f. 'branch, stalk', *ḍaḷṭɪ* f. 'shoot'; A. *ḍāl* (phonet. *d-*) 'branch' AFD 207.

5547 ***ḍikka-**. 2. ***ḍiṅka-**: WPah.kṭg. *ḍɪ̄ṅg* m. 'stick', kṭg. (kc.) *ḍɪṅgɔ* m., poet. *ḍɪṅkule* f. 'small stick', J. *ḍiṅgli* f.

***ḍiṅka-** 'stick' see ḌIKKA-[1] Add[2].

5549a †***ḍibba-**[3] 'mud, pool' [~ *ḌABBARA-[1]]: WPah.jaun. *ḍībā* m. 'irrigated field'.
2. †***ḍibbara-** 'muddy': WPah.J. *ḍibr* m. 'pond', Wkc. *ḍɪbər* m. 'hole in riverbed (often made by a waterfall)'; poet. *ḍɪbre* f. 'well, tank'.

†***ḍibbara-** 'pool' see †*ḌIBBA-[3].

5553 **ḍimbha-**[3] also 'young shoot' Naiṣ.

ḌĪ: †*ḌĀPAYATI.

***ḍuṅga-** 'hill' see *ṬAKKA-[3] Add[2].

5560 ***ḍuṇṭa-**. 1. S.kcch. *ḍū̃ḍh* m. 'stem of a leaf or fruit'.

5561 ***ḍubb-**. 1. S.kcch. *ḍubṇū* 'to sink, be drowned'; WPah.kṭg. (kc.) *ḍʊbṇõ* 'to drive, sink, drown', caus. *ḍəbɛuṇõ*.

5564 ***ḍēra-**[1]: WPah.kṭg. (kc.) *ḍerɔ* m. 'small house', J. *ḍerā* m.

***ḍēlla-** 'lump' see *ḌALA- Add[2].

5570 **ḍōmba-**: Gy.eur. *rom* m., *romni* f. esp. 'Gypsy man or woman'; WPah.kṭg. *ḍõm* m. 'member of a low caste of musicians', *ḍʊ̃m* m.; Garh. *ḍom* 'an untouchable'. †*ḌŌMBĀDHĀNA-.

5572 ***ḍōmbadhāna-** or †***ḍōmbādhāna-**.
Garh. *ḍumāṇu* 'part of a village where Ḍoms live'.

ḌH

5574 *ḍhakk-[1]: S.kcch. *ḍhakṇū* 'to cover, shut (a door)', WPah.kṭg. (kc.) *ḍhàkṇõ*, Gaṛh. *ḍhakṇu*; A. *ḍhākiba* (phonet. *dh-*) 'to cover', G. *ḍhākvū̃*, M. *ḍhākṇẽ*.

5574a †*ḍhakk-[2]: Gy.arm. *lakh-* 'to take' (Him.I 87) rather than < DÁKṢATĒ; WPah.kṭg. (kc.) *ḍhàkṇõ* 'to seize, take, receive', kṭg. *ḍhàkəṛnõ* 'to seize'.

†*ḍhagga-[2] 'cattle' see †*ḌAGGA-[3].

5576 *ḍhaḍḍha-[3]: deriv. OP. P. *ḍhāḍhī* m. 'bard, minstrel'.

5579 *ḍhapp- 'cover'. 1. WPah.kṭg. *ḍhàppɪ* f. 'roofed place, verandah'.
3. †*ḍhabb-: WPah.kṭg. *ḍhàbbɪ* f. id.; H. *ḍhābā* m. 'thatched roofing'.

5580 *ḍhappa-. 3. *ḍhabba-: S.kcch. *ḍhabū* 'partic. copper coin'.

†*ḍhabb- 'cover' see *ḌHAPP-.

*ḍhabba- 'lump' see *ḌHAPPA- Add[2].

5581 *ḍhalati. 1. WPah.kṭg. *ḍhɔ̀ḷnõ* 'to fall, set (of sun), flow', J. *ḍhaḷṇu*.
2. *ḍhālayati: WPah.kṭg. *ḍhàḷnõ* 'to throw, pour down, chop (wood)'; J. *ḍhāḷṇu* 'to cause to melt'.

5583 ḍhāla-. 2. *ḍhāllā-: WPah.kṭg. (kc.) *ḍhā̀l* f. (obl. *-a*) 'shield' (a word used in salutation), J. *ḍhāl* f.

*ḍhālayati see *ḌHALATI.

*ḍhālla- 'shield' see ḌHĀLA-.

5584 *ḍhikk- [Cf. *ḌAKKĀRA-]
WPah.J. *ḍhikki* f. 'hiccup'.

5585 *ḍhikka-[1]. 1. S.kcch. *ḍhiko* 'the hip'.
3. *ḍhigga-[1]: S.kcch. *ḍhiggh* m. 'heap', G. *ḍhaglo* m. (AKŚ 43).
5. *ḍhēṅka-[1]: S.kcch. *ḍhēko* m. 'clod, lump'.

*ḍhigga-[1] 'lump' see *ḌHIKKA-[1] Add[2].

5590 *ḍhila-. 2. *ḍhilla-[2]: WPah.kṭg. *ḍhìllɔ* 'loose', *ḍhílhṇõ* 'to get loose'.

*ḍhilla-[2] 'slack' see *ḌHILA- Add[2].

5592 *ḍhukyati: WPah.poet. *ḍhʊkṇo* 'to penetrate, invade' (poss. ← H. Him.I 88).

5593 *ḍhulati. 2. *ḍhōlayati: OMarw. (Vīsaḷa) 1 sg.fut. *ḍhoḷisuṁ vāi* 'I will fan' (*vāi* < VĀTÁ-).
3. *ḍhulyatē: WPah.poet. *ḍhʊlṇo* 'to sway'.

*ḍhulyatē see *ḌHULATI Add[2].

*ḍhēṅka-[1] 'lump' see *ḌHIKKA-[1] Add[2].

5599 *ḍhēra-[1]: S.kcch. *ḍherī* f. 'heap of thread'; WPah.kṭg. *ḍhḕr* m. 'heap', J. *ḍhēr*.

5603 *ḍhōkka-[2]: WPah.kc. *ḍhōk* m. 'mountain slope, peak'.

5608 ḍhōla-[1]. 2. *ḍhōlla-: S.kcch. *ḍholkī* f. 'small drum'; WPah.kṭg. *ḍhȍl* m. 'large drum', *ḍhòlkɪ* f. 'small drum', *ḍhòlkɔ* m. 'drum'; — WPah.kṭg. *ḍhòllu* 'drummer'.

†*ḍhōla-[2] 'stone' see ḌALA-.

*ḍhōlayati see *ḌHULATI Add[2].

5610 *ḍhaukayati: WPah.poet. *ḍhoṇo* 'to carry, fetch'.

T

5616a †takmán- m. 'a disease or class of diseases accompanied by skin eruptions' AV. [√TAÑC]
A. *ṭakalā* (phonet. *tɔkɔla*) 'bald-headed (due to skin disease)' AFD 201.

5617 takrá- [Cf. Ir. **θraxša-* with the sense 'old' in Shgh. *c̈īx̌*, sar. *c̈ex̌*, X. Rosh. *c̈ōx̌* 'old, skinny, disheveled'; and 'bitter' in Shgh. *c̈īx̌*, f. *c̈āx̌* EVSh 24]

5619 takṣaṇa-: Pk. *tacchaṇa-* n. 'cutting'; Kmd.barg. *tac̈ə̄ri* 'chips (on roof)' GM 22.6.71.

5620 tákṣati: Kmd. *tac̈-* 'to cut, pare, clip' GM 22.6.71; A. *cā̃ciba* (phonet. *sā̃sibɔ*) 'to scrape' AFD 216, 217, 'to smoothe with an adze' 331.

TAÑC: †TAKMÁN-.

5628 ***tañcati:** WPah.kṭg. *tɔ́ñjhṇõ* 'to mix (with other people)' (Him.I 92 poss. but without explanation of aspirate).

†TAṬ: †TAṬATI; — cf. TRAṬ-.

5629 **taṭa-:** A. *târ* 'bank'.

5629a **†taṭati** 'rumbles' ṢaḍvBr. [Cf. TRAṬ-: √†TAṬ]
WPah.kṭg. *tɔṛkɛ* 'early in the morning' (Him.I 92 ← H. P. if < TRAṬ-; but all forms in CDIAL except S. may also < TAṬ-).

5631 ***taṭṭa-[1]:** WPah.kc. *tɔṭo* m. 'plate for cooking on'; M. also *tāṭh* n., Ko. *tāṭa*.

TAḌ[2]: †*VITĀḌA-, †*VITĀḌAYATI[2].

5635 **taḍāga-:** S.kcch. *tarā* m. 'pond'.

†***taṇḍa-** 'stalk' see *ḌAṆṬHA-.

5639a **†tatō 'pi** 'even then'. [TÁTAS, ÁPI]
WPah.kṭg. *tɔĩ*, kc. *tɔĩa* 'again, further, and' Him.I 91.

5652 **tanikā-:** WPah.poet. *tɔṇe* f. 'string, rope'.

5654 **tanú-:** Md. *tuni* 'thin'.
†TANŪBHŪTA-.

5658a **†tanūbhūta-** 'small, diminished' Kathās. [TANÚ-, BHŪTÁ-]
WPah.kṭg. (kc.) *tɔ́ṇhuɔ* adj. 'scattered, sparsely populated', or pp. of TANŌTI with BHŪTÁ- (Him.I 92 refers only to TANŌTI).

5659 **tanōti:** WPah.J. *taṇṇu* 'to spread, stretch'; Garh. *taṇnu* 'to spread'. — kṭg. *tıṇnõ* 'to draw, pull, stretch' (*ı* from *khíncṇõ* < *KHIÑC-: *khánćṇõ* < KHAÑC- Him.I 95).

5660 **tanti-:** WPah.kṭg. *tānd* f. (obl. -*ı*) 'thread'; Brj. *tā̃t* f. 'thread, bowstring'.

5668 **tandrá-:** WPah.kc. *cāṇḍ*, *cɔ̃ṇḍ* m. 'loft used as storeroom', kiũth. *caṇḍəṛ* m., kṭg. *cẽṇḍ* m.

5672 **tápana-:** Md. *tavā* 'frying-pan'.

5675 **tápasyati:** Brj. *tausno*, *taũsno* 'to be overcome by heat'.

5676 **tapasyā-:** Brj. *taũs* f. 'sunstroke', *taũso* m. 'sultry weather'.

5679 **taptá-:** WPah.kṭg. (kc.) *tattɔ* 'heated, hot', J. *tātā*, Garh. *tātū*.

5684 **tápyati:** S.kcch. *tapṇū* 'to warm oneself', *tapp* m. 'heat'; Garh. *tapṇu* 'to become hot', *tapɔṇu* 'to heat'.

5686a **†tamaṅga-**, °*aka-* m. 'platform' lex.
Pk. *tamaṁga-* m. 'verandah', A. *ṭâṅ*, *ṭâṅi* (phonet. *tɔṅ*, *tɔṅi*) 'loft' AFD 201.

5690 **tamāla-[1]:** A. *tāwāl* 'withe of young bamboo'.

5695 **tára-[1]:** WPah.poet. *tɔ̄r* m. 'rope-bridge'; J. *tar*, *taur* m. 'ferry-crossing'.

5702 **tárati:** S.kcch. *tarṇū* 'to swim, float'; WPah.kṭg. *tɔrnõ* 'to cross (a stream)'; J. *tarṇu* 'to be crossed'; Garh. *tarnu* 'to cross'.

5706 **taravāri-:** WPah.kc. *tərār* f. (obl. -*i*) 'sword', J. *trār*, *trāḷ* f. (kṭg. *təḷwār* f. ← H.?).

5716 **tarkáyati:** WPah.kṭg. *takṇõ* 'to see, stare'; Garh. *tākṇu* 'to pry into'.

5717 **tarkú-:** S.kcch. *tarak* f. 'spindle', WPah.kṭg. *takuḷı*, °*kḷı* f. 'small wooden spindle', J. *tākḷu*; Garh. *tākuḷi* 'spindle'; A. *ṭākurī* (phonet. *t-*) AFD 201.

5718 ***targa-:** S.kcch. *takkaṛ* f. 'hastiness', *takṛo* 'hasty'; WPah.kṭg. *takṛɔ*, Wkc. *tɔkṛo* 'strong, healthy'.

†tardá- see *TRIḌḌA-.

5723 **tardū́-:** A. *ṭāru* (phonet. *t-*) 'wooden ladle' AFD 201.

5725 ***tarpa-[1]** [TÁLPA-[1] in *talpaśī́van-* RV.]
WPah.Wkc. *ṭapre* f. 'hut', J. *ṭaprī* f.

5727 ***tarpati:** WPah.kṭg. (kc.) *ṭɔpṇõ* 'to cross (e.g. river or mountain)'; — P. *ṭapkā* m. 'mischievous fellow', WPah.kṭg. *ṭɔpkɔ* m. 'ghost'.

†TARB 'go': †TARBATI.

5728a **†tarbati** 'goes' Vop. [√TARB]
A. *ṭāb* (phonet. *t-*) 'footstep' AFD 201.

5730 **tárhi:** S.kcch. *tair* 'then'.

5731 **tala-**. 1. WPah.kṭg. *tɔḷɔ* m. 'sole (of foot or shoe)'; OMarw. *taḷaï* 'under'.
2. ***talla-[2]:** WPah.kṭg. *tallo* m. 'bottom'; Garh. *tāl* 'lake'.
†*ARKATALA-, †*KHAṬṬATALA-, †*NĪCATALA-.

5736 ***talati[2]:** WPah.kṭg. (kc.) *tɔḷnõ* 'to fry in oil or ghee', J. *taḷnu*.

5741 ***talōpala-:** for 5241 read 5741.

5741a **†talpana-** n. 'outer muscles on an elephant's back' lex., *talpala-* m. Hemac.
A. *tapinā-* 'hip, buttock' AFD 200.

5743 **taṣṭá-:** WPah.kṭg. *ṭhrɔ́ṭṇõ* 'to put in order', J. *thāṭṇu* 'to settle, set right, amend'; H. *ṭhaṭnā* 'to settle'; WPah.kṭg. *tấṭṭh* f. (obl. -*ı*) 'bowl for food, a grain measure = 2 seers' (semant. cf. KĀṢṬHÁ- and DRŌṆA-[1] as measures Him.I 89), A. *câṭā* (phonet. *sɔta*) 'splinter of bamboo or wood' AFD 216.

5744 **tásara-:** Md. *teri* 'cotton reel, shuttle'.

5748 **tāḍa-[1]:** S.kcch. *tāṛī* f. 'clapping of hands'.

5749 **tāḍa-[2]:** S.kcch. *tāṛo* m. 'lock', Md. *taḷu*.

5750 **tāḍa-[3]:** S.kcch. *tāṛ* m. 'palm tree'.
†*TĀḌARUKṢA-.

5752 **tāḍáyati[1]:** Md. *taḷanī* 'knocks, breaks', *teḷenī* 'is crushed, quakes, knocks around (intr.)'.

5752a †***tāḍarukṣa-** 'palmyra palm'. [TĀḌA-³, RUKṢÁ-]
Md. *tāruk* 'palmyra'.

5753 **tā́t:** S.kcch. WPah.kṭg. (kc.) *ta* 'then', J. *taa.*

5755 **tātagu-:** WPah.kṭg. *tau* m. 'father's elder brother'.

5760 **tādŕ̥śa-**, *tādŕ̥ś-* [In MIA. *tārisa-*, *-d-* > *-r-* through dissimilation with *t-* in a pronominal word showing anticipatory sound-change (cf. ColPa 160) as happened also with *-d-* in numerals (see *dvādaśa* > H. *bārah* and **trayēdaśa* > MIA. *tērasa*). Preservation of *-d-* in Pa. and H. *taisā* etc. was due either to borrowing from Sk. or dialectal difference with preservation of *-d-* to a later date. See full discussion by Colette Caillat in 'Indianisme et bouddhisme. Mélanges offerts à Mgr. Étienne Lamotte pp. 34–40]
Pa. *tādin-*, °*na-* (*-in-* from *tādr̥k* > **tādi*), BHSk. *tāyin-* 'Tathāgata', WPah.kṭg. *tɛṇɔ*, *tɛ́ṇhɔ* 'such' (aspiration due to kṭg. *tɛ́ṇhiɛ* 'in that way' Him.I 90).

5762 **tānáyati:** S.kcch. *tāṇṇū* 'to stretch', A. *ṭāniba* (phonet. *ṭ-*) 'to pull' AFD 333.

5766 **tā́nva-:** Kho. *tǎn* 'self, own' BKhoT 73.

5767 **tāpá-:** WPah.kṭg. *tau* m. 'heat', J. *tāu*, *tāw* m. 'burning'; A. *tāo* 'heat' AFD 89.

5771 **tāpáyati:** A. *tāiba* 'to blow up a fire with bellows' AFD 333.

5776 **tāmbūlá-:** OMarw. (Vīsaḷa) *taṁbāḷū* m. (perh. × *taṁbākū* 'tobacco' if post 15th cent. text).

5779 **tāmrá-** [< IE. **tomró-* T. Burrow BSOAS xxxviii 65]
S.kcch. *trāmo*, *tām(b)o* m. 'copper', *trāmbhyo* m. 'an old copper coin'; WPah.kc. *cambo* m. 'copper', J. *cāmbā* m., kṭg. (kc.) *tambɔ* m. (← P. or H. Him.I 89), Garh. *tāmu*, *tā̃bu.*

5781 **tāmrakuṭṭa-:** Garh. *ṭamoṭu* 'coppersmith'; Ko. *tāmṭi.*

tārakā́-¹ see TĀRĀ- Add².

5794 **tāraka-²:** WPah.poet. *taru* adj. 'leading across (a stream)'.

5796 **tāráyati:** S.kcch. *tārṇū* 'to skim (cream from milk etc.)', *tārū* m. 'swimmer'; Garh. *tārnu* 'to make cross'; — G. *tāravvũ* 'to raise, pluck, remove dust from clothes'?

5798 **tārā́-.** 3. ***tārikā-:** Md. *tari* 'star'.
4. **tārakā́-¹:** WPah.kṭg. (kc.) *tarɔ* m. 'star', Garh. *tārā* (← H.?).

***tārikā-** see TĀRĀ- Add².

5801 **tā́la-¹:** WPah.kṭg. *taḷı* f. 'cymbal'.

5803 **tā́lu-:** WPah.kṭg. *taḷu* m. 'crown of head, skull'; Md. *tala* 'crown of head', *tali* 'palate'.

5804 **tā́vat:** S.kcch. *tāī* 'up to'.

5808 **tigmá-:** A. *ṭeñā* (phonet. *tɛña*) 'sour, acrid' AFD 201? — A. *timak* 'flash of passion', adj. 'quick of understanding' (AFD 202 wrongly < **tviṣma-*).

5809 **tittira-:** S.kcch. *tittar* m. 'partridge', WPah.kṭg. *tittər* m., J. *tittr* m.

5810 **tithi-:** WPah.kṭg. *tī́* in *tī́ thɛ̄́r* m. 'fair and festival' (*thɛ̄́r* < *TITHIVĀRA-) Him.I 93, 95.

5811 ***tithivāra-:** WPah.kṭg. *thɛ̄́r* m., kc. *tyār* m. 'religious festival', J. *tahair* m. Him.I 95.

5812 ***tinta-:** Md. *tet* 'wet'; A. *titiba* 'to be wet' AFD 337.

TIP 'sprinkle': †*TĒPYA-.

5820 **tímyati¹:** Md. *temenī* 'is wetted'.

5820a ***timyati²** Add. 14565.

5821 **tiráte:** WPah.J. *tirnu* 'to swim'; — with *ai* or *ɛ* × MIA. *pair-* (< *pratirati* in OAw. *pairata* 'is swimming', H. *pairnā* ~ *PRATURATI > N. *pauranu*) kṭg. (kc.) *tɛ̄rnõ*, H. *tairnā* 'to swim'.

5825 ***tiriyak:** WPah.kṭg. *tírhı*, *tırı*, kc. *tirhe*, *tire* f. 'small window', kṭg. *tírhɔ*, *tirɔ* m. 'id., small closet in the wall', J. *tīri* f. 'small window' Him.I 93; — Si. *tiraya* ← Drav. Tam. *tirai* DED 2653.

5828 **tila-².** 3. ***tillaka-:** WPah.kṭg. *tıllı* f. 'nose-ornament for women'.

***tillaka-** see TILA-² Add².

5839 **tīkṣṇá-.** 1. S.kcch. *tikho* 'hot, pungent'; Md. *tūnu* 'sharp'.
2. ***trīkṇṇa-:** WPah.kṭg. *tríkkhṇõ* 'to taste (esp. something pungent)' but *tr* > *c* with metath. *r* in TANDRÁ- > *cɛ̄ṇḍ*, *cāṇḍ*; TĀMRÁ- > *tambɔ*, *cambo.*

5841a **tīmayati** 'wets' Divyāv., cf. *TĒMAYATI. [ˎTIM]
A. *tiyā̃iba* 'to moisten, soak' AFD 333 (< **tīmāpayati* rather than < *TĒMAYATI).

5850 **tucchyá-:** Md. *hus* 'empty, finished', adv. 'only, absolutely'.

5851 ***tuñjati:** WPah.poet. *ṭʋnj̈ṇo* 'to stare anxiously', (coll.) 'to get along, push on'.

5853 **tuṇḍa-.** 1. Md. *tun* 'lip, beak', *tunfat* 'lip (of humans)', *tuṅḍi* 'treeless spit of sand'?
11. ***ṭōṭṭa-³:** WPah.kṭg. *ṭōṭ* 'mouth'.
17. ***thōttha-¹:** WPah.kṭg. *thóttı* f., *thótthər* m. 'snout, mouth', A. *ṭhōt* (phonet. *thōt*) AFD 94.

TUP 'strike': †*TUPATI.

5863a †***tupati** 'hurts'. [ˎTUP]
Md. *tuvvanī* 'pricks'.

5868 **tumba-¹:** S.kcch. *tūmī* f. 'small gourd', *tom* m. 'gourd'; WPah.kṭg. (kc.) *tumbɔ* m. 'gourd', kṭg. *tʋmṭı*, kc. *tumṭe* f. 'gourd, pot made of a gourd'; J. *tumṛā* m. 'gourd'.

5874 **turá-**[1]**:** Ko. *turturi* 'nimble, active, flippant'.

5877 **turaga-:** OMarw. *turī* 'horse'.

5878 **turáti:** WPah.kṭg. *ṭʋrnõ* 'to run, hurry'.

5881a ***turīyavāsa-** Add. 14572.

5886 **tulā́-:** WPah.kṭg. *tʋ̄ḷ* f. 'scales': Md. *tula* 'the sign Libra', *tilafat* 'scales' (+ *fat* < PĀ́TRA-).

5889 **tuvám:** Kho. *tu* 'thou', obl. *ta*, dat. *tat* BKhoT 73, WPah.kṭg. (kc.) *tū*, *tu*, poet. *tue* pl. 'you'; Garh. *tu*, A. *tui*, Md. *ta*.

5895 **tuṣṭa-:** Brj. *ṭūṭhno* 'to be pleased', OMarw. *tūṭhaü* 'pleased'.

5898 **tūṇa-:** A. *ṭon* (phonet. *ton*) 'quiver' AFD 201.

5904 **tū́la-**[1]**:** S.kcch. *tūr* m. 'cotton of the *āṅkḍo* tree'; WPah.kṭg. *tʋḷɪ* f. 'tuft of grass'.

5906 **tŕ̥ṇa-:** Garh. *tiṇku* 'blade of grass'; Md. *tina* 'milky grass'.
†TR̥ṆAKŪṬA-.

5906a **†tr̥ṇakūṭa-** m.n. 'heap of grass' VarBr̥S. [TŔ̥ṆA-, KŪṬA-]
Brj. *tinaür* m. 'heap of grass or straw'.

5912 **tr̥tī́ya-**[1]**:** WPah.kṭg. *ciɔ*, ku. *cijo*, J. *cīyā*, *cijā*, 'third'; A. *tīyā* 'occurring every third day' AFD 187.

5926 ***tr̥di-:** WPah.kṭg. *tēṛ lāṇɪ* 'to be obstinate, insist'.

5927 ***tr̥ndati:** Pa. *tandati* 'pierces' SN 1412.

TR̥Ṣ: †*TR̥ṢYAKA-.

5940 **tr̥ṣṇaka-:** WPah.kṭg. *tinnɔ* m. 'longing' (for *t-* instead of *c-*, cf. TĀMBA- > *tambɔ*, *cambo*?).

5941a **†*tr̥ṣyaka-** 'thirsty'. [*TR̥ṢYĀ-: √TR̥Ṣ]
Mai.ky. *čiśé* pl. 'thirsty', L. *tassā*, (Ju.) *tirissā*, WPah.jaun. *tīśā* (if not < *TR̥ṢYĀ-); kc. *ciśo*.

5942 **tŕ̥ṣyati:** Pa. *tassati* 'is thirsty' SN 1415.

5943 ***tr̥ṣyā-:** WPah.kṭg. (kc.) *cíś* f. 'thirst' Him.I 52; J. *cīś* f. 'water', *c°* *lāgṇi* 'to be thirsty'; Garh. *tīs* 'thirst'.
†*TR̥ṢYAKA-.

5947a **†*tēḍati** 'summons'.
Pk. *tēḍaï* 'summons', OMarw. (Vīsaḷa) 1 pl.pres. *teṛūṁ*.

5947b **†*tēpya-** 'to be sprinkled': cf. *tēpati* 'sprinkles' Dhātup. [√TIP]
A. *ṭepā* (phonet. *tɛpa*) 'saturated with moisture' AFD 201.

5958 **tailá-:** WPah.kṭg. (kc.) J. *tēl* m. 'oil', Garh. *tel*, Md. *telu*, *teu*, *teyo*.

†tōṭaka- see *TRŌṬIKĀ-.

5971 ***tōpyatē:** WPah.kṭg. *topṇõ* 'to touch, grope, search'.

5979 **tōláyati:** Garh. *tolṇu* (*ḷn*?) 'to weigh' rather < TŌLYA-.

5980 **tōlya-:** WPah.kṭg. *tōl* m. 'weight, unit of weight', kṭg. (kc.) *tolṇõ* 'to weigh' (rather than < TŌLÁYATI); J. *tōl* m. 'weight', *tolṇu* 'to weigh'; Garh. *tol* 'weight'.

5983 **tmán-:** Md. *timan*, *°mā* 'self'.

5988 **traṭ-:** all forms in CDIAL, except S., may be < √TAṬ.

5990 ***traṭṭa-:** WPah.kṭg. *taṭɪ* f. 'plot of land in front of a house' ← H. or EP.

5994 **tráyaḥ**. 1. S.kcch. *trai* '3'.
2. ***trāyaḥ** cf. BHSk. *trāyastriṁśa* '33'.
3. **tríṇi** n.pl.: Garh. *tīn*, Md. *tin* '3'; — Ap. gen. *tīha*, inst.loc. *tihi*, WPah.kṭg. obl. *cī* < **trihi*, kc. *cīn* (obl. *cia*); — × MIA. **trao*: OG. *traṇṇi*, P. (Starkey) *tan*, WPah.kṭg. *cɔ̄n*, J. *caun* Him.I 51.

5995 **tráyaḥpañcāśat-:** Md. (old) *tēvanna* '53'.

5996 **trayaḥṣaṣṭi-:** Md. (old) *tēhaṭṭi* '63'.

5997 **trayaḥsaptati-:** Md. (old) *tēhattari* '73'.

5998 **trayaścatvāriṁśat-:** Md. (old) *teyāḷīs* '43'.

6000 **tráyastriṁśat-:** Garh. *tettis* '33', Md. (old) *tettirīs*.

***trayēdaśa** see TRÁYŌDAŚA[1] Add[2].

6001 **tráyōdaśa**[1]. 2. ***trayēdaśa:** WPah.kṭg. (kc.) *ṭēra* '13', Garh. *tera*, Md. *tēra*.

6003 **trayōnavati-:** Md. (old) *teyānavai* '93'.

6004 **tráyōviṁśati-:** Md. (old) *tēvīs* '23'.

6011 **trāṇá-:** WPah.kṭg. (kc.) *caṇṇõ* 'to make', J. *cāṇṇu*; sat. LSI ix 4, 649 *cāṇ* 'ready'; kṭg. (kc.) *cāṇ* m. 'jewelry, ornaments'? (Him.I 50); OP. *tāṇu* m. 'strength', (*satāṇā* 'strong' with SA-[2], *nitāṇā* 'weak' with *nis-* and not < *NISTĀNA-).

***trāyaḥ** see TRÁYAḤ Add[2].

tri-: †TRIVĀRAM.

6015 **triṁśát-:** Garh. *trīs* '30'; Md. *tirīs* ← Ind.

6019 **triká-**. — Ext. *-ḍa-*: OP. *teṛu* m. 'loins, body below waist', P. *teṛ*.

6020 ***trikuṭi-;** Brj. *teur*(*ī*) f. 'frown'.

6024 ***triḍḍa-**, cf. *tardá-* m. 'a noxious insect' AV. (T. Burrow JRAS 1967 42).

6039a ***triyaṅkika-** Add. 14585.

6047 **trivatsá-:** delete entry, see TRIVARṢÁ- Add[2].

6049 **trivarṣá-:** Brj. *tyūras*, *tyorus*, *terus* m. 'the third year past or future'. — A. **teos* in *teozbeli* 'year before last' (not < TRIVATSÁ-).

6051a **†trivāram** 'thrice' Śāktān. [TRI-, VĀRA-[2]]
S.kcch. *trayyār* 'for the third time' × *trai* '3'.

6058 **triśūla-:** Gy.boh. rus. *trušil* m. 'cross'.

***trīkṣṇa-** see TĪKṢṆÁ- Add[2].

triṇi see TRÁYAḤ Add[2].

TRUṬ (read EWA i 536): †*TRŌṬYĀ-.

6065 **trúṭyati:** S.kcch. *tauṭṇū* 'to be shattered'; WPah.kṭg. intr. *cʋṭṇõ* 'to break', Garh. *ṭuṭṇu*; A. *ṭuṭiba* (phonet. *tutibɔ*) 'to be diminished' AFD 201. — Deriv. OP. *toṭa* f., *toṭi* f. 'deficiency, loss'.

6067 **trúpati:** WPah.kṭg. *cʋ̄ṇõ* 'to have an abortion'.

6068 ***trupyati:** WPah.kṭg. *chúpṇõ* (*cú-*?) 'to pierce, prick', *chópṇõ* (*có-*?) id.

6079 **trōṭayati:** S.kcch. *toṛṇū* 'to break, pick (fruit from a tree)'. WPah.kṭg. (kc.) *coṛnõ* 'to run short of or out of', J. *coṛṇu*; Garh. *toṛnu* 'to break'.

6080 ***trōṭikā-**, cf. *tōṭaka-* m.n. 'white mustard seed' lex.

6081a **†*trōṭyā-** f. 'breakage, deficiency'. [√TRUṬ] WPah.kṭg. *cōṭ* f. (obl. *-a*) 'deficiency', J. *cūṭ* f.

6084 ***trōpyatē:** WPah.kṭg. *chəpɛuṇõ* 'to cause to be pierced'; Ko. *toptā* 'pierces'.

6086 **tryaśīti-:** Md. (old) *teāhi* '83'.

6087 **tvác-**, nom.sg. *tvák* RV. 2. **tvacya-** 'health-giving for skin' Suśr. [T. Burrow BSOAS xi 347 ← Drav. e.g. Tel. *tokka* 'skin', but DED 2937 Drav. rather ← Sk. *tvák* which has IE. relative in Gk. *σάκος* 'shield' Mayrhofer EWA ii 587]

2. **tvacya-:** A. *coc* (phonet. *sos*) 'bark, rind' (but why not **căc*) AFD 216 (→ Sk. *cōca-* n. 'cinnamon bark' Suśr., 'bark, skin' lex., *cōcaka-* id. ib.)?

TH

6089 ***thaṭṭha-[1]:** WPah.kc. *thaṭo* m. 'projecting part of a verandah'.

6091 ***thapp-** [Cf. †STHĀPYA-]: S. *thāpī* f. 'pat, slap', P. *thāp* m.; — WPah.kṭg. *thɔ́ppəṛ*, *tháppəṛ* m., J. *thapēṛ* m.; — M. *thāpā* m. also 'cowdung and straw patted into a lump'.

6092 ***thar-:** Md. *turuturu aḷanī* 'shakes' (intr.).

6096 ***thigga-:** S.kcch. *thighṛo* m. 'patch'.

6097 ***thukk-:** S.kcch. *thūkṇū* 'to spit', WPah.kṭg. (kc.) *thúkṇõ*; *thūk* m. 'spittle'.

6099 ***thuḍḍ-:** × KHURA-: Phal. *thuri* 'heel'. — × **khun-* (e.g. Gaw. *khunīk*, S. *khuṇyo* s.v. KHURIṆĪ-); Dm. *thuni* (AO xviii 240 *thuṇī*) 'heel' Buddruss ZDMG 116, 417.

6104 **thūthū:** — cf. Pk. *thōhara-* m., °*rī-* f. 'Euphorbia tree', H. *thūhar* m. (ac. Burrow SternbachVol p. 809 < **stōkadhara-* 'holding drops' × *THUKK-, THŪT).

***thēcc-** 'press' see ṬHĒCC- Add[2].

†*thōcc- 'strike' see *ṬHĒCC-.

***thōttha-[1]** 'mouth' see TUṆḌA- Add[2].

6109 ***thōba-**. 2. ***thōbba-:** WPah.kṭg. (kc.) *thóbbəṛ* m. 'snout, mouth (contemptuous slang)'; Garh. *thobṛu* 'nostrils of an animal'.

***thōbba-** 'snout' see *THŌBA- Add[2].

D

DAṀŚ: †*DĀṢṬRA-.

6111 **daṁśati** 'bites'. [Nasalized pres.st. *daṁśáti with *a* as weak grade of *ā* in *dāś- cf. Gk. fut. δήξομαι Burrow Shwa 59: see *DĀṀṢṬRA- Add[2]: √DAṀŚ]
Garh. *ḍāsṇu*, *ḍas°* 'to bite', Brj. *ḍāsno*, *ḍas°*.

6119 **dákṣiṇa-:** WPah.poet. *dakhṇo* 'right hand' (Him.I 97 ← P.); Md. *dekunu* 'south'.

6120 **dákṣiṇā-:** †*DĀKṢIṆĀ-.

6121 **dagdhá-:** Gy.eur. *thardimol* 'brandy' (formed after Germ. *Branntwein* with *mol* < MÁDHU-) despite W. P. Schmid IF lxx 221 to be separated from *tari* < *TĀḌA-[3]; Brj. *dādho* 'burnt', m. 'fire, torment'; OMarw. *dādhaü* 'burnt'; G. *dādh* m. 'cauterization'; — MIA. pres. stem *dambh- formed from pp. *daddha-*: S.kcch. *ḍambh* m. 'brand'; WPah.kṭg. *ḍámhṇõ* 'to burn', J. *ḍāmṇu* (or < DAMBHÁYATI).

*daṅgara- 'cattle' see †*ḌAGGA-[3].

6128 **daṇḍá-:** Garh. *ḍā̃ḍ* 'penalty'; Md. *dan̆ḍi* 'stick'; — Ko. *dāṇḍāro* 'spine of plantain leaf' (cf. Sk. *daṇḍāra-* 'a bow' lex.?).

6129 **daṇḍaka-:** Garh. *ḍā̃ḍū* 'hill, ridge'.

6136 **daṇḍáyati:** WPah.kṭg. *ḍanḍṇõ* 'to punish', J. *ḍā̃ḍṇu* (both ← H. Him.I 84); A. *ḍāriba* (phonet. *d-*) 'to punish' AFD 337.

6140 **dattá-.** 5. ***dinna-:** WPah.kṭg. *dinnɔ* 'given', Wkc. *dɛṇo* (ɛ from pres. stem) < *dina- (Pk. DhP. *a-diṇa-*), kc. *deṇo*; Md. *din* 'given', *dinum* 'giving'.

6141 **dádāti:** S.kcch. *ḍeṇū* 'to give', WPah.kṭg. *dɛ̃ṇõ* (pret. *dinnɔ* see DATTÁ-), Wkc. *dɛnno* (pres. *dɛa*, pres.part. *dɛndo*, *ṇ* of inf. from past *dɛṇo* < *dina- see DATTÁ-), kc. *deṇo*, J. *deṇu*; kṭg. caus. *dəlauṇõ* (← H. *dilānā*), Garh. *deṇu*, caus. *dilɔṇu*; Md. *denī* 'gives' (inf. *dēn*, absol. *dī*, 3 sg.pres. *dē*; pp. *din* see DATTÁ-), *devanī* 'gives in marriage', *devenī* 'is given'.

6142 **dadrú-:** Md. *dadu* 'ringworm'.

6145 **dádhāti:** P. *ḍāhṇā* 'to spread (a bed)', *ḍahiṇā* 'to be spread' (for *ḍ* cf. Pk. *āḍahaï* < *ādadhāti*); WPah.kṭg. *ḍāṇõ* 'to keep, put, place, employ' Him.I 84, J. *ḍāṇu* 'to stretch, spread', sat. (LSI ix 4, 644) *ḍāṇau* 'to place', mand. (LSI ix 4, 767) *ḍāh-* 'to put', suk. (LStI 216) *ḍāhṇā* 'to place'. Prob. forms without *h* due to synonymous *pāṇõ* Him.I 84.

6146 **dádhi-:** WPah.kṭg. *dɛ̃ī* m. (f.) 'curds', Garh. *dɛ*, Brj. *dahī*, *dahiyo* m.

6152 **dánta-:** S.kcch. *ḍandh* m.pl. 'teeth'; WPah.kṭg. (kc.) *dā̃nd* m., J. *dā̃d* m., Garh. *dā̃t*, Md. *dat*.
†DANTAPĀLI-.

6157 **dantapavana-:** S.kcch. *ḍannaṇ* m. 'twig for cleaning teeth'.

6157a **†dantapāli-** f. 'the gums' VarBr̥S. [DÁNTA-, *PĀḌI- (PĀLI-[1])]
WPah.poet. *dɔnduaḷṭe* f. 'row of teeth' (rather than with Him.I 100 from *dɔndu* + *-al-* < ĀLI-).

6160 ***dantāla-:** Garh. *dā̃dāḷu* 'forked implement', Brj. *dā̃tāl*, *dā̃tāro* 'toothed', m. 'elephant'.

6165 **dantila-:** S.kcch. *ḍandhro* 'having long teeth'.

6172 **dábdhi-:** WPah.poet. *dadhu* m. 'enmity' or < *dabdhu-, rather than with Him.I 97 < *DAGDHI-.

6173 ***dabb-:** S.kcch. *dhabāyṇū* 'to suppress'; WPah.kṭg. *dabṇõ* 'to cover with earth, bury', *dəbauṇõ* 'to press down', kc. *°ṇo* 'to bury'; J. *dābṇu* 'to press'. — S.kcch. *dh* < *d* represents spirant e.g. *δābṇū* 'to press' AKŚ xxii, *δabāyṇū* (← G. *dābvũ*, *dabāvvũ*?).

6179 **damáyati:** WPah.kṭg. *dɔ̃ṇõ* 'to tame, domesticate'; A. *dõwāy* 'bends' AFD 156, Md. *damanī* 'drags' pass. *demenī* 'is dragged').

6182 **dambháyati:** WPah.kṭg. *ḍámhṇõ* 'to burn, scorch', J. *ḍāmṇu* (or poss. < pres. *dambhaï formed from pp. *daddha-* < DAGDHÁ-).

6184 **damya-:** WPah.kṭg. *dām* m. 'young ungelt ox'.

6186 **dará**[1]**-** 'fear'. [See DARATI: √DRĀ]
WPah.kṭg. (kc.) *ḍɔ̃r* m. 'fear', J. *ḍar* m., A. *ḍâr* (phonet. *dɔr*).

6188 **dara-**[3]. 1. S.kcch. *ḍar* m. 'hole in the ground, burrow', *dharī* f. 'recess in a wall'; — line 2 *darátha-* read *daratha-*[1].

6190 **darati** 'is frightened'. [Like DARA-[1] 'fear', *daratha-*[2] 'flight' and presumably DĪRṆA-[2] 'frightened', DĪRYÁTĒ 'is dispersed (of an army)' are derived by Burrow Shwa 88 from dissyllabic √DRĀ 'run' rather than from √DR̥ 'be crushed or broken']
S.kcch. *ḍar* 'cowardly'; WPah.kṭg. (kc.) *ḍɔrnõ* 'to fear', caus. *ḍərauṇõ*, Wkc. *ḍərɛuṇo*; Garh. *ḍarnu* 'to fear'.

daratha-[1] see DARÁ-[3]; **daratha-**[2] see DARATI.

6193 ***darākāra-:** WPah.kṭg. *dərār* m. 'crack, rent'.

6194 ***darita-:** WPah.kc. *dɔre* f. 'carpet', J. *darī* f.

6195 **dáridra-**: †*DARIDRAKĒṬṬA-, †*DARIDRABĒṬṬA-.

6195a †***daridrakēṭṭa-** 'child of a poor man'. [DÁRIDRA-, *KĒṬṬA-]
WPah.kṭg. *dəljeṭı* f. 'daughter of a poor and mean man' or < †*DARIDRABĒṬṬA-.

6195b †***daridrabēṭṭa-** 'child of a poor man'. [DÁRIDRA-, *BĒṬṬA-]
WPah.kṭg. *dəljeṭı* f. 'daughter of a poor and mean man' or < †*DARIDRAKĒṬṬA-.

6196 **dardara-**: G. *dādar*, *dādrɔ* m. 'ladder'.

6198 **dardurá-**[1]: S.kcch. *ḍeḍar* m. 'frog, upper arm (< biceps?)', *ḍeṛko* m. 'frog', A. *dāduri*.

6201 **darpaṇa-**: A. also spel. *dāpon* 'mirror'.

6203 **dárbha-**: A. *dābācā* (phonet. -*s*-) 'grass' AFD 214.

6206 **dárvi-**: Md. *dabu* 'stirring-spoon' ← H. *dabbū* m. 'ladle', A. *ḍāb* (phonet. *d*-) 'knife-handle'.

6210 **darśáyati**: WPah.J. *daśṇu* 'to point out' (kṭg. *dɔ̄sṇõ* ← P. Him.I 101).

6216 **dálati**: S.kcch. *ḍarṇū* 'to grind'; WPah.kṭg. *dɔḷnõ* 'to be split, be cracked (of wood, lips etc.)', J. *daḷnu* 'to split, grind coarsely'; Garh. *daḷnu* 'to crush'.

***dalla-** 'lump' see *ḌALA- Add[2].

6223 **dava-**: WPah.kṭg. *dɔ̄* f. (obl. -*ı*) 'sunshine, heat of sun, noontide'; kiũth. *daũ* 'sunshine' (LSI ix 4, 553); OMarw. *dava* 'forest fire'.

6223a †**dávati** 'goes' Dhātup. 2. Caus. †**davayati** 'makes distant' Bhaṭṭ. [√DU[3]]
1. WPah.kṭg. (kc.) *ḍeuṇõ* 'to go', J. *ḍewṇu*, certain dialects of kc. *ḍoa* 'goes' Him.I 85: or < ḌÁYATĒ.
2. WPah.kṭg. *ḍɛuṇõ* 'to lead, move' or < *ḌĀPAYATI.

†**davayati** see †DÁVATI.

6225 **davara-** [*da*- reduced grade of √DĀ[2] 'bind' Burrow Shwa 42]
S.kcch. *ḍorī* f. 'string'; WPah.kṭg. *ḍõr* m. 'rope', *ḍoru* m. 'string', A. *ḍol* (phonet. *d*-) also 'rope' AFD 207. — Deriv. S.kcch. *ḍorṇū* 'to draw a line, mark'; G. *dorvũ* AKŚ 42.

6227 **dáśa**: S.kcch. *ḍau* '10', WPah.kṭg. (kc.) *dɔ̄ś*, Garh. *das*, Md. *diha*.

6230 **daśati** see DAṀŚATI Add[2].

6233 **daśama-**: WPah.kṭg. *dɔ̄śśuɔ*, *dɔ̄śśiɔ* 'tenth', Garh. *dasɔ̃*.

DAH: †DĀGHA-, †*DĀGHYA-, †SÁṀDAHATI.

6245 **dáhati**: WPah.kṭg. *dɔ̃ṇõ* tr. and intr. 'to burn' (*ɔ̃* for *ā* after 1 sg. *dɔ̃u*, 3 sg. *dɔ̃a*, 3 pl. *dɔ̃i* Him.I 100).

6248 **dahyátē**: S.kcch. *ḍajṇū* 'to be scalded'.

DĀ[1]: †SĒHUṆḌA-.

DĀ[2]: DAVARA-.

6250 ***dāṁṣṭra-** [Burrow Shwa 6 MIA. *dāṭha* < **dāṣṭra*- with full grade *dāś*- 'bite' < IE. *dēḱ*- in Gk. fut. δήξομαι, perf. δέδηγμαι; *dáṁṣṭra* from nasalized weak grade *daṁṣṭvā* TāṇḍyaBr. (DAṀŚATI Cāṇ.)]
Pa. *daṭṭhā*-: A. *ḍâṭh* (phonet. *dɔth*) 'elephant goad' (or conn. DAṆḌÁ-, *ḌAṬṬHA-?).
Pk. *daṁṭhā*-: A. *dā̃r* 'teeth' AFD 207.
Pa. *dāṭhā*-: S.kcch. *ḍāṛ* f. 'molar', WPah.kṭg. (kc.) *dáṛh*, *dāṛh* f. (obl. -*a*), J. *dā'ṛ* m.
Pa. *dāṭhikā*-: S.kcch. *ḍāṛī* f. 'beard', WPah.kṭg. *dáṛhı* f. 'beard', J. *dāṛī* f.; Md. *doḷi* 'jaw'.

6251 **dākṣiṇa-**: Brj. *dāhin*, *dahino* 'righthand'.

6251a †***dākṣiṇā-** 'fee to brahman'. [DÁKṢIṆĀ-]
Aś. (top. kb. mi. rp.) *dākhināya* ~ *dakhināye* (rdh. mth.); Bhoj. *dāhin* 'present to priest'.

6253a †**dāgha-** m. 'burning' Apte, Pk. *dāgha*- m. PSM; cf. DAHA-. ⌊√DAH⌋
†*DĀGHYA-.

6253b †***dāghya-** 'connected with cremation'. [DĀGHA-, DAH]
WPah.kṭg. *daggh* m. 'burning (esp. of a body)', J. *dā'g* m., H. *dāgh* (Him.I 97): all rather than ← Sk.).

6254 **dāḍima-**. 2. **dāḍimba-**: Garh. *dāḷimu* 'pomegranate', A. *ḍālim* (phonet. *d*-).

dāḍimba- see DĀḌIMA- Add[2].

6260 **dā́tra-**[2] [*dāti*- is Eastern word: *dātir lavanārthe prācyeṣu dātram udīcyeṣu* Nir. 2.2.8 = Pat. 6.6.1]
S.kcch. *ḍātro*, *ḍā̃tro*, *ḍāytro* m. 'sickle', WPah.kṭg. *dāc* m. 'large knife', kṭg. (kc.) *daccı* f. 'sickle', kṭg. *dacṭı* f. 'small sickle'; Brj. *dā̃tī* 'sickle'.

6261 ***dādda-**: S.kcch. *ḍāḍo* m. 'grandfather'; WPah.kṭg. *dād* m. 'father's father, elder brother', J. *dādā* m. 'grandfather'; kṭg. *daddı* f. 'father's mother'.

6265 **dā́na-**[1]: S.kcch. *ḍāṇ* m., *ḍāṇ* f. 'toll'; WPah.kṭg. *dāṇ* m. 'gift, marriage portion'.

6268 **dānavá-**: Brj. *dāno* m. 'a demon'.

6276 **dāpáyati**[1]: Kho. *deik* in *yād* or *hardi deik* 'to remind' is rather < DHĀPÁYATI.

6283 **dā́man-**[1]. 1. Brj. *dā̃u* m. 'tying'.
3. ***dāmara-**: Brj. *dā̃wrī* f. 'rope'.

6290 **dāyādya-**: S.kcch. *ḍāyjo* m. 'dowry', Garh. *dɛju*.

6293 **dāra-**[2] [Prob. same as DĀRA-[1]: semant. cf. KÁLATRA- and *CHĒDU-]

6294 **dāraka-**: Md. *dari* 'child, son, citizen'.

6295 **dārayati**: S.kcch. *ḍāro* m. 'threat'.

***dāridrika-** see DĀRIDRYA- Add[2].

6297 **dāridrya-**. 1. S.kcch. *ḍāḍdhar* m. 'poverty'.
3. ***dāridrika-**: WPah.kṭg. (kc.) *daljı* 'niggardly, poor', m. 'miser'.

6298 **dā́ru-**[2]. 1. WPah.kṭg. *dār* m. 'timber, beam', J. *dā'r* m.; Md. *daru* 'firewood'.
3. †***dālu-**: Garh. *ḍāḷū* 'a partic. kind of tree'?

6302 **dā́rḍhya-**: WPah.kṭg. *ḍáḍḍhɔ* 'strong, solid'.

6309 **dāla-**[2]: S.kcch. *ḍāro* m. 'preparation of coarsely ground grain'; Garh. *dāl* 'pulse' (← H.?).

6310 **dālayati**. 1. WPah.kṭg. *daḷnõ* tr. 'to shift'.
2. ***dālita-**: S.kcch. *ḍāryā* m.pl. 'fried pulse', G. *dāḷiyā* (AKŚ).

***dālita-** see DĀLAYATI Add[2].

†***dālu-** see DĀ́RU-[2].

6315 †***dāṣṭra-** see *DĀṀṢṬRA-.

6316 **dāsá-**[1]: OMarw. *dāsi* f. 'slave'.

6319 **dāsatva-**: OP. *dāsattaṇu* m. (with *-tvana-*).

6321 **dāha-**: WPah.kṭg. *dā́* f. (obl. *-ɪ*) 'pain, illness'; J. *dāh* m. 'burning'; — with ext.: S.kcch. *ḍāro* m. 'feast given to relatives in honour of the dead', G. *dahāṛɔ* m. (AKŚ 40). — Md. *dahi* 'greed'?, *dau, dā* (anal. *dalu*) 'sweat'; — OSi. *ḍādiya*, Si. *dāḍiya* 'sweat' (+ *diya* < UDAKÁ-).

6324 **dāhayati**: Md. *davanī* 'prepares (food)'.

6326 ***dikka-** 'lump', *dikkarī-* f. 'adolescent girl' lex.

†***diṇṭa-** 'stem' see *ḌANṬHA-.

***dinna-** see DATTÁ- Add[2].

***dilla-** see ḌALA- Add[2].

6333 **divasá-**: S.kcch. *ḍī̃* m. 'day'; WPah.kc. *dūs* 'day, sun', poet. *dusṛu* m. 'sun'; jaun. *dūs* 'day'; Md. *duvas* 'day', *dā* in *mi-dā* 'recently'. — MIA. *divaha-* + *-ṭa-*: WPah.kṭg. *dhɛ̃ṛɔ* m. 'day, sun', J. *dihāṛā*; kc. *dhyaṛhi, dhyaṛi*, kṭg. *dhɛ́ṛhi, dhɛ̀ṛi* 'daily, always'.
†*DIVASĀDĀNA-.

6334 ***divasakāla-**: Md. *duvālu* 'daytime'.

6335a †***divasādāna-** 'daily wage'. [DIVASÁ-, ĀDĀNA-[1]]
S.kcch. *ḍīyāṇī* f. 'daily wage'?

DIH: †*DIHATI.

6344a †***dihati** 'smears' (*dhẽ́gdhi, dihánti* RV.). [√DIH]
WPah.kṭg. *dī́ṇõ* 'to snow', J. *dīhṇu, diū̃ṇu*; kṭg. *díəṇ, dī́ṇ* f. 'snowfall', J. *dī̃wan* m. (so Him.I 101 rather than < DĪ́YATI, †*DĪYANA-).

6348 **dīpa-**: S.kcch. *ḍīyo* m. 'lamp', WPah.poet. *diu*, kṭg. *diwɔ, diɔ* m., J. *dīwā* m.; Garh. *diu* 'earthen lamp'; OMarw. *diva* 'lamp'.

6349 ***dīpakāṣṭhika-**: cf. Ko. *divṭigā* 'torchstand, torch' (Kan. *dīvaṭige*).

6358 **dīpāvali-**: S.kcch. *ḍīyārī* f. 'last day of the year (30th Aśvin)'; WPah.kṭg. *dɛuḷɪ* f. 'festival in November'.

DĪ[1]: †*DĪYANA-; †*UDDAYATI, †*UDDĀPAYATI.

6363 **dīprá-**: A. redup. *dip-lip* 'shining, beautiful' AFD 211.

6364 **dī́yati**: WPah.kṭg. *dī́ṇõ* 'to snow' (*hĩũ día* 'snow falls'), J. *dīhṇu, diū̃ṇu* (Him.I 101 both < †*DIHATI: WPah. *-h-* also in kṭg. in view of high level intonation).

6365 **dīyátē**[1]: A. *diba* (3 sg.pres. *diye*) 'to give' AFD 330.

6366a †***dīyana-** 'flying, falling'. [√DĪ[1]]
WPah.kṭg. *díəṇ, dī́ṇ* f. 'snowfall' (see DĪ́YATI), J. *dī̃wan* m.

6368 **dīrghá-**: S.kcch. *dhrigo* 'high'; Md. *digu* 'long, tall'.

6373 **dīryatē**[1] 'is dispersed', **dīrṇa-**[1] 'frightened' see DARATI Add[2].

6373a **dīryátē**[2] 'is split' ŚBr. 2. **dīrṇa-**[2] 'rent': Pa. *a-diṇṇa-*, Gy.pal. *drīrā́*.

DU[3]: †DÁVATI, †DAVAYATI.

6375 **duḥkhá-**: †*DUḤKHABHĀVA-.

6376 **duḥkhati**: WPah.kṭg. (kc.) *dúkhṇõ* 'to pain, give pain, ache', J. *dukhṇu*; Garh. *dukhɔṇu* 'to pain'.

6376a †***duḥkhabhāva-** 'state of misfortune'. [DUḤKHÁ-, BHĀVÁ-]
Sh.(Lor.) *dukāo* m. 'being in doubt or anxiety esp. when unable to pay a debt' (rather than der. DUḤKHĀYÁTĒ?); S.kcch. *ḍokhāv* m. 'ailment, pain', G. *dukhāvɔ* m. (AKŚ 42).

6379 **duḥkhāyátē**: Sh. *dukāo* see †*DUḤKHABHĀVA-.

6390 ***duguṇa-**: Garh. *dūṇu* 'double'.

6391 **dugdhá-**: WPah.kṭg. (kc.) *dúddh, dūdh* m. 'milk'; poet. *dudhu* m. 'female breast, breast-milk'; jaun. *dudhū* 'teat'; poet. *dudhṛe* f. 'nipple'; Garh. *dūd* 'milk' (∼ adj. *dudhāḷ*).
†*SPHĀTADUGDHA-.

6399 **dugdhin-**. Ext. *-la-*: WPah.kṭg. (kc.) *dúdhḷɔ* 'having white spots'.

6402 ***dutīya-**: WPah.kṭg. (kc.) *dujjɔ* 'second', J. *dujā*.

6407 ***dudhāra-**: WPah.poet. *dōro* 'double', J. *dohrā*.

6432a ***durgrahiṇī-** Add. 14611.

6438 **durbala-**: S.kcch. *ḍobro* 'poor'; Garh. *dubḷu* 'thin'; A. *dubalā* 'weak' AFD 214.

6443 **durmanas-**: Brj. *duwan* m. 'enemy, demon' (< Pk. *dūmaṇa-*?).

6446 **durlabha-**: WPah.kc. *dulho* m. 'bridegroom', *dulhe* f. 'bride'.

6451 **durhā́rd-** see *DVIHṚDA- Add[2].

***duvaṁdva-** see DVAṀDVÁ- Add[2].

***duvardha-** see DVYARDHA- Add[2].

6459 ***duvāra-**: WPah.kṭg. (kc.) *dwār* 'door', *dwarṭɔ*, kc. *dwaṭo*, Garh. *dwār*; Md. *doru* 'doorway, window'.

6464 **duvr̥ta-:** WPah.kṭg. (kc.) *dṑṛu* m. 'large blanket', J. *dohṛu* m. id. (with *h* from *dohrā* 'double' < DUDHĀRA-? Him.I 101).

6470 **duṣkāla-:** S.kcch. *ḍokār* m. 'famine'.

6475 **dustara-:** Md. *dutturau*, °*rā* 'difficulty'.

6476 ***duhati:** WPah.poet. *dū̃ṇo* 'to milk', Garh. *dūṇu*.

6481 **duhitŕ̥-** [E. P. Hamp JAOS 90, 228ff. < IE. *dhugHter-* > IA. **dhuǰhitar-* (with *H* both becoming *i* and aspirating and palatalizing *g*) whence Kaf. forms]
S.kcch. *dhī* f. 'daughter', WPah.kṭg. (kc.) *dhī̀* f., Garh. *dhiyā*.

6495 **dūrá-:** S.kcch. *ḍūr*, *dhūr* 'far', WPah.kṭg. (kc.) *ḍūr* f. 'distance', adj. 'far', adv. *dura* 'far away'; J. *dūr* m. 'distance', Garh. *dūr*, Md. *duru* 'far'; — deriv. **dūratara-*: Kho. *duderi* 'distance', adj. 'distant' BKhoT 67.

6501 **dū́rvā-.** 1. WPah.kṭg. *jūb* f. (obl. *-a*) 'the grass Panicum dactylon', J. *jūb* f., kṭg. (kc.) *jubəṛ* m. 'grassy plain', poet. *jubṛe* f. 'grassy ground' (kṭg. *drubəṛ* m., *drubṛı* f. ← a dialect retaining *dru-*); Garh. *dublu* (*l*?) 'panic grass'.
2. ***dhū́rvā-:** S.kcch. *dhrau* m. 'a kind of grass', G. *dharav* AKŚ 50.

†***dūhr̥d-** see *DVIHR̥DA- Add[2].

6507 ***dr̥kṣati.** 1. OM. *dākhavaṇẽ* 'to show'; Md. *dakkanī* 'shows, appears', *dekkum* 'showing'.
2. ***dēkṣati:** S.kcch. *ḍekhā ḍīṇū* 'to appear', WPah.kṭg. (kc.) *dékhṇō* 'to see', *dəkhė́ḷnō* 'to show'; OMarw. *dikhāṛaï*; Md. *dekenī* 'sees, thinks'.

6508 **dr̥ḍhá-:** A. also *daṛhāi* 'firmly' AFD 235.

6511 **dŕ̥ti-:** WPah.kṭg. *driɔ*, *dəriɔ* m. 'inflated buffalo hide for crossing rivers' (← a language possessing *dr* Him.I 104).

DR̥Ś: †UPADARŚAYATI.

6514 **dŕ̥śika-**, *dr̥śīkā́-*: or **dr̥śā-* 'appearance' (*dŕ̥ś-*, *dr̥śí-* 'seeing' RV.).
WPah.kṭg. (kc.) *jiś*, *jhiś*, *jīś* f. (obl. *-a*) 'morning', jaun. *jhīśā* 'early, morning', poet. *jiśo* 'tomorrow'.
†*DR̥ŚĪKĀHĀRA-.

6514a †***dr̥śīkāhāra-** 'breakfast' [DŔ̥ŚĪKA-, ĀHĀRA-]
WPah.kṭg. *jiśḗrı* f. 'breakfast' (Him.I 55 from *dr̥śí-* + ĀHĀRA-).

6516 **dr̥śyatē:** S.kcch. *ḍisāṇū* 'to come into sight', WPah.kṭg. (kc.) *díśṇō*, *dhíśṇō* (whence *dh*?).

6517 **dr̥ṣád-** [Prob. not connected with Shgh. *δïxn* 'stone mortar' EVSh 32]

6518 **dr̥ṣṭá-:** A. *diṭhak* 'vision' AFD 206; Md. *duř* 'seen', pret. *duřīm* 'I saw'.

DR̥: †*UDDĀRA-.

***dēkṣati** see *DR̥KṢATI Add[2].

6523 **dēvá-[1]:** S.kcch. *ḍev* m. 'god'.

6524 **dēvakula-:** OMarw. *devaḷa* m. 'temple'; — WPah.kṭg. *deurɔ* m., °*rı* f. (rather < *DĒVAGHARA-).

6527 ***dēvakōṣṭha-:** WPah.kṭg. *deuṭhu*, *dẽṭhu* m. 'temple, temple image, name of various deities', *deuthı* f. 'temple'.

6528 ***dēvaghara-:** S.kcch. *ḍero* m. 'temple', *ḍevrī* f. 'shrine', WPah.kṭg. *deurɔ* m. 'temple', *deurı* f. 'temple esp. of a goddess, goddess' (Him.I 99 rather < DĒVAKULA-).

6531 **dēvadāru-:** WPah.kc. *dyār* m. 'cedar tree'.

6545 **dēvī́-:** Garh. *dei* 'goddess, queen (?)'.

6546 **dēvŕ̥-:** Garh. *dyūr* 'husband's younger brother' (*dyūrāṇ* 'his wife'), OMarw. *devara* m.

6547 **dēśá-:** Kho. *deš* 'country' BKhoT 67; WPah.kṭg. (kc.) *déś*, *dēś* m. 'country, district; the plains', J. *dēś*.

6557 **dēha-:** S.kcch. *ḍaī* m. 'the body', WPah.kṭg. *déı* f.

6557a ***dēhati** Add. 14621.

6559 **dēhalī-.** 1. Brj. *ḍehrī*, *ḍhahrī* f. 'threshold', A. *ḍeurī*, phonet. *deuri*.
4. ***dēhula-:** WPah.kṭg. (kc.) *déuḷ*, *dẽḷ* f. (obl. *-ı*) 'threshold', Garh. *deḷ*; B. *deul* 'mound, old wall'.

6562 **dēhí-:** †MŪṢADĒHĪ-.

6563a ***dēhīkāṇḍa-** Add. 14622.

***dēhula-** see DĒHALĪ- Add[2].

6582 **dōla-[1]:** WPah.kṭg. (kc.) *ḍōḷ* f., *ḍoḷɔ* m. 'marriage palanquin', J. *ḍoḷā* m.; — kṭg. *ḍōl* 'swing, merry-go-round' ← H.

6583 **dōla-[2]:** Bshk. *ḍōl* 'brass pot'; WPah.poet. *ḍōr* m. 'small pot', kṭg. *ḍōl* m. 'bucket', J. *ḍō'l* m. ← H. or < **dōlla-*).

6586 **dṓṣ-.** 2. **dōṣán-:** Sh.koh. gur. *dōṇi* f. 'lower leg'.

6587 **dōṣa-:** WPah.kṭg. *dóś* m. 'harm, defect, evil power of a deity'.

dōṣán- see DṒṢ- Add[2].

6591 **dṓha-:** †*DŌHAPĀTRA-.

6592 ***dōhati.** 2. **dōháyati:** S.kcch. *ḍoyṇū* 'to milk', *ḍoāy* f. 'wages for milking', *ḍovāyo* m. 'milkpan' (or < †*DŌHAPĀTRA-?).

6593 **dṓhana-[1]:** S.kcch. *ḍoṇo* m. 'vessel for preparing curds'; — WPah.J. *dūhṇā* m. 'milking pot' (with *ū* × *DUHATI).

6595 ***dōhanīghaṭaka-:** WPah.kṭg. *dənhàṛɔ* m. 'state of having milk and butter in the house' (or <

**dōhanaghaṭaka-*) with *n* for *ṇ* ← form like N. *dunhyāro* 'milkpail'; ktg. *dənhɛ̄rɔ* m. 'cup or ladle for incense' with *n* and *r* ← form like N. *dunero* 'milkpail'; Him.I 103 < **dōhanadhāra-*, **dhūpanī-dhāra-* presents much greater difficulty.

6595a †***dōhapātra-** 'milking vessel'. [DṓHA-, PĀ́TRA-]
S.kcch. *ḍovāyo* m. 'milkpan' (or der. *DŌHATI).

dōháyati see *DŌHATI Add[2].

DYUT: †VÍDYŌTATĒ.

6606 **dyuti-:** A. *jui* (phonet. *z-*) 'fire' AFD 219.

6608 **dyūtá-:** S.kcch. *jūā* m. 'gambling', WPah.kṭg. *juɔ* m., Garh. *juwā*, Brj. *jū̃o* m.

6609 **dyūtakāra-:** Brj. *juār(ī)* m. 'gambler'.

†***dyōḥkāra-** see †JYŌTKĀRA-.

6622 **dramma-:** S.kcch. *dhamṛī* f. 'smallest copper coin'; Garh. *dām* 'cost'.

6623 **dravá-** [Cf. Shgh. *čīw*, *čōw*, *čū* 'single hair' EVSh 24]

6624 **drávati:** Md. *duvanī*, *duvenī* 'runs', *duvvanī* 'drives' (or < DHAVATĒ or DHĀ́VATI[1]); — WPah.kṭg. (kc.) *dɔṛnõ* 'to run', kṭg. *dəṛauṇõ*, Wkc. *dəṛɛuṇo* 'to drive away'; Garh. *dɔṛnu* 'to run'. — Read B. *daurā̃na*.

DRĀ: DARA-[1], DARATI, DĪRṆA-[1], DĪRYATĒ[1].

6628 **drā́kṣā-** [< IE. **dhroghsā-* T. Burrow BSOAS xxxviii 64: if so *DRAKṢĀ- attested by Kho. has dial. IA. *a* op.cit. 72: further W. Wüst ABORI DiamondJubVol 413–14]
1. WPah.kc. *dākh* f. 'grape', J. *dākkh* (*d-* ← P. H.).
3. †**dhrākṣā-** Pāṇ.gaṇa: S.kcch. *dhrākh* f. 'grape', but kcch. *dh* < or ← *d* (cf. DRAMMA-, DŪRÁ-, *DABB- Add[2]).

6633 **drāva-:** S.kcch. *dhrā* m. 'fear' (but cf. *dhrajṇū* s.v. DHŪYÁTĒ[1]).

6634a ***drāhyatē** Add. 14633.

DRU: *UDDRĀVAYATI.

6634b **dru-** m.n. 'wood, any wooden instrument' RV. [Cf. *druṇa-* 'bow, sword', *druṇaha-* 'sheath' lex.]
WPah.poet. *jɒı* f. 'sheath' Him.I 55.

6620 ***dramaṇa-** [Cf. Shgh. *čūδm* 'wormwood' < Ir. **dramna-* EVSh 22]
Brj. *dawan*, *dauno* m. 'Artemisia indica'.

6636 **druṇa-** [Cf. Ir. **drunā-* in Shgh. etc. *čan* f. 'bow' EVSh 22]

DRUH: line 2 *DHRŌKṢA- delete asterisk.

DRAI: †ÁVADRĀTI, †*AVANIDRĀ-.

6641 **drṓṇa-**[1]**:** Garh. *doṇ* 'a weight of 32 seers'; A. *doṇ* 'basket containing a certain measure'.

6644 **drōṇī-**[2]**:** WPah.poet. *druṇe* f. 'mountain pasture' (← dialect preserving *dr-* Him.I 105).

6648 **dva-:** S.kcch. *ḇa* 'two', WPah.kṭg. (kc.) *dui* '2', kṭg. *dunni*, *dunniɛ*, *dúnnhi*, *dúnnhiɛ* 'the two, both'; Garh. *dwi*, Md. *de* (*dui-satta* '200' ← Ind.).

6649 **dvaṁdvá-**. 2. ***duvaṁdva-:** Garh. *dund* 'turmoil'; Brj. *dū̃d* m. 'antagonism, quarrel'.

6654 ***dvalati:** S.kcch. *barṇū* 'to burn, scald (with hot water)'; WPah.kṭg. *bɔḷnõ* intr. 'to burn'.

6656 **dvācatvāriṁśat-:** Md. (old) *bayāḷīs* '42' ← Ind.

6657 **dvā́triṁśat-:** Garh. *battīs* '32', Md. (old) *battirīs*.

6658 **dvā́daśa:** WPah.kṭg. (kc.) *bāra* '12', Garh. *bāra*, Md. (old) *doḷas* (*bāra* ← Ind.).

6661 **dvāpañcāśat-:** Md. (old) *bāvanna* '52' ← Ind.

6663 **dvā́ra-:** S.kcch. *bāyṇo* m. 'door', WPah.kc. *dār* m. 'door', jaun. *dār*; kc. *daṭṭo* m. 'door' (< **dārṭo* Him.I 87), G. *bārṇū* n.

6666 ***dvārapṛṣṭha-:** Md. *dorāṛi*, *dorōṛi* 'gateway'?

6667a ***dvāraśākhī-** Add. 14638.

6671 ***dvālayati:** S.kcch. *bārṇū* tr. 'to burn', WPah.kṭg. *bəḷauṇõ* tr. 'to kindle, light'.

6672 **dvā́viṁśati-:** WPah.kṭg. *báyh* '22', J. *bāih*; Md. *bāvīs* ← Ind.

6673 **dvāṣaṣṭi-:** Md. (old) *bāhaṭṭi* '62' ← Ind.

6674 **dvāsaptati-:** Md. (old) *bāhattari* '72' ← Ind.

6680 **dvitī́ya-:** S.kcch. *ḇyo* 'second'.

6683 **dvinavati-:** Md. (old) *bayānavai* '92' ← Ind.

6690 ***dvihṛda-** [Sk. *dvihṛda-* rather by pop. etym. < MIA. *dōhaḷa-* 'morbid desires' (→ Sk. *dauhṛda-* Suśr., *daurhṛda-* lex.); — MIA. *dōhaḷa-* poss. deriv. in sense 'pangs' or 'malignancy' from †*DŪHṚD- 'malignant', *durhā́rd-* AV., *durhṛd-* MBh., *durhṛdaya-* Pāṇ.gaṇa; — Pk. *dūhaa-* 'tormenting', *dūhala-* 'unfortunate', Ap. *dohaya-* 'malicious (*īrṣyālu* PSM)'; — there is no trace of the supposed **duhada-* 'pregnant', and later complex forms suggest 'pregnancy' < 'pangs' (*dōhadaduḥkha-* Kālid.; *dvaihṛdayya-* Car. ~ *dauhṛda-*; *dvihṛdayā-* ~ *dauhṛdinī-* Suśr., *daurhṛda-*, °*dinī-* lex.) J.C.W.]
M. *ḍoḷ* n. 'evil surmise, suspicion'?

6691 **dvīpá-:** Md. *dū* (*duvek*) 'island'; A. *diyā* 'island in river'.
†SIṀHALADVĪPA-.

6698 **dvyardha-**. 2. ***dviyardha-:** Garh. *dyɔḍhu* '$1\frac{1}{2}$', *ḍeḍ*.
3. ***dvaiyardha-** × 4. ***duvardha-:** WPah.kṭg. *deuḍh* '$1\frac{1}{2}$fold', *dḗḍḍh*, *dēḍh* '$1\frac{1}{2}$'.

6699 **dvyaśīti-:** Md. (old) *bāāhi* '82' ← Ind.

DH

6701 ***dhakk-:** S.kcch. *dhakko ḍeṇo* 'to push'; WPah.kṭg. *dhàkkɔ* m. 'push, dash', J. *dhākā* m.

†*dhakkha- 'defective' see *ḌAGGA-².

6703 **dhákṣu-:** S.kcch. *ḍakho* m. 'quarrel'; B. *dhak* 'sudden blaze', Or. *dhaka* 'blaze' (rather than < *DHAGG-).

6704 ***dhagg-:** Ko. *dhaggu* 'heat', *dhagdhagu* 'blazing heat'.

†*dhagga- 'defective' see ḌAGGA-².

6707 ***dhaṭa-².** 2. **†*dhaṭṭa-:** WPah.kṭg. *dhàṭṭu* m. 'woman's headgear, kerchief', kc. *dhaṭu* m. (also *dhaṭhu* m. 'scarf', J. *dhāṭ(h)u* m. Him.I 105).

†*dhaṭṭa- see *DHAṬA-².

6713a **†*dhatta-** pp. for DÁDHĀTI formed like *dattá-* DÁDĀTI; Pk. *dhatta-* 'laid down'. [ˎDHĀ]
†*AVADHATTA-.

6714 **dhattūra-:** A. also *dhūtūrā* AFD 204.

6717 **dhána-:** S.kcch. *dhan* m.pl. 'herd of cattle'.
†DHÁNIṢṬHA-, †DHÁNYA-.

6721 **dhanikā-:** WPah.kṭg. *dhɔ̃ṇ* f. (obl. *-ɪ*) 'wife'; OMarw. *dhaṇi*, °*ṇa* f. 'lady'.

6722 **dhanin-:** WPah.kṭg. *dhɔṇɪ*, kc. °*ṇe* m. 'master, lord', OMarw. *dhaṇī*.

6722a **†dhániṣṭha-** 'very rich' ŚāṅkhŚr.; °*ṭhā-* f. '24th asterism'. [DHÁNA-]
Pk. *dhaṇiṭṭhā-* f. 'this nakṣatra', Md. *dinařa*.

6726 **dhánus-:** WPah.kṭg. *dhɔ̀ṇɔ* m. 'bow', J. *dhaṇu* m.; Md. *duni* 'arrow'; — Pk. *dhāṇukka-* m. 'archery expert' (→ *dhānuṣka-* m. MBh.) der. *dhaṇukka-* m.n. 'bow' (*dhanuṣka-* n. Lāṭy.): OP. *dhāṇaku* m. 'member of a low caste of hunters', H. *dhānak*.

6727 **dhandha-:** WPah.kṭg. *dhàndɛ* m.pl. 'business, concern, engagement', J. *dhandā* m.

6727a **†dhánya-** 'rich' RV., 'fortunate, happy' Mn. [DHÁNA-]
Pk. *dhanna-*, *dhaṇṇa-*, *dhaṇia-* 'fortunate', OP. *dhannu* 'blessed is!, happy is!', P. *dhann*.

dhanyāka- see DHĀNAKA-.

†dhanvana- see DHARMAṆA-¹·².

6739 ***dhayinī-:** WPah.kṭg. *dhēṇ* f. 'daughter', J. *dhaiṇ* f.

6744 **dharáṇī-¹:** WPah.kṭg. (kc.) *dhɔ̀rni*, *dhɔ̀nni* 'on the ground, down (on the ground)', kua. (LStH 160) *dhauni* 'on the ground'.

6747 **dhárati:** WPah.poet. *dhɔ̀rno* 'to hold, keep, bear', J. *dharṇu*.

6750 **dharitrī-:** WPah.kṭg. *dhɔrtɪ*, *dhɔtrɪ* f. 'the earth, this world', ← P. *dhartī* (rather than ← dialect with *tr* preserved), J. *dhartī* Him.I 107.

†*dharga- see *DHĀGGA-.

6753 **dhárma-:** †ÁDHARMA-; †DHARMAŚĀLĀ-.

6755 **dharmaṇa-¹** m. 'species of snake', 6756 **dharmaṇa-²** m. 'species of Grewia tree' properly *dhānvana-* 'living or growing in desert land' Kām. (cf. *dhanvanyà-* AV., *dhanvaja-* Suśr., *dhānva-* Car.), '*species of snake and Grewia tree' (cf. *dhanvana-* m. 'kind of animal' VarBṛS., 'species of Grewia' lex., *dhānvana-* 'made of its wood' ŚāṅkhŚr.); — *dharmaṇa-* id. ← MIA. (T. Burrow JRAS 1967 42). [Transferred to the tree (used for making bows) after reinterpretation with *dhánvan-¹*; cf. *dhanvaga-*, °*vaṅga-* 'the tree' showing influence of 'snake' words BHUJAṄGA-, etc.: — DHÁNVAN-²]

6760a **†dharmaśālā-** f. 'charitable asylum' lex. [DHÁRMA-, ŚĀLĀ-]
Pk. *dhammasālā-* f., Brj. *dhamsārī* f. 'charitable institution'.

6766 **dhavatē:** S.kcch. *dhoṛṇū* 'to run'; — Md. *duvanī*, °*venī* 'runs', *duvvanī* 'drives' (or < DHĀ̆VATI¹ or DRÁVATI).

6767 **dhavala-²:** S.kcch. *dhauro* 'white'.
†DHAVALĪ-.

6768a **†dhavalī-** f. 'name of a river' lex. [DHAVALA-²]
Garh. *dhɔḷi* 'name of the Alakananda river in Gaṛhwāl'.

DHĀ: †*DHATTA-, †DHĀTRA-; †*AVADHATTA-; — DHĀṬI-?

6770 ***dhāgga-** [Rather **†*dhārga-** ∼ †*DHARGA- with dial. *a* ∼ *ā* < IE. *o* (**dhorgo-* in NPers. *darz* 'suture', *darzmān* 'thread'); Pk. *dharagga-* < **dhargga-* < **dharga-* T. Burrow BSOAS xxxviii 73]
WPah.J. *dhāgā* m. 'thread', kṭg. *dhàggɔ* m., poet. *dhaguḷo*, °*gḷo*, °*gḷu* m. 'bracelet' (Him.I 105).

6772 **dhāṭi-** [< **†*dhārti-** < IE. **dhorti-* from root in Gk. θρώσκω, ἔθορον (Pokorny IEW 256) T. Burrow BSOAS xxxviii 68 or cf. (with *t* ∼ *ṭ*) Ir. **dāti* (< *d-* or *dh-*?) in Shgh. *δād* 'war, fighting', Ishk. *dēd* EVSh 30]

6773a **†dhātra-** n. 'receptacle, *support' lex. cf. *dhātṛ́-* 'creator, supporter' RV. [ˎDHĀ]
WPah.kṭg. (kc.) *dhàcṇõ* 'to rear, bring up, feed', kiũth. *dhācṇū* 'to feed' LSI ix 4, 553.

6774 **dhātrī-:** WPah.kṭg. *dhàɪ* f. 'wet nurse'.

6775 **dhána-**: Garh. *dhāṇ* 'work, occupation'?

6777 **dhānā́-** [Cf. Ir. **dānā-*, Shgh. *δūn* 'parched grain', X. Rosh. *δōn*, Yghn. *don* EVSh 31]

6778 **dhānyà-**: S.kcch. *dhā̃ī* m. 'food, corn'; WPah.kṭg. (kc.) *dhā̀n* m. 'rice plant', J. *dhā'n* m.pl.; kṭg. *dhənsóɔ* m. 'grains of anise' (*soɔ* ← H. *soā*, P. *soe* < *ŚATATAMA-[2] Him.I 108); Garh. *dhān* 'paddy'; Md. *dan* in *godan* (see GŌDHŪMA-).

†**dhānvana-** see DHARMAṆA-[1,2].

6783 **dhāpayati**: Kho. *yād* or *hardi* (< *HĀRDIKA-) *deik* 'to remind' with *deik* < *dhāpayati* rather than < DĀPÁYATI[1].

6784 **dhāpáyatē**: S.kcch. *dhāvaṇ* m. 'mother's milk'.

6787 **dhāra-**[1]: †*PĀNĪYADHĀRAKA-[1].

6788 **dhā́ra-**[2]. 2. **dhārā-**[1]: WPah.kṭg. (kc.) *dhā̀r* f. (obl. *-a*) 'stream', J. *dhā'r* f., poet. *dharna* f.

6791 **dhāráyati**: S.kcch. *dhārṇū* 'to exact'; WPah.kṭg. (kc.) *dhàrnõ* 'to hold, keep'; Md. *daranī* 'is in debt', *darani* 'debt', *derum* 'owing'.

6792a †***dhārayitru-**, cf. Sk. *dhārayitr̥-* m. 'supporter, bearer, who keeps in remembrance' TĀr. [DHR̥]
WPah.kṭg. *dhàrcu* m. 'a person who meets another carrying a load of grass etc. to take over the load' Him.I 106.

dhā́rā-[1] see DHĀRA-[2].

6793 **dhā́rā-**[2]: WPah.kṭg. (kc.) *dhā̀r* f. 'edge, mountain ridge', J. *dhā'r* f.; — kṭg. *dhàrkɔ* 'steep, curved'; *dhàrṭı, dhàṭṭı* f. 'ridge of a hill'; Md. *dāra* 'edge' ← G. M. *dhār* f.

6795 †***dhārga-** see *DHAGGA-.

†***dhārti-** see DHAṬĪ-.

6797 **dhārmaṇa-**: WPah.poet. *damno* (°*ṇo*?) 'grassy' Him.I 98.

6798 **dhārmiká-**: Garh. *dhāmī* 'a priest of folk-religion'.

6802 **dhā́vati**[1]: Md. *duvanī*, °*venī* 'runs', *duvvanī* 'drives' (or < DHAVATĒ or DRÁVATI).

***dhiṅga-** see *ḌAGGA-[2] Add[2].

6812 **dhiyāyáti**: Garh. *dhyāṇu* 'to remember'.

6814 ***dhīmma-**: A. also *ḍhimā* (phonet. *dh-*) 'slow, languid' AFD 210.

6818 **dhīryà-**: S.kcch. *dhīj* m. 'huff' (?); WPah.kṭǵ. (kc.) *dhìjɔ* m. 'confidence, belief', J. *dhīj* f.; kṭg. *dhìjṇõ* 'to have confidence', J. *dhījṇu*.

6819 **dhīvará-**. 3. †***jhīvara-**: WPah.kṭg. *jhèwəḷ* m. 'fisher', P. H. *jhīwar* m.; P. *jhīur*, *jhiūr* m. 'water-carrier'.

6821 **dhúkṣatē**: S.kcch. *dhokhāṇū* 'to kindle (a fire)', *dhokho keṇū* 'to mourn' (semant. cf. ŚŌKA-); A. *ḍhukāiba* (phonet. *dh-*) 'to be exhausted, die'.

6826 **dhúr-**: WPah.kṭg. *dhū̀r*, *dhùrɔ* m. 'extremity, end of rope or loincloth or field, mountain peak'; J. *dhūr* f. 'uppermost part of a roof, peak, direction'.

6833 ***dhuvati**[2]: S.kcch. *dhūṇū* 'to wash'.

6835 ***dhūḍi-**: S.kcch. *dhūṛ* f. 'dust', WPah.kṭg. *dhùḷɔ* m., J. *dhūḷ* f.; Garh. *dhūḷū* 'dust', *dhūṛu* 'flour'.

6846 **dhūnṓti**: WPah.kṭg. *dənhàuṇõ* (phonet. *dər̃h*°) 'to cause to shiver' (a good omen in a sacrificial animal when sprinkled with water: cf. G. *dhū̃ṇvũ* 'to be under demonic influence'), J. *dhuṇāwṇu* 'to cause to shiver', jaun. *dhūṇūṇõ* 'to shiver'; Garh. *dhuṇnu* 'to shake'.

6848 **dhūpana-**: S.kcch. *dhoṇī* f. 'ascetic's smoky fire'; A. *dhūnā* 'incense' AFD 209.

6849 **dhūmá-**: 1. S.kcch. *dhũāṛo* m. 'smoke'; WPah.kṭg. (kc.) *dhū̃* with high falling tone, kṭg. *dhũɔ* m. id., *dhõı* f. 'mist, fog'; J. *dhuwā̃* m. 'smoke', Garh. *dhuwā̃*, Md. *dum*.
†ALAṀDHŪMA-.

6861 **dhūmrá-**: †DHŪMRĀBHA-.

6861a †**dhūmrābha-** m. 'air, wind' lex. [DHŪMRÁ-, ĀBHĀ-]
A. *dhumuhā* 'storm' AFD 208.

6863 **dhūyátē**[1]: S.kcch. *dhrajṇū* 'to fear, tremble' (but cf. *dhrā* s.v. DRĀVA-).

6865 **dhū́rta-**[1]: WPah.poet. *dhutṛo* m. 'evil spirit, ghost' (or poss. deformed from *bhutṛɔ*, see BHŪTÁ-? Him.I 108).

DHR̥: †ÁDHR̥TA-, †*DHĀRAYITRU-.

6873 **dhŕ̥ti-**: WPah.Wkc. *dhɔe* f. 'possession, property' Him.I 106.

6875 **dhr̥ṣṭá-**: Brj. *ḍhīṭh(o)* 'bold, obstinate'; Garh. *ḍhīṭ* 'arrogant'.

6877 **dhēnú-**: †DHAINUKA-.

6879 **dhainava-** 'pertaining to milch cows' Pāṇ.gaṇa. [DHĒNÚ-]
S.kcch. *dheṇū* m. 'the being in milk (of a cow), milch cattle' (or < *dhénukā-* see DHĒNÚ-; or < †DHAINUKA- n. 'herd of cows' lex.).

†**dhainuka-** see DHAÍNAVA-.

6881 ***dhōtta-**: S.kcch. *dhotyo* m. 'man's white garment round waist and tucked in behind'.

6886 ***dhauvati**: WPah.kṭg. (kc.) *dhõṇõ* 'to wash, clean', kc. *dhoiṇo* 'to wash oneself', caus. kṭg. (kc.) *dhwàuṇõ*, Md. *donnanī* 'washes', absol. *dove*.

†**dhrākṣā-** Pāṇ.gaṇa: see DRĀKṢĀ-.

***dhrāta-**, ***dhrāpyatē** see DHRÁYATI Add[2].

6890 **dhrā́yati**. 2. ***dhrāta-:** S.kcch. *dhrau thīṇū* 'to be satiated', G. *dharav thavũ* (AKŚ 50).
4. ***dhrāpyatē:** WPah.kṭg. *jhapṇõ* 'to be satisfied or fed'.

6892 **dhruvá-:** A. *dhuwā* 'a refrain' AFD 209.

6894 **dhrōkṣa-** Pāṇ.gaṇa: WPah.kṭg. (kc.) *dhókkhɔ* m. 'deceit, mistake'; J. *dhokā* m. 'misunderstanding'.

6896 **dhvámsati**. 2. **dhvasáti:** A. *dhahiba* 'to fall off' AFD 209, 225.
6. ***dhvāsayati:** WPah.kc. *ḍhauṇo* 'to pull down, ruin (a city)'; J. *ḍā'ṇu* 'to bend down'.

dhvasáti see DHVÁṀSATI Add².

6903 **dhvā́ṅkṣa-** [< IE. **dhwoṅkso-* ~ **dhuṅksā-* T. Burrow BSOAS xxxviii 64]

***dhvāsayati** see DHVÁṀSATI Add².

N

6906 **ná:** S.kcch. *nā̃* 'no'; WPah.kṭg. kc. *na* 'not', kṭg. *na*, *nā̃* 'no', Md. *na-*, *nu-*, *ne-*.

6909 ***nakka-:** S.kcch. *nakk* m. 'nose', WPah.kṭg. kc. Garh. *nāk* m. 'nose', J. *nā'k* m.

6912 **nákṣati:** Brj. *nākh-* tr. 'cross' (R. S. McGregor 6.4.67).

6913 **nákṣatra-:** Md. *nakat* 'asterism'.

6914 **nakhá-**. 1. S.kcch. *nõ* m. 'nail of finger or toe'; — Si. *niyapotu*, Md. *niyafati*?
× †*AṄGUṢ- in AṄGUṢṬHÁ- and *AṄGŪḌI-: WPah.kṭg. *nɔ̃ś*, kc. *nɔ̄ś* m. 'fingernail, claw', J. *nauś*, bhal. *nɛś*; Kal. (IIFL iv 127) *nā́ṅguš* 'nail'; — Ko. *nāṅkūṭa* 'nail' (× AṄGUṢṬHÁ-?).

6916 ***nakhakaraṇa-:** S.kcch. *naiṇ* f. 'a barber's instrument'.

6926 **nagná-** [Dial. *ā* ~ *a* < apophonic IE. *o* (cf. IE. **nogʷnó-* ~ Hit. *nekumant-* 'naked') T. Burrow BSOAS xxxviii 70]
WPah.kṭg. *naṅgɔ* 'naked', J. *nāṅgā*, Garh. *nā̃gu*; — Garh. *nɔni* (or < *NĀNNA-?) 'small girl'.

6935 ***naṭṭa-**. 1. Garh. *nāṭ* 'childlessness'.
5. ***niḍḍha-:** S.kcch. *niṇḍho* 'small'.

NAD: †VINADATI.

6943 **nadī́-:** S.kcch. *nay* f. 'river', WPah.kṭg. *nɛ̄* f. (obl. *-ɪ*), kc. *nɔ̃*, *nɔe*, J. *naī* f., *nau* f., Brj. *nai* f.

6947 **nanāndr̥pati-:** Brj. *nandoī*, °*deū* m. 'husband's sister's husband'.

6955b **náptr̥-:** Garh. *nāttī* 'grandson'.

6956 **námati:** S.kcch. *namṇū* 'to bow' ← G.

6966 **náyati:** WPah.kṭg. (kc.) *nīṇõ* 'to lead, lead away, take to wife' (*ɪ* from pret. *niɔ* < NĪTÁ-).

6968 **nayaná-²**, cf. *nayanā-*, °*nī-* f. 'pupil of eye' lex.
WPah.kṭg. *naṇɪ* f. 'beloved girl, pretty girl'; ʲsat. (LSI ix 4, 651) *nā̃ṇī* 'wife'; poet. *nɛ̄ṇ* m. 'eye', *nɛṇe* f. 'beloved or pretty girl'; N. *nainu* 'pupil of eye, darling'.

6977 **nartá-:** WPah.poet. *naṭṭo* m. 'dance with song' (prob. ← H. Him.I 162).

6980 **nartita-:** WPah.kṭg. *naṭṭɪ* f. 'dance, tune, musical scale'.

6983 **náva-¹:** S.kcch. *naũ*, *nayõ* 'new', WPah.kṭg. *nɔuwɔ* 'new, young', f.pl. *nɔī* (sc. *bāt* f.) 'news' (or < NÁVYA-?), J. *nawā*, OMarw. *navaü*.
†*NAVAJÑA-, †NAVATĀ-, †*NAVĀHĀRA-.

6984 **náva²:** S.kcch. *nõ* '9', WPah.kṭg. (kc.) *nɔ̄*, *nɔu*, J. *nau*, Garh. *nɔ*, Md. *nuva*.

6993a †***navajña-** 'new-born, young'. [Cf. NAVAJÁ-: NÁVA-¹, *JÑA-²]
Garh. (LSI) *nauno* 'son' (= *nɔnu*?), *naunī* 'daughter'?

6994a †**navatā-** f. 'newness' Kālid. [NÁVA-¹]
S.kcch. *navāy* f. 'astonishment'; G. *navāi* f. 'novelty, wonder'.

6995 **navatí-:** Md. (old) *navai* '90'.

7003 **návanīta-:** Garh. *nɔṇi* 'butter', A. also *nânī* AFD 90.

7006 **navamá-:** WPah.kṭg. *nɔuɔ* '9th', Garh. *nawɔ̃*.

7011 **navarātra-:** Garh. *nɔrāttu* 'a festival continued for nine nights'.

7012 ***navala-**. 2. S.kcch. *naulo* 'strange'; — OP. *navelā* 'new, fresh, young'.

7019 **navānna-:** Garh. *nawān* 'first-fruits'.

7020a †***navāhāra-** 'breakfast'. [NÁVA-¹, ĀHĀRA-]
WPah.kṭg. *nhwàrɪ* f. 'breakfast', J. *nhwārī* f. (Him.I 170 with ?).

7025 **návya-**. 1. WPah.ktg. *nɔuwɔ* 'new, young' (or < NÁVA-[1]), kc. *nɔbo*.

NAŚ[1]: †NÁŚATI.

7025a **†náśati** 'is lost' RV., *naśana-* n. 'fleeing' lex. [√ NAŚ[1]] WPah.rāmp. *nāṇõ* 'to go away' (pres. *naśś-*, pret. *naṭṭhɔ*).

7027 **náśyati**. 1. WPah.ktg. *náśṇõ* 'to go, run away', J. *naśṇu* (rāmp. *nāṇõ* 'to go away' see †NÁŚATI).
2. **naṣṭá-**: WPah.rāmp. (pret. of *nāṇõ*) *naṭṭhɔ*; — OP. *nāṭhī*, *nāṭhiaṛā* m. 'fleeting visitor'.

7029 **naṣṭi-** [K. and P. with *ā* perh. < †NĀṢṬRĀ́- (< IE. **nok̂trā-* T. Burrow BSOAS xxxviii 61) and perh. all NIA. forms similarly < NĀṢṬRĀ́-]

7031 **nasta-**. 5. **nastā-**: S.kcch. *nath* f. 'nose ring, nose rope'; WPah.ktg. *nəkthʊ́ṇɪ* f. 'nostril' (metath. **nath* + *kʊṇe* < KÓṆA- Him.I 168), *nəkthóḷɪ* f. 'nostril'; J. *nakthrō* f. 'bleeding from the nostrils' (similarly metath. **nathkōl-*, °*kor*).

7035 **nahí** [L. A. Schwarzschild's derivation of H. *nahī̃* etc. doubted by W. Schmid IF 70, 350]
S.kcch. *naĩ*, *nā̃y* 'not'.

7047 **nāḍī́-**[1]: S.kcch. *nāṛ* f. 'vein, rope connecting yoke to pole of cart', *nāṛo* m. 'trouser-cord', *nār* f. 'tube, gun'; WPah.ktg. *naṛɪ* f. 'nerve, vein'; J. *nāṛī* f. 'tube, vein, probe'; Garh. *nāṛi* 'nerve'. — WPah.ktg. *nāḷ* m., *naḷɪ*, kc. °*ḷe* f. 'small stream, ravine', *naḷto* m. 'waterfall', ktg. *naḷṭɪ* f. 'long stem of huqa' (but cf. J. *nareḷṭu* id. < NĀRIKĒLA-); Garh. *nāḷ* 'spinning-wheel string'.

7048 **nāḍī-**[2]: Garh. *nāḷi* 'vessel holding 2 seers'; Md. *nāḷi* 'a partic. measure' ← Ind.

7050 **nāṇaka-**: S.kcch. *nāṇo* m. 'money'.

7051 **nāthá-** [In *a-nāthá-* RV.]
OMarw. *nāha* 'husband'.

7055 ***nānda-** [~ *nandā-* with dial. *a* ~ *ā* < IE. *o* T. Burrow BSOAS xxxviii 73]

7059 ***nānna-**: WPah.ktg. *nān* m. 'mother's father', J. *nān(ā)* m.; ktg. *nannɪ* f. 'mother's mother', J. *nānī* f.; Garh. *nɔni* 'a small girl' (or < NAGNÁ-).

7062 **nā́bhi-**: WPah.ktg. *náɪ* (obl. *-i*) f. 'navel', jaun. *nāī*.

7064 **nā́ma**: WPah.ktg. kc. *na* (encl.) 'indeed, you know'.

7067 **nā́man-**: Kho. *nām* 'name' or ← Pers. BKhoT 71; S.kcch. *nā̃* m. 'name', WPah.ktg. *naũ* (obl. *naũ*, *naũa*), kc. *naũ* (obl. *nama*) 'name, reputation', Wkc. *nɛũ* m. (obl. *nɛma*) (*ɛ* from *i* in obl. cases in MIA.? Him.I 164), Garh. *nɔ̃*, Md. *nam*.

7068 **nāmáyati**: WPah.ktg. (kc.) *nauṇõ* 'to bend, to make or cause to (with inf. in obl.)', Wkc. *nɛuno* 'to make or cause to'; jaun. *nauṇõ*.

7075 **nārikēla-**: S.kcch. *nāyyar* m. 'coconut', WPah.ktg. *nərēḷ* m. 'huqa, stem of huqa', J. *nareḷṭu* m., Garh. *naryāḷ*; OMarw. *nāḷera* 'coconut'; Md. *nāři* 'whole coconut', *niroḷu* 'coconut wood'.

7081 **nāvā́-**: Md. *nau*, *nā*, *navu-* (*navek*) 'boat'.

7082 **nā́vika-**: Md. *nevi* 'navigator'.

7084 **nā́śa-**: S.kcch. *nās* m. 'destruction', WPah.ktg. *náś* m.

†nāṣṭrā́- see NAṢṬI-.

7089 **nā́sā-**. 2. **nā́sikā-**: A. *nāhi* 'hooked point of cutting instrument' AFD 225.

nā́sikā- see NĀ́SĀ- Add[2].

7091 **nā́sti**: Md. *net*, *netī* 'is not'.

7106 **niḥśaṅka-**: WPah.ktg. *nəśɔ̃́ṅg* 'fearless'.

7111 **niḥśvāsa-**[1]: S.kcch. *nīsāso* m. 'sigh'; WPah.kc. *nəsasiṇo*, ktg. *nəsásṇõ* 'to breathe heavily, to sigh' (Him.I 168 ← lg. in which *ś* > *s*; but rather assim. *ś-s* > *s-s*), Wkc. *nəksasiṇo* 'to sigh' (*-k-* from *nāk* < *NAKKA- Add[2]); poet. *nəsaso* m. 'sigh', OA. *niśāh*, A. *niyāh* AFD 224.

7127 **niḥsāra-**[1]: †*VIBHĀNIḤSĀRA-.

7131 **niḥsr̥ta-**: WPah.ktg. *nīsṇõ* 'to come out, slip out, get loose', caus. *nəsēuṇõ* 'to make come out (e.g. the string from the sewn canal in trousers), loosen (something that has got stuck)'.

†*niḥsravaṇa- see †*NISRAVAṆA-.

7136 **nikaṭam**: WPah.ktg. *néḍḍhi*, *neḍi* 'near' adv., Wkc. *nɛṛu*, J. *neṛē*, kiũth. *nẽũṛē* (*u* < *r̥* in *nikr̥ta-*?).

7150 **niktá-**: A. *nikāiba* 'to cleanse' AFD 337.

7156 ***nikhāda-**. 2. ***nikhādana-**: WPah.ktg. *ṇhɛ̃ṇ* m. 'tool for carving, chisel'.

***nikhādana-** see *NIKHĀDA- Add[2].

7157 **nigaḍa-**[1]: OP. *nivalu* m., P. *niul* m.

7157a **†*nigaḍa-**[2] 'throat'. [**gaḍa-*[6] see GALA-[2]]
S.kcch. *niṛī*, *niḷī* f. 'throat, front of throat'?

7175 ***nighuṭati**: Pk. *ṇihōḍaï* 'makes fall (in pp. *ṇihōḍiya-*), prevents, destroys' ('*causes to turn, *drives back' ~ *ghōḍaï* 'turns'?); — × NÍPATATI q.v.

***niḍḍha-** see *NAṬṬA- Add[2].

7188 ***nitapta-**: WPah.ktg. *nɛttɔ* 'hot, warm (esp. of air, weather)', kc. *nyato*, poet. *nɛtḷo*.

7200 **nidrā́-**: S.kcch. *nĩ̃ndhar* f. 'sleep', Garh. *nind* f., Md. *nidi*.
dr > *j*: WPah.kc. *nīj* f. (obl. *-a*) 'sleep', ktg. *nĩñj* f., *ṇĩñj* f. (Him.I 161 *ṇ-* < *n-* attracted by a reflex consonant group on its way from *dr* to *jj*, but poss. < *AVANIDRĀ- with unexpl. loss in MIA. of initial *o/uṇi-* with which the transference of an initial *u-* to

an interior syllable may be compared, e.g. WPah. *dhwȧr* < *uddhāra-*). On the other hand, if NIA. forms with *j(j)* ascribed to *nidrá-* are not ← Himalayan dialects in which *dr* > *j(j)* e.g. WPah.J. *jūb* < **druvvā-* < *dūrvā-*, all are poss. < NIRYĀ-.

7201 **nidrāyati**: Md. *nidanī* 'sleeps' (caus. *nindanī* 'puts to sleep').

7214 **nipatati**. 1. Forms with *-h-* poss. × *NIGHUṬATI (Pk. *ṇihōḍaï* 'makes fall, prevents, destroys') — OP. H. *nihorā* m. 'obligation, necessity'?

7228 **nibhālayati**. 1. S.kcch. *nyārṇū*, *nerṇū* 'to look, see, watch'; WPah.kṭg. *nhɛ̀ḷnõ* 'to wait for'.

7233 ***nimantra-**: S.kcch. *naũtro* m. 'invitation', WPah.kṭg. *niundrɔ* m. (← P. Him.I 166), J. *nyõdā* m., A. *neõtā* AFD 203.

7245 **nímba-**: S.kcch. *nimm* m. 'the tree Azadirachta indica'; A. *nim* 'a partic. tree' AFD 231.

7246 ***nimbagulikā-**: S.kcch. *nimorī* f. 'fruit of Melia azadirachta'.

7247 **nimbū-**: WPah.kṭg. *nimbu*, poet. *nimu*, kc. *lımo* m. 'lemon'; Garh. *nimbu* 'a citrus fruit'; Md. *luñbō* 'lime fruit' ← G.?

7250 **niyamá-**, *niyamēna*: P. *nīviā̃* 'humbly', WPah.poet. *niũe* 'humbly, slowly' (Him.I 166).

7251 **niyamayati**: S.kcch. *nimṇū* 'to appoint' (← G.?).

7253 **niyāmaka-**: Md. *niyami*, *niyemi* 'steersman'.

***niyāya-** see NYĀYÁ- Add[2].

7266 **niranna-**: S.kcch. *nirāṇū* 'fasting' rather < NIRAŚANA-.

7269 **niraśana-**: S.kcch. *nirāṇū* 'fasting' rather than < NIRANNA-.

7270 **nirasyati**. 2. **nirasyatē**: (*ni-a-* < **niẓ-a-*) Kho. *nisik* 'to come out, go out, issue from, climb, go up onto, rise (of sun)', pret. 3 sg. *nısaii*.

nirasyatē see NIRASYATI Add[2].

7278 **nirāśa-**: S.kcch. *nirās* m. 'despair'.

7307 **nirguṇa-**: S.kcch. *nūgṇo* 'ungrateful'.

7311 ***nirguru-[2]**: WPah.poet. *niṅguro*, kṭg. *niṅgrɔ* 'merciless, heartless', jaun. *nigurā* 'cruel'.

7333 ***nirṇāmaka-**: P. *nināvā̃* m. 'a certain skin disease', WPah.kṭg. *nənɛuṇı* f. 'skin disease (prickly heat?)' < **nirṇāmani-*.

***nirdāti** see *NĪḌĀTI Add[2].

7352 ***nirdhara-**: cf. OP. *nidhāru* 'helpless'.

7356 **nirbala-**: S.kcch. *nabṛo* 'weak'.

7366 **nirmala-**: S.kcch. *nimro* 'healthy'; WPah.kṭg. *nımḷɔ*, *nımbḷɔ* 'clear', J. *nimḷā*.

7369 **nirmāti**. 2. **nirmāpayati**: Md. *nimmanī* 'finishes (tr.), decides', *nimenī* 'is finished, ends (intr.)'.

7371 **nirmāna-**: Garh. *nimāṇu* 'humble, gentle'.

7382 **niryāti** [The view that the ātman- withdraws from the world of the senses in deep sleep (ChUp. 4, 3, 19) is set out by T. K. John ABORI lvii 119] see NIDRĀ- Add[2].

7393 ***nirvarayati**: Md. *nerenī* 'extracts' or < *NĪRĪYATĒ or †*NĪHARATI.

7397 **nirvahati**. 1. Garh. *nibhṇu* 'to live satisfactorily with, to put up with'.
3. **nirvāha-**: Garh. *nibhɔ̃* 'completion'.

7397a **†nirvākya-** 'speechless' R. [*nirvāc-* id. BhP.: replacing earlier *avā́c-*, †AVĀKKÁ- id. ŚBr. — VĀKYA-]
Deriv. A. (OA. with *v*?) *nivāku* 'speechless' AFD 229, — *nibokā* 'taciturn' rather der. from *BŌKKA-[2].

nirvāha- see NÍRVAHATI Add[2].

7404 **nirharati** see †*NĪHARATI.

7416 **nivātá-[1]**: Md. *nivai*, °*vā* (°*valek*) 'shelter'.

7423a **†nivṛtti-** f. 'cessation, disappearance' ŚrS. [˰ VṚT]
Pa. *nivatti-* f. 'return', Pk. *ṇivatti-* 'causing to turn back'; WPah.kṭg. *neutı* f. 'childlessness, death of an only child, extinct family, family on edge of extinction', *neutiɔ* m. 'an only son', *neutie* f. 'only daughter' (Him.I 165 with ?).

7424 **nivēśá-**: S.kcch. *nes* m. 'water-side, watering place'?

7432 **niśāna-**: Garh. *nisāṇ* 'symbol'?

7434 **niśāmayati**: poss. WPah.kṭg. *śāṇõ* 'to see, observe, watch, herd (cattle)' with loss of initial unstressed syllable (Him.I 199 < †ŚĀMAYATI[2]).

7436 **niśīthá-** [Cf. *ániśita-* 'unresting' RV. EWA ii 168]

7449 ***niścōṭayati**: S.kcch. *nīcorṇū* 'to squeeze' (*r*?); Garh. *nicoṛnu* 'to squeeze out (?)'.

7452 ***niśchala-**: A. *nichalā* (phonet. *nisɔla*) 'harmless, innocent' AFD 229.

†niṣ- intensive prefix: see *KACCA-[1], *KŌRA-, *BŌKKA-[2]; — MIA. *ni-* see *CIPPIṬṬA-, *BIḌḌA- (→ Sk. *nibiḍa-*[2] 'crook-nosed').

7468 **niṣupta-** [Cf. Ir. **niš-hwāpaya-* (or *ni-šw°*?) in Shgh. *nixāb-* 'to rock to sleep' EVSh 51; *niṣvāpayati* RV., *niḥṣvāpayati* Pāṇ.]

7475 **niṣkarman-**: WPah.kṭg. *nəkammɔ* 'bad, useless', *nəkammuɔ* 'lazy'; Md. *nikam* 'fairly well', *nikameti* 'poor, helpless'.

7478 **niṣkalati**: S.kcch. *nikkarṇū* 'to go through (a door etc.)', *bāyr nakarṇū* 'to go out'; WPah.kṭg. (kc.) *nikkəḷnõ*, kṭg. *nikkhəḷnõ* 'to come out, appear.

escape'; OMarw. *nīkaḷaï* 'comes out'; — read Ko. *nikkaḷtā*.

7484 **niṣkālayati:** Gy.eur. *inkalàa* 'to bring out' (GWZS 2157) ~ *nikl-*, *niglav-* 'to go out' < *NIṢKALATI W. Schmid IF 70, 350.

7490 **niṣkr̥ṣṭa-:** A. *nikaṭāiba* (phonet. *-t-*) 'to peel off' AFD 337.

7492 **niṣkramati**. 1. Md. *nikunnanī*, *nuk°*, abs. *nukume* 'goes out, results'.
2. **niṣkrānta-:** Md. *nikut*, *nuk°* 'gone out'.

niṣkrānta- see NÍṢKRAMATI Add².

7497 ***niṣkhōṭayati:** — ps. > intr. OP. *nikhuṭṭaṇu* 'to be destroyed, come to an end'.

7505 **niṣṭhura-:** Garh. *niṭhūr* 'cruel'.

7505a †***niṣṇāyayati** 'causes to bathe in', *niṣṇāyāt* 'be deeply absorbed in' BhP., *niṣṇāta-* 'deeply versed in' MBh. [√SNĀ]
WPah.kṭg. *nəṇhɛuṇõ* 'to cause to take a bath'.

7505b †**niṣpaṅka-** 'free from mud, clean' MBh. [PÁṄKA-]
OP. *nipaṅgu* id.

7511 **niṣpadyatē**. 3. **niṣpādayati:** S.kcch. *nipyāyṇū* 'to create', OMarw. (Vīsaḷa) f.sg.pp. *nipāī*.

niṣpādayati see NIṢPADYATĒ Add².

7516 **niṣpīḍayati:** S.kcch. *niporṇū* 'to wring (clothes)'.

7519 **niṣputra-:** Garh. *nipūtu* 'childless'.

7521 ***niṣpraṣṭha-:** S.kcch. *nippaṭ* 'entirely'.

7529 ***nistāna-:** delete this entry — see TRĀṆA- Add².

7535a †***nisravaṇa-** or †***niḥsravaṇa-** 'flowing down or out'. Cf. *nisrava-* m. 'flowing down' MBh., *nisrāva-* m. 'scum of boiled rice' (AFD 226 has *nisravaṇa-*). [√SRU]
A. *nihâni* 'boiled rice-water'.

NĪ¹: †*PARIṆĒTRA-.

7540 **nīcá-:** WPah.kṭg. *nísṭɔ* 'low' < **nicṭɔ* (cf. *baśṭu* < **vac-ṭu*, but *uċ-ṭɔ* < UCCA- Him.I 167).
†*NĪCAGHALA- or †*NĪCATALA-.

7540a †***nīcaghala-** 'low valley' [NĪCÁ-, *GHALA-] or †***nīcatala-** 'low plain' [NĪCÁ-, TALA-]
P. *nīhaḷ* m. 'low country'; WPah.J. *newul*, *nẽol* m. 'a hot place', Njub. (LStH 187) *nīūḷ* 'plain', in.sir. *nīhaḷ*; kṭg. *neuḷ*, *neoḷ* m. 'hot low country', *nīḷ* m. 'low country'.

7542 ***nīḍāti**. 1. A. also *nirāiba* 'to weed out' AFD 333.
2. **nirdāti:** WPah.kṭg. *nıṇḍṇõ* 'to weed, harrow', J. *nīdṇu*.

7544 **nītá-¹:** WPah.kṭg. (kc.) pret. *niɔ* 'led, taken to wife' (*nīṇõ* < NÁYATI with vowel from pret. Him.I 167).

7545 **nīta-²** [Cf. Ir. X. Rosh. *nay-*, pret. *nid* 'to churn' EVSh 62]

7548 **nīpá-¹:** see NĪVRA- Add².

7556 **nīraja-:** for 7557 read 7556 and transpose; — WPah.Wkc. *niro* 'pure' (in sense of 'in good health' < NĪRUJA-), kṭg. *niri*, *nírhi* 'completely, only'.

7557 **nīrasa-:** for 7556 read 7557 and transpose.

7559 ***nīrīyatē:** WPah.kṭg. *nɛ́rnõ* 'to stop, warn, deny, dissuade'; Md. *nerenī* 'extracts', *neruvanī* 'drives out'; or < NIRVARAYATI or on ac. of WPah. intonation more prob. < †*NĪHARATI (Him.I 164).

7560 **nīruja-:** S.kcch. *narūo* 'healthy'; WPah.Wkc. *niro* 'in good health' (in sense of 'pure' prob. < NĪRAJA-).

7563 **nīla-**. 1. S.kcch. *nīlo* 'green'; Md. *nū* 'blue', *nulē* 'is blue'.
2. **nīla-** n.: WPah.poet. *nīḷ* m. 'indigo', J. *nīḷ* m. 'inner part of the blue or other pine'.

7573 **nīvra-**, also *nīpra-* (× NĪPÁ-¹) Arthaś., w.r. *nīdhra-* Rājat. [← MIA. < NĪPÁ-¹, cf. Mo. Ko. s.v.]
S.kcch. *nev* m. 'edge of a roof thatch' or < NĒMÍ-.

7573a †**nīśāra-** m. 'warm cloth or outer garment' Pat., 'curtain, screen, outer tent' lex.
Pk. *ṇīsāra-* m. 'pavilion'; A. *nihāli* 'blanket' AFD 229.

7573b †***nīharati**, *nírharati* 'drives out' RV. [*niẓ-h-* > *nī-h-* Turner ColPa 42: √HR̥]
Pa. *nīharati* 'drives out, expels', Pk. *ṇīharaï*; WPah.kṭg. *nɛ́rnõ* 'to stop, warn, dissuade' on ac. of intonation, rather than < NIVĀRAYATI Him.I 164 or *NĪRĪYATĒ; Md. *nerenī* 'extracts', *neruvanī* 'drives out' (or < *NĪRĪYATĒ or *NIRVARAYATI).

7582 **nr̥tya-:** WPah.kṭg. (kc.) *nāċ* m. 'dance', Garh. *nāc*, Garh. *nāc*, A. spel. *nāc*.

7583 **nŕ̥tyati:** S.kcch. *nacṇū* 'to dance', WPah.kṭg. (kc.) *naċṇõ*, kṭg. *nəċauṇõ* 'to cause to dance'; Garh. *nācṇu* 'to dance', Md. *na̋ranī* 'dances' (*ne̋rum* 'dancing').

7589 **nētra-⁴** 'a kind of cloth'. [< IE. (*s*)*nē-* 'to spin, weave', IA. **nāitra-* Burrow Shwa 17]

7592 **nēmí-:** S.kcch. *nev* m. 'edge of a roof thatch' or < NĪVRA-; OP. *nīm̐hi* f. 'foundation', P. *nīh*.

7600 **naipālī-:** A. *newālī* (phonet. *nɛwali*).

7614 **nyāyá-**. 1. — Ap. *ṇāvaï*, *ṇāi* 'like, as if', H. *nāī̃*, (later) *kī nāī̃* (rather than < *JÑĀYATĒ or *JÑĀTI-²) C. Shackle.
2. ***niyāya-:** Md. *niyau*, *niyā* 'judgment'; — OP. *niāī̃* 'like', P. H. *niāī̃*.

P

7618 ***pakk-** [< *pṛkṣá-* 'strong' RV. (semant. cf. PŪRYÁTĒ)? — (But Pk. *pakka-* '*pakā huā, tṛpta, garvit, samartha, pakkā*' PSM, WPah.kṭg. *pakkɔ* 'ripe, clever' may confirm der. from PAKVÁ-; Pk. *pakka-* '*pahū̃cā huā*' PSM suggests PAKVÁ- collides with a Pk. *pakka-* < PRĀ́PTA- like *mukka-* < MUKTA-, etc. J.C.W.)]

7619 ***pakkaḍ-:** S.kcch. *pakaṛṇū* 'to catch', WPah.kṭg. (kc.) *pakəṛnõ*, Wkc. *pɔkəṛno*, J. *pākṛnu* 'to arrest'.

7621 **pakvá-:** Gy.serb. *pakó* 'ripe'; S.kcch. *pako* 'baked, clever', *pakāyṇū* 'to process a hide'; WPah.kṭg. (kc.) *pakkɔ* 'cooked, ripe, strong, clever', *pakṇõ* 'to be cooked, ripen', J. *pākṇu*; Garh. *pakyū̃* 'ripe' pp. of vb. *pakṇu* 'to ripen'; A. *pakā* 'ripe' AFD 188; Md. *fakkā* 'ripe, very good' (← H.).

7627 **pakṣá-:** Kho. *poç*, obl. *poçó* 'feather' BKhoT 72; S.kcch. *pakh* f. 'wing'; WPah.kṭg. *páṅkh* m., *páṅkhṛɔ* m., poet. *paṅkho* m. 'wing, feather', kc. *pakhṛo* 'feather'; Garh. *pākhu* 'hillside', *pākhṛu* 'arm'; Md. *fankā* 'fan' ← H.
*ANDHAKĀRAPAKṢA-.

7636 **pakṣín-:** S.kcch. *pakhi* f. 'bird', WPah.poet. *paṅkhṛu* m., J. *pā̃khṛu* m., kṭg. *páṅchı* m.; J. *pā̃chī* m.pl. 'birds (in general)'; poet. *paṅkhṛe*, *pakhṛe* f. 'small insect'.

7643 ***paggala-:** WPah.kṭg. (kc.) *pagəl* 'mad' (prob. ← H. Him.I 109).

7644 ***paggā-:** S.kcch. *pāg*, *pāgh* 'turban', WPah.kṭg. *pagg* (prob. ← P. Him.I 109), *pāg* f., J. *pāg* f., A. *pāg* AFD 182; Md. *faguḍi* 'turban' ← Ind.

7645 **páṅka-:** Garh. *pã̄gu* 'mud'.
†NIṢPAṄKA-.

7646 **paṅktí-:** S.kcch. Garh. *pã̄t* f. 'row'; Md. *fati* 'seam, line, row'.

PAC: †*UPAPACATI.

7654 ***pacyátē** [Cf. Ir. **pačya-* in Shgh. *pis-* 'be boiled, ripen' EVSh 61]
S.kcch. *pacṇū* 'to ripen', *pacāṇū* 'to tan', *pacāyṇū* 'to digest', WPah.kc. *pačṇo* 'to become ripe', J. *pacṇu* 'to be digested'; Md. *fihanī* 'bakes'.

PAJ: †*PAÑJANA-.

7655 **páñca:** S.kcch. *panj* '5', WPah.kṭg. (kc.) *pānj* '5', *panjī* 'the 5'; Garh. *pā̃c* '5', Md. *fas* (*fahek*).

7659 **páñcacatvāriṁśat-:** Md. (old) *fansayāḷīs* '45'.

7662 **páñcadaśa:** WPah.kc. *pandra*, kṭg. *pɔndra* '15', Garh. *pādra*, Md. *fanara*, A. also *pondhara* AFD 210.

7665 **pañcanavati-:** Md. (old) *fansayānavai* '95'.

7669 **pañcamá-:** WPah.kṭg. (kc.) *panjuɔ*, kṭg. °*jiɔ* '5th', Garh. *pã̄cɔ̃*.

7672 **páñcaviṁśati-:** Garh. *paccis* '25'; — Md. *fansavīs* '25', (old) *fassihi* '24' (see PAÑCĀŚÁT- Add[2]).

7682 **pañcāśát-:** S.kcch. *piñjā* '50', WPah.poet. *pəjāh*, Garh. *pacās*; — Md. *fansās* '50', (old) *fanas* '48'.

7684a †***pañjana-** 'stiffening'. [*pajrá-* 'firm', *ápa pāpajē* 'was transfixed (?)' RV. — √PAJ-]
WPah.kṭg. *panjṇı* f. 'piece of wood fastened to middle of bow to strengthen it' (Him.I 112 without etym.).

7685 **pañjara-**. 2. **piñjara-:** S.kcch. *piñjaro* m. 'cage', WPah.kṭg. *pınjṛɔ* m., J. *piñjrā* m.

7694 **paṭali-[2]:** read A. *pârali*.

7699 **paṭṭa-[1]:** WPah.kṭg. *pāṭ* m. 'mill-stone' (poss. Wkc. *pāṭ* m. 'female genitals', *paṭṭɔ* m. 'buttocks, back'; bhal. *paṭṭ* m. 'thigh' Him.I 110); kṭg. *paṭḷɔ* m. 'small wooden stool'.

7700 **paṭṭa-[2]:** WPah.poet. *pakṭe* f. 'woman's woollen gown' (metath. of **paṭke* with *-akka-*); Md. *foṙā* 'cloth or Sinhalese sarong', *faṙu(v)i* 'silk', *faṙ* 'strip, chain', *faṙ jehum* 'wrapping' (*jehum* verbal noun of *jahanī* 'strikes').

7704 ***paṭṭadukūla-:** S.kcch. *paṭoro* m. 'silk sāṛī'; OMarw. *paṭoḷī* 'a partic. female garment'.

7711 ***paṭyati:** WPah.kṭg. *pɔṭṇõ* 'to uproot', J. *paṭṇu*.

7712 **páṭhati:** WPah.kṭg. (kc.) *pɔ́ṛhnõ* 'to read', Garh. *paṛnu*.

7718 **paṇḍitá-:** Garh. *pã̄ḍe* 'a Brahman sub-caste', OMarw. (Visaḷa) voc.sg.m. *paṁḍyā*.

PAT: †UTPATYATĒ see ÚTPATATI.

7721 **pataṅgá-**. 2. ***pattaṅga-:** S.kcch. *pataṅgh* m. 'moth'.

7722 **pátati**. 1. S.kcch. *poṇū* 'to fall'; WPah.kṭg. (kc.) *pɔṛnõ* 'to fall, lie down', Garh. *paṛnu*.
2. **patitá-:** S.kcch. *pyo rūṇū* (*roṇū*?) 'to lie down'.

7726 **patākā-**. 2. **paṭākā-:** S.kcch. *paṛāī* f. 'paper kite'.

7727 **páti-:** S.kcch. *pai* m. 'father' rather than < PITṚ́- (cf. A. *pai* 'husband'); — ext. with *-ṭ-*: WPah.poet. *peṛo* m. 'family, male member of family' (or with Him.I 114 poss. < PĪṬHA-, *PĒḌHA-[1].

patitá- see PÁTATI Add[2].

7732a †**pattí-** m. 'footsoldier, pedestrian' VS. [PÁD-[2]]
Pa. Pk. *patti-* m. 'footsoldier, pedestrian', A. *pāti* 'pedestrian'.
†*PATTIHAṀSA-.

7732b †***pattihaṁsa-** m. 'domestic goose that does not fly'. [PATTÍ-, HAṀSÁ-]
A. *pātihā̃h* 'domestic goose that does not fly'.

7733 **páttra-:** WPah.kṭg. (kc.) J. *pāc* m. 'leaf', kṭg. *paccı* f. 'small leaf', kc. *pəcāḷ* (pl. *pəcaḷna*) 'leaf', Wkc. pl. *pəcɛḷna* (+?), Garh. *pāt*, Md. *fat*.

7736 **pattrala-.** 2. WPah.kṭg. (kc.) *patḷɔ*, poet. *pɔtḷo* 'thin, slender', J. *pātḷā* (< MIA. *pattala-*).

pád-[2]: †PATTÍ-; — line 1 for PÁDYA- read PÁDYA-[1].

7747 **padá-[1]:** S.kcch. *pīyo* m. 'bullock track at a well' or < *PADAVĪTHI-.

7751 ***padaṅga-:** line 5 for Or. read Altern.

7752 ***padaḍa-:** WPah.kṭg. *pɛ̄ṛı*; kc. *pɔ̄ṛe* f. 'step of ladder'.

7753 ***padadaṇḍa-:** WPah.kṭg. *pɛ̄ṇḍ*, *pɛṇḍɔ* m. 'path, road', J. *paiṇḍā* (prob. ← H. Him.I 113).

7756 ***padara-:** WPah.kṭg. *pɛ̄r* m. 'foot', J. *pair* m.

7757 ***padavīthi-:** S.kcch. *pīyo* m. 'bullock-track at a well' or < PADÁ-[1].

7761 ***padāṁśa-:** Md. *faisā* 'money' ← H.

7765 ***padūna-:** Garh. *pɔṇu* '$\frac{3}{4}$'.

7766 **padga-:** S.kcch. *pag ḍeṇū* 'to step on', *pagī* m. 'a tracker of thieves', *pāgṛo* m. 'stirrup'; OMarw. *paga* 'foot'.

7767 ***paddhara-:** S.kcch. *padhar* m. 'confines of a village'? (see PADRÁ-), *padhro* 'straight, open-minded', WPah.kc. *pɔdhro* 'level, plain', jaun. *pādro* 'right, straight'.

7770 **padmaka-:** cf. WPah.poet. *pajo* m. 'cherry' (Him.I 110 without etym.), J. *pājā* m. 'a kind of hill cherry' < †*PADYA-[2]?

†***padya-[2]** 'cherry' see PADMAKA-.

7777 **pádyatē.** 2. **panna-:** WPah.kṭg. *pannɔ* 'gelded, castrated (of domestic animals)'.

7780 **padrá-:** with Pk. *padda-*, G. *pādar* (= S.kcch. *padhar* m. 'confines of a village') same as or × *PADDHARA-? — and to be distinguished from B. *pāṛā*, Or. *paṛā*, H. *pāṛā* (= A. *pārā* 'settlement, quarter of a village') < PĀṬAKA-.

7785 **pánthā-:** S.kcch. *pandh* m. 'path'.

panna- see PÁDYATĒ Add[2].

7793 **pára-.** 2. S.kcch. *paro* 'far', *pare roṇū* 'to avoid, abstain from'; WPah.kṭg. (kc.) *pɔr* 'but', poet. *pɔre* 'on the other or opposite side', kc. *pɔrla* 'away, aside', poet. *pɔrhi*, *pɔri* 'afterwards', Garh. Ku. *par* 'but'.

7799h **paraśú-:** read thus with accent.

7799j **paraśvas:** WPah.kṭg. *pɔrśi*, kc. °*śe* 'day after tomorrow', J. *porśu* (or poss. < †*PRAPARAŚVAS), Garh. *parsyõ*, A. *parahi* (phonet. *pɔrɔhi*) 'day after tomorrow, day before yesterday' AFD 226.
†*PRAPARAŚVAS.

7799l ***parahīyas.** 1. S.kcch. *parīyẽ*, *paryẽ* 'day before yesterday, day after tomorrow'; — A. *parahi* id. rather, like *parhui*, < PARAŚVAS.
2. ***parahyas:** WPah.kṭg. *pə́rhəĩ*, *phə́rəĩ* 'on the day before yesterday', kc. *phərẽĩ* (× *parēdyuḥ* 'tomorrow' W.?).

***parahyas** see *PARAHĪYAS Add[2].

7799t **parāri:** WPah.kṭg. (kc.) *pərār* 'the year before last', J. *parār*, Garh. *parār*.

7803a ***parigālayati** Add. 14673.

7817a **parijvalati:** for 7815 read 7817a and transpose.

7817b ***parijvālayati** Add. 14675.

7827 **pariṇētavya-:** L. *parnevā* rather < *PARIṆĒTRA-.

7828 ***pariṇētra-** 'wedding'. [Cf. *pariṇētṛ-* m. 'husband' Kālid. — NĪ]
L. *parnevā* m. 'marriage' (< early MIA. **pariṇēta-* rather than < PARIṆĒTAVYA- since *-vy* > S. L. P. *-b-* as KARTAVYA-, *SĒCITAVYA-, *SĒVYA-).

7832 **parityajati:** Kho. (Lor.) *pəričik*, *pərečik* 'to throw away' > **perčik* > **pehčik* > *pečhik* (so BKhoT 72 who derives from *UPARIC-): but, if rightly *parečhik* (BelvalkarVol 94), rather < *PARĒCCHATI.

7835 **páridadhāti.** 1. S.kcch. *perṇū* 'to wear (clothes)'; Garh. *pɛrnu* 'to put on (clothes)'.

7854 **parimala-:** Ko. *parmaḷa* 'fragrance', *parmaḷtā* 'is fragrant'.

7869 **parivayati** [Cf. Ir. **pariwaya-* in Sar. *parwɛy-* 'to wrap', Sogd. *prw'y-* EVSh 60]

7875 **parivādá-** see †*PRAVĀDYA-.

7882 ***parivēcana-** [Cf. Ir. **pariwaiča-* in Shgh. *parwēj-* 'to sow, sift', Rosh. Brt. *parwīzd*, Yazgh. *pərwij-* EVSh 60]

7884 **parivēśa-** see †*PARIVĒŚATI.
WPah.poet. *pəḷɛś* m. 'winding' Him.I 124 (Eastern form with *-ḷ-* poss. due to the collision of PARIVĒŚA- and PARIVĒṢA- as often in Sk. texts).

7884a †***parivēśati** 'surrounds', *páriviśati* 'besets, besieges' TS., *parivēśana-* n. 'circumference of a wheel' MBh., *párivēśas-* m. 'neighbour' AV. [VIŚ]
WPah.kṭg. *pəḷɛ́śṇõ* 'to wrap, wind'.

7885 **parivēṣa-[1]:** S.kcch. *pārīso* m. 'dish of cooked food served on some special occasion'.

7888 **párivēṣati:** S.kcch. *parasṇū* 'to serve (food)'.

7890a **párivrajati** Add. 14676.

7890b ***pariśālā-** Add. 14677.

7896a ***paristāra-** Add. 14678.

7898a ***parisrāvayati** Add. 14679.

7900 ***parihasta-** [Cf. Ir. **paridastya-* in Ishk. *parēšt*, X. Sar. *parδist* 'bracelet', Rosh. *parδēs*, Yazgh. *parδast* EVSh 58]

7904 **parīkṣate:** WPah.kṭg. (Wkc.) *pɔ́khṇõ* 'to wait for': semant. difficult, but so is contamination with **pɛkh-* < PRÁTĪKṢATĒ Add[2]; Garh. *parakhṇu* 'to test'.

7907 **parút:** WPah.kṭg. *pɔ̃r* 'last year', J. *pɔ̃'r*.

7913 ***parēcchati:** like Kho. *parečhik* 'to throw away', here also (Lor.) *pare/ičik* id. (rather than < PARITYAJATI or *PRARĒCYATĒ).

7918 **parṇá-:** S.kcch. *pann* m. 'leaf', *panā̃* m.pl. 'pages', *pano kaḍhṇū* 'to sharpen'; Md. *fan* 'coconut leaves'; — read Ko. *pāna* n.
†ŚRĪPARṆĪ-.

parkaṭi- see PLÁKṢA- Add[2].

7935 **parpaṭa-[2]:** †KṢĒTRAPARPAṬA-.

7937 **paryaya-:** A. also *pālā* 'turn' AFD 236.

7939 **paryastikā-** see PALYAṄKA- Add[2].

7948 **párśu-[1]:** WPah.kṭg. *śápṛɔ* m. 'rib (of human body)' metath. of **paśu* + *-ṭa-*.

7952 **pala-[3]** m. 'straw' lex. 1. H. *pal* m. 'rice straw'.
2. †***palla-[4]** 'straw': WPah.kṭg. (kc.) *pallɔ* 'unhusked (of rice)', m. 'husk' — or ← H. *pal* m. 'rice-straw' Him.I 113.

7954 **palāṇḍu-:** A. *panaru* (phonet. *ponoru*) 'onion' AFD 230.

7958 **pálāla-:** WPah.kṭg. *pəḷau* m. 'bundle of grass' (or × PŪLA- or < PALĀ́VA-).

7959 **palā́va-:** WPah.kṭg. *pəḷau* m. 'bundle of grass' (or < PÁLĀLA- or × PŪLA-?).

†***paluva-** 'grey' see *PALVA-.

7964 **palyaṅka-.** 1. S.kcch. *pālakh* m. 'small cradle (for gods)'; WPah.kṭg. *pɔlg* m. 'luxurious bed (e.g. for royalty)', poet. *pɔlgo* m. 'palanquin', kṭg. *pɔlgı*, kc. *°ge* f.; A. *pāleṅ* 'couch' AFD 236; Md. *falañgu* 'bed-spread, ornate sheet'; — × PARYASTIKĀ-: Ko. *pālkāti* 'sitting on the hams' and poss. words in G. M. with aspirate.

7966 **palyāṇa-:** S.kcch. *palāṇ* m. 'saddle'.

7967 ***palla-[3]:** S.kcch. *pāl* m. 'big jute cloth'.
†***palla-[4]** see PALA-[3].

7968 ***pallaṭṭ-:** WPah.Wkc. *pɔlṭṇo*, *°ṭiṇo* 'to turn back, return (into)', *pəlṭɛuṇo* 'to cause to retract'; A. *pālaṭ* 'turned up (AFD 204), turned down (236)', *pālaṭiba* 'to turn back' (337); OMarw. *palaṭaï* 'alters'.

7969 **pallava-[1]** [IE. **petlawos*: ˛*pet* 'to spread out' cf. Gk. *πέταλον* 'leaf, metal plate' Burrow Tau vii 458]
S.kcch. *palī* f. 'matted foliage of the jujube tree'; WPah.poet. *paulo* m. 'leaf, bud, sprout', kṭg. *paulṭı* f. 'shoot of a tree'.

7970 **pallava-[2]:** WPah.kṭg. (kc.) *pallɔ* m. 'the lowermost part of skirt or gown, apron-like part of woman's gown'; J. *pālā* m. 'corner of scarf'.

7971 **pallavayati:** OMarw. *pālhavaï* 'sprouts, thrives'.

7974 ***palva-.** 2. †***paluva-:** WPah.kṭg. *pɔḷu* m.pl. 'grey hair', J. *paḷu* m.pl., Si. *pulu*.

7978 **pavana-[2]:** WPah.poet. *pɔ̃ṇ* f. (obl. *-a*) 'wind, storm', Garh. *pɔṇ*.

7984 **paśú-:** S.kcch. *paū̃* f. 'she-goat'; WPah.poet. *pɔśu* m. 'cattle, head of cattle, animal' (Him.I 117 ← H.).
†*PAŚUPĀṬA-, †*PAŚUVĀṬA-.

†***paśupāṭa-** see †*PAŚUVĀṬA-.

7987 **paśupāla-:** S.kcch. *pāvār* m. 'goatherd'; WPah.kṭg. (kc.) *phwā̆l* m. 'shepherd' ← P. Him.I 129, sat. LSI ix 4, 651 *phuāl*, mandi p. 717 *puhāl*.

7989a †***paśuvāṭa-** 'enclosure for sheep and goats' [PAŚÚ-, VĀṬA-[1]] or †***paśupāṭa-.** [PAŚÚ-, PĀṬA-]
WPah.kṭg. (kc.) *phɔ́ṛ* m. 'second storey of a house used for storage and sleeping in winter and (according to kc. informant) keeping goats and sheep' Him.I 127.

7990 ***paśca-:** S.kcch. *pācho* 'back', *pīcho keṇū* 'to chase'; WPah.kṭg. *páčcha* 'backwards, after', kṭg. (kc.) *páčchɛ*, *páčchi* 'after, back'; Md. *fas* 'end, behind, backwards', *fahanī*, *fassanī* 'chases', *fahat* 'behind', *fahu* 'after, last'.

7996 ***paścamukha-:** Pk. *pacchāmuha-* 'turning the face back'; WPah.kṭg. *pəčhɔ̃wh* (so corrected by Hendriksen 2.4.77) 'backwards', *pəčháũśɛ* 'behind', *čhɔ̃wh*.

7999 **paścā́t:** Garh. *pāch* 'afterwards (?)'.

8006 **paścārdhá-:** WPah.kṭg. *pəčhárı* f., kc. *°ṛe* f. 'hinder part'. — S.kcch. *pachāṛ* f. 'latter part of day'.

8007 **paścimá-:** WPah.kṭg. *páčchuɔ* 'situated behind or further up the mountain slope, past, previous' (cf. AGRIMÁ- Add[2]); — poet. *pačhu* 'backwards'?

8010 ***paścōttāpa-:** S.kcch. *pastāvo thīṇū* 'to repent', WPah.kṭg. *pəčtau* m. 'repentance, condolence', Garh. *pachtɔ*, OMarw. *pachitāï* 'repents'.

8015 ***paṣṭha-:** S.kcch. *paṭṭh* m. 'young goat'.

8018 ***pahuñca-:** S.kcch. *pañco* m. 'wrist', WPah.kṭg. *pɔ̃njɔ* m.

8019 **pāṁśu-:** Md. *fas* 'earth, soil'.

8022 **pāká-** [In cmpd. *kṣīrapāká-*, *śṛtapāka-* RV.]

8030 **pāṭa-** [< **polto-* (with *ā* < *o*) < **polHto-* (cf. Hit. *palḫiš* 'broad') T. Burrow BSOAS xxxviii 58]
WPah.Wkc. *paṛo* m. 'female genitals'; *paṛa* 'under', kṭg. *paṛɛ* 'down under', *paṛi*, °*ṛhi* 'under' (semant. cf. TALA- Him.I 112).
†*PAŚUPĀṬA-, †*VĀSAPĀṬĪ-.

8031 **pāṭaka-** m. 'kind of village, part of village' lex. [MIA. *pāḍa(ya)*- 'quarter, street' ~ Drav. Tam. *pāṭa(ka)m* id. DED 3347 and perh. conn. PALLĪ-[1] ← Drav. DED 3309]
Pk. *pāḍa-*, *pāḍaya-* m.; A. *pārā*, B. *pāṛā*, Or. *paṛā*, H. *pāṛā* m., M. *pāḍā* m.

8037 **pāṭhayati:** WPah.kṭg. (kc.) *pəṛhāuṇõ* 'to cause to be read, teach', Wkc. *pəṛhɛuṇo*.

8041 ***pāḍi-:** S.kcch. *pār* f. 'border, bank', WPah.J. *pāḷi* f. 'turn'; Garh. *pāḷ* 'wall' rather than < PĀLÁ-?
†DANTAPĀLI-.

8051 **pāṇḍú-** [< IE. **pondu-* T. Burrow, BSOAS xxxviii 55 with Sk. *ā* (or dial. *a* in *PANDRA-[2]) < IE. *o*]
Md. *fañḍu* 'dim, pale, faded'.

8053 **pātáyati:** WPah.kṭg. (kc.) *pāṇõ* 'to throw, pour, put, put on', J. *pāṇu* 'to throw in'.

8055 **pā́tra-:** S.kcch. *pātar* f. 'round shallow wooden vessel for kneading flour'; WPah.kṭg. (kc.) *pərāt* f. (obl. *-ɪ*) 'large plate for kneading dough' ← P.; Md. *tilafat* 'scales' (+ *tila* < TULĀ́-).
†*DŌHAPĀTRA-, †SĒKAPĀTRA-.

8056 **pā́da-.** 1. S.kcch. *pāv* m. 'leg (of a thing)'.
2. S.kcch. *pāylo* m. 'a coin used in Kacch, ¼ kori'.

†***pādakṣāra-** see KṢĀRÁ-[1].

8074 **pādiká-:** WPah.poet. *paia* m. 'unit of weight (= ¼ seer)' (prob. lw. Him.I 109).

8075 **pādú-:** WPah.kṭg. *pau* m. 'foot, bedpost', J. *pā̃w* m.; with ext. OP. *paũṛī* f. 'step, rung', P. *pauṛī*; Ko. *pāul* 'footprint', *pāvli* '¼ rupee', *pāvṭi* 'footstep' — also rather < PADA-.

8082 **pānī́ya-:** WPah.kṭg. (kc.) *paṇɪ* m. 'water, rain', — kṭg. *pəṇɛuṇõ* 'to give to drink'; Garh. *pāṇī* m. 'water'; Md. *fen* 'water, juice, watery'.
†*PĀNĪYADHĀRAKA-[1].

†***pānīyadhāraka-**[1] 'water-carrier' [PĀNĪYA-, DHĀRA-[1]] — see *PĀNĪYAHĀRA-.

8083 ***pānīyadhāraka-**[2]**:** WPah.poet. *pəṇhɛ̄r* m. 'canal', J. *paṇihār*, *paṇhyair* m. 'watering place of village'.

8088 ***pānīyahāra-:** WPah.kṭg. (Wkc.) *pəṇhɛ̄rɪ* f. 'water-carrier, rainbow', poet. *pəṇarṭe* f.; kc. *pəṇh(y)are* f., *pəṇhār* m. 'rainbow', J. *paṇhyairī*; Garh. *panyārī* f. 'water-carrier' (*n* ← H.?); — altern. < †*PĀNĪYA-DHĀRAKA-[1].

8095 **pāmán-:** S.kcch. *pām* f. 'itch' (← a lg. like G. retaining *-m-*).

8099 **pāyasa-:** Garh. *pāis* 'rice boiled in milk'.

8100 **pārá-**[1]**:** S.kcch. *pār keṇū* 'to cross'; WPah.kṭg. (kc.) *para* 'from or to the opposite side', poet. *pare* 'to or on the opposite side', *pari*, *parhi* 'on the opposite side', kc. *paḍe* 'to or on the further side' (< *par de* Him.I 110).
†*PĀRĀNTA-.

8102 **pārakya-:** metath. in WPah.kṭg. *pákhlɔ* 'strange, foreign', poet. *pakhulo* id., m. 'strange', J. *pākhḷā* m., kiũth. *pākharo* 'enemy' (cf. M. *pārkhā* 'foreign' Him.I 109, but suggesting der. PAKṢÁ-).

8108a †***pārānta-** 'further end'. [PĀRÁ-[1], ÁNTA-]
> **pārnd-* > *pāṇḍ* Him.I 111: WPah.kṭg. (kc.) *pāṇḍ* m. 'second or third storey of a house used for storing corn and other provisions', sat. (outer sir. LSI ix 4, 651) *pāṇḍ* 'top storey of a house', J. *pā̃ḍā* adj. 'across'; poet. *paṇḍke* adv. 'there', J. *pā̃ḍkā* adj. 'across there'.

8109 **pā́rāvata-:** S.kcch. *pārevo* m. 'dove, pigeon'.

8116 ***pārīkṣya-:** S.kcch. *pārkho keṇū* 'to test by tasting'.

8118 **pārśvá-:** Dard. **pāšpa-* → Par. *pâšp* 'side, flank' GM 9.3.76. (Par. now surrounded by Paiśācī which advanced from Kapiśa and had no *šp* < *śv*); S.kcch. *pāso kaḍhṇū* 'to avoid'; — WPah.kṭg. *pā*, *pā́* 'after', kiũth. *phā* 'from'; kṭg. *pae*, *páe* postp. 'behind'.

8123a †***pārṣṭha-** 'on the back', cf. *pā́rṣṭhēya-* 'within the ribs' AV. [PṚṢṬHÁ-]
G. *pāṭhũ* n. 'tumour on backbone' rather than < *pṛṣṭhá-*.

8124 **pā́rṣṇi-** [< IE. **porsni-* (cf. Hit. *paršina*) ~ **persnā-* T. Burrow BSOAS xxxviii 63]
S.kcch. *penī* f. 'heel', WPah.kṭg. *phɛ́nɪ* f., kc. *phɛno* m., jaun. *phāynā*.

8125 **pālá-.** 2. 'protection': Garh. *pāḷ* 'wall' rather < *PĀḌI-.
†*MADHUPĀLA-.

8129 **pāláyati:** S.kcch. *pālṇū* 'to cherish'; WPah.kṭg. *palṇõ* 'to rear, breed, foster'.

8138 **pāṣāṇá-:** S.kcch. *pāyaṇ*, *pāyṇo*, *pāṇo* m. 'stone'.

8140 **pā́ṣi-:** OP. *pāhu* m. 'solution of alum etc. in which clothes are steeped before dyeing', P. *pāh* m.f., H. *pāh* f. id.

8141 ***pāhāḍa-:** WPah.kṭg. *pāṛ* m. 'mountain, hill', *pā́ṛɪ* 'mountainous', m. 'mountaineer', f. 'language of

mountaineers'; Garh. *pāṛ* 'mountain'; — WPah.poet. *pwāṛ* m. 'hill, mountain' (< †*UTPĀHĀḌA-?).
†*UTPĀHĀḌA-.

pi prefix: †*PIBANDHA-, †*PIBANDHITA-.

8142 **piṁṣáti:** S.kcch. *pīsṇū* 'to grind', WPah.kṭg. *píśṇõ*, J. *piśṇu*, *pĩhṇu*; Garh. *pisṇu* 'to pound'.

8149 **piccayati:** G. *pīclāvũ* 'to be pressed between' (~ S.kcch. *cīplāṇū* < *CIPP- AKŚ 31).

8150 ***piccikā-:** Ko. *piccaḍa* 'secretion from eye'.

8151 **piccha-:** A. *phichā* (phonet. *-s-*) 'tail of a fish' AFD 212, *pich* (phonet. *-s*) 'rear' AFD 218.

8154 **picchā-:** S.kcch. *pico* m. 'mucus or gum of eye'.

8160 **piñjana-:** S.kcch. *pinnaṇ* f. 'machine for carding cotton'.

piñjara- see PAÑJARA- Add[2].

8165 **piṭṭayati** (cf. WPah.kṭg. *ṭıpṇõ* 'to pinch', kiũth. *ṭipṇa* 'to beat', *ṭipuṇa* 'to fight' (refl.) < †*ṬIPPA-[3] ~ *ṬAPPA-[2] 'blow' Him.I 81): WPah.kṭg. (kc.) *piṭṇõ* 'to beat', kṭg. *piṭhṇõ* 'to quarrel', *pəṭauṇõ* 'to cause to be beaten'; Garh. *piṭṇu* 'to beat'.

8166 **piṭhara-:** Gy.eur. *piri* f. 'pot, saucepan' (GWZS 2435).

8168 **píṇḍa-:** WPah.kṭg. *pīn* m. 'morsel, small piece of bread' (*pıṇḍ* m. 'body' ← H.), kc. *pınne* f. 'egg'; kṭg. *pıllı* f. 'calf of leg' (H. *piṇḍlī*, *phillī* f. id. Him.I 119); — OP. *paṇḍa* f. 'bundle', P. *paṇḍ* f.?

8170 **piṇḍáyati:** S.kcch. *pinnū* 'to beg', *pinnaṇ* f. 'alms'.

8172 **piṇḍāra-:** OMarw. (Vīsaḷa) *bhaiṁsa-piḍāra* 'buffalo-herdsman'.

8175 ***pituḥkula-:** delete entry (see PAITRIKA- Add[2]).

8181 **pittá-:** Md. *fit* 'bile'.

8184 **pittala-[2]:** S.kcch. *pittar* m. 'brass', WPah.kṭg. *pıtəḷ* m., J. *pitḷ* m.

8188 **pítriya-:** or < PAITRA-, PAITRIKA-, *paitrya-*, since *pitriya-* lex. may reflect MIA. *pittiya-* = *pettika-*.
paitra- in deriv. G. *pitrāi bhāi*, *pitrāyũ* (rather than < *PITRYAJĀTA-); Or. *puturā* 'brother's son' (× PUTRÁ-[1], rather than < *PUTRATARA-, cf. M. *putṇī* 'niece'; for *-r-* and *-n-* ext., cf. **mātulēra-* in Add. 14745 and MĀTULĀNĪ-); — L. *pitrer(ā)* 'paternal cousin' (× L. *mavlēr* 'maternal cousin' < **mātulēra-*, rather than × *PUTRATARA-), (Ju.) *patrer*. J.C.W.

8189 ***pitriyajāni-:** M. *putṇī* '(man's) brother's daughter' × (rather than <) PUTRÁ-[1]; deriv. *putṇyā* 'brother's son', Ko. *puttoṇyo*; — but rather G. M. Ko. der. PAITRA- (cf. MĀTULĀMĪ-), and WPah. H. der. *paitrya-*; see PÍTRIYA- Add[2]. J.C.W.

8191 ***pitriyaśvaśura-**, 8192 ***pitryaśvaśrū-:** poss. rather < MIA. phrase (cf. *MĀTULAŚVAŚURA- Add[2]), based on PAITRA-, *paitrī-* in the case of L. *pitrorā*, P. *patīh(a)s* and on PAITRIKA-, *paitrya-* in the case of P. *patiauhrā*. J.C.W.

8193 ***pitryajāta-** see PÍTRIYA- Add[2].

8196 **pidhāna-:** Md. *fiyan* 'lid'.

8201 **pipīlá-.** 1. WPah.kṭg. *phímpəṛı* f. 'butterfly', J. *fimfṛi* f.; — kṭg. *kımblı*, *khímblı* f. 'ant' with dissimilation of *ph-p* to *kh-b* as *bh-ph* to *g-ph* in †*BĀHUṢPHARA-.
5. ***pippīḍa-:** A. also *pipārā* (AFD 211), OA. *pimparā* 'ant'.

8205 **píppala-.** 1. S.kcch. *pippar* f. 'the tree Ficus religiosa', WPah.kṭg. *pıpəḷ* m., Garh. *pīphaḷ*.
2. **pippalī-:** S.kcch. *pīpar* f. 'peppermint'; WPah.kṭg. *pıpḷı*, kc. °*ḷe* f. 'long pepper, chilli', J. *pipḷī* f., A. *pipali* also 'a medicinal herb' AFD 211.

pippalī- see PÍPPALA- Add[2].

***pippīḍa-** see PIPĪLÁ- Add[2].

8208 **piplu-:** S.kcch. *pippū* m. 'fruit of banyan'.

8209 **píbati:** S.kcch. *pīṇū* 'to drink', caus. *pyārṇū* 'to irrigate (a field)'; WPah.kṭg. (kc.) *pīṇõ* 'to drink', Garh. *peṇu*, caus. *pilɔṇu*; Md. *bonī* 'drinks' (absol. *boi*, *boyi*, *bō*; *buim* 'I drank, the act of drinking'), *bovanī* 'is thirsty'; *bovenī* 'gets drunk up'.

8212 ***pira-:** cf. WPah.J. *pirprā* 'bitter'.
†*PIRATARA-.

8212a †***piratara-** 'rather pungent'. [*PIRA-]
WPah.poet. *pərero* 'pungent, sharp (of taste)': (Him.I 123 suggests comparative suffix *-tara-* and compares WPah.J. *pirprā* 'bitter', N. *pirpirāunu* 'to tingle', and H. *parparānā* id.).

8214 ***pilla-[1]:** S.kcch. *pill* m. 'a partic. kind of very small berry'.

8214a †**pilla-[2]** 'blear-eyed' lex. [< **pitla-*, cf. Gk. πτίλος (πτίλλος with expressive λλ) < **pitilo-* Burrow Tau 156: × CULLA-[1] > CILLA-[1]]

8217 **piśitá-:** Kmd. *pė-əstə-* 'to chop (meat)' GM 28.6.71.

8218 **piṣṭá-:** WPah.kṭg. *píṭṭhɔ*, kc. *pıṭho* m. 'flour, dough', J. *piṭhā*; Md. *fuř* 'powder, flour, dough'.
†*KŌDRAVAPIṢṬA-, †*CHALLĪPIṢṬA-, †YAVAPIṢṬA-, †*VALLARĪPIṢṬA-.

PĪ: †ĀPĪNA-, †*ĀPĪNYA-, †ĀPYĀYA-.

8222 **pīṭha-.** 1. H. P. *pīṛhī* also 'generation'.
2. ***pēḍha-[1]:** WPah.poet. *peṛo* m. 'family, male family member' (Him.I 114) or poss. < PÁTI- with *-ṭa-*.

8226 **pīḍáyati.** 2. OP. *pīḍā* 'fast (of a knot)' cf. M. *pīḍṇẽ*, G. *pīḍ* f.

8227 **pīḍā-:** Garh. *piṛā* 'pain'.

8233 **pītala-**[1]. 1. S.kcch. *pīro* 'yellow'.
3. ***pīvala-**: WPah.kṭg. (kc.) *piuḷɔ* 'yellow', J. *pyū̃ḷā*.

8237 **pīnasa-**. 1. Ko. *piṇso* 'nasal mucus'.

8241 **pīyū́ṣa-**: A. also *phẽhu* 'beestings' AFD 212.

***pīvala-** see PĪTALA-[1] Add[2].

8248 ***pucca-**: cf. H. *pūc* 'worthless'? — deriv. OP. *pocāraṇu* 'to caress', P. H. *puckārnā*.

8249 **púccha-**. 1. S.kcch. *pucch* m. 'tail', Garh. *pūc*, *puchṛu*.
2. †***puñcha-**: Pk. *puṁcha-* m.n.; Gy.pal. *pínǰi*; WPah.kṭg. *punǰhəṛ* m., poet. *punǰhṭa* m. '(big) tail', kṭg. (kc.) *púnǰhṛı* f., *púnǰhṭı* f. '(small) tail', J. *puñjaṛ* m., H. *pū̃ch* f.

†***puñcha-** see PÚCCHA-.

8253 **puṭa-**: WPah.kṭg. *pʊṛɔ* m. 'skin stretched on a drum'.

8259 **puṇḍra-**[1]. 1. Garh. *pū̃ḍu* 'species of sugarcane', A. also *pū̃rā* 'red variety of sugarcane' AFD 234.

8261 **púṇya-**: WPah.kṭg. *punn* m. 'meritorious work' (prob. ← P. Him.I 120), J. *pun* m.

8265 **putrá-**[1]: S.kcch. *puttar* m. 'son'; WPah.kc. *puttər* (voc.) 'son!' (← P. Him.I 119); Garh. *pūt*; Md. (old) *fut(u)* 'son, daughter'.

8267 ***putratara-** see PÍTRIYA- Add[2].

8269 ***putrala-**: OMarw. *pūtaḷī* 'image (in a temple)'.

8273 **púnar**: OMarw. *piṇi* 'but'.
†PÚNARVASU-.

8276a †**púnarvasu-** m. '5th or 7th lunar mansion' RV. [PÚNAR, VÁSU-]
Pk. *puṇavvasu-* m. 'a partic. asterism'; Md. *funōs* '7th lunar mansion'.

8277 **punā́ti**: WPah.kṭg. (kc.) *pʊṇṇõ* 'to winnow'; Garh. *puṇnu* 'to clean'.

8279 **purá ēti**: Md. *furanī* 'sets forth'.

8283 **purāṇá-**: WPah.kc. *pu'raṇo* 'old (of things and plants, e.g. trees)', kṭg. *pəraṇɔ*, J. *prāṇā*.

8287 **púrīṣa-**: †GŌPURĪṢA-.

8294a †**pula-**[1] 'shoe' BHSk. [Cf. PŪLA- 'shoe' ac. to H. W. Bailey JRAS 1935, 20: lw. in Sogd. *pwδ'y* 'shoe']
K. *pul* m. 'straw (of rice etc., cf. PALA-[2]), pl. 'straw shoes'.

8303 **púṣpa-** (cf. *púṣpavat-*, *apuṣpá-*, *puṣpín-* RV.).

8305 **puṣpyáti**: Md. *fufenī* 'is puffed up'?

8306 **puṣyà-**[2]: Md. *fus* '8th asterism'; Garh. *pūs* 'name of a month'.

8312 **pūga-**[1]: S.kcch. *po* m. 'lump of dung'; WPah.kṭg. *pǿɔ* m. 'wet dung'.

8313 **pūga-**[2]: †*PŪGARUKṢA-.

8314a †***pūgarukṣa-** 'areca palm' cf. *PŪGAVṚKṢA-. [PŪGA-[2], *RUKṢA-]
Md. *furuk* 'areca wood'.

8315 ***pūgavṛkṣa-**: cf. †*PŪGARUKṢA-.
Md. *fuvak*, *fōk* 'areca nut'.

PŪJ: †PŪJYATĒ.

8317a †***pūjākāra-**, *pūjākara-* 'performing worship' Pañcat. [PŪJĀ-, KĀRA-[1]]
Pa. *pūjākāra* m.; MIA. **pujjāyāra-*, WPah.kṭg. *pəǰɛrɔ*, kc. °*ro* m. 'temple priest' (-ɛ is properly kṭg. Him.I 121), kṭg. °*rı* m., H. poet. *pujerī* m.

8319a †**pūjyatē** 'is worshipped' Mn. [˴ PŪJ]
Pk. *pujjaï* 'worships', WPah.kṭg. (kc.) *puǰṇõ* (or ← Sk. *pūjayati* Him.I 119), caus. *pəǰɛuṇõ* 'to cause to be worshipped'; Garh. *pūǰṇu* 'to worship'.

8321 **pūta-**[2]: Md. *fui* 'cunnus'.

8323 **pū́ti-**: †*KUPŪTA-.

8325 **pūtika-**[2]: A. *pūi* 'a vegetable creeper'.

pūpa- see APŪPÁ- Add[2].

8328 **pū́ya-**: A. also *pūz* 'pus' AFD 187.

8330 **pūra-**[1]: S.kcch. *pūro keṇū* 'to finish'; WPah.kṭg. (kc.) *purɔ* 'full, complete'.
†*APŪRAKA-.

8335 **pūráyati**: S.kcch. *pūrṇū* 'to plug (a leak)'; Garh. *pūrnu* 'to fill', Md. *furanī* (absol. *furi* 'completely'), caus. *fōranī* 'reaches, effects' (or rather < †PRAPŪRAYATI?).

†***pūruvā-** see †PŪRVĀ-.

†***pūruvāṣāḍhā-** see PŪRVĀṢĀḌHĀ-.

8339 **pūrṇá-**: Md. *fun* 'deep, deep place'?, *funi* 'pile'?

8340 **pū́rṇamās-**. 1. WPah.kṭg. *punnõ* f. 'full moon' (prob. ← H. Him.I 120), J. *pūnõ*.
3. **pūrṇimā-**: WPah.kc. *punya* f. 'full moon', J. *punyā* f.

pūrṇimā- see PŪRṆAMĀS- Add[2].

8342 **pūryátē**: S.kcch. *pujṇū* 'to reach, arrive', WPah.kṭg. (kc.) *puǰṇõ*; caus. kṭg. *pəǰɛuṇõ*, Wkc. °*ṇo* 'to lead to (a destination)'.

8343 **pū́rva-**: †PŪRVĀ-.

8344 †**pūrvā-**, †***pūruvā-** f. 'the three asterisms *pūrvaphalgunī-*, PŪRVĀṢĀḌHĀ- and *pūrvabhadrapadī-*' VarBṛS. [PŪ́RVA-]
Md. *fura* '11th lunar asterism'.

8347 **pūrvāṣāḍhā-**, †***pūruv**°: Md. *furahaḷa* '20th lunar mansion'.

8349 **pūla-** BHSk. m.pl. 'buskin(s)'. [Cf. †PULA-[1]]
WPah.kṭg. *pʊḷɔ* m. 'shoe, esp. one made of jute', J. *puḷẽ* m.pl. 'a kind of jute shoes'; kṭg. *pʊḷṛɔ* m. 'shoe,

esp. one made of jute for men', *pulṛı* f. 'woman's shoe, esp. of jute'. — (× PALĀLA- or poss. < PALĀVA- or PALĀLA-) *pəḷau* m. 'bundle of grass', J. *puḷā* m.

8352 **pr̥ccháti:** S.kcch. *puchṇū* 'to ask', WPah.kṭg. (kc.) *pŭchṇõ*, Garh. *pūchṇu*.

8361 **pr̥thulá-:** S.kcch. *pauḷo* 'broad'; Md. *fuḷau*, °*ḷā* (st. *fuḷal-*) 'broad, breadth'.

8370 **pr̥ṣṭí-:** WPah.kṭg. *pıṭṭh* f. (obl. *-ı*), kc. *pīṭh* f. 'the back, support', J. *pīṭh* f. 'back', Garh. *pīṭh* (or < PR̥ṢṬHÁ-); read Ko. *phāṭi*, dial. *pāṭı* (S. M. Katre).

8371 **pr̥ṣṭhá-:** S.kcch. *puṭṭhā* 'hip', *pauṭhā* m.pl. 'back' (or poss. < PRAPR̥ṢṬHA-); Garh. *pūṭhu* 'hip'; G. *pāṭhū* n. (or perh. < †*PĀRṢṬHA-); — WPah.kṭg. (kc.) *pıṭṭh* f. 'back', J. *pīṭh* f., Garh. *pīṭh* (or < PR̥ṢṬÍ-).

PR̥̄: †*ĀPULA-², †PRAPŪRAYATI; — line 3 for *ĀPULA- read *ĀPULA-¹.

8375 **pēcaka-:** A. *phẽcā* (phonet. *phɛ̃sa*) 'owl' AFD 155.

8376 ***pēṭṭa-².** 1. WPah.kṭg. kc. *pēṭ* m. 'stomach, belly', J. *pē'ṭ* m.; kṭg. *peṭṭı* m. 'man with protruding belly', f. 'waistband'; Garh. *peṭ* 'belly'.

3. **pōṭṭa-²:** WPah.kṭg. kc. *pōṭ* m. 'stomach of an animal, protruding part of a wall, bag made of animal's stomach', Wkc. *poṭkro* m., Garh. *poṭgu*.

8377 ***pēḍa-¹:** S.kcch. *peṛī* f.pl. 'offerings', WPah.kṭg. *peṛɔ* m. 'a partic. kind of sweetmeat prepared from milk' (poss. ← H. P. *peṛā* Him.I 114).

8377a †***pēḍa-²** 'tree': P. *peṛ* m. 'tree', WPah.kṭg. *pēṛ* m., J. *pē'ṛ* m., H. *peṛ* m.

***pēḍha-¹** see PĪṬHA- Add².

8379 ***pēnda-¹:** Md. *fiňdu* 'private parts'.

8380 **pēya-:** †*PĒYAPHALA-.

8380a †***pēyaphala-** 'fruit to drink'. [PĒYA-, PHÁLA-¹] OG. *pījahalaüṁ* n. 'fruit to drink' ŚSB.

8381 **pēla-** [W. Wüst ABORI Diamond Jubilee Vol. 420 < **pazla-* with IE. *l* as in OHG. *fasal* 'membrum virile', conn. Sk. *pásas-* n. id. ÁV., Gk. πέος]

8385 **pēṣaṇa-:** S.kcch. *pīyaṇū* m. 'grain prepared for grinding'.

8390 **paitrika-.** — < **paituḥka-*: P. *pe(u)ke* m.pl. 'father's household' (ext. with *-ḍ-*: loc.sg. OP. *pevakaṛai* 'in woman's paternal home'); WPah.kṭg. *peukɔ* m. 'woman's paternal home' (also as postp.: *peu kā lɛ* = *peu kɛ lɛ* 'to the father's house'), J. *pēokā* m., bhad. *pöku* n., bhal. *pɛuke* loc.sg.

WPah.kṭg. *peu kā* suggests that NIA. *-kā* may derive from kinship adjectives: H. *pitā kā* etc. on the basis of **peukā-* 'paternal'. Similarly B. *māmā-r* etc. may der. **māulera* 'avuncular' < **mātulēra-* s.v. MĀTULĒYA- Add. J.C.W.

8391 ***pōka-** 'hollow'. 7. ***phōkka-:** WPah.J. *fokā* 'empty'. 8. ***phōkkara-:** WPah.kṭg. *phúkhrɔ* 'worthless man'.

8395 ***pōcca-¹:** S.kcch. *poco* 'hollow, tender'.

***pōṭṭa-²** 'belly' see *PĒṬṬA-² Add².

8397 ***pōḍ-:** Kho. *pāleik* 'to burn (tr.)' BKhoT 71.

8398 ***pōḍa-** 'hollow'. [~ Drav. DED 3726]
4. ***pōlla-:** WPah.kṭg. *pollɔ* 'hollow', J. *polā*.

8399 **pōta-¹.** 10. ***phōtta-:** WPah.kṭg. *phɔ́təṛ* m. 'penis, scrotum', J. *potḥaṛ* m. 'penis'.

8400 **pōta-².** 2. ***pōtta-²:** S.kcch. *potyo* m. 'small dhoti'.

***pōtta-²** see PŌTA-² Add².
†*BĀLAPŌTTA-.

8405 ***pōppa-.** 2. ***phōppha-:** A. *phopolā* 'hollow' AFD 212.

***pōlla-** 'hollow' see *PŌḌA- Add².

8410 **pōṣáyati:** Garh. *posṇu* 'to bring up, rear'.

8413 ***pōstaka-:** WPah.kṭg. *pótthı* f. '(small) book', *pótthu* m. 'small book', J. *pothī* f., Garh. *pōthī*, Md. *fot*.

8416 **paútra-:** S.kcch. *potro* m. 'grandson', WPah.kṭg. *pocṭu* m.

8417 **pautrī-:** S.kcch. *potrī* f. 'granddaughter', WPah.kṭg. *pocṭı* f.

8424 **pauṣá-:** WPah.kṭg. *póś*, loc. *póśśɛ*, kc. *pōś* m. 'the month mid December to mid January'.

8425 **pauṣkara-:** Garh. *pokhru* 'pond'.

8428 **prakaṭá-:** Md. *fāḷu kuranī* 'declares'.

8437 **prakāśá-:** WPah.kṭg. *prɛ́śśɔ* m., kc. *praśo*, *pyaśo* m., Wkc. *pɛśo* m. 'light'.

8451 ***prakvathati:** Md. *kakkanī* 'cooks'.

8455 **prakṣāla-:** S.kcch. *pakhālī* m. 'water-man'.

8463 **prakhyāna-:** Garh. *pakhāṇu* 'proverb' (LFG 76 *paghāṇu* by mistake?).

8468 **pragalati.** 1. WPah.Wkc. *pɔgəḷno* 'to melt (intr.)', caus. *pəgḷɛuṇo*.
2. ***pragilati:** WPah.kṭg. *pıgəḷnõ* 'to melt'.

8469 ***pragāmaka-** [Cf. Shgh. *farγēmč* 'heifer', Wkh. *rɛγūm* EVSh 33]

***pragilati** see PRAGALATI Add².

8475 ***pragura-.** 2. ***pragula-:** A. *pāgul* 'chewing the cud' AFD 194.

***pragula-** see *PRAGURA- Add².

8478 **pragrahá-:** for *PAGG- read *PAGGĀ-.

8481 ***praghara-:** S.kcch. *paghar* m. 'sweat'.

8486 ***praghirati**. 1. WPah.kṭg. *phērnõ* 'to milk'.
2. ***praghilati:** S.kcch. *pigharṇū* 'to melt', WPah.J. *pighḷnu*.
3. **†*praghilyatē:** WPah.kṭg. *phɛ́lṇõ* 'to be spread' with H. *phailnā*, etc. rather < PRATHITA-.

***praghilati, †*praghilyatē** see *PRAGHIRATI.

8492a **†*pracūrṇa-** 'ground to dust'. [Aor. *prācucūrṇat* Bhaṭṭ. — CŪRṆA-]
Pk. *pacunniya-* 'in small pieces'; OP. *paracūnu* 'very few'; P. *parcūn* m. 'meal, flour' (→ H. id.). J.C.W.

8493 ***pracchaṭ-**. 2. S.kcch. *pachārṇū* 'to stamp (the feet)'.

8509a **†prájānāti** 'knows, understands' RV. [√JÑĀ]
Pa. *pajānāti* 'knows, understands'; WPah.kc. *praṇno*, kṭg. (Wkc.) *prɛṇṇõ* 'to recognize, estimate' Him.I 124.

8516 **prajñāyatē:** Md. *fennanī* 'appears, seems good' (3 sg.pres. *fenē*, hon. *fenuvvanī*).

8526 **prāṇayati:** Md. *fonuvanī* 'sends', *fonuvālum* 'expulsion from Male'.

8532 **prāṇīta-:** Md. *fani* 'syrop', *foni* 'sweet'.

8540 **práti:** Brj. *pai* postp. denoting dat. and pass. agent (A. W. Entwistle, The *Rās mān ke pad* of Kevalarāma, Groningen, 1983).

8541a **pratikarōti** Add. 14706.

8555a **†*pratighōṣa-** 'echo'. [*pratighōṣin-* 'crying out against' ŚāṅkhŚr., semanṭ. cf. PRATIŚABDA-. — √GHUṢ]
S.kcch. *pargho ḍeṇū* 'to make an echo of' with anal. retention or lengthening of *-gh-* in cmpd.

8560 **praticchāyā-:** S.kcch. *parchā̃yyo* m. 'reflection, shadow'.

8607 **prátiṣṭhati**. 2. ***prasthāti:** Garh. *pāthṇu* 'to spread' (or < PRASTHA-³?); Md. *fařanī* 'begins' etc. (or < *PRATIṢṬHĀTI?).
4. **prásthāpayati:** A. *paṭhāiba* 'to send'.

8609 ***pratiṣṭhāti:** Md. *fařanī* (inf. *fařān*, hon. *faṭṭanī*), *feřenī* 'begins' (*feřum*, hon. *feṭṭevum*): or < *PRASTHĀTI.

8620 **prátīkṣatē:** WPah.kṭg. (kc.) *pɔ̃khṇõ* 'to wait for' < **pɔrkh-* (N. *parkhanu* id.; cf. P. N. H. *par-* < PRATIPÁD-; but H. *parakhnā* seems to mean only 'to test' not 'to wait for' as stated Him.I 115).

8622 ***pratīkṣṇa-:** WPah.kṭg. *pɛnnɔ* 'sharp', J. *paiṇā* (*-ṇ-*!).

8629 **pratṛṇṇa-:** read ŚBr. AitĀr. instead of AitBr.

8631 **pratōdayati:** S.kcch. *porāyṇū* 'to stab'?

8633 **pratōlī-:** WPah.poet. *prɔ̃ḷ* m., *prɔḷo* m., *prɔḷe* f. 'gate of palace or temple'.

8637 **pratyabhijānāti:** WPah.kṭg. *pəčhɛ́ṇṇõ* 'to recognize', *pəčhɛ́ṇɔ* m. 'friend', kc. *pəčhyaṇno* 'to recognize'.

8640 **pratyaya-**. 2. **pratyāyati:** WPah.kṭg. *pətɛuṇõ* 'to reconcile, appease', J. *patewṇu*; OMarw. *patījaï* 'trusts'.

pratyāyati see PRATYAYA-.

8649a **pratháyati** Add. 14707.

8651 **prathita-:** S.kcch. *phailāyṇū* 'to diffuse', WPah.kṭg. *phɛ́lṇõ* 'to be spread, be expanded' rather, like all entries under PRATHITA-, than < †*PRAGHILYATĒ.

8652 ***prathila-**. 2. ***prathilla-:** WPah.kṭg. *pɛ́lɔ* 'first', kc. *pɔila*, *pɔ̃la* adv. 'first, previously'; Garh. *pɛlu* 'first'.

***prathilla-** see *PRATHILA- Add².

8672 **pradhí-:** WPah.kṭg. *paiɔ* m. 'wheel'.

8674 **prapacati:** read Pāṇ.Kāś.

8676 **prapatana-:** WPah.kṭg. *pɔ̃ṇ* m. 'act of falling' Him.I 115.

8679a **†*praparaśvas** 'day after tomorrow'. [PARAŚVAS]
WPah.kṭg. *pɔrśi*, kc. °*śe* 'day after tomorrow', J. *porśu*? — or < PARAŚVAS?

8681 **prapā́-:** WPah.kṭg. *prɔ̃* m. (obl. *prɔa*) 'place for providing water (esp. for travellers and visitors at a fair)', J. *prau*, *pau* m.

8686 **prápīḍayati:** WPah.kṭg. *peṛnõ* 'to press, crush, torment'.

8691a **†prapūrayati** 'fills, completes' MBh. [√PṜ]
Md. *fōranī* 'reaches, affects' or < PŪRÁYATI?

8692 **prapṛṣṭha-:** S.kcch. *pauṭhā* m.pl. 'back' (perh. rather than < PṚṢṬHÁ-).

8704a **†prábhavati** 'appears, happens' RV. [√BHŪ]
Pa. *pabhavati*, *pahōti* 'is sufficient', Pk. *pahavaï* replaced by *pahuvaï* 'is able, reaches' (with *u* after *pahūa-* < PRÁBHŪTA-) from which pass. **pahuvvaï* (pres.part. *pahuvvaṁta-*); WPah.kṭg. *phɔbṇõ* 'to be found, be met with' Him.I 127.

8707 **prabhāta-:** A. *puwā* 'dawn'.

8711a **†*prabhāvyatē** pass. of *prabhāvayati* 'provides more amply' Br. [√BHŪ]
WPah.kṭg. *phábṇõ* 'to get, meet', J. *fābṇu* Him.I 125.

8716 **prábhūta-:** S.kcch. *pauc hoṇī* 'to be able'; WPah.kṭg. *pɔ̃čṇõ*, kc. *pɔnčṇo* 'to reach, arrive', Garh. *pɔ̃chṇu* (?). — Read B. *pauchā̃na*.

8734 **prayukta-** [Cf. Ir. **fra-yaugana-*, Shgh. *firůyn* 'band fastening yoke to plough-beam' EVSh 33]

8743 ***prarēcyatē** see PARITYAJATI, *PARĒCCHATI in Add².

8743a **†*prarōka-** 'light' ~ *PRALŌKA-. [√RUC]
S.kcch. *piro* m. 'dawn' or < *PRALŌKA- or < PRARŌHA-.

8747 **praroha-:** S.kcch. *piro* m. 'dawn' or < †*PRARŌKA- or *PRALŌKA-.

8752 **pralamba-:** A. *palam* 'delay'.

8766 ***pralōka-:** S.kcch. *piro* m. 'dawn' or < †*PRARŌKA- or PRARŌHA-.

8785 **právayati:** S.kcch. *porāṇū* 'to thread'.

8789 **právardhatē:** Md. *fōdenī* 'matures'? (why *d*, not *ḍ*?).

8795 **pravāda-:** †*PRAVĀDYA-.

8795a †***pravādya** 'speaking ill'. [PRAVĀDA-: — √VAD]
WPah.kṭg. *pərāj*, *prāj* f. (obl. *-a*) 'slander, backbiting'; *pərajṇõ*, *prajṇõ*, *pərajhṇõ*, *prajhṇõ* 'to backbite' Him.I 122: very doubtful, rather < **parivādya-*.

8803 **právišati:** WPah.kṭg. *pέśṇõ* 'to enter'.

8825 **prásarati:** Garh. *pasarnu* 'to spread oneself out'.

8833 **prasādayati.** 2. **prasādyatē:** Md. *fāddanī* 'filters, penetrates' (also *fēdenī*).

prasādyatē see PRASĀDAYATI Add².

8838 **prásārayati:** Garh. *pasārnu* 'to spread'.

8857 **prastará-:** WPah.kṭg. *pátthər* m. 'stone, rock'; *pəthrεuṇõ* 'to stone'; J. *pāthar* m. 'stone'; OMarw. *pātharī* 'precious stone'.

8860 ***prastarati:** S.kcch. *pātharṇū* 'to spread'; caus. Ko. *pātlāytā* 'spreads out (bed, etc.)' S. M. Katre, Md. *faturuvanī* tr. 'spreads', *feturenī* intr. (absol. *feturi*).

8864 **prastārá-:** Md. *feturi* 'ringworm' or der. *feturenī* see *PRASTARATI.

8869 **prastha-²:** WPah.poet. *patho* m. 'a grain measure about 2 seers' (prob. ← Ku. Mth. form) Him.I 110.

8870 **prastha-³:** Garh. *pāthṇu* 'to spread'? (or < *PRASTHĀTI s.v. PRÁTIṢṬHATI).

***prasthāti, prásthāpayati** see PRÁTIṢṬHATI Add².

8894a †***prasvidati**, *prasvēdatē* 'begins to sweat' Suśr. [√SVID]
WPah.kṭg. (kc.) *pəsīṇõ* 'to sweat'.

8897 **prasvinna-:** WPah.kṭg. *pərsínɔ* m. 'sweat' ← P.

8900 **prahara-:** WPah.kṭg. *pɔ̄r* m. 'period of three hours, watch', *pɔ̄rnõ* 'to watch over, guard'; J. *pauhar* m. 'watch'; Md. *faharu* 'time, occasion', *ekfaharu* 'once' (prob. ← Ind.).

8906 **prahāra-:** Md. *etifaharu* 'blows'.

8917a †***prāṅka-** 'something curved or hooked'. [PRÁ, AṄKÁ-]
WPah.kṭg. *pā̃g* f. (obl. *-a*), poet. *paṅgo* m. 'branch', J. *pā̃gā* m. Him.I 111.

8918 ***prāṅkūra-:** WPah.kṭg. *paṅgər* m.pl. 'children' (Him.I 111 rather < **prāṅkura-*), *paṅgra* 'brother' (in language of outcastes Him.I 111 — vocative?).

8924 **prājana-:** read Pāṇ.Kāś., Gobh.; — A. *pācan* (phonet. *-s-*) 'goad' AFD 211 (for *c* see *PRĀJAYATI and †*PRĀÑCATI).

8925a †***prāñcati** 'directs forward'. [√AÑC]
A. *pā̃ciba* (phonet. *-s-*) 'to send forth on an errand' AFD 333.

8928 **prāṇá-:** WPah.kṭg. *praṇε* m.pl. 'breath, life'.

8929 **prāṇaka-:** Md. *fani* 'larva, worms'.

8938a †**prádāt** aor. 3 sg. to PRÁDADĀTI RV. [√DĀ¹]
Kho. *prai* 'gave'.

8943 **prāpayati:** Garh. *pɔṇu* 'to get'.

8945 **prā́pta-:** S.kcch. *patāyṇū* 'to complete'; G. *patāvvũ* 'to have done with, settle, decide' whence intr. *patvũ* 'to be settled'?

8946 **prā́pti-:** S.kcch. *pattī* f. 'share, portion'?

8947 **prā́pnōti** [Cf. Shgh. *firāp-* 'to reach, arrive at' EVSh 33]
OMarw. *pāmijaï* 'is obtained'.

8959 **prālēya-:** WPah.kṭg. *paḷɔ* m. 'frost', J. *pāḷā* m. — < **prālaya-* (Him.I 113) or **prālāya-* as adaptation of Sk. *prālēya-*?

8962 ***prāvurati:** Md. *foruvanī* 'covers, hoards, hides'.

8973 **prāhuṇa-:** WPah.kṭg. *prauṇɔ* m. 'guest', *pauṇɔ*, kc. °*ṇo* m., J. *prāwṇā* m., jaun. *pāoṇā*, Garh. *pɔṇu*.

8974 **priyá-:** †ÁPRIYA-.

8975 **priyakāra-:** WPah.kṭg. (kc.) *pyār* m. 'love', Garh. *pyār*.

8976 **priyáṅgu-** [→ Ir. in Shgh. *pinǰ* 'Panicum italicum', Wj. *punǰev* EVSh 56]

8984 **pruṣitá-** [Cf. Ir. in Shgh. Bj. *purx-* 'to sprinkle, splash water']

8989 **prúṣvā-** [Cf. Ir. in Av. *paršuya-* 'hoarfrost', Shgh. *pirx̌* 'hoarfrost, hail'; Ir. → Kho. *prux* 'light sprinkling of snow' EVSh 61]

8996 **prēṅkhá-:** S.kcch. *piṅghauṛo* m. 'cradle'; WPah.kṭg. *pıṅg* f. (obl. *-a*) 'swing, swinging rope', poet. *pıṅgo* m. 'a swing'.

8997 ***prēṅkhayati:** WPah.kṭg. *pıṅgṇõ* 'to swing'.

9002 **prērayati:** WPah.kṭg. *pernõ* 'to pour'.

9007 **prōkṣati:** S.kcch. *pokhṇū* 'to sow', *paukh*, *paũkh* f. 'act of sowing'.

9011 **prōñchati:** Garh. *põjṇu* 'to wipe', A. *põchiba* (phonet. *-s-*); Md. *fussanī* 'wipes out', *fuhenī*, *foh*° (absol. *fuhe*) tr. 'wipes'.

9012a ***prōtkṣarita-** Add. 14709.

9012b **prōtha-** Add. 14710.

9022 **plákṣa-** [*plā́kṣa-* is vr̥ddhi, not with T. Burrow BSOAS xxxviii 72 dial. variant with *a* ~ *ā* < IE. *o*]
1. Md. *fok* 'name of a tree'?
3. **parkaṭī-:** A. *pākarī* 'Ficus religiosa', OB. *pākaṛī*.

9024 **plávatē:** Ko. *pȫvtā* 'floats, swims, leaks'.

9029 **pluṣi-** [Cf. Ir. in Psht. *wrəǧa* 'flea', Sogd. *'βš'h* < Ir. **frušā*; Yid. *frīgo*, Mj. *fᵊrīga* < Ir. **frušikā*; Yazgh. *fərəš*, Par. *ruč*, Orm. *ṣ̌rak* < Ir. **fruščī*; Shgh. *fräγj* < **frāštkā*? EVSh 33]

PH

9034 ***phakk-¹:** WPah.kṭg. *phákkɔ* m. 'handful of eatables (e.g. grain)', J. *fākā* m. 'handful of roasted grain'.

9037 **phakka-.** 2. ***phikka-:** WPah.kṭg. *phikkɔ* 'pale, insipid'.

9038 ***phaṭ-¹.** 1. WPah.kṭg. *phəṛakṇõ* 'to separate grain from impurities with a *bhɔ̀ṭṭɪ*, to remove dust'.
2. ***phaṭṭ-¹:** WPah.kṭg. *phɔ̀ṭṭa-phɔ̀ṭṭa* 'quickly', poet. *phəṭkāṇo* 'to throw, fling'.

9039 ***phaṭ-².** 2. ***phaṭṭ-:** Ko. *phaṭṭi* 'false', *phaṭiṅgu* 'a cheat'.

***phaṭṭ-¹** see *PHAṬ-¹ Add².

9042 **phaṇa-¹:** S.kcch. *phaṇ* f. 'snake's hood, front part of foot', *phaṇī* f. 'weaver's toothed instrument for pressing and closing the woof'; WPah.kṭg. *phɔ̀ṇ* m. 'cobra's hood'; Garh. *phaṇ* 'snake's hood'.

9043 **phaṇakara-:** WPah.kṭg. *phɔ̀ṇər* m. 'cobra', J. *fanā'r* m. (kṭg. *phɔ̀ṇir* m. poss. ← P. Him.I 127).

***phara-²** 'board' see PHALA-³ Add².

9050 ***pharati:** WPah.kṭg. *phərkauṇõ* 'to fling', J. *farkā̃wṇu*.

9050a †***pharv-** 'prosper'. [Cf. *prapharvī́-* 'wanton girl' RV. Add. 14712]
Garh. *fabṇu* 'to prosper' or < *SPARVATI.

9051 **phála-¹:** S.kcch. *phar* m. 'fruit', WPah.kṭg. *phɔ̀ḷ* m.; — (+?) *phəḷɔ̄r* 'bloom, (first etc.) sowing of crop'.
†*KHĀDYAPHALA-, †*PĒYAPHALA-.

9052 **phala-².** 1. Md. *fali* 'oar' or < *PHĀLA-²?

9053 **phala-³.** 1. WPah.kṭg. *phɔ̀ḷṭɔ* m. 'plank', J. *faḷā*, *falṭā* m.; A. *phalā* 'a slate' AFD 212.
2. ***phara-²:** WPah.kṭg. *phɔ̀rɪ* f. 'thigh muscle, front thigh of domestic animals'.

9054 **phalaka-².** 2. **phara-³:** A. *phâr* 'shield' AFD 212.

9057 **phálati¹:** WPah.kṭg. *phɔ̀ḷnõ* 'to bear fruit, flower'; Garh. *phaḷnu* 'to bear fruit'.

9062 **phalgú-¹:** WPah.kṭg. *phā́g* m. 'the Holi festival (in the month of *phággəṇ* February–March)'.

9063 **phalgu-².** 2. ***phālgu-.** [With dial. *a* ~ *ā* < IE. *o* T. Burrow BSOAS xxxviii 72]
†*PHĀLGAVA-.

9065 **phálguna-:** S.kcch. *phagaṇ* m. '5th month'.

9071 ***phāṇṭ-:** WPah.kṭg. *pháṇṭ* m. 'contribution given by each village to a temple or common fund' ← H. (Him.I 125: semant. comparing *sɔ̀ṇḍ* < *samūḍha-*).

9072 **phā́la-¹:** †*LŌHAPHĀLA-.

9073 ***phāla-²:** Md. *fali* 'oar' or < PHALA-²?

†**phāla-³** 'jump' see SPHĀLA-.

9074a ***phālgava-** 'name of a plant'. [PHALGU-²]
Pa. *phaggava-* n. 'a kind of creeper' SN 1629.

9075 **phālguná-:** WPah.kṭg. *phággəṇ*, kc. *phaguṇ* m. 'the month mid February to mid March', Garh. *phāguṇ*.

***phikka-** 'defective' see PHAKKA- Add².

†***phiñca-** 'defective' see *PHISSA-.

9078 ***phirati.** 1. S.kcch. *pherṇū* 'to go round'; WPah.kṭg. (kc.) *phirnõ* 'to turn round, return, wander', J. *firṇu*; kṭg. *phírɪ* f. 'turn', caus. *phərɛuṇõ* 'to make turn', *phir* adv. and postp. 'round', *phíri*, °*rhi* 'again', J. *firi*; Md. *firukenī* 'creeps', *furoḷu* 'wheel', *furoḷanī* 'rolls, turns over, changes'?
2. ***phērayati:** S.kcch. *pharāyṇū* tr. 'to spin (a top)'; WPah.kṭg. (kc.) *phérnõ* 'to turn upside down'.
3. ***phēra-:** WPah.kṭg. (kc.) *phérɔ* m. 'circle, turn, time'.

9080 ***phiss-** 'slip'. [Onom. *PUSATI, *PHASS-, *PHUSS-, peth. × PICCHĀ- in PICCHALA-, PICCHILA- and WPah. **ph(r)iśśaḷ-*]: WPah.kṭg. *phríśśəḷnõ* 'to slip, slide' (intrusive *r* as in *phraṛnõ* < SPHĀṬAYATI?).

9081 ***phissa-** [Semant. 'defective' as 'genital' cf. *PHUSSA-]
1. Paš.ar. *phisū* 'vulva' Morgenstierne IIFL iii 3; S.kcch. *phisso* 'tasteless'.
2. †***phiñca-:** WPah.kṭg. *phı̃́ṅc* f., *phiñcɔ* m. 'testicle'.

9082 ***phukyatē:** WPah.kṭg. *phúkṇõ* 'to be untied or loosened'.

9089 ***phupphu-:** OG. *phūihāīu* ŚSB, G. *phoiyāī* m. 'father's sister's son'.

9090 **phupphusa-:** S.kcch. *phipphaṛ*, *phephso* m. 'lung'.

9091 ***phura-:** WPah.kṭg. *phúru* m. 'multi-coloured tassel or tuft at the four corners of a female headdress', J. *fūru* m. 'tail of a turban'.

9092 **phulla-** [But T. Burrow Tau vii 137 < **sphutlo-*, √SPHUT/Ṭ 'to bloom' with Pk. *ph-*]
S.kcch. *phaull* m. 'flower', *phaullo* m. 'white speck in eye', *phaullā* m.pl. 'parched juwar'; WPah.kṭg. (kc.) *phū̃l* m. 'flower', poet. *phulṛu* m.; J. *fūl*.
†*PHULLABHŪTA-.

9093 **phullati:** WPah.kṭg. (kc.) *phúlṇõ*, *phúlhṇõ* 'to blossom, open (of a flower), swell', caus. kc. *phəlauṇo*, Wkc. *phəlɛuṇo*; — *phúlhṇõ* × †*PHULLABHŪTA-.

9095a †***phullabhūta-** 'come into flower'. [PHULLA-, BHŪTÁ-]
WPah.kṭg. *phúllhuı* absol. of *phúl(h)ṇõ* 'to come into flower'.

9098 ***phuss-**[1] 'be loose'. [Cf. also *PHISS- Add[2]]
WPah.kṭg. *luś-phuśśɔ* 'slippery, sliding' (cf. *LUSSA- 'defective', *PHUSSA- 'defective').

9100 ***phussa-** [Semant. for 'defective' word in sense of 'genitals' cf. *PHISSA- Add[2]]
WPah.kṭg. *phússı* f. 'female genitals', *phúśṭı* f. (for *ś* cf. PÚṢYA-[1]), J. *fusi*. — Gy.eur. *phus* m. 'straw, hay' ~ Gy.pal. *bis* despite W. Schmid IF 70, 350 rather < *BHUSA-.

9102 ***phūtka-:** S.kcch. *phūkāyṇū* '(wind) to blow'; Garh. *phukṇu* 'to blow', *phūk* 'blowing with the mouth'.

9103 **phūtkarōti:** WPah.kṭg. *phúkərnõ* 'to blow, puff', J. *fukr* f. 'blowing up the fire'.

9104 **phūtkāra-:** WPah.poet. *phəkār* m. 'call, invocation'.

9105 ***phūha-:** S.kcch. *phūvaṛ* 'filthy, slatternly (of women)'.

9106 ***phēkk-**. 2. ***phēṅk-:** WPah.kṭg. *phéṅkṇõ* 'to throw' ← H. Him.I 126.

***phēṅk-** see *PHĒKK- Add[2].

9106a †***phēṭṭ-** 'to run, stumble'.
Pk. *phiṭṭaï* 'falls'; WPah.kc. *pheṭ marne* 'to run', kiũth. (LSI ix 4, 617) *pheṭṇū*.

9108 **phḗna-:** Md. *fonu* 'foam'.

***phēra-, *phērayati** 'turns' see *PHIRATI Add[2].

***phōtta-** 'young' see PŐTA-[1] Add[2].

***phōppha-** 'hollow' see *PŌPPA- Add[2].

B

9117 ***bakk-:** WPah.kṭg. *bakṇõ* in *jāt bakṇı* 'to open the mouth, to talk', J. *bākṇu* 'to stretch the mouth'.

9123 **baḍiśa-:** WPah.poet. *bɔrćho* m. 'long stick with an iron tip, spear'; J. *baṛchā* m. 'spear'; Md. *buḷi* 'hook'.

***baḍḍu-** see BAṆḌÁ- Add[2].

9124 **baṇḍá-**. 2. ***baṇḍha-:** S.kcch. *bā̃ḍho* 'having lost the tail'.
4. ***baḍḍu-:** S.kcch. *bāḍī* f.adj. 'one-eyed'.

***baṇḍha-** see BAṆḌÁ- Add[2].

9125 **badara-:** S.kcch. *ber* m. 'fruit of the jujube', *berī* f. 'the tree', Garh. *ber*.

9126 **baddhá-:** S.kcch. *badhṇū* 'to tie, build'; WPah.kṭg. (kc.) *baddhɔ* 'all, entire, (pl.) all together', J. *badhkā* 'unlimited'; Md. *baddanī* (absol. *bade*, *bede*) 'encloses, imprisons, overcomes', *bedenī* 'is imprisoned, is frozen' (or < BANDHATI).

9130 **badhirá-:** Garh. *bɛru* 'deaf'.

9134 **badhyatē:** S.kcch. *bajṇū* 'to quarrel' or < BĀDHYATĒ.

9135 **bandī-:** Garh. *bā̃d* 'damsel'; OMarw. *bā̃mdī* f. 'slave-girl'.

9136 **bandhá-:** S.kcch. *bandh keṇū* 'to shut'; WPah.kṭg. *bándh* m. 'rope, rope made of a certain kind of grass (used in diwāli festival)', *bándhɔ* m. 'pledge' (← H. P. Him.I 135); Garh. *bā̃dh* 'embankment'; Md. *bandu* 'hoop, band'.

9139 **bandhati:** WPah.kṭg. (kc.) *bánhṇõ* 'to bind', J. Garh. *bā̃dhṇu*; Md. *baddanī* (absol. *bade, bede*) 'encloses, imprisons, overcomes', *bedenī* 'is imprisoned, is frozen' (or < BADDHÁ-); *bannanī* (pp. *ban*, absol. *bañde*) 'binds, builds' ('builds' < VÁNATI?); — S.kcch. *bhanāyṇū* 'to prepare, create' ← G. < VÁNATI?

9146 **bandhūli-:** A. *bandūli* 'a partic. flower' AFD 208.

9153 **bárkara-:** WPah.kṭg. (kc.) *bakrɔ* m. 'he-goat', °*rı* f., *bakru* m. 'kid, goat's flesh', J. *bākrā* m. 'goat', Garh. *bākhrī* f., °*ru* m., Md. *bakari* (← Ind.).

9161 **bála-:** †SÁBALA- in Add² supplement.

9170 **balāyatē:** WPah.kṭg. *bɔḷnõ* 'to be able'.

9171 **balí-:** †BALIHĀRÁ-.

9175 ***balilla-** (for MALINÁ- read *MALIN-): WPah.kṭg. *bɛḷnõ* 'to talk nonsense', *bɛ́lhuɔ* 'silly, mad' cf. H. *bail* 'ox, fool' Him.I 138: doubtful, as is also der. from **badhilla-* ~ BADHIRÁ- 'deaf'.

9176 **balivárda-** [Cf. Ap. *valivaṇḍa-* 'mighty', OP. *balavaṇḍā*]: WPah.kc. *bɔḷəd* m., kṭg. *bɔḷd* m. (LNH 30 *bɔ̃ḷd*), J. *bald* m., Garh. *baḷda* 'bullock'.

9178a †**balihārá-** m. 'offer of tribute' AV., 'offer of oblation' GṛS. [Cf. *balihṛ́t-* (RV.), °*haraṇa-* (GṛS.), *balibhṛt-* (MBh.), *balikṛt-* (AitBr.) 'offering tribute': BALÍ-, HĀRA-¹]
Deriv. OP. *balihāraṇu* 'to sacrifice, devote'.

9187 **bahú-:** Kho.·*bo* 'much, very' BKhoT 66.
†BAHUTARA-.

9188 **bahukāra-:** S.kcch. *bauār* m. 'rubbish, dirt', *b*° *kaḍhṇū* 'to sweep', *bauārī* f. 'broom'.

9188a †**bahutara-** 'more, many' MBh. [BAHÚ-]
Md. *baivaru* 'many'?; S.kcch. *baurā* pl. 'many', WPah.kṭg. (kc.) *bhɔ̃ri* indecl. 'much, many, very', jaun. *bharī* 'many', kiũth. *bhaurī* 'much' — or < BAHURA-.

9190 **bahutva-:** WPah.poet. *bɔ̃to* 'much, (pl.) many', J. *bohit* 'much, abundant'; Garh. *bhɔt* 'much'.

9193 **bahura-:** S.kcch. *baurā* pl. 'many'; WPah.kṭg. (kc.) *bhɔ̃ri* indecl. 'much, many, very' (collides with *bhɔrɔ* 'full' pp. of *bhɔ̃rnõ* < BHÁRATI, cf. LSI jaun. *bharī* 'many', *bhaurnõ* 'to fill' Him.I 158), LSI kiũth. *bhaurī* 'much'; — or < †BAHUTARA-.

9194 **bahulá-:** Md. *bō* 'thick', *bolē* 'is thick'.

9201 ***bājjara-** [Without explaining S. *ḇ-* etc. T. Burrow BSOAS xxxviii 73 posits **vārjara-* ~ *varjarī-* with *a* ~ *ā* < IE. *o*, and without support of other IE. words]

9203 **bāṇa-:** WPah.kṭg. *bāṇ* m. 'arrow'.

BĀDH: †SÁMBĀDHATĒ.

9206 **bādhyatē:** S.kcch. *bajṇū* 'to quarrel' or < BADHYATĒ.

9207 ***bāndha-:** S.kcch. *bhandho* m. 'slave'.

9208 **bāndhavá-:** A. *bāndha* 'friend' AFD 213.

9209 ***bāppa-.** 1. WPah.kṭg. (kc.) *bāp* m. 'father', kṭg. *bapu* m. (used by Rajputs), J. *bāpū* m., Md. (upper class) *bappa*, (lower class) *bafā*.
2. ***bābba-:** WPah.kṭg. (kc.) *bāb* m. 'father', *babu* (used by Rajputs), J. *bābū* m.

9216 **bālá-.** [T. Burrow BSOAS xxxviii 76 derives < IE. **wolo-* 'stupid' in OSl. *volŭ* 'ox']
WPah.poet. *bāḷ* m. 'young boy', kṭg. *baḷɔ* 'young, dear', *baḷı* f. 'young girl'.
†*BĀLAPŌTTA-.

9219 ***bāladhōtta-:** S.kcch. *bāroto* m. 'swaddling cloth'. — Or < †*BĀLAPŌTTA-.

†***bālapōtta-** 'child's cloth' [BĀLÁ-, *PŌTTA-²] see *BĀLADHŌTTA-.

9223 **bāṣpa-** [T. Burrow JRAS 1969 114 < **vāpsa-* ~ Lat. *vapor*]
1. Garh. *bhāp* 'vapour'.
3. ***bhāṣpa-:** A. also *bhā̃p* 'steam' AFD 211.
4. ***bāṣma-:** read Wg. *bās* 'wind' < VĀSA-³.

9226 ***bāhira-:** S.kcch. *bāyr* adv. 'out'; WPah.kṭg. (kc.) *bā̃ra* 'from outside, out', J. *bāhar*, kṭg. *bā̃rɔ* adj. 'outdoor', *bā̃rśa* 'from outside', jaun. (LSI) *bārāśo* 'outside', poet. *bārhuo* adj. 'outdoor', kṭg. *bā̃rhuɔ* 'mad, naughty' (< 'beside oneself'? Him.I 136); — poet. *bɔñge* adv. 'outside' < **bā̃hī(r)-* + postp. *-ge* (cf. reductions in LSI adverbs kiũth. *baiṇḍ-kū*, jaun. *bā̃ḍo* 'outside' ~ kiũth. *bāĩḍā*; ac. Him.I 141 < *bahiraṅga-* 'extrinsic'); Garh. *bhɛr* adv., Md. *bēru*, (ext. *-ḍ-*) *beirař*, *bērař*.

9229 **bāhú-:** WPah.kṭg. (kc.) *bā́* f. (obl. *-ı*) 'arm', *báı* f.; A. *bāu* 'border of a wicker basket'.
†*BĀHUṢPHARA-.

9233a †***bāhuṣphara-** 'arm near shoulder'. [BĀHÚ-, SPHARA-]
WPah.kṭg. (kc.) *bhɔ̃mphər* m., *bhóm*° 'shoulder, that part of shoulder nearest the arm', J. *bhofar* m.; — kṭg. *ghɔ̃mphər*, *gɔ̃*° with dissim. of *bh-ph* to *gh-ph* as *ph-p* to *kh-b* in PIPPALÁ- (Him.I 41, 158).

9235 **bāhya-:** WPah.J. *bāj* prep. 'without'; — kc. *bīj* prep. 'without', kṭg. *bıja* (*ı* from *bıṇ* < VÍNĀ Him.I 145).

9236 ***biggāı-:** S.kcch. *baghāī* f. 'fly-like insect on body of cattle'.

9237 **biḍāla-:** WPah.kc. *bəraḷe* f. 'cat', kṭg. (Wkc.) *bərɛḷı* f., kṭg. (Wkc.) *bərɛḷɔ* m., J. *braiḷi*, Garh. *birāḷī* f., Ku. *birāḷu*, Md. *buḷau*, °*ḷā* (°*ḷalek*).

9238 ***biḍḍa-**. 2. ***bēṭṭa-:** WPah.kṭg. *beṭṭɔ* (voc. °*ṭa*) m. 'son', °*ṭı* f. 'daughter, girl'; J. *beṭā* m. 'son'.
5. ***bēṇḍa-:** WPah.kṭg. *bīṇḍ* m. 'bachelor'.
6. **†*binta-:** WPah.kṭg. *bındɔ* m. 'baby with an abnormality (e.g. with 2 heads, 4 arms, or one eye in forehead)' Him.I 146.
†*DARIDRABĒṬṬA-.

†*binta- 'defective' see *BIḌḌA-.

9240 **bindú-**. 2. ***bundu-:** S.kcch. *bhūndh* m. 'drop', Garh. *bund*.

9244 **bimbā-:** Ko. *bimbūla* id.

9245 **bila-**[1]. 1. **billa-:** Kho. *bil* 'opening' BKhoT 66; WPah.kṭg. *bīl* f. 'the front part (away from the mountain slope) of a terraced field'; J. *bīl* f. 'hole, chasm'.
2. **vila-:** Md. *vilu-* 'shoal, pool'.

9248 **bilvà-** [W. Wüst in ABORI Diamond Jub. Vol. 414–5 argues for acceptance of Pokorny's suggested connection with **abel-* 'apple' rather than Burrow's origin in Dravidian accepted by Mayrhofer EWA s.v., and refers to the Oscan town of Abella to which Vergil gives the epithet *malifera*]

9261 **bī́jya-:** S.kcch. *bijj* m.pl. 'seeds', WPah.J. *bīj* m. 'seed', kṭg. (kc.) *bīj* m. 'grain, seed' (*bīj* ← H. or Sk.), *bəjhìur* m. 'seed, semen' (+? Him.I 149 suggests BĪJYA- or VĪRYÀ- + *HIMARA- 'snow'), Garh. *bīj* 'seed'.
†*BĪJYĀNTARA-.

9261a **†*bījyāntara-** 'intervening space in sown land'. [Cf. ÁNTARA-[1] in Bi. Mth.: — BĪJYA-, ÁNTARA-[1]]
WPah.J. *bijandrī* f. 'furrow left in sown field' (see †*VARGĀNTARA-) Him.I 149.

***bīṭa-** 'handle' see VĪṬĀ-.

9261b **bībhatsatē:** for 9234 read 9261b and transpose.

9263 ***bukka-**[4]. 5. ***bōkka-**[2]**:** WPah.kṭg. *bōk* 'dull, clownish'; A. *bakiba* 'to babble', *nibokā* 'taciturn' (with intensive †NIṢ-, — rather than < †NIRVĀKYA- AFD 229).
6. ***bōkkha-:** S.kcch. *bokho* 'toothless, leafless'.

9265 **búkkati**. 2. ***bhukkati:** WPah.poet. *bhukṇo* 'to bark', Garh. *bhɔ̃kṇu*, A. also *bhokiba* AFD 331.

9266 ***bucca-**[1]. 1. M. *buccī*, *puccī* f. 'pudendum muliebre'.

9268 ***buṭṭa-**[1]**:** S.kcch. *bū̃ṭo* m. 'remnant after stalk is cut off'.
5. ***buṇṭha-:** S.kcch. *bū̃ṇḍh* m. id.
8. ***bōḍa-:** S.kcch. *boṛo ḍeṇū* 'to ferment', G. *boḷɔ devɔ*. — S.kcch. *bauṛo* 'deaf', OP. P. *bolā*.

9271 ***buḍḍha-**[2]**:** S.kcch. *boḍhau* 'old', WPah.kṭg. *bʋ́ḍḍhɔ*, kc. *bʋṛo* 'old (of age)', kṭg. *bʋ́ḍhḷɔ* 'old'; Garh. *buḍḍyā* 'old', *buṛāpu* 'old age'.

9272 ***buḍyati**. 1. OMarw. *buḍaï* 'sinks'.
2. Caus. **bōḍayati:** S.kcch. *boṛṇū* tr. 'to dip into'.

***buṇṭha-** 'defective' see *BUṬṬA-[1] Add[2].

***buṇḍa-** 'bottom' see BUNDHA-[1].

9273 ***butta-**. 2. ***buttha-:** S.kcch. *butth* m. 'stunted tree'.

***buttha-** 'defective' see *BUTTA- Add[2].

9277 **buddhi-:** Md. *buddi* 'sense' ← Pa.; WPah.kṭg. *bʋddhı* f. 'intelligence' (← H. Sk. Him.I 148).

9278a **budhavāra-** Add. 14720.

9279 **búdhyatē:** S.kcch. *bujṇū* 'to know'; WPah.kṭg. *bújhṇõ* 'to understand, solve (a riddle)', *bʋ́jhṇı* f. 'understanding', *bəj(h)āṇı* f. 'riddle, puzzle'; Garh. *bujhɔṇu* 'to advise', *bujhṇu* 'to understand'.

***bundu-** see BINDÚ- Add[2].

9280 **bundha-**[1]. 3. ***buṇḍa-:** Md. *buḍu* 'base', *buḍugan̆ḍu* 'roots'.

9282 ***buba-:** WPah.kṭg. *bʋı* f. (obl. *bui*, *buiɛ*) 'father's sister'.

9283 ***bubba-:** S.kcch. *bhubho* m. 'woman's breast', WPah.kṭg. *bubu* m. 'nipple of female breast'.

9284 ***bubhukṣaka-:** WPah.kṭg. *bhúkkhɔ*, kc. *bhokho* 'hungry', cur. *bhrukhṇā* (Him.I 36 compares kṭg. *khəṇēc* < KṢĒTRA- with cur. *khṇ* in *bhrukhṇā*).

9285 **bubhukṣatē:** WPah.kṭg. *bhúkhṇõ* 'to be hungry'.

9286 **bubhukṣā-:** WPah.kṭg. *bhúkkh*, kc. *bhōkh* f. (obl. *-a*), J. *bhukh* f. 'hunger', Garh. *bhūk*.

9289 ***bura-:** WPah.kṭg. *burɔ* 'bad, wicked', J. *burā*, Garh. *buru*; Ko. *buro* 'scrotum'.

9293a **†busá-**[2] n. 'bad weather' RV. [Despite EWA ii 440 with lit. perh. same as BUSA-[1]: semant. 'dust ~ mist' cf. *DHŪḌI- or as 'defective' see *BHŪSA- Add[2]]
P. *bhūhar* f., *bhūr* m. 'fine rain, drizzle'; G. *būhakū* n. 'shower of rain'; M. *bhusẽ* n. 'drizzle, mist'.

9296 ***bussa-:** WPah.kṭg. (kc.) *búś* 'chat, talk' (cf. kṭg. *nċ*, *ś* s.v. PHISSA-, PHUSSA- 'defective')?

9297 ***būṭa-**. 2. ***būṭṭa-:** WPah.kṭg. (kc.) *būṭ* m. 'tree', kṭg. *bʋṭṭı* f. 'plant, tree', poet. *bʋṭre* f. 'plant'.

***būṭṭa-** see *BŪṬA- Add[2].

9299 ***būsta-:** S.kcch. *būth* m. 'mouth'.

9305 **bṛhaspativāra-:** Garh. *bhipyār* 'Thursday'; Md. *burāsfati* ← Ind. ← Sk.

***bēṭṭa-** 'small' see BIḌḌA- Add[2].

9308 **bēḍā-**. 1. S.kcch. *beṛī* f. 'boat', *beṛo* m. 'ship'; WPah.poet. *beṛe* f. 'boat', J. *beṛī* f.
3. **bhēḍa-**[3]**:** A. *bhel* 'raft' (phonet. *bhɛl*) 'raft' AFD 89.

***bēṇṭa-** 'handle' see VĪṬĀ-.

***bēṇḍa-** 'defective' see *BIḌḌA- Add[2].

9309 ***baijya-:** WPah.kṭg. *bejɔ* m. 'seed, semen'.

9310 **bailvá-:** Garh. *bel* 'the tree Aegle marmelos or woodapple and its fruit'.

9311 ***bōkk-:** S.kcch. *bokṇū* 'to catch (something thrown)'; Garh. *bokṇu* 'to carry'.

***bōkka-**[2], ***bōkkha-** 'defective' see *BUKKA-[4] Add[2].

***bōḍa-** 'defective' see *BUṬṬA-[1] Add[2].

***bōḍayati** see *BUḌYATI Add[2].

9315 **bṓdhati** 'is aware' RV.

9320 ***bōra-**[2]**:** WPah.kṭg. *borı* f. 'sack, bag'.

9321 ***bōll-:** S.kcch. *bolṇū* 'to speak', WPah.kṭg. (kc.) *bolṇõ* 'to speak, say', *bȫl* m. 'speech, mention', *bollı* f. 'speech, language'; J. *bolṇu* 'to speak'.

9327 **brāhmaṇá-:** S.kcch. *bhrāman* m. 'Brahman'; WPah.kṭg. *bammən* m., *bamṇı* f., J. *bām(m)aṇ* m., Garh. *bāmaṇ*.

BH

9331 **bhaktá-:** S.kcch. *bhāt* 'cooked rice' ← G., WPah.kṭg. (kc.) *bhàt* m., J. *bhā't* m., Garh. *bhāt*, Md. *bat*. †*BHAKTĀHĀRA-.

9337 ***bhaktādhāra-:** S.kcch. *bhatār* m. 'food carried on a journey' or < †*BHAKTĀHĀRA-.

9337a **†*bhaktāhāra-** 'food consisting of boiled rice'. [BHAKTÁ-, ĀHĀRA-]
S.kcch. *bhatār* m. 'food carried on a journey' or < *BHAKTĀDHĀRA-.

9349 **bhaginī-:** S.kcch. *bhaiṇ* f. 'sister', WPah.kṭg. *bɛ̃ṇ*, *bhɛ̃ṇ* f. (obl. *-ı*), kc. *bɔiṇ*, *bhɔiṇ* f., J. *baiṇ* f., Garh. *bɛṇ*.

***bhagna-**[2] see BHAJYÁTĒ Add[2].

9353 **bhaṅga-**[1]**:** A. *bhâṅ* 'defeat' (← Sk.?) AFD 214.

9354 **bhaṅgā́-**[2]**:** S.kcch. *bhaṅg* f. 'a drink made from hemp'; WPah.kṭg. *bhāṅg* f. 'hemp plant and drug produced from it', J. *bhāṅg* f.

9360a **bhajana-:** S.kcch. *bhāṇ* m. 'a vessel', *bhāṇo* m. 'dish' or < BHĀJANA-[1].

9361 **bhajyátē.** 1. S.kcch. *bhaje vannū* 'to run away', *bhajāyṇū* 'to abduct'; WPah.kṭg. *bhàǰṇõ* 'to run away, refuse', Wkc. *bhaǰno* 'to be broken'.
2. ***bhagna-**[2]**:** WPah.kṭg. *bhàgṇõ*, °*ṇo* 'to run away', kṭg. *bəghauṇõ* 'to chase away'; J. *bhāgṇu* 'to flee'; A. (+ *-ṭ-*) *bhāgar* 'fatigue' AFD 214.
After type Pk. *bhijjaï* ~ *bhiṇṇa-*: WPah.kc. *bhanno* 'to break, destroy', J. *bhānṇu* 'to be broken'.

9365 ***bhaṭ-:** OP. *bhaṛathū* m. 'uproar', P. *bhaṛthū* m. (+?).

9366 **bhaṭṭa-**[2]**:** WPah.kṭg. (kc.) *bhàṭ* m. 'poet and singer', kṭg. *bhàṭṭən*, kc. *bhāṭiṇ* f. 'his wife'; Garh. *bhāṭ* 'bard'.

9369 **bhaṇṭākī-:** Md. *baṙi* 'brinjal'.

9371 **bhaṇḍa-**[2]. 2. **bhāṇḍa-**[2]**:** WPah.kṭg. *bhàṇḍı* f. 'joke, mischief'.

9379 **bhadrapadā-:** S.kcch. *bhadhro* m. '11th month' — or < BHĀDRAPADA-.

9383 **bhánati:** S.kcch. *bhaṇṇū* 'to study'; Md. *bunanī* 'says'.

9390 **bhayá-:** S.kcch. *bhau* m. 'danger'; WPah.kṭg. *bhɛ̃* m. 'fear'.
†*VYĀGHRABHAYA-.

9393 **bhára-:** S.kcch. *bharī* f. 'bundle (of sticks, grass, etc.)'.

9396 **bháraṇī-:** Md. *burunu* 'the 7th asterism'.

9397 **bhárati:** S.kcch. *bharṇū* 'to fill, load, embroider'; WPah.kṭg. (kc.) *bhɔ̀rnõ* 'to fill, heap, pay, pour (liquids into a bucket etc.)', J. *bharṇu*, jaun. *bhaurnõ* (WPah.kṭg. (kc.) *bhɔ̀ri* 'much, very' < BAHURA-); Garh. *bharnu* 'to fill up'.

9398 ***bharavaśya-:** Md. *barōsā* 'confidence' ← H.

9401 **bharjita-:** WPah.kṭg. *bhàǰı*, kc. *bhaǰe* f. 'vegetables, greens, mushrooms', J. *bhāji* f.

9402 **bhártṛ-:** WPah.kṭg. (kc.) *bhàṭ* m. 'member of a brahman caste, priest', J. *bhāṭ* m. 'term for a brahman'; A. *bhatarā* 'uncastrated bull' AFD 204.

9404a **†bharma-** n. 'wages' lex. [ˏBHṚ]
G. *bhām* n. 'tax on leather'.

9407 **bhaluka-:** Md. *baḷu* 'dog' (also *baḷu* 'crooked' < ?).

9408 **bhalla-**[1]**:** S.kcch. *bhalo* 'good'; WPah.kṭg. *bhɔ̀lɔ* 'good, proper', Garh. *bhalu*, f. °*li*.

9409 **bhalla-**[3] [< IE. *bhatlo- ˏ*bhāt/bhat* 'strike' Burrow Tau vii 157 IEW ii 111]

9415 **bhallū́ka-:** Garh. *bhāllu* 'bear'.

9416 **bhávati:** × ÁSTI in Gy.eur. *asom, som* (GWZS 1105); — Kho. *be-* 'to become' BKhoT 66; — WPah.kṭg. (kc.) *hɔ̀ṇõ* (pret. *hùɔ*, pres.part. *hùndɔ, hɔ̀ndɔ*) 'to be, become', *hõ, hòe, hòu* (< *bhavatu*) 'yes', kc. encl. *he* 'it is', J. *hoṇu*, kṭg. (LNH 29) *au(h)ṇau*, Garh. *hoṇu*; Md. *vanī* (1 sg.pres. *vum*, inf. *vān*, absol. *ve*) 'becomes, is'; A. 3 sg.pres. *hây*.

9420 **bhavita-:** Md. *vī* past tense of *vanī* 'is'.

9423 **bháṣati** [See BHĀṢATĒ Add[2]]
S.kcch. *bhasṇū* 'to bark'.

9423a †***bhaṣma-** 'lung'. 2. †***bhāṣma-**. [Him.I 158 rightly rejects attribution of Sh. WPah. words to VÁKṢAS- though without suggesting another etym.; — poss. same as *BĀṢMA- (BĀṢPA-, *BHĀṢPA-) 'vapour' semant. cf. PHUPPHUSA- 'sound of blowing > lungs' (J.C.W.), rather than conn. IE. *bhel* 'swell']
1. Sh.gil. *baṣ* m. 'lung', WPah.bhal. *bhɛśś* (cf. variation in PHUPPHUSA-), J. *bhaś* m., kṭg. *bhɔ̀ś* m.
2. †***bhāṣma-:** Sh.kōlā *bhāṣ*, jij. pales. *bāṣ* with low tone.

9424 **bhástrā-:** OA. *bhāthi* 'bellows' AFD 206.

9425 **bhásman-:** A. (+?) *bhacahu* (phonet. *bhosohu*) 'simple, idiotic' (cf. P. *bhassar* 'dusty' < *BHASMARA-, N. *bhasār*, °*ri* 'dirty, untidy' < *BHASMĀKĀRA-?) AFD 214.

9426 **bhasmara-** 'ashy' BaudhŚr.

9430 **bhāga[2]-:** Md. *bai* 'part', in cmpds. 'half'.
*BHĀGIKĀRTHAKA- Add.

9431a ***bhāgikārthaka-** Add. 14728.

9433 **bhāginēya-:** S.kcch. *bhāṇo* m. 'sister's son'; WPah.poet. *bhàṇəj* f. (obl. *-a*), kṭg. *bhàṇjı* f. 'sister's daughter', J. *bhāṇjī* f.; kṭg. *bhàṇjɔ* m. 'sister's son', J. *bhāṇjā* m., Garh. *bhāṇju* m.

9434 **bhāgya-[1]:** WPah.kṭg. (kc.) *bhàg* m. 'fate, good luck', J. *bhā'g* m., Garh. *bhāg*.
†SABHĀGYA-, †*ASABHĀGYA-.

9436 **bhā́jana-[1]:** S.kcch. *bhāṇ* m. 'a vessel', *bhāṇo* m. 'dish', or < BHAJANA-.

9437a **bhājī-** Add. 14729.

9440 **bhāṇḍa-[1]** [< IE. *bhondo-, Lat. *fundus* T. Burrow BSOAS xxxviii 55 with Sk. *ā* (and dial. *a* in *bhanḍa-*[1] Āpast.) < IE. *o*]
S.kcch. *bhānī* f. 'bag for a barber's instruments'; WPah.kṭg. *bhàṇḍɔ* m. 'pot, vessel' (← H.? Him.I 155); Garh. *bhā̃ḍu* m. 'large pot', *bhā̃ḍī* f. 'small do.'; Md. *bañḍu* 'stomach, womb', *bañḍiyā* 'metal pot'.

bhāṇḍa-[2] see BHAṆḌA-[2] Add[2].

9441 **bhāṇḍaśālā-:** Md. *baḍaha* (°*halek*), *bañḍ*°, *bañḍahage* (*ge* < GĒHÁ-) 'pantry'.

9442 **bhāṇḍāgāra-:** WPah.kṭg. *bəḍhā̀r* m. 'storehouse, granary', J. *bhḍār*, Garh. *bhaṇḍār*; Md. *banḍāra* 'Government, Attorney-General' ← Ind. (with full nasal).

9443 **bhāṇḍāgārika-:** WPah.kṭg. *bəḍhàrı* m. 'man in charge of treasure and stores of a temple', J. *bhḍāri* m.; Garh. *bhā̃ḍāri* 'store-keeper'; Md. *bañḍēri* 'treasurer'.

9445 **bhā́ti:** deriv. OP. P. *bhāṇā, bhānā* 'pleased'.

9446 **bhādra-:** WPah.kṭg. *bhɔ̀ddər* m. 'the month' (dial. *-dr-* or × Sk.?).

9447 **bhādrapada-:** S.kcch. *bhadhro* m. '11th month' — or < BHADRAPADĀ-?; WPah.kc. *bhadro* (← Sk. H. *bhādra* ac. Him.I 155), Wkc. *bhɔjo*; — also A. OB. *bhāda* and Or. *bhoda* (rather than < BHĀDRA-) ac. AFD 72.

9453a †***bhābbha-** a nursery word: WPah.kṭg. *bhàbbı* f. 'elder brother's wife'; J. *bhābi* f. 'brother's wife'; H. *bhābhī* f. 'elder brother's wife' Him.I 155.

9459 **bhārá-:** Kho. *bārán* obl.pl. BKhoT 66; WPah.kṭg. *bhār* m. 'a grain measure' (16 *táṭṭh* = 1 *bhār*, 20 *bhār* = 1 *khār*); J. *bhār* m. 'a seed measure'; Garh. *bhāru* 'load', OMarw. *bhāra* m.; Md. *baru, bura* 'weight', adj. 'heavy'.

9460a †**bhārata-** n. 'the story of the sons of Bharata' MBh.
WPah.poet. *bharo* m. 'song, epic'; — J. *bār* f. 'song'? Him.I 156.

9465 **bhārika-[2]:** WPah.kṭg. (kc.) *bhàri* 'weighty, heavy, big, much' (*bɔṛɔ bhàri* adv. 'very much'), J. *bhāri*.

9474 **bhālayatē:** Md. *balanī* 'looks', *belum* 'looking'.

9475 **bhāvá-:** WPah.kṭg. *bhàu* m. 'love' (prob. ← H. Him.I 154).
†*DUḤKHABHĀVA-.

9478 **bhā́ṣatē** [Denom. from BHĀṢĀ- < **bholsā́-* while BHÁṢATI < **bhelseti* T. Burrow BSOAS xxxviii 58]
WPah.kṭg. (kc.) *bhàśṇõ* 'to speak, make a vow, promise'.

9479 **bhāṣā́-:** WPah.poet. J. *bhāś* f. 'language, speech'.
†*BHĀṢĀRAVA-, †*BHĀṢĀRĀVA-, †*BHĀṢĀLĀPA-.

9479a †***bhāṣārava-** or †***bhāṣārāva-** or †***bhāṣālāpa-** 'language'. [BHĀṢĀ-, ĀRAVA- or ĀRĀVA- or ĀLĀPA-]
Md. *bahuruva* 'language'.

***bhāṣpa-** see BĀṢPÁ- Add[2].

†***bhāṣma-** 'lung' see †*BHAṢMA-.

9485 **bhikṣā́-:** Garh. *bhīkh* 'begging'.

9486 **bhikṣācara-:** Garh. *bhikhārī* m. 'beggar'.

9490 ***bhiṭ-**. 1. WPah.kṭg. (Wkc.) *bhiṛnõ* 'to put on, wear', caus. *bəṛhɛ̃uṇõ* 'to clothe'.
4. ***bhēṭṭ-:** S.kcch. *bheṭṇū* 'to embrace', Garh. *bhẽṭṇu*; OMarw. *bheṭi* f. 'meeting, embrace'. — ×

MIL: WPah.ktg. *miṭhṇõ* 'to meet, gather, be possessed (by the god), dance ecstatically', J. *mhiṭṇu, miṭṇu* 'to meet'; — ktg. *meṭṇõ* tr. 'to gather, roll together', *meṭhṇõ* intr. 'to gather, meet'.
5. ***bhēl-:** S.kcch. *bherṇū* 'to mix'.

9491 ***bhiṭṭa-**. 4. †***bhiṇṭa-:** WPah.ktg. *bhĩndı* f., poet. *bhrınde* f. 'stone fence round threshing floor'.
5. †***bhēṭṭa-:** A. *bhẽṭā* (phonet. *bhẽta*) 'dam, enclosure' AFD 214, 421, *bhẽṭi* (phonet. *bhẽti*) 'site of a house' AFD 202.

†***bhiṇṭa-** 'mound' see *BHIṬṬA-.

9494 **bhittí-:** S.kcch. *bhitt* f. 'wall', WPah.ktg. (kc.) *bhı̀t* f. (obl. -*ı*), J. *bhīt* f., Md. *bit*.

9496 **bhindati:** Md. *binnanī* 'splits (a coconut), picks' (absol. *bin̆de*), *bin̆denī* 'cracks' intr., *bindanī* 'snaps' tr.

9502 ***bhiyajyatē** [Cf. *ajyásē* RV.]: S.kcch. *bhijāyṇū* 'to wet'; WPah.ktg. (kc.) *bhı̀jṇõ* 'to be wet', J. *bhijṇu*, ktg. (Wkc.) *bəjhɛ̃uṇõ* 'to make wet'; Garh. *bhijṇu* 'to be wet'.
***bhiyakta-** (cf. *abhyákta-* 'anointed' ŚBr., Pa. *abbhatta-* 'sprinkled'): S. OP. *bhīti* f. 'grain sprinkled to snare birds', P. *bhittī* f.? (J.C.W.)

9503a †***bhiyanta-** adj. 'interior'. [Cf. ADHYANTḖNA ~ †*ADHYANTARA- also with loss of first syllable in adv.; — ÁNTA-]
WPah.kc. *bhita, bhite* adv. and postp. 'in, inside', J. *bhithkā* 'inside, in'.

9504 ***bhiyantara-:** WPah.ktg. (kc.) *bhı̀ttər* postp. and adv. 'inside, in', *bhı̀tra* 'from within'; Garh. *bhitra* 'inside' Him.I 159.

9506 ***bhiyantarika-:** WPah.ktg. *bhı̀triɔ* 'inner' Him.I 159.

BHĪ: †BHĒTAVYA-.

9513 **bhīmá-:** Kho. *bim* 'fear' or ← Pers. BKhoT 66.

9516 **bhīrú-¹:** Pa. *bhīru-* also 'dreadful, terrible'; Md. *biru* 'fear' in *biru gannanī* 'fears', *hit biru* 'timid'.

9516a †**bhīru-²** m. 'jackal, tiger' lex. [Same as BHĪRÚ-¹: but cf. *phēru-* m. 'jackal, tiger']
WPah.ktg. *bhı̀rṭı, bhiṭṭı*, kc. *bhırṭe, bhıṭṭe* f. 'man-eating leopardess', ktg. *bhı̀rṭhṇõ, bhiṭhṇõ*, kc. *bhirṭiṇo, bhiṭṭiṇo* 'to become a man-eating leopard(ess)'.

***bhukkati** see BÚKKATI Add².

9524 ***bhucca-**. 3. ***bhuccha-:** S.kcch. *bhucchap* f. 'shame, inferiority'.

***bhuccha-** 'defective' see *BHUCCA- Add².

BHUJ²: †BHUJYÚ-.

bhuja-: †*BHUJĀRGALĀ-.

9527a †***bhujārgalā-** 'curved bolt (?)'. [BHUJA-, *ARGAḌA-]
G. *bhũgaḷ* f. 'door-bar, tube' (G. *bhãgoḷ*, °*gaḷ* f. 'village gate, environs of village' by metathesis: A. Master Dec. 1966).

†**bhujyú-** 'wealthy' RV. [˛BHUJ²] — see BHŌJYÁ- Add².

9531 ***bhuṇḍa-²:** S.kcch. *bhūdh* f. 'pot-belly', *bhūdho* m. 'belly' or < *BHUDDA- see *BHUTTA-² Add².

9532 ***bhutta-²**. 3. ***bhudda-:** S.kcch. *bhūdh* f. 'pot-belly', *bhūdho* m. 'belly', or < *BHUṆḌA-².
7. ***bhōttha-:** S.kcch. *bhotho* m. 'fool'.
***bhudda-** 'defective' see *BHUTTA-² Add².

9538 ***bhull-**. 1. S.kcch. *bhūlṇū* 'to forget'; WPah.ktg. *bhùl* f. 'mistake', ktg. (kc.) *bhulṇõ* 'to be mistaken, forget'; Garh. *bhulṇu* 'to forget'.
2. ***bhōl-:** WPah.ktg. *nəbhòḷpiɛ*, °*pəṇiɛ* 'innocently, inadvertently'.

9539 ***bhulla-**. 2. ***bhōla-:** OP. *bholattaṇu* m. 'simplicity'; WPah.ktg. (kc.) *bhòḷɔ* 'simple minded, honest, dull'; OMarw. (Vīsaḷa) f.adj. *bhoḷī* 'simple'.
3. ***bhōlla-:** WPah.J. *bholā* 'simple'.

9545 ***bhussa-¹**. 2. ***bhussara-:** OP. *bhusarī* f. 'bread', P. *bhusrī* f.

BHŪ: †UDBHĀVA-, †PRÁBHAVATI, †*PRABHĀVYATĒ.

9551 ***bhūṇḍa-:** S.kcch. *bhūṇḍhaṇ* f. 'sow'.

9552 **bhūtá:** Gy.germ *ulo* 'born'; WPah.ktg. (kc.) *hùɔ* 'became'; Md. pp. *vi* 'became'; — also Sk. *bhūta-* → H. *bhūt* m. 'demon' → WPah.ktg. *bhùt* m. + -*ṭa-* > *bhùṭrɔ* m. 'ghost', in form or meaning × *dhutṛo* m. 'evil spirit, ghost' < DHŪRTA- Him.I 108.

9557 **bhūmi-:** Kho. *bum* 'earth' BKhoT 67; WPah.ktg. *bhùī* (obl. *bhùī*) f. 'storey, earth, ground', J. *bhuī* f.; Md. *bim* 'earth'.

9572 **bhūṣaṇa-:** S.kcch. *bhūsaṇ* m. 'decoration'.

9574 ***bhūsa-** 'fine rain' same as *BHUSSA-¹, *BHUSSARA- 'defective' (L. *bhusra* 'grey'), †BUSÁ-² 'bad weather (opp. SVÀR)' RV. ~ *BHUSA-, *BHUSSA-², BUSA 'chaff'.

BHṚ: †BHARMA-; †ÚPABHARATĒ.

9578 **bhṛṅga-²:** cf. A. *phiṅā* 'a kind of bird' AFD 212.

9581 **bhṛ́ṅgā-**. 2. **bhṛṅgārī-:** S.kcch. *bhīṅgāro* m. 'beetle, wasp'; Garh. *bhãgru* 'cricket'. — < **bhṛṅgātara-* or **bhṛṅgākāra-*?

9583 **bhṛjjáti:** WPah.ktg. *bhùjṇõ* 'to fry', J. *bhujṇu*.

9588 **bhṛta-:** S.kcch. *bhaṛ* 'brave'; Garh. (Śrīnagrī dial.) *bhɔṛ*, (Salāṇī dial.) *bhɛṛ* 'warrior'.

9591 **bhṛtí-:** †HALABHṚTI-.

9594 **bhṛṣṭá-¹:** S.kcch. *bhuṭṭo* m. 'maize cob'.

9598 **bhṛṣṭi-²** f. 'stretch of pebbles' Arthaś.

9603 ***bhējj-:** WPah.ktg. (kc.) *bhèjṇõ* 'to cause (to be done), make (somebody do something)'.

bhēḍa-³ see BĒḌĀ- Add².

9605a †*__bhēḍa-__[4] 'lump'. [Cf. *BHĒLLA-[2]]
WPah.poet. *bheṛəṇ* m. 'paste of poppy seed, salt, pepper and other ingredients sandwiched between two pieces of bread' (Him.I 157 connects rather with *BHĒL- 'meet, mix').

9606 __bhēḍra-:__ WPah.kṭg. (kc.) *bhèṛ* m. 'sheep', *bhèṛı* f., J. *bheḍ* m.
†*BHĒḌRAVĀṬA-, †*BHĒḌRIYA-.

9608 *__bhēḍrapāla-:__ WPah.kṭg. (kc.) *bəḍhàḷɔ* m., *bəṛaḷɔ* m. 'shepherd'.

9608a †*__bhēḍravāṭa-__ 'sheepfold'. [BHĒḌRA-, VĀṬA-[1]]
WPah.kc. *bərhaṛo* n. 'storey in house where sheep and goats are kept', kṭg. *bəṛhɛ̀ḷ* m. id. (< **bhēḍrīvāṭa-*?), *bəṛhàḷ* m. 'sheep shed' Him.I 151, 152.

9608b †*__bhēḍriya-__ 'sheep-killer'. [BHĒḌRA- semant. cf. *HUḌAHĀRA-]
WPah.kc. *bheṛio* m. 'jackal'; H. *bheṛiyā* m. 'wolf'.

9608c †__bhētavya-__ 'to be feared' MBh. [˳ BHĪ]
Pk. *bhēavva-* 'to be feared'; A. *bhebuwā* 'struck with fear, amazed' AFD 214, B. *bhebā, bhyābā* — very doubtful.

9610 __bhēdá-:__ WPah.kṭg. *bhèu* m. 'information, secret'.

9615 __bhérī-:__ Md. *beru* 'drum'.

9618 *__bhēlla-__[2] 'lump'. [Cf. †*BHĒḌA-[4]]
WPah.poet. *bhelle* f. 'lump of molasses'.

9626 __bhōgin-__ [*bhōgika-* m. 'village headman' Hemac.; Pa. *bhōgin-* also id. — Emeneau Sk. *bhōgin-* concludes that Drav. Mal. and Tu. *bōyi* 'caste of palanquin-bearers and fishermen' DED 3750, Go. *pōī* 'fisherman' DEDS are ← IA.]
Or. *bhoi* 'village accountant'; poss. *bhuiā* 'caste of weavers (LOL), fisherman (Emeneau Sk. *bhōgin-* 216)', *bhuĩā* 'caste of wild hillmen'; — *bhuiā̃* 'pertaining to cornfields', m. 'feudal lord, sylvan deity' < BHŪMIYÁ-.

9627 __bhṓgya-:__ S.kcch. *bhog* m. 'a share in harvest'; WPah.poet. *bhoga* 'enjoyable, good', m. 'food', *bhogṇo* 'to enjoy'.

9631 __bhōjyà-:__ (infl. by BHUÑJATĒ) WPah.kṭg. *bhùnju* 'a festival celebrated in Bhādrapada' (Him.I 160 poss. < BHUJYÚ- 'wealthy' RV., 'food' lex.); J. *bhō'j* m. 'feast'.

*__bhōttha-__ 'defective' see *BHUTTA-[2] Add[2].

9634 *__bhōrā:__ Garh. *bhoḷ* 'tomorrow'.

*__bhōl-__ 'mislead' see *BHULL- Add[2].

*__bhōla-__, *__bhōlla-__ 'defective' see *BHULLA- Add[2].

9650 __bhramara-__[1]: Md. *bumaru* 'spinning top'.

9651 __bhramará-__[2]: WPah.kṭg. *bhɔ̃r, bhɔ̃rɔ* m. 'big black and yellow bee' (prob. ← H. P. Him.I 158), *bhɔ̃ru* m. 'bee', Garh. *bhɔ̃r*.

9654 __bhraśyati:__ read __bhraśyatē__ TĀr.

9655 __bhraṣṭá-:__ S.kcch. *bhaṭṭho* m. 'ulcer'; A. *bhāṭi*, also 'falling, receding' AFD 203.

9656 __bhrā́ṣṭra-:__ S.kcch. *bhaṭṭhī keṇī* 'distil (spirits)'.

9660 __bhrāturjāyā-:__ S.kcch. *bhojāī* f. 'brother's wife', WPah.poet. *bhrauj* f. (obl. *-ı*) 'brother's (esp. elder brother's) wife'.

9661 __bhrā́tṛ-:__ S.kcch. *bhā* m. 'brother'; WPah.kṭg. (kc.) *bhài* m. 'brother, younger brother', *bhàu* m. 'younger brother, male baby', m.pl. (< *bhrātaraḥ*) *brāra*, Garh. *bhāi* 'brother'; Md. *bei, bē* 'brother, older man', pl. *bein, bēn*.
†*BHRĀTṚSTHU-.

9662 *__bhrātṛjāni-:__ rather der. from BHRĀTṚ- (see *PITRIYAJĀNI- Add[2]). J.C.W.

9664 __bhrātṛputra-:__ WPah.Wkc. *bhɔcṛu* m. 'brother's son'.

9670a †*__bhrātṛsthu-__ 'standing for a brother', *bhrātṛsthāna-* m. 'a brother's representative' ĀśvGṛ. [BHRĀ́TṚ-, STHU-]
WPah.kṭg. *bhɛ́tthu* m. 'brother, friend'; J. *bhāithu* m. 'adopted brother' (Him.I 156 compares BHRĀTṚSTHĀNA-).

9672 __bhrātrī̀ya-:__ S.kcch. *bhatrīyo* m. 'nephew', *bhātray* f. 'brother's daughter' (< **bhrātrēyā-*?); Garh. *bhatiju* 'brother's son'.

*__bhrumu-__ see BHRŪ́- Add[2].

9688 __bhrū́-__. 2. *__bhrumu-:__ Md. *buma* 'eyebrow', WPah.kc. *bhaũ, bhraũ*, Wkc. *bhɔũ* m., kṭg. *bhriũ, bhrèũ, bhrɔ̃̀* with falling tone; jaun. *bhaũ*, J. *bhryũ̀ś*.

9690 *__bhrūra-__ [Cf. Ir. **barwa-* (or **b(r)ūra-*?) Shgh. *vū̊r* 'brown', Yaghn. *vur*, Mj. *vūr*, Pers. *būr* EVSh 85]
WPah.kṭg. *bərhìḷɔ* 'brown (or bay?)'.

M

9691 **ma-:** Kho. *ma* 'me' obl. BKhoT 70; WPah.kṭg. *mũ* 'I'; Md. *ma* 'I, me' (gen. *ma-ge*, dat. *maṙaṙ*).
†MÁMAT.

†makkaṇa- see MATKUṆA-[2].

9696 **mákṣā-:** S.kcch. *makh* f. 'fly'; WPah.kṭg. *mákkhɔ*, *máṅkhɔ* m. 'fly, large fly', *mákkhɪ* (kc. *makhe*) f. 'fly, bee', *máṅkhɪ* f., J. *mākhī* f.pl., Garh. *mākhi*.

9701 ***maggara-:** WPah.kṭg. *mɔgrɔ*, poet. *mɔgru* m. 'the part of an animal's neck nearest the head'.

***maṅkuṇa-** see MATKUṆA-[1] Add[2].

***macya-** see *MACYATĒ Add[2].

9710 ***macyatē.** 2. ***macya-:** S.kcch. *macc* m. 'heat'.

9711 **májjati:** with Pa. *-mujjati* cf. A. *muziba* '(eyes) to shut up'? AFD 220, A. *maziba* 'to become soft (as a fruit)' AFD 331?

9712 **majján-** [*a* < non-apophonic IE. *o* (OSl. *moždanŭ*, etc.) T. Burrow BSOAS xxxviii 69]
WPah.kṭg. *mɪ̄nj* f. 'fat', *mɪnjɔ* m. 'brain'; A. *mazā* 'core, inner part'.

9715 **mañca-:** WPah.kṭg. *manjɔ* m. 'cot, bedstead', J. *mā̃jā* m.

9717 **mañjiṣṭha-:** S.kcch. *mãīṭh* 'red'.

9718 **mañjiṣṭhā-** [Cf. Drav. Kan. *mañcaṭige*, *mañjāḍi*, *mañjeṭṭi* S. M. Katre]: S.kcch. *majīṭh* f. 'madder'.

9723 ***maṭṭa-.** 3. ***maṭṭha-**[1]**:** S.kcch. *māṭh* 'silent'; WPah.kṭg. *máṭṭhɔ*, *mánṭhɔ* 'small, young', *máṭhṛɔ*, *mánṭhṛɔ*, *máṭhərḍɔ* 'smaller, younger'; J. *māṭhā* 'small', *māṭhṛā* 'smaller, younger'.
9. ***manṭha-:** S.kcch. *manḍhyo* 'stubborn', *manḍhāṇū* 'to limp'.
11. ***manḍa-**[4] (*manḍūra-*[2] 'bodily defective' RV., 'rust of iron' lex. ~ **mandūra-* 'iron dross' s.v. *MATTHARA- Add[2]).
12. ***māḍa-**[1]**:** WPah.kṭg. *maṛɔ* 'weak, bad', J. *māṛā* 'feeble'.

***maṭṭha-**[1] 'defective' see *MAṬṬA- Add[2].

9727 **maṭha-**[1]**:** Md. *muḷi* 'chicken-coop'; — WPah.kṭg. *mhɔ̄̃ṛ* m. 'shed for sheep on high altitudes' or poss. < †*MĒṢAKUṬĪ-.
†*MĒṢAMAṬHA-.

***manṭha-** 'defective' see *MAṬṬA- Add[2].

9735 **manḍá-**[1]**:** Ko. *maḍḍu* 'scum' = Drav. Kan. *maḍḍu*, *maḍḍi* 'dregs', Tam. *manṭi* EWA ii 560.

9740 **manḍapa-:** S.kcch. *mānḍhvo* m. 'booth, canopy'.

***manḍukka-** see MANḌŪKA- Add[2].

9746 **manḍū́ka-.** 2. ***manḍukka-:** WPah.kṭg. (kc.) *mɪṇḍkɔ* m. 'frog', J. *minkā* m.
3. Read ***manḍūra-**[1]**:** Pk. *maṁḍūra-* m.

†manḍūra-[2] see *MATTHARA-.

***matíya-** see MATYÀ- Add[2].

9747 **matkuṇa-**[1] (for *DHĒṄKUṆA- read *ḌHĒṄKUṆA-). 1. S.kcch. *makaṇ* m. 'bedbug'; Md. *makunu* 'bug', *rāmā-makunu* 'monkey'; — Ko. *bikkūṇu* 'bug'.
2. ***maṅkuṇa-:** WPah.kṭg. *maṅgṇɪ* f. 'bug', J. *maṅg(u)ṇī* f.pl.

9748 **matkuṇa-**[2], also *makkaṇa-* m. 'tuskless elephant' Arthaś.

9749 **matkōṭaka-:** S.kcch. *mākūṛo* m. 'very large black ant'.

9754 ***matthara-** [MINDĀ́- TS. ~ MANḌŪRA- RV.]. 4. ***manthara-:** S.kcch. *mandhro* 'dwarfish, short-statured'.
5. **manda-:** S.kcch. *māndho* 'sick'; OP. *manūru* m. 'scrap iron, iron dross, slag' (~ †MANḌŪRA-[2] 'bodily defective' RV., 'rust on iron' lex. s.v. *MAṬṬA- Add[2]) C. Shackle.

9755 **matyà-.** 2. ***matíya-:** WPah.kṭg. *mɛ̄̃* f. (obl. *-ɪ*) 'a kind of harrow'; J. *moī* f. 'a kind of plough to smoothe land after sowing'.

9758 **matsya-.** 1. S.kcch. *macch* m. 'fish', WPah.poet. *maćhḷu* m., kṭg. *máćhḷɪ* f., Garh. *māchu*, A. spel. *māch* AFD 218, Md. *mas* in *ammas* 'a kind of fish' (*am-* < ? — also spel. *ak-*, *an-*).
2. ***matsiya-:** S.kcch. *machi* f. 'fish', WPah.kṭg. (kc.) *máćchɪ* f.

9771 **mathnā́ti:** Garh. *mathṇu* 'to churn'.

9773 **máda-:** †MADAKALA-.

9773a **†madakala-** 'maudlin, intoxicated' MBh., 'ruttish, mad' Kālid. [By pop. etym. for **madagala-* cf. *madacyút-* id. RV., *madaprasravaṇa-* m. 'rutting' MBh. — MÁDA-, GALA-[1]]
Pk. *mayagala-* 'rutting', m. 'rutting elephant', OP. *maigalu* m.

9776 **madana-:** Kho. *māyan* 'a partic. bird' (acc. to O'Brien and Lorimer, Golden Oriole) BKhoT 70.

9781 **madgura-:** A. *māgur* 'a kind of fish' AFD 193.

9782a **madrá-** 'a tribe in the Panjāb' see also MALLA-[2] Burrow Tau vii 154.

9784 **mádhu-:** WPah.kṭg. (kc.) *mɔ̄̃* m. (obl. *-a*) 'honey', jaun. *mauh*; Md. *māmui* 'honey' (*mā* 'flower' < MĀLĀ-); — Gy.eur. *thardimol* (*thardi* 'burnt' < DAGDHÁ-) after Germ. *Branntwein*.
†*MADHUPĀLA-.

9788 **madhukara-:** Garh. *māri* 'bee'.

9791a †***madhupāla-** 'honey-seller'. [MÁDHU-, PĀLÁ-]
WPah.kṭg. *mɔ̃aḷɔ* m. 'honey-seller' (also *mɔ̃a aḷɔ*).

9793 **madhurá-:** Md. *mīru* 'sweet'.

9804 **mádhya-:** S.kcch. *miñj*, °*jā* 'in, inside'; WPah.kṭg. *mā̃*, *maẽ* postp. 'in the middle of, among, in', poet. *mañjh*, °*jhe*, kṭg. (kc.) *mánjhi*; Md. *medu* 'middle'.

9810 **madhyamá-:** WPah.poet. *manjhuo* 'being in the middle, middlemost'.

9817 ***madhyāra-** [Altern. < **madhyatara-*, Pk. (Hāla) *majjhaara-* 'being in the middle' (v.l. *majjhaāra-* < *majjhaara-* × **majjhāra-*?) J.C.W.]
S.kcch. *minjārā* 'in, inside'.

9818a ***madhyēṣṭha-:** WPah.kṭg. *manjṭhɛ* 'in the middle' Him.I 173.

9822 **mánas-:** WPah.kṭg. (kc.) *mɔn* m. 'mind', J. *man* m. (← H. Him.I 176).

9828 **manuṣyà-:** Garh. *maṇsa* 'man' (pl.?); Md. *mini-kiru* 'breast milk', *mini-marā* 'executing'; *mīs*, *mīhā* (pl. *mīhun*) 'man, people'; Kho. *moš* 'man'? BKhoT 71.

9834 **mántra-:** †*ĀMANTRA-.

MANTH: †*ĀMANTHATI.

***manthara-** 'defective' see *MATTHARA- Add[2].

9842 **manthāna-:** S.kcch. *mandhyāṇī* f. 'churning stick'.

manda- see *MATTHARA- Add[2].

9849 **mandāra-:** A. also *mãdār* 'a partic. tree' AFD 208.

9852 **mandirá-:** S.kcch. *mandhar* m. 'temple'.

9857 **mányatē:** S.kcch. *manṇū* 'to believe'; — WPah.kṭg. (kc.) *manṇõ* 'to admit, agree, heed'; Garh. *mānṇu* 'to consider'; OMarw. *manāvaï* 'persuades'; — OP. *mānā* 'like, as if', P. *mānõ*.

9859a †**mámat**, *mamátā* 'as far as I am concerned, personally' RV. (EWA ii 585), *mamatā-* f. 'egotism, attachment' MBh., 'pride' lex. [MA-]
Pa. *mamaṁ* in *mamaṅkāra-*, *mamiṁ*° 'egotism, egoism', *mamaṅkāraṇa-* n. 'affection', Pk. *mamakāra-* m. 'attachment' (→ Sk. *mamakāra-* m. id. Rājat.).
MIA. **mammaṁ* (cf. *mat-*, *tvat-* replacing **ma-*, *tva-* in cmpd.) in Pk. *mammakkā-* f. (after *mamayā-* < *mamatā-* f.) 'desire, pride' Deśīn.
× MĀMAKÁ-: Pk. *māmaga-*, *māmaya-* 'selfish' (→ Sk. *māmaka-* id. lex.).
× MĀ́NA-[1]: OMarw. *māma* m. 'honour, self-respect' (rhyming with *dāma* Vīsaḷa p. 138, and with *pāna* ib. 72) beside *māna* id. (ib. 76, 164): conn. with *mamatā-* suggested ib. 73, cf. association of Pa. *mamaṅkāra-* with *mānānusaya-* 'conceit'. J.C.W.

9865 **mayūra-:** WPah.kṭg. (kc.) *mōr* 'peacock'.

9867 **mará-:** WPah.poet. *mɔre* f. 'plague', jaun. *marī* f.

9869 **maraṇa-:** S.kcch. *maiṇ* m. 'death' (phonet. *mɛ̃ṇ* AKŚ xxviii).

9870 ***marati.** 2. ***malati:** WPah.kṭg. *mɔlṇõ* 'to rub' ← H. Him.I 177; Garh. *maḷnu* 'to besmear, rub'; A. *maliba* also 'to wipe (tears)' AFD 331.

9871 **máratē:** S.kcch. *marṇū* 'to die', WPah.kṭg. (kc.) *mɔrnõ*, Garh. *marnu*, Ku. *marṇu*; Md. *merenī* 'dies' (or pass. of *maranī* < MĀRÁYATI?).

***maricca-** see MARĪCA- Add[2].

9875 **marīca-.** 2. ***maricca-:** WPah.kṭg. *mɔrcɪ* f. 'red pepper, black pepper', J. *mirc* f.

9876a †**marú-** 'wilderness, name of a deity associated with Naraka' MBh.
Pk. *maru-*, *marua-* m. 'waterless country'; WPah.kṭg. *mɔru* (obl. *-uɪ*) f. 'cremation ground' (Him.I 176 < MARA- or MARÚ-?); Si. *maru-katara* 'wilderness' (*katara* < KĀNTĀRA-).

9882 **markáṭa-**[1] m. 'mode of coitus' lex.
WPah.kṭg. *makṛɪ lāṇɪ* 'to have sexual intercourse'.

9883 **markaṭa-**[2]**:** S.kcch. *makkaṛ* m. 'locust, grasshopper'.

†**marga-** 'path' ĀpGṛS. — see MĀRGA- Add[2].

9886 ***marja-** 'margin, border'. [IE. **mereĝ-* IEW 738, Goth. *marka* 'border'; see also Add.]
Dm. *brãs* 'meadow', Kal. *brun(z-)*; Kho. *bron* 'meadow, small path between fields', *brõnsk* 'meadow' (ac. Morgenstierne ID 111, 250, 333 all Kaf. Dard. forms are ← Ir., cf. Pers. *marz* 'border, field with raised borders') — rather < IE. **mreĝ-*?

9887 **márta-** m. 'man' RV. [**mārta-* < IE. **morto-*, cf. Gk. *μορτός*, preserved in *mārtāṇḍá-* 'coming from a lifeless egg, i.e. a bird', *mārtavatsa-* 'a still-born child' AV., but replaced by *mārta-* after *mártya-*, *mártum* etc. T. Burrow BSOAS xxxviii 69]

9890 **márdati.** 1. A. *māriba* also 'to knead (dough)' AFD 331, Md. *moḍenī* 'massages, mixes'.
2. ***mṛndati:** WPah.kṭg. *manḍṇõ* 'to rub, smear, thrash, crush' (Him.I 172 if not < *márdati* with *rd* > *ṇḍ*), J. *minnu* 'to rub, pinch'; — (× MÁNTHATI) WPah.kṭg. *mánḍhṇõ* 'to rub oneself'.

9897 ***marśati:** WPah.kṭg. (kc.) *máśṇõ* 'to rub, scrub'.

9897a †**marśana-** n. 'touching (esp. a woman)' MBh. [MṚŚ]
WPah.kṭg. *máśṇɔ* m. 'butter' (semant. cf. MARŚA-).

***malati** see MARATI Add[2].

9904 ***malin-.** With *-l-*: WPah.kṭg. *mɛ̃ḷ* m., poet. *mɛḷa*, *mɔiḷa* m. 'dirt', kṭg. *mɛḷɔ* 'dirty'.
With *-ll-*: Garh. *mɛl* 'dirt'; OMarw. *mailā* voc.sg. 'dirty'.

9908 **malla-**[2] 'name of a people in NE of India'. [See instead MADRÁ-; like the Madras of the Panjab, the Mallas belonged to 'republican' gaṇas and competed in wrestling at tribal meetings, hence MALLA-[1]: connected with a root *mad-* 'to meet' Burrow Tau vii 159]

9909 **malla-**[3] [IE. **matlo-*, cf. Lat. *matula-* 'pot' < **matlā* and RV. ÁMATRA- Burrow Tau vii 156]

9919 **maṣati:** WPah.J. *mośṇu* 'to wipe' (or poss. der. **muśṇu* < MR̥ŚÁTI Him.I 174).

9924 **masū́ra-**. 1. Garh. *masūr* 'a kind of pulse'.
2. **masūrikā-:** A. *mehun* 'a fatty tumour' AFD 231?

9926 **masta-:** S.kcch. *matho* m. 'head'; WPah.kṭg. *mátthɔ* m. 'forehead', kc. *matha* 'up, on, to', poet. *mathe* 'to, near', kc. *mathi* 'up, on, above'; Garh. *māthu* 'forehead'; Md. *mati* 'top, lid, sky', *matī* 'upper', *maccař* 'above'.

9937 **máhas-**[2]: †INDRAMAHA-.

9950 **mahāmātra-:** WPah.poet. *māto* m. 'village headman', roh. *māto* (rather than < MAHĀTMAN-), H. *mahtā* m.; WPah.kṭg. *matta* 'word of address to men' (no reflex of *h* bec. of colloquial use Him.I 171); — also Aw. *mahatiyā* 'headman' (rather than < MAHÁNT-).

9951 **mahārājá-:** Md. *mahāradun* 'king' prob. ← Pa. or Sk.

9954 **mahārgha-:** WPah.kṭg. *mɛ̃ṅgɔ*, kc. *mɔ̃ṅgo* 'expensive' ← H.; — Ko. *mhāraga* 'dear' ← Sk., also *savraga* 'cheap' ← SAMARGHA- (but with MIA. epenthesis ac. S. M. Katre).

9964 **mahiṣá-:** S.kcch. *maī* f. 'buffalo cow', WPah.kṭg. *mhɛ̃ś* f. (obl. *-ı*), *mhɛ̃śśɔ* m., kc. *mɔ̃ś*, *bɔ̃ś* f., J. also *bhaĩs* f. (← H.?), Garh. *bhɛ̃su* m., OMarw. *bhaïṁsa* m., °*si* f.; Md. *miṅgunu* (*gunu* < GÓNA-).

9981 **mā́:** S.kcch. *ma* 'no'.

9982 **māṁsá-:** WPah.kṭg. (kc.) *más*, *mās* m. 'flesh', J. *mās* m., Garh. *māsu*.

9985 ***māṁsahārin-:** OP. *māsahārī* m.

9989 **mākṣika-:** Kho. *maçhi* 'honey' BKhoT 70.

9993 **māghá-:** S.kcch. *mā* m. '4th lunar month', Garh. *mɔ*.

***māḍa-**[1] 'defective' see *MAṬṬA- Add[2].

10001 **mātuḥṣvasr̥-**, also *mātuḥsvasr̥-*, *mātr̥svasr̥-* MW.: WPah.kṭg. *mássı* f. 'mother's sister'; J. *māsī* f. 'step-mother', *maūsī* f. 'mother's sister'.
MIA. cmpd. with PUTRÁ-[1]: K. *māsaturᵘ* m. 'her son' in *m*° *dryuyᵘ* 'her son (as) wife's junior in-law (i.e. husband's cousin)', etc. see *MĀTUḤṢVASR̥PUTRA-; — *MĀTUḤṢVASR̥PUTRA- × †MĀTR̥ṢVASĒYA-: N. *mused-bhāi* m. 'her son' (rather than < *MĀTR̥ṢVASR̥GŌTRA-, semant. cf. P. *maser-bhāī* = *maser* id.). J.C.W.

10002 ***mātuḥṣvasr̥gōtra-** see MĀTUḤṢVASR̥- Add[2].

10003 ***mātuḥṣvasr̥ghara-**, 10004 ***mātuḥṣvasr̥jāta-** see †MĀTR̥ṢVASĒYA-.

10009 **mātulá-:** WPah.kṭg. *mauḷɔ* m. 'mother's brother'; pl. in N. *māwal* 'mother's parental home' (rather than < MĀTULYA- or *MĀTR̥KULA-), deriv. *māwali*, *māuli* 'belonging to mother's family' (rather than < *MĀTR̥KULIKA-). J.C.W.

10010 ***mātulaśvaśura-**, 10011 ***mātulaśvaśrū-:** poss. H. *maulas* rather < **maülā hās* m. 'maternal uncle (as) in-law' formed from **maülī hās* f. 'his wife (as) in-law'; this, with L.awāṇ. *malihas* f., P. *malehas* f., *maliauhrā* m. may involve collision with MĀTULĒYA-. J.C.W.

10016 **mātŕ̥-:** WPah.kṭg. (kc.) *mā* f. (obl. *mā*, *māı*) 'mother', J. *mā* f.; kṭg. *maı* f. 'mother, the goddess Durgā', kc. *maẽ* 'girl, daughter', poet. *mauṛe* 'dear mother'; Garh. *mā̃* f. 'mother', Md. *mai*, (in cmpd.) *mā-*; MB. *māiā* 'girl', B. *meye*.

10019 **mātr̥gōtra-**. 1. S.kcch. *māytar* m.pl. 'parents, elders' (= G. *māvtar* AKŚ 71), G. *māvitar* 'mother'; WPah.kṭg. *mɛccɔ* m. 'married woman's parents' house', poet. *mɛca* 'in their house', kiũth. (LSI ix 4, 555) *māěchō* 'parents'.
2. ***mātr̥gōtrika-:** WPah.kṭg. *mɛccı* m. (obl. *-i*) 'married woman's paternal and maternal family'.

***mātr̥gōtrika-** see MĀTR̥GŌTRA- Add[2].

10022a †**mātr̥ṣvasēya-** m. 'mother's sister's son' R., *mātr̥ṣvasēyī-* f. 'the daughter' MBh., *mātr̥svasēyā-* f. MW. [Cf. *mātr̥ṣvasrīya-* m. Pāṇ., *svasrīya-* 'sister's son' m. T.S., *svasrīyā-* f.; — MĀTUḤṢVASR̥-, *mātr̥ṣvasr̥-*]
Ext.: L. P. *maser(ā)* m. 'the son', H. *mauserā* m. (rather than < *MĀTUḤṢVASR̥GHARA-; for ext. *-r-*, see MĀTULĒYA- in Add. 14745); G. *maśiāi* m., *maśiyeṇ* f. (rather than < MĀTUḤṢVASR̥JĀTA-) J.C.W.

10024 ***mātrēya-:** S.kcch. *matraī* f.adj. 'step-' (with 'mother'); — ext. *-r-*: P. *mater* 'stepmother' (ext. *-r-* as with MĀTULĒYA- Add. 14745 and PÍTRIYA- Add[2]) rather than < *MĀTR̥TARĀ-.

10030 ***māda-**[2] [Shgh. *moδ* 'buttermilk' (like Ishk. *mid* 'cream, milk with buttermilk', < MĀDYA- EVSh 43 and Parth. *pym'dg* 'cream' EVSh 43)]

10032 **mā́dyati:** WPah.kṭg. *macṇõ* 'to get intoxicated' (pres.st. **macc-* formed from pp. MATTA- after MIA. type *uccaï* < *ucyátē* ∼ pp. *utta-* < *uktá-*).

10040 **mā́na-**[1]: OMarw. *māna* m. 'honour, self-respect'; — see †MÁMAT.

10041 **mā́na-**[2]: Garh. *māṇī* 'weight of ½ seer', Md. *manu* 'a large measure'.
NIRMĀ́NA-.

10049 **mā́nuṣa-:** S.kcch. *māṛū* m. 'man', WPah.kṭg. *maṇu* m. 'human being, man', pl. 'wife and children, family', J.

mānu m.; — *nś* > *ñch*: ktg. *manəch, máṇeh* m.
†*MĀNUṢAGANDHA-.

10049a †*mānuṣagandha- 'smell of human beings'. [MĀNUṢA-, GANDHÁ-]
WPah.ktg. *maṇchénnh* f. 'smell of human beings' (Him.I 172 < **mānuṣya-gandha-*).

10049b ***mānuṣamārikā-** Add. 14746.

10054 ***māpyatē:** S.kcch. *māpṇū* 'to measure', A. *māpiba* AFD 333.

10055 **māma-:** S.kcch. *māmū* m. 'mother's brother'; WPah.kc. *maũ* m. 'male baby', Wkc. *mɔũ* m.; ktg. *mām* m. 'mother's brother', J. *mām(ā)* m., poet. *mama* (voc.?), ktg. *mamı* f. 'his wife, mother's sister', *maī* f.

10063 **māra-:** Md. *maru* 'death' (*mārāmārī* 'assault' ← G.).

10066 **mārayati**[1]**:** S.kcch. *mārṇū* 'to beat'; WPah.ktg. (kc.) *marnõ* 'to beat, kill, conquer, embezzle', caus. ktg. *mərauṇõ* 'to cause to be beaten', Wkc. *mərɛuṇo*; Garh. *mārnu* 'to kill', Md. *maranī* 'kills', *merenī* 'dies' (pass. of *maranī* or poss. < MĀRATĒ).

10067a **māruka-** Add. 14748.

10070 **mārkava-** [Connected by Uhlenbeck with Russ. *morkov* 'carrot' and so with *ā* < IE. *o* T. Burrow BSOAS xxxviii 60]

10071 **mārga-**, *marga-* m. ĀpGṛS. [Rather < **morgʷo-* 'path' in Gk. ἀμορβός 'companion, follower' with *ā* < IE. *o* T. Burrow BSOAS xxxviii 58 dial. *a* in *marga-* op.cit. p. 70]
Md. *magu* 'road'.
†CATURMĀRGA-.

10074 **mārgati** [Pa. *maggati* etc. rather from MṚGYÁTI (T. Burrow BSOAS xxxviii 59) which accounts also for *ă* of S. L. P. WPah. verb: *mārgati* is sanskritization from Pa. Pk. *magg-* on analogy of Pa. Pk. *magga-*: *mārga-*. NiDoc. *margidavo* ← Sk. *mārg-* (T. Burrow loc.cit. f.n. 1)]
S.kcch. *maṅgṇū* 'to ask for', WPah.ktg. (kc.) *maṅgṇõ* 'to ask for, beg', J. *mā̃ṅgṇu*, Wkc. *mɔṅgṇo*, caus. *məgauṇõ* 'to procure, send for'.

10076 **mārgaśiras-:** Garh. *māgsīr* 'the month November–December'.

10080 **mārjati** [*ā* < IE. *o*, cf. Gk. ὀμόργνυμι T. Burrow BSOAS xxxviii 60]
S.kcch. *māñjṇū* 'to wash (utensils)', WPah.ktg. *manjṇõ* 'to cleanse, scrub, polish', J. *mā̃jṇu*.

10085 ***mārtta-.** 1. S.kcch. *maṭṭ* m. 'large earthen waterpot'.

10086 **mārtsna-:** WPah.poet. *mhīṇ, mīṇ* 'thin, small, fine' (Him.I 178 poss. ← P.).

10088a **†mālakā-** f. 'garland' lex. [MĀLĀ-]
WPah.ktg. *maḷa* f. 'ring of dancing men', *ma'ḷaı*, *məḷaı* f. 'ring of dancing men, song sung by them'?

10090 **mālava-** [Der. **malu-* > *marú-* T. Burrow Tau vii 154: IE. *l* cf. Goth. *malma* 'sand', Swed. *malm* 'sandy plain', OEng. *mealm* 'sandstone']

10092 **mālā-:** Md. *mau, mā* (*malek*) 'flower'.
†MĀLAKĀ-.

10097 **māṣa-**[1]**:** WPah.ktg. *māś* m. 'black pulse', J. *māś, māh* m.pl.

10104 **māsa-:** S.kcch. *mā* m., WPah.poet. *mās* m. (← H.? Him.I 174), OMarw. *māsa*, Md. *mas*.

10111 **māsya-** [Cf. *dáśamāsya-* RV.]

10113 **māhiṣa-:** †*MĀHIṢALĒDHA- see *LIDDA-[3].

10118 ***micc-:** S.kcch. *micṇū* 'to close the eyes', WPah.ktg. *mıċṇõ* 'to shut the eyes, wink', J. *micṇi* (sc. eyes).

***miḍati** see MILÁTI Add[2].

10124 **mitrá-:** S.kcch. *mittar* m. 'friend'; WPah.ktg. *mıttər* m. 'friend, sister's husband' (← P. Him.I 178).

10129 ***mithana-:** WPah.ktg. *mı́ṇɔ* m. 'challenge'.

10132 ***mināti:** Md. *minanī* 'measures', *min* 'measure'.

10133 **miláti.** 1. S.kcch. *mīlṇū* 'to meet', WPah.ktg. *mılṇõ* (← H.), *mīl* f. 'meeting', J. *mēl* m.; caus. ktg. (kc.) *məlauṇõ* 'to unite, mix'.
2. ***miḍati:** S.kcch. *miṛāvo* m. 'chance meeting', *miṛe* 'all'.

***MIH**[2]**:** †*MIHLĀ-.

10140a **†*mihlā-** 'dew'. [*MIH[2]]
WPah.ktg. *mıll* (**mı́lh*?) f. (obl. *-a*) 'dew' (Him.I 178 < **mighlā-* reformed after *méhati* etc.).

10152 **muktā-:** †*MUKTĀSARIKĀ-.

10153a **†*muktāsarikā-** f. 'string of pearls'. [Cf. *muktāsraj-* f. lex., *mauktikasara-* m. Nalac. both ← MIA.? — MUKTĀ-, *SARĀ-[2]]
OP. *motasarī* f. 'string of pearls'.

10157 ***mukna-:** WPah.ktg. *mukṇõ* 'to finish', *mʋk-* 'to be finished, come to an end, run out', pret. *mukkɔ*, caus. *məkauṇõ* tr. 'to finish'.

10158 **múkha-:** WPah.ktg. (kc.) *mū̃* (with high level tone) m. (obl. *-a*) 'mouth, face'; OMarw. *muhaṛaü* 'face'.
†*AGRAMUKHA-, †*AGRĀMUKHA-.

10167 **mukhará-.** 2. WPah.poet. *mōro* m. 'first row in a group of dancers, vanguard of an army' Him.I 177; ktg. *mūrɔ* 'head and neck of god made of metal and used in procession', J. *mhwerā* 'image of village deity'.

10168 **mukhaśuddhi-:** A. also *muhudi* 'sweetening the mouth after eating' AFD 208.

10174 **múkhya-:** WPah.ktg. *múkkhiɔ* 'chief'.

10175 **mugdhá-:** OMarw. *muṁdha* (°*dhi* f.) 'foolish'.

MUC: †ĀMUKTA-.

10184 **múñja-** [Cf. *muñja-néjana-* and *mauñjá-* RV.]
WPah.kṭg. *munjı* f. 'muñja grass'.

10186 **muṭáti**. 2. **mōṭati:** WPah.kṭg. *moṛnō̃* 'to turn, bend, return', *mōṛ* m. 'turn in a mountain path, turn in a hill slope from down to up'.
4. ***muruṭati:** Ko. *marḍuytā* 'kneads'.

10187 ***muṭṭa-**[1]. 5. ***muḍḍa-:** A. *mūrā* (phonet. *mura*) 'log, trunk' AFD 234.
11. ***mōṭṭa-**[1]**:** WPah.kṭg. *moṭṭɔ* 'fat, proud'; jaun. *moṭo* 'fat, big'.

***muḍḍa-** 'defective' see *MUṬṬA-[1] Add[2].

10192 ***muṇḍatara-:** WPah.kṭg. *mə̃ṇḍēr*, *məḍēr* f. (obl. *-a*) 'fence, railing'.

10193 **muṇḍana-:** WPah.kṭg. *mʊṇḍəṇ* m. 'ritual shaving of a boy's head-hair'.

10194 **muṇḍayati**. 1. Garh. *mū̃ḍṇu* 'to cheat'. — Read B. *muṛana*.

10198 **mudgá-:** *mū̃g* 'a kind of pulse'; A. *mug* 'a kind of pulse' AFD 193; Md. *mugu* 'mung bean'.

10199 **mudgara-**[1]**:** WPah.kṭg. *mʊ̃gḷı* f. 'wooden club'; Garh. *mū̃gru* 'club'; Md. *muguru* 'mallet, baton', *muguranī* 'crushes'.

10202 **mudrayati:** A. also 'to seal' AFD 208.

10208 ***munāla-:** WPah.kc. *buˡnāḷ*, *bənyāḷ* m., kṭg. (kc.) *bənāḷ* m. 'the wild pheasant', J. *manāḷ* m.; kṭg. *bənaḷı* f. 'hen-pheasant' (*b-* and *-n-* from VÁNYA- 'grown in a forest' in kṭg. *bān* 'oak tree'?).

10217 **muṣati** [Cf. *muṣāyáti* RV.]

***muṣala-** see MÚSALA- Add[2].

10221 **muṣṭí-:** WPah.kṭg. *mʊṭ-* (in cmpd.), *mʊ̃ṭṭhı* f. 'clenched hand, handful'; J. *muṭhā* m. 'handful', Garh. *muṭṭhi*; A. *muṭh* (phonet. *muth*) 'abridgement' AFD 94; Md. *muř* 'fist, handle', *muři* 'hammer'.
†MUṢṬIGRAHA-.

10221a †**muṣṭigraha-** m. 'holding with one hand' Harav. [MUṢṬÍ-, GRÁHA-]
WPah.kṭg. *mʊṭkhrɔ*, *mʊḍəkhru* m. (through **muṭh-grahu* Him.I 179) 'handful'.

10223 **músala-**. 1. Md. *mō* (*mōlek*) 'pestle'.
2. ***muṣala-:** WPah.kṭg. *múəḷ*, *mʊ̃ḷ* m. 'pestle, club', J. *muśḷ* m., poet. *muśḷe* f. 'small pestle, club'.

10226 **musta-**. 2. ***mōsta-:** A. *mathā* 'a kind of plant' AFD 206?

10231 **mūka-**. 7. ***mōkka-:** Md. *moya* 'foolish'.

***mūṭha-** see MŪTA- Add[2].

10232 **mūḍhá-:** A. *muṛha* (phonet. *murhɔ*) 'foolish' AFD 91, 423, WPah.poet. *mʊ̃ṛh*, *mōṛh* 'foolish', m. 'fool' (*mōṛh* like Or. *moṛhā*, f. *-i* poss. < **mauḍha-*).

10233 **mūta-**. 4. ***mūṭha-:** A. *murā* (phonet. *murha*, *mura*) 'wicker stool' AFD 234.

10234 **mūtra-:** WPah.kṭg. (kc.) *mūc* m. 'urine', Md. (old) *mū*.

10238 **mūtráyati:** WPah.kṭg. *mucṇō̃* 'to urinate', Garh. *mutṇu*.

MŪRCH: †MŪRCHANA-.

10240a †**mūrchana-** n., *mūrchanā-* f. 'fainting' Suśr. [MŪRCH]
Pa. *mucchanā* f. 'rising in tone', Pk. *mucchaṇā-* f. 'a style of singing'; WPah.kṭg. *múṅchṇı* f. 'act of tumbling down' Him.I 180.

10241 **mūrchayati:** WPah.kṭg. *múchṇō̃* 'to knead', *məchắuṇō̃* 'to cause to be kneaded'; A. *moche* (phonet. *-s-*) 'plasters (the floor)'.

10247 **mūrdhán-:** WPah.kṭg. (kc.) *mū̃ṇḍ* m. 'head', kṭg. *mʊṇḍı* f. 'crown of head'; *mʊṇḍlu* f. 'head (of a stick), end (of a thread)', poet. *mʊṇḍke* f. 'head', J. *mū̃ḍ* m. 'head', Garh. *muṇḍ*, *mūn*; A. also *mūdh* 'ridge of roof' AFD 210.

10250 **mūla-:** WPah.kṭg. (kc.) *mʊ̃ḷ* m. 'root, beginning'; Md. *mū* (*mulek*) 'root'.

10251 **mūlakapaṇa-:** hence M. *phaṇī* f. 'bunch (of bananas)', Ko. *phoṇo* 'bunch (esp. of bananas)'?

10254 **mūlā-:** Md. *mula* 'the asterism Mūlā'.

10258 **mūṣa-** [Cf. *mū́ṣaḥ* nom.pl. RV.]
Gy.germ. *mišo* m. 'mouse'; WPah.kṭg. (kc.) *múśśɔ*, J. *muśā* m., kṭg. (kc.) *múśśəṇ* f. (obl. *-ı*); Garh. *mūsu* 'mouse', *mussu* 'rat'.
†*MŪṢADĒHĪ-.

10260a †***mūṣadēhī-** 'mouse-hole'. [MŪṢA-, DĒHĪ-]
WPah.kṭg. *məśṛɛ̃* f. 'mouse-hole' (Him.I 183: *ṛɛ̃* < *dēhī*).

mṛgyáti: all forms under MÁRGATI rather < MṚGYÁTI: see MÁRGATI Add[2].

MṚJ: †SAMMÁRJANA-.

10278 **mṛtá-:** WPah.kṭg. *muɔ* (kc. *mɔro*) 'died' pret. of *mɔrnō̃* < MÁRATĒ; — Garh. *muyāli* 'property inherited through death of kinsman' (+?).

10279 **mṛtaka-:** WPah.kṭg. (kc.) *mɔṛɔ* m. 'corpse', Garh. *maṛu*.

10286 **mṛ́ttikā-:** S.kcch. *miṭṭī* f. 'dust, earth'; WPah.kṭg. *maṭṭɔ*, kc. *maṭo* m. 'soil, earth, clay', Garh. *māṭū* (*ṭ*?) m., Md. *muři* 'earthenware'.

mṛ́d- [In cmpd. *mṛn-máya-* RV.]

10290 ***mṛdati:** Md. *maḷanī* 'waves, aims, draws back threateningly'?

***mṛndati** see MÁRDATI Add[2].

MṚŚ: †MARŚANA-.

10296a **mṛśáti** 'crushes' RV. [√ MṚŚ]
WPah.J. *mośṇu* 'to wipe' (*o* = *u* < *ṛ*? — altern. < MAṢATI with *o* = *ɔ* Him.I 174).

10299 **mṛṣṭá-**[1]: S.kcch. *miṭho* 'sweet', WPah.kṭg. (kc.) *míṭṭhɔ* 'sweet, tasty', m. 'sweets', kṭg. *məṭhéı* f.; J. *miṭhā* 'sweet'; Garh. *miṭṭhu*, *maṭhṇu* 'to wipe off'; OMarw. *sumīṭha* 'very sweet'; A. *miṭhā* (phonet. *mitha*, *mita*) AFD 203, 206, *māṭhiba* 'to smooth' AFD 337, Md. *mařanī* 'grazes, sharpens, slices', *meřum* 'wounding'.

***mēḍayati** see MĒLAYATI Add[2].

10310 **mēṇḍha-**[2]: A. also *mer* (phonet. *mɛr*) 'ram' AFD 235.

10326 **mēdya-**: A *mez* (phonet. *mɛz*) also 'tumour' AFD 220.

10327a †**mḗdhya-** 'full of vigour' AV., 'fit for sacrifice' Br. [*mḗdha-* m. or *mēdhā́-* f. 'mental vigour' RV.]
Pa. *mejjha-* 'pure', Pk. *mejjha-*, *mijjha-*; A. *mezi* 'a stack of straw for ceremonial burning'.

10331 **mēla-**: WPah.kṭg. (kc.) *meḷɔ* m. 'market, fair'; Garh. *meḷāk* 'collection', *meḷu* 'congregation, fair'.

10332 **mēlayati**. 2. ***mēḍayati**: WPah.kṭg. *méṛhnõ* intr. 'to gather', *lōg meṛia* 'people gather'.

10333 ***mēll-**: OMarw. (Vīsaḷa) absol. *melhī* 'to leave, abandon'.

10334 **mēṣá-**: †*MĒṢAKUṬĪ-, †*MĒṢAMAṬHA-.

10334a †***mēṣakuṭī-** 'hut for sheep' [MĒṢÁ-, KUṬĪ-] or †***mēṣamaṭha-** 'fold for sheep'. [MĒṢÁ-, MAṬHA-[1]]
WPah.kṭg. *mhõṛ* m. 'shed for sheep at high altitudes' or poss. rather < MAṬHA-[1].

***mōkka-** see MŪ́KA- Add[2].

10346 **mōkṣatē**: WPah.poet. *mokhṇo* 'to relinquish, give up (e.g. one's life)'.

10349 ***mōca-**[2]. 2. **mōcika-**: WPah.kṭg. *mocı* m. 'shoemaker'.

mōcika- see MŌCA-[2] Add[2].

mṓṭati see MUṬÁTI Add[2].

***mōṭṭa-**[1] 'defective' see *MUṬṬA-[1] Add[2].

***mōsta-** see MUSTA-.

10362 **mōháyati**: WPah.poet. *mõṇo* 'to delude, fascinate'; OMarw. *mohijaï* 'is fascinated, is allured'.

10365 **mauktikā-**: WPah.poet. *mote* f. 'pearl'.

10373 **maulya-**: WPah.kṭg. (kc.) *mɔ̄l*, *mōl* m. 'price', J. *mō'l* m., Garh. *mol*.

10376 **mrakṣa-**[1]: WPah.kṭg. *mákhtɔ* m. 'resentment', J. *mākhtā* 'complaint' (+?).

10378 **mrakṣaṇa-**: S.kcch. *makhaṇ* m. 'butter', WPah.kṭg. *mákkhəṇ* m., J. *mākhan* m., Garh. *makhnyā* 'made of butter' ← H.). — Semant. cf. MARŚA-, MARŚANA-.

10379 **mrákṣati** [*mṛkṣáti* Dhātup. (1 sg. *mṛkṣā́* RV.), caus. *mrakṣayati*, *mṛkṣayati* Dhātup.]
S.kcch. *makhṇū* 'to paste, spread'.

10380 **mrakṣita-**: Gy.eur. *makli* 'ointment' (GWZS 1846).

10383 **mriyátē**: Kho. *bri-* 'to die' (pres. 1 sg. *briyúman* < *mriyamāṇa-*), pres.part. *briyan* < **mriyant-*); Md. *miya danī* 'dies', *mījje* 'died'.

10387 **mlā́yati**: Md. *milanī* 'gets pale'.

Y

10395 **yakṣá-**: S.kcch. *jakh* m. 'demi-god'.

10396a **yajuṣyà-** Add. 14768.

10399 **yajñōpavīta-**: Garh. *jãdyo* 'sacred cord'?

YAT: †YÁTATĒ, *JAḌATI.

10401 **yátaḥ**: Garh. Ku. *jo* 'if'.

†**yátatē** 'places oneself in the right position' RV. [√ YAT] see *JAḌATI Add[2].

10409 **yadā́**: WPah.kc. *ja* 'if, when, since', J. *jaa* 'when'.

10410 **yádi**: WPah.kṭg. *jɛ* 'if, when; that, whether', J. *je* 'if'.

10412 **yantrá-**: S.kcch. *jandhar* f. 'grinding stone'; WPah.kc. *jɔndo* m. 'lock', kṭg. *jɔndrɔ* m., J. *jandā* m. (← P.?), Garh. *jandā* (← P.?); Md. *dantura* 'trap' ← Si. ← Sk.; — Ko. *dāntẽ* 'handmill' (*j-t* > *d-t*, cf. JANTÚ- Add[2]) S. M. Katre.

10421 **yamá-**[1]: Sh. **yam* (rather than < YUGMÁ- with H. Berger ShahidullahPresVol 80) → Bur. *yom* 'fitting for, a pair' Lorimer BurLg vi 385.

10422 **yamá-**[2]: WPah.kṭg. *jɔ̃*, *jɔū̃* m. 'the god of death'.

10428 **yamyatē**. 1. S.kcch. *jamāṇū* tr. 'to coagulate', *jāme vajṇū* 'to freeze'.

10431 **yáva-:** WPah.kṭg. (kc.) *jɔ̃* m.pl. 'barley', Garh. *jɔ̃*.
†YAVAPIṢṬA-, †*YAVARŌṬIKĀ-.

10434 **yavanāla-:** Md. *donaḷa* 'a kind of grain'.

10434a **†yavapiṣṭa-** m. 'barley flour' MānŚr. [YÁVA-, PIṢṬÁ-]
WPah.kṭg. *jəriṭṭhɔ*, Wkc. *jəlrıṭṭhɔ* m. 'barley flour' — *-r-* poss. fr. *YAVĀKĀRA-, but *-rıṭṭh-* also in †*KŌDRAVAPIṢṬA- may be by wrong division of †*VALLARĪPIṢṬA- ~ †*CHALLĪPIṢṬA-; *-lr-* × *bəlrıṭho* < **vallarīpiṣṭa-*.

10434b **†*yavarōṭikā-** 'barley-bread'. [YÁVA-, RŌṬIKĀ-]
WPah.kṭg. *jəroḷı* f. 'barley bread'.

10440 **yavā́sa-:** S.kcch. *javāso* m. 'a prickly shrub that grows in hot season and dies in the Rains'.

10443 **yáśas-:** Garh. *jas* 'fame'.

10444 **yaṣṭí-:** A. *zāṭhi* 'lance, spear' AFD 206; Md. *doři* 'fishing rod'.

YĀC: †*ĀYĀCANA-.

10452 **yā́ti:** WPah.kṭg. (kc.) *jāṇõ* (pret. *gɔ* < GATÁ-) 'to go', with inf. 'must, may'; Garh. *jāṇu* 'to go'; Md. *danī* 'goes' (absol. *gos* < GÁCCHATI), inf. *dān*, pres. 3 sg. *dē*, *diyum*, *diyaum* 'going'.

10455 **yātyatē** [For sense *yatatē* 'strives' MBh., *yātayati* 'constrains, hurts' in later Sk., cf. Gk. ζητέω 'I seek'; for *yátatē* 'directs himself', *yātáyati* 'disposes' RV., *JAḌATI 'fixes, joins, sets', Burrow Shwa 63 compares Toch. *yā́t-* 'to decorate']

10456 **yā́trā-:** S.kcch. *jātar* f. 'pilgrimage', P. *jātrā* m. 'pilgrimage' (or ← Sk.) → WPah.kṭg. *jatər* f. (obl. *-a*) 'fair, market'; Md. *daturu* 'journey' ← Si. ← Pa.

10467 **yā́ma-:** Md. *dam* 'nightwatch'.

10474 **yā́vat:** Ap. *jāuṁ*; WPah.kṭg. *jaũ* 'as long as, till', kc. *jɔũ*, surkh. (LStH 150) *zāũ*, kṭg. *jɛi*, Wkc. *jɛĩ* (with adverbial *-i* Him.I 72).

10479 **yuktá-:** Kt. *yitə* 'a pair' (GM 18.10.66) or < YUKTI-. WPah.kc. *juto* m. 'shoe'.

10480 **yukti-** [In cmpd. *ṛtá-yukti-* RV.]
Kt. *yitə* or < YUKTÁ-.

10482 **yugá-:** Garh. *juā*, *juwā* 'yoke'.
†YUGYA-.

10485 **yugadhara-:** S.kcch. *jūarī* f. 'yoke'.

10493 **yugmá-:** wrongly given by H. Berger as source of a Sh. loan in Bur. *yom* 'pair'. — See YAMÁ-[1].

10494a **†yugya-** n. 'vehicle, car, chariot' Mn., 'any yoked or draught animal' Yājñ. [YUGÁ-, √YUJ]
WPah.poet. *jugo* m. 'stretcher on which a satī is carried' Him.I 55.

YUJ: †*ĀYŌGYA-, †YUGYA-, †*YŌGALA-?

10496 ***yuṭati.** 4. ***yōṭayati:** S.kcch. *joṛṇū* 'to attach, find'; WPah.kṭg. *joṛnõ* 'to join'; poet. *juṛno* 'to be attached, to intend'; kṭg. *juṛkɛ* m.pl. 'clothes'; J. *joṛṇu* 'to join'; jub. (LStH 185) *jūṛkā* 'cloth'.
5. ***yōṭa-:** S.kcch. *joṛo* m. 'shoe'; WPah.kṭg. *joṛı* f. 'pair', J. *joṛā* m., Garh. *joṛi*.

10502 **yudhyatē:** (× YŌDDHĀRAM) S.kcch. *jū̃jāro* 'brave', WPah.kṭg. *čújhṇõ* intr. '(bulls) to fight one another' (× **cudyatē* Him.I 62)?

10511 **yuṣmad:** WPah.poet. *tuāro* 'your'; Md. (old) *tufuren* 'you', (in religious context) *iba*; *iňba* 'thou'.

10512 **yū́kā-** [Cf. Ir. X. *ǰūg* f. 'plant-louse' EVSh 39]
S.kcch. *jū̃* f. 'louse', WPah.kṭg. (kc.) *jū* f. (obl. *-a*), Garh. *jū̃*.

†*yūtthikā- see YŪTHIKĀ-.

10516 **yūthá-.** 1. OP. *jūha* f. 'pasture', P. *jūh*.

10517 **yūthikā-.** 1. WPah.poet. *jui*, *juı* f. 'a certain flower (yellow with thorns)'.
2. **†*yūtthikā-:** A. *zūti* 'a flower' AFD 204.

10521 **yūṣa-:** Md. *dos* 'pus'?
†*YŪṢĀPA-.

10521a **†*yūṣāpa-** 'broth-water'. [YŪṢA-, ÁP-]
Kt. *ǰušəwë* (NTS vii 113), *ǰuṣēwə* (NTS xv 258) 'broth', Pr. *duṣā̆u*.

10523 **yṓktra-:** WPah.kṭg. *jōc* f. (obl. *-ı*) 'rope attaching ox to plough', J. *jō'c*, *jō't* f. 'rope fastening yoke to plough'.

10524 **yōktrayati:** S.kcch. *jotarṇū* 'to yoke', Garh. *jotṇu* 'to plough'.

10525 ***yōkṣati:** S.kcch. *jokhṇū* 'to weigh'. — MIA. **jōkh-* < **jōkkh-* in P. *johṇā*, *juhṇā* 'to examine, try', Mth. *johab* 'to look for', OAw. *johaï* 'look for', H. *johnā* 'to look at', G. *jovũ* 'to consider, examine, look at' which clashed with Pk. *jōyaï* 'sees, shines' etc. < DYṓTATĒ.

10526 **yṓga-:** †*YŌGALA-?

10527a **†*yōgala-** 'like a plough'? [YṒGA-, √YUJ]
WPah.kṭg. *jōḷ* 'a sort of harrow'? Him.I 74 no etym.

10528 **yṓgya-:** WPah.kṭg. (kc.) *joggɔ* 'fit for, able to'.

10532 **yōddhṛ-.** 1. WPah.kṭg. (kc.) *jóddhɔ* m. 'brave man, hero'.
2. **yōddhāram:** (× YUDHYATĒ) S.kcch. *jū̃jāro* 'brave'.

R

RAṀH: *UDRAṀHAYATI.

10538 ***rakka-:** cf. also OP. *rañca, rañcaka* f. 'a little bit'.

10539 **rakta-**[1]**:** S.kcch. *ratt* m. 'blood', *ratto* 'red'; WPah.kṭg. (kc.) *ratɔ* 'red', J. *rātā*; Md. *ratu-lō* 'copper'.

RAKṢ: †SAṀRAKṢATI.

10547 **rákṣati:** WPah.poet. *rɔkhṇo* 'to protect'; J. *rākhṇu* 'to keep', Garh. *rakhṇu*.

10551 **rakṣā-**[1]**:** WPah.poet, *rɔkhe* f. 'protection' (lw. on ac. of *ɔ* Him.I 186); Md. *rakkau*, °*kkā* (*rakkalek*) 'safety, hiding' (*nurakkau*, °*kkā* 'danger').

10558 ***ragg-:** Ko. *ragḍo* 'grinding stone', *raggaḍtā* 'rubs'.

10560 **raṅga-**[1]**:** Md. *raṅga* 'colour'.

10574 ***racyatē:** WPah.kṭg. *rəcauṇõ* 'to perform'; Garh. *racṇu* 'to build'.

10583 **rajyatē**[1]**:** MIA. *ragg-*, *rakk-* in S.kcch. *ragragto* 'red hot', Ko. *rak-raki* (cf. *DHAGG-, *DHAKK-: G. *dhakhdhakhtũ* id. AKŚ 74).

10584 **rajyatē**[2]**:** A. *raziba* 'to be suitable' AFD 330.

10590 **rátati.** 3. **†*rāṭayati** (*raṭayati* 'howls' Daś.): WPah.kṭg. *raṛnõ* 'to chop (branches off a tree)' — cf. Sk. *raṭati* 'crashes (as axe on tree)' Prab. (Him.I 185).

10593 ***raṭṭa-.** 5. **raṇḍa-:** WPah.kṭg. (kc.) *rāṇḍ* f. (obl. *-a*) 'widow, harlot', *raṇḍı* f.; kc. *raṇḍo* m. 'widower', Garh. *rāḍ* (= *rā̃ḍ*?) 'widow'; Md. *rañḍu* 'womanish, shy'.

10623 ***rabbā-:** Garh. *rāb* 'molasses'.

10636 **ramyà-:** WPah.poet. *ramṛo* 'beautiful, good'.

10637 ***ramyati:** Garh. *ramṇu* 'to be engrossed in'.

10640 ***ral-.** 1. WPah.kṭg. *rɔḷnõ* 'to meet, be joined'; J. *raḷṇu* 'to be mixed together'.

10641 **ráva-**[1]. — Ext. *-l-*: WPah.kṭg. *rɔḷɔ* m. 'noise, cry, quarrel'; Garh. *rɔḷā* 'noise'.

10642 ***rava-**[2]. — Ext. *-l-*: OP. *ravāla* f. 'dust', P. *ravāl*.

10648 **raśmí-:** WPah.kṭg. *rɔ́śśɔ* m. 'rope', *rɔ́śṭɔ* m. 'rope, floor'; Garh. *rās* 'rope, bridle'.

10650 **rása-:** Md. *raha* 'taste, tasty', *rā* 'sweet toddy', *rāhut* 'vinegar, sauce' (*-hut* < ŚUKTÁ-); — A. *rah* 'honey' in *rah-gharā* 'honeycomb' see GHAṬĀ-.

10656 **rasavatī-:** WPah.kṭg. *rəsóı* f. 'kitchen, cooked food'; Garh. *rusai* 'kitchen'.

10666 ***rahati:** WPah.kṭg. (kc.) *rɔ̃ṇõ* 'to remain, stop, live', J. *rauṇu*; kṭg. *rhẽuṇõ* 'to cause to rest, place'; OMarw. *rahaï* 'remains'; A. also *raïba* 'to stay' AFD 221. — S.kcch. *roṇū*.

10672 **rākṣasa-:** WPah.kṭg. *ráks*, kc. *rāks* m. 'demon' (if < **rakhas* Him.I 184) — kṭg. *rákś*, kc. *ragiś* (× Sk.?); Md. *ressi*?

10676 **rājakula-:** WPah.poet. *rauṛ* m. 'idler, good-for-nothing' (Him.I 184, but why not *ḷ*?); G. *rāvḷiyɔ*, *rāvṇiyɔ* m. 'man of Śūdra caste, village watchman' (or < *RĀJĀPAṆIKA-).

10679 **rājan-:** WPah.poet. *rae* m. 'leader, rich man' (poss. ← H. Him.I 184); Md. *radun* 'king'.

10686 ***rājāpaṇika-:** — read G. *rāvṇiyɔ*, *rāvḷiyɔ* m. 'man of Śūdra caste, village watchman' (or < RĀJAKULA-).

10688 **rājikā-:** WPah.poet. *rae* f. 'mustard, the mustard plant'.

10692 **rā́jñī-** [Cf. *samrā́jñī-* RV.]: WPah.kṭg. (kc.) *raṇı* f. 'queen', Garh. *rāṇī*, Md. *rani-bēkañbalek*.

10693 ***rājñīvāsa-:** WPah.kṭg. *rəṇwās* m. 'the queen's apartments'.

10694 **rājyá-:** WPah.kṭg. *rāj* m. 'kingdom, rule, country', Garh. *rāj*.

†***rāṭayati** see RÁṬATI.

10697 **rāṭi-:** WPah.kṭg. *rāṛ* f. (obl. *-ı*), *raṛı* f. 'shriek, cry', J. *rāṛ* f. 'shriek, strife'.

10700a **†rātraka-** 'nocturnal' Rājat., adj.f. *-ikā-*. [RĀ́TRĪ-] WPah.kṭg. *rɛccı* f. 'a certain kind of mushroom' Morgenstierne BSOAS xx 457 Him.I 185.

10702 **rā́trī-:** WPah.kṭg. (kc.) *rāc* f. (obl. *-ı*) 'night', Wkc. *rɛc* f. (obl. *-i*), kṭg. *ráchṇõ* 'night to fall', kc. *raciṇo*; Garh. *rāt* f., Md. *rei*, *rē*.
†RĀTRAKA-, †*RĀTRĪVIBHĀNIKĀ-, †*RĀTRYĀPAYATI, †*RĀTRYĀHĀRA-.

10703a **†*rātrīvibhānikā-** 'dawn'. [RĀ́TRI-, *VIBHĀNA-] Garh. *rathyāṇī* 'dawn' (poss. mistake for *ratbyāṇī* also given as *ṛat-byāṇi*).

10704 **rātryandha-:** Md. *rōnā* 'night-blindness'?

10704a **†*rātryāpayati** 'lets night fall'. [RĀ́TRĪ-] WPah.kṭg. *rəcauṇõ* 'to wait for nightfall', or with Him.I 189 rather caus. of *ráchṇõ* kṭg., *raciṇo* kc. 'to become night'.

10704b **†*rātryāhāra-** 'night meal'. [RĀ́TRI-, ĀHĀRA-] WPah.kṭg. *rəcā́rı* f. 'night meal' Him.I 189.

10708a **†rā́dhyatē** 'succeeds, thrives, is accomplished' RV. [√RĀDH] WPah.kṭg. *rā́jhṇõ* 'to grow, germinate', caus. *rəjhàuṇõ* 'to make grow'.

10720 **rāśi-:** Garh. *rās* 'heap'; A. *rāhak* 'plentiful'.
†*GŌRVARARĀŚI-.

10721 **rāṣṭrá-**: Md. *rař* 'island', *verirař* 'capital' (*veri-* < †**uparika-*).

10723 **rāṣṭravāsin-**: Md. *rařvehi* 'native, non-Male, civilized'.

10729 **riktá-**: WPah.kṭg. *rittɔ* 'empty', Garh. *rittu* (despite P. *rītī*, the *-tt-* of WPah. Garh. Ku. N. Ko. prob. is emph. doubling).

10731a †***rikṣā-** 'louse' see LIKṢĀ-.

10739 **riṅgati**: WPah.kṭg. (kc.) *riṅgṇõ* 'to turn round, move about', kṭg. caus. *rəgauṇõ* 'to turn round' tr.

†***riṇṭa-** 'defective' see *RĒṆṬA-.

10743 **riyáti**: Md. *rī* 'a discharge' (or < RĪYATĒ or RĪTÍ-[1]).

RIŚ: †*ABHIRIŚATI.

10747 **riṣṭá-**: WPah.kṭg. *riṭṭh* m. 'castrated ram; flock of sheep and goats' Him.I 188.

10749 **ríṣyati**: Md. *rihenī*, *rissanī* 'aches'.

10751 **rītí-**[1]: Md. *rī* 'a discharge' or prob. der. RĪYATĒ or RIYÁTI.

10753 **rīyatē**: Md. *rī* 'a discharge' (or < RIYÁTI or RĪTÍ-[1]).

10757 ***rukṣa-**: †*TĀḌARUKṢA-, †*PŪGARUKṢA-.

10762 **rúci-**: WPah.poet. *rū* f. (obl. *-ɪ*), *rʊɪ* f. 'beauty'. — + *-ṭa-*: kc. *rʊ̄ṛ* f. (obl. *-i*) 'sunshine, sun heat', jaun. *rūṛ* 'sun-warmth'.

10763 **rucita-**: Kho. *rošti* obl. 'light' BKhoT 72, but rather ← Pers. (Add. 14783).

10765 **rucyatē**: Md. *ruhenī*, *russanī* 'approves'.

10769 ***ruṭṭa-**. 4. †***rōḍḍa-**[2]: OP. *roḍaṛī* f. 'lump of coarse sugar'.

10775 **ruddhá-**[2]: WPah.kc. *rudhṇo* 'to detain', J. *rudhṇu*.

RUDH[2]: †RŌDHATI.

10779 **rudhyatē**: N. *rujhanu* 'to get wet' (rather than < *rīyatē* ND s.v.) supported by WPah.kṭg. *rōṇõ* < †RŌDHATI Him.I 187.

RUP: †*RUMPATI; †ĀRŌPA-, †*UDRUPATI.

10783 ***rupati**. 4. **rōpyatē**: Garh. *ropṇu* 'to transplant'.
5. †***rumpati**: WPah.kṭg. *rumbṇõ* 'to prick, tattoo, plant, transplant', J. *rumṇu* 'to plant' (Him.I 189).

†***rumpati** see *RUPATI.

10791 **ruṣṭa-**[1]: A. *ruṭhā* 'angry' AFD 206 (in sense 'harsh' < *RŪṢṬA-?).

10793 **ruṣṭi-**: Md. *ruḷi* 'anger' (rather than < †*RŪṢṬI-).

10794 **rúṣyati**: WPah.kṭg. *rúśhṇõ* 'to be angry, to get angry', J. *ruśṇu*, Garh. *russṇu*.

RUH: †AVARŪḌHA-.

10798 ***rū-a-**: WPah.kṭg. *rʊɪ* f. 'cotton', J. *rūī*, *rū̃* f.

10799 **rūkṣá-**: WPah.kc. *rukho* 'dry and plain (of food)', J. *rukhā* 'rough, unproductive'.
*RŪṢṬA-, †*RŪṢṬI-.

10802 **rūḍhi-**: WPah.kṭg. *rʊ̄ṛ* m. 'heap', f. (obl. *-ɪ*) 'small heap'.

10803 **rūpá-**: Md. *rū* 'pattern, shape', *riv-* in *riveti*, *rīti* 'beautiful' (or < †RŪPAVANT-?).
†RŪPAVANT-.

10804a †**rūpavant-** 'beautiful' PārGṛ., f. °*vatī-*. [RŪPÁ-]
Pa. *rūpavant-* (f. °*vatī-*); Pk. *rūvavaṁta-* (f. °*vaī-*); — Md. *riveti*, *rīti* 'beautiful' (< **rūpavantī-* or *riv-* < RŪPÁ- + ?).

10805 **rūpya-**: WPah.poet. *rupu* m. 'silver, precious metal' (? ← H. Him.I 189).

10807a †***rūṣṭi-** 'harshness, dryness, drought' see *RŪṢṬA-. [RŪKṢÁ-]
EMIA. **rūṭhi-*: WPah.kul. *ruṛh* f. 'drought' or same as jaun. *rūṛ* 'sun-warmth' (Him.I 189); Md. *ruḷi* 'anger' more prob. < RUṢṬI-.

10808 **rē**: WPah.poet. *rē* interj. of calling.

10810 **rēkhā́-**: A. *reh* (phonet. *rɛh*) 'behaviour, carriage' AFD 92?

10815 ***rēṇṭa-**: 3. †***riṇṭa-**: WPah.kṭg. (kc.) *rɪṇḍ* m. 'a young good for nothing, libertine'; kṭg. *rɪṇḍɔ* 'of mediocre quality'; P. *riṇḍā* m. 'small watermelon, little child'.

10816 **rētra-**: WPah.kṭg. (kc.) *rēt* f. 'sand', J. *retā* m.: — only evidence for *-tr-* is P.kgr. *retar*, WPah.khaś. *letar*, G. *retaṛī*.

10826 **rṓka-**[1]: (*-a-* unexpl.) WPah.kṭg. *rɛ* f. (obl. *-ɪ*) 'fir', kc. *rɔe* f., J. *rai* m., kul. *rāi* Him.I 185.

10827 ***rōkk-**: WPah.kṭg. *rukṇõ* 'to stop, be stopped', J. *rukṇu*.

10833 **rōcís-**: Md. *rō kuranī* 'lights (a fire)'?

10836 ***rōñc-**, cf. *rōcanī-* f. 'grinding mill', *rōcaka-* m. 'one who crushes pulse' Arthaś.

10837 ***rōṭṭa-**[1]: WPah.kṭg. (kc.) *roṭɪ* f. 'loaf, wheat-loaf, bread, meal'; Garh. *roṭ* 'cake-like preparation', Md. *roři* 'bread'.
†*YAVARŌṬIKĀ-.

†***rōḍḍa-**[2] "lump' see *RUṬṬA-.

10840 **rōdati**. 1. WPah.kṭg. *rōṇõ*, J. *roṇu*, *ruṇu*, kṭg. caus. *rwauṇõ*; Md. *ronī* 'weeps' (inf. *rōn*, absol. *roi*, *rō*; *ruim* 'weeping').
2. **rudáti**: OP. *rūāvaṇu* 'to cry out, lament'.

†**rōdhati** see RŌDHAYATI.

10844 **rōdhayati**. 2. †**rōdhati** 'obstructs, blocks' R. [˛ RUDH[2]]
Pa. *rōdhana-* n. 'obstruction', Pk. *rōhaï* 'obstructs'; WPah.kṭg. *rōṇõ* 'to soak clothes when washing' (< 'obstructing a watercourse'? see RUDHYATĒ).

10849 **rōpya-:** WPah.kc. *ropo* m., kṭg. *ruppɔ* m., poet. *rupṛe* f. 'irrigated rice-field'; J. *ropā* m. 'planting (of rice)' Him.I 187.

rōpyatē see *RUPATI Add[2].

10856 **rōṣa-:** WPah.kṭg. (kc.) *róś* (obl. *-a*) m. 'anger', kṭg. *róśśı* f.

10857 **rōṣati:** WPah.kṭg. *róśhṇõ* 'to be angry, get angry', J. *rośuwṇu.*

10860 **rōha-:** Kho. *roi*, obl.sg. *royó*, pl. *royan* 'man', pl. 'people'.

10864 **rōhiṇī-:** Md. *rōnu* '4th lunar asterism'.

10872 **raudrá-:** A. *ra'd* (phonet. *rod*) 'sunshine'.

L

10875 **lakuṭa-.** 2. ***lakkuṭa-:** WPah.kṭg. *lakṛɔ* m. 'log, big piece of wood'.

10877 ***lakka-**[1]. 4. **laṅga-**[1]**:** WPah.kṭg. *laṅgṛɔ* 'lame'.

10878 ***lakka-**[2]**:** 2. ***laṅka-**[2]**:** WPah.kṭg. *lɔṅg* m. 'nose-stud', J. *loṅg* m.

***lakkuṭa-** see LAKUṬA- Add[2].

10881 **lakṣá-:** WPah.kṭg. *lákkh* '100,000', OMarw. *lākha*, *lakha*, Md. *lakka* (← Ind.).

10882 **lakṣaṇá-:** Md. *lakunu* 'scar'.

10889 **lákṣman-** [In cmpd. *sá-lakṣman-* 'having the same mark' RV.]

LAG: †*ABHILAGATI, †*ABHILĀGAYATI.

10893 **lagna-.** — As postp.: OP. Brj. *laüṁ* 'up to, until'; OP. *lavai* 'near to, equal to', P. H. *lave*; WPah.kṭg. *lɛ* 'for, to', kṭg. kc. *la*.

10895 **lagyati:** WPah.kṭg. (kc.) *lagṇõ* 'to be attached, a beating to be given, to be felt, appear, begin'; Md. *laggani* 'drifts' (cf. *lavvani* 'drifts ashore' < LĀGÁYATI?).

10896 **laghú-:** Md. *lui* 'light, better in health'; — metath. of MIA. *lahu-*: Md. *haluvi* 'speedy'; + *-kk-*: WPah.kṭg. (kc.) *hɔ̀ḷkɔ* 'light', J. *halkā*.

***laṅka-**[2] 'lump' see *LAKKA-[2] Add[2].

laṅga-[1] 'lame' see *LAKKA-[1] Add[2].

10903 ***laṅgapaṭṭa-.** — × JÁNGHĀ-: OP. *jaṁgoṭā* m. 'loin cloth', *jāṁgoṭī* f.

10904 ***laṅgha-:** †*LANGHAKĀRA-.

10904a †***laṅghakāra-** 'making a leap'. [*LAṄGHA-, KĀRA-[1]]
WPah.poet. *ləgharo* m. 'a thing which comes suddenly, force'? Him.I xvii.

10905 **laṅghávati:** WPah.kṭg. *lɔ̀ṅghṇõ* 'to cross, cross over, pass', Garh. *lā̃ghṇu*; Md. *nagani* 'lifts, levies (taxes), takes (photo), subtracts', *nangani* 'loses', *nengevum* m. 'losing'.

10910 **lajjā-:** Garh. *lāj* 'bashfulness'; Md. *ladu* 'shame, shyness'.

LAÑJ: †LÁÑJATI.

10915 **lañja-**[2]**:** A. also *lẽz* (phonet. *lɛ̃z*) 'tail'.

10915a †**láñjati** 'abuses' Dhātup. [LAÑJ]
G. *lā̃jɔ* m. 'dispute'.

10915b **laṭa-**[1] m. 'one speaking like a child or a fool', *laṭaka-* m. 'a contemptible person' lex. [Cf. LAṬṬA-[1], *LAḌIKKA-]
WPah.kṭg. (kc.) *lɔṛdɔ*, *lɔḷdɔ* 'small, young', m. 'child' Him.I 194.

†***laṭa-**[2] 'hanging' see *LAṬṬA-[2].

10916 **laṭati.** 3. ***laṭyatē** or †***lāṭyatē:** OP. P. *lāṭū* m. 'spinning top'?

10917 **laṭṭa-**[1] [Cf. *laṭyati* 'speaks foolishly' lex.]
1. WPah.kṭg. (kc.) *laṭɔ* 'dumb'.
2. A. also *lāṭhuwā* 'vicious' AFD 206.
7. ***lanṭha-**[1]**:** WPah.kṭg. *lánṭh* m. 'bachelor' ← H. Him.I 192.
8. ***laṇḍa-**[1]**:** WPah.kṭg. (kc.) *lāṇḍ* m. 'penis'.

10918 ***laṭṭa-**[2]. 9. †***laṭa-**[2]**:** OP. *laṛu* m. 'skirt, hem', P. *laṛ* m.

10920 ***laḍ-**[2]**:** WPah.kṭg. *lɔṛnõ* 'to fight', J. *laṛnu*; Garh. *laṛnu* 'to quarrel'.

10921 ***laḍa-:** WPah.kc. *lɔṛto*, *lɔḷto* 'rope'.

10922 **laḍati:** Kho. also *ḷoḷik* 'to look at' BKhoT 70.

†***laḍu-** 'lump' see *LAḌḌU-[2].

10926 **laḍḍu-**[1]**:** WPah.kṭg. *laḍḍu* m. 'sweetmeat, ball of sugar'; A. *lāru* 'ball of sweetmeat' AFD 233.

10927 ***laḍḍu-**². 1. WPah.kc. *laḍu* m. 'burning piece of charcoal'.
3. †***laḍu-**: WPah.poet. *laṛu* m. 'charcoal'.

***lanṭha-**¹, ***lanḍa-**¹ 'defective' see *LAṬṬA-¹ Add².

10928 **lattā-**: WPah.ktg. (kc.) *lāt* m. 'foot'; Garh. *lāt* 'kick (?)'.

LAP: †VILĀPANA-.

10939 ***lappa-**¹. 2. ***lappha-**¹: A. *lāph* 'jump' AFD 213.

10942 ***lappēṭṭ-**: WPah.ktg. *ləpeṭṇõ* 'to twist, wrap', J. *lapeṭṇu*.

***lappha-**¹ 'jump' see *LAPPA-¹ Add².

10943 ***lappha-**². 3. ***labba-**: OP. *labbu* m. 'greed, lust', P. *lab*.

10944 **lapsuda-**: WPah.poet. *lacchi* f. 'bundle of cotton'.

10945 **labá-** 'quail' VS., *lava-* W. [~ *lāba-* R., *lābaka-* Suśr., *lāva-*² with dial. *a* ~ *ā* < IE. *o* in **lowo-*, OSl. *lovŭ* 'prey, quarry' T. Burrow BSOAS xxxviii 76 and 79]

LABH: †*UPALĀBHANA-.

10948 **lábhatē**: Kho. *leik* 'to find', absol. *le* BKhoT 70.
× MIA. *dēti*, *nēti*: WPah.ktg. *lɛ̃ṇõ* 'to bake (bread)'; Garh. *leṇu* 'to take'.
× DÁDĀTI: WPah.kc. *lāṇo* 'to bring, take, buy; strike' (< LĀGÁYATI?).

10950 **labhyátē**: Md. *libenī* 'is got', *libbanī* 'earns'.

10951 **lamba-**¹: WPah.ktg. (kc.) *lambɔ* 'long', Wkc. *lɔmbo*, ktg. *lamṛɔ*.

10954 **lámbatē**: OB. (Śrīkr̥ṣṇakīrtana) pret. *lāmbilī*, *nāmbilī* 'descended' (orig. f.?).

10956 **lambayati**: Md. *lañbanī* tr. 'bends', *leñbenī* 'is bent'.

10966 **lardayati**: WPah.ktg. *lādṇõ* 'to load'.

10970 **lalāṭa-**. 2. OMarw. *nilāṛi* 'forehead'.

†**lava-**³ 'quail' see LABÁ-.

10978 **lavaṇá-**: WPah.ktg. (kc.) *lũṇ* m. 'salt', J. *lūṇ* m., Garh. *loṇ*.

10986 ***lavati**: WPah.ktg. (kc.) *lɔ̃ṇõ* 'to cut (grass, corn)'; Garh. *lɔṇu* 'to reap'.

10987 **lávana-** 'act of cutting': WPah.poet. *loṇe* f. 'furrow, wrinkle'? (der. *lūni-* f. 'act of cutting' Pāṇ.com., *lūnaka-* m. 'cut, wound' W. ac. Him.I 195).

10991 ***laṣṭi-**: WPah.poet. *latṭh* f. 'rod, stick'; — Md. *laḷi* 'penis' (cf. S. *laṛhī*).

LAS¹: †*LĀSAVANTIKĀ-.

10992 ***lasa-**: †*JAMBHĀPALASA-.

***lākṣaka-** see LĀKṢIKĀ-.

11002 **lākṣā-**: A. also *lāhā* AFD 225.

11003 **lākṣiká-**. 1. WPah.kc. *lakhi* 'dark (e.g. of a forest)'.
2. ***lākṣaka-**: WPah.ktg. *lákhɔ* 'dark brown (of animals)'.

11004 **lāgáyati**: WPah.ktg. *lāṇõ* 'to apply, attach, fix, put, put on, strike, hit, throw, kill'; Md. *lanī* (inf. *lān*, absol. *lai*, *lā*, *laigen* 'with', *lum* 'putting on') 'puts, puts on (clothes)', *lavvanī* 'drifts ashore' (*lavvum* 'drifting'), hon. of *lanī* (*levvum* hon. 'putting on').

11006 **lāṅgala-**: A. *lāṅgal* 'plough' AFD 237.

11009 **lāṅgūlá-** [T. Burrow BSOAS xxxviii 65, comparing *lāṅgula-* ~ Pa. *nāguṭṭha-* with similar *aṅgúli-* ~ *aṅgúṣṭha-*, derives < IE. **loṅgulo-* (√*leṅg* 'bend, swing' IEW 676)]
1. Md. *nagū* (*nagulek*) 'tail' (*nagili* 'anchor'?).

†***lāṭyatē** 'is shaken' see LAṬATI.

11012 ***lāḍa-**: WPah.ktg. (kc.) *laṛɔ* m. 'bridegroom', *laṛı* f. 'bride', J. *lāṛā* m. 'bridegroom'.

11021 ***lāma-** [*ā* < IE. *o* (OHG. *lam* 'lame', OSl. *lomiti* 'to break') T. Burrow BSOAS xxxviii 76]

11027 **lālā-**¹: Garh. *lāḷ* 'saliva'.

11031 **lāva-**¹: Kho. *lau* 'fruit, harvest' BKhoT 70.

†**lāva-**² see LABÁ-.

11035 ***lāvana-**: OP. *lāhaṇi* f. 'raw materials for making spirit' (P. *lāhaṇ* f. 'a still', H. *lāhan* f. 'yeast')? J.C.W.

11042a †***lāsavantikā-** 'sportive woman'. [**lāsavant-* cf. *lāsavatī-* f. 'name of a woman': LĀSA-]
A. *lāhatī* 'foppish woman' AFD 203.

11044 ***likka-**. 2. ***liṅga-**²: WPah.ktg. *pərliṅg* m. 'idler, good-for-nothing' (+ *pər-* ← Sk. *pra* for emphasis Him.I 123).
5. ***lēṅka-**: S.kcch. *niṅghro* m. 'boy', *niṅghrī* f. 'girl'.

11045 **likṣā-**. 1. Garh. *likkhu* 'nit'.
2. ***rikṣā-**²: < IE. **rik̑s-* (not **riqs-* which > Pers. *rišk*, Psht. *riča* GM 22.6.71, Kmd. *řačŭk* 'nit', barg. *řučik* GM.

11048 **likháti**. 1. WPah.poet. *lĩṇo* 'to draw, write', Md. *liyanī* (absol. *lī*), *liyum* 'writing'.
2. †**likhyatē** 'is written' Kathās.: OP. *likhaṇu* 'to write', P. *likhṇā*, B. *lekhā*, H. *likhnā*.

†**likhyatē** see LIKHÁTI.

***liṅga-**² 'defective' see *LIKKA- Add².

11054 ***liṭṭa-**¹. 3. **linḍa-**¹: WPah.poet. *lıṇḍo* 'tailless', J. *lĩḍā*.

***linḍa-**¹ 'defective' see *LIṬṬA-¹ Add².

11057 ***lidda-**³. 1. WPah.ktg. *līd* f. 'horse dung'.
4. †***lēdha-** in OP. *māṁlīha* f. 'dried cowdung as fuel', P. *malīh* f. < †*MĀHIṢALĒDHA-?

11061 **lipyatē**: WPah.ktg. *lıpṇõ* 'to smear'; poet. *lıpəṭṇo* 'to get stuck' (← H. Him.I 195); Garh. *lipṇu* 'to besmear'.

11063 ***libba-**^{1}. 8. **†*lēba-**: WPah.ktg. *leuḷɛ* m.pl. 'tattered clothes' < **lēbala-*.

11068 ***lissa-**. 3. ***lēssa-**: A. *lehukā* 'slim, flexible'.

LĪ^2: †*AVALAYATI.

11072 ***lukka-**^{1}. 2. ***lugga-**: Marw.hāḍ. *lūgṛī* 'scarf', Jaipurī *lūgṛī* 'coloured cādar of woman'.
8. **†*lōga-**^{2}: H. *loī* f. 'fine blanket', WPah.ktg. *loı* f. 'thin double blanket'; Pk. *lōaḍī-* f. 'blanket', OMarw. *lovaṛī* 'female's waist garment'. — See *LŌMIYA- Add^2.

***lugga-** 'defective' see *LUKKA-^{1} Add^2.

11074 **luñcati**: A. *lõc*, *loch* (phonet. *lõs*, *los*) 'border of cloth which sweeps the ground when worn' AFD 218; Md. *luhenī* (absol. *luhe*) 'looses oneself', *lussanī* 'pulls up'.

11076 ***lutta-**^{1}. 2. ***luṭṭha-**: WPah.ktg. *lʊ́ṭhrɔ* 'bald-headed'.
5. ***luṇṭa-**: WPah.poet. *lʊṇḍa* m. 'rogue'.
6. **luṇṭhaka-**: also G. *lũṭhũ* 'violent'.
12. **†*lōṇḍa-**: Md. *loṅḍu* 'lazy'.

11077 ***luṭṭa-**^{2}. 3. **luṇḍikā-**: A. *lũrā*, *nũrā* 'mass, ball' AFD 229, 425.

11078 ***luṭṭati**. 1. Garh. *luṭṇu* 'to cheat, rob'.

***luṭṭha-** 'defective' see *LUṬṬA-^{1} Add^2.

11079 **luṭhati**^{1}: WPah.ktg. *ləṛhàuṇõ* 'to swing, make dangle'.

11080 **luḍáti**. 4. **lōḍayati**: WPah.kc. *loṛno* 'to swing, shake', ktg. (kc.) *loṛnõ* 'to search, seek'; Md. *loḷanī* 'quivers'.

***luṇṭa-** 'defective' see *LUṬṬA-^{1} Add^2.

luṇḍikā- see *LUṬṬA-^{2} Add^2.

lupta- see LÚPYATĒ Add^2.

11083 **lúpyatē**. 3. **lupta-**: WPah.ktg. (kc.) *lukṇõ* 'to lurk, hide oneself', caus. *ləkɛuṇõ*, *ləkavṇõ*. — Read B. *lukā̃na*.

11088 ***lumba-**^{2}: WPah.poet. *lumbṭu* m. 'cluster of flowers', *lumbṭuo* 'thick, compact, dense (e.g. of fog)'.

11091 ***lussa-** 'defective': WPah.ktg. *lúś-phúśśɔ* 'slippery' see *PHUSS-^{1}, *PHISS- in Add^2.

11099 ***lūṣā-**: P. *lūh* 'burnt, scalded'; H. (← P.?) *lūhar* f. 'flame, the hot summer wind' → WPah.poet. *lūr-be* m.pl. 'flames' with *-be* < VĀTÁ-) Him.I 196.

11105 **lēkhaśālā-**: OG. (AD 1355) *lesāla*, (AD 1585) *ne°* A. Master.

***lēṅka-** 'defective' see *LIKKA- Add^2.

†*lēdha- 'lump' see *LIDDA-^{3}.

11112 **lēpayati**: WPah.ktg. *leuṇõ* 'to smear'.

†*lēba- 'defective' see *LIBBA-^{1}.

lēṣṭu- see LŌṢṬÁ- Add^2.

***lēssa-** see *LISSA- Add^2.

†*lōga-^{2} 'rag, cloth' [Cf. LŌGÁ-^{1} 'lump', *LUGGA- 'defective, rag, clothes'] see *LUKKA-^{1}.

11133 ***lōṭṭa-**^{3}: WPah.poet. *loṭa* m. 'waterpot' ← H.? — J. *loṭā* m.

11136 ***lōḍa-**, *lōla-*: Md. *lō* (*lolek*) 'eye'.

lōḍayati see LUḌÁTI Add^2.

†*lōṇḍa- 'defective' see *LUṬṬA-^{1}.

11152 **lōbhyatē**: WPah.ktg. *lǫ́bhṇõ* 'to be greedy, be infatuated'.

11153 **lōmaṭaka-**. 3. ***lōmpaṭa-**: WPah.kc. *lɔmbṛe* f. 'fox' (→ H. *lambar* f.? — or × LAMPAṬA- Him.I 194).

11155 ***lōmiya-** see †*LŌGA-^{2} s.v. *LUKKA-^{1} Add^2.

11156 ***lōrtati**: Kho. *loxtik* 'to roll' BKhoT 70; WPah.ktg. (kc.) *loṭṇõ* 'to fall down'.

11157 **lōṣṭa-**. 1. Garh. *loṛu* 'stone'.
2. **lēṣṭu-** m. 'lump of earth' MBh.: Pk. *leṭṭhu-*, *lēḍhukka-* m. 'lump of earth or stone'; OA. *leṛhuwā*, A. *leruwā* 'having big lips' AFD 235.

11158 **lōhá-**: WPah.ktg. (kc.) *lóɔ* 'iron', J. *lohā* m., Garh. *loho*; Md. *lō* 'metal'.
†*LŌHAPHĀLA- or †*LŌHAHALA-.

11159 **lōhakāra-**: WPah.ktg. (kc.) *lhwā̀r* m. 'blacksmith', *lhwàrı* f. 'his wife', Garh. *lwār* m.

11160a **†*lōhaphāla-** 'ploughshare'. [LŌHÁ-, PHĀ́LA-^{1}]
WPah.ktg. *lhwā̀ḷ* m. 'ploughshare', J. *lohāl* m. 'an agricultural implement' Him.I 197; — or < †*LŌHAHALA-.

11163a **†*lōhahala-** 'ploughshare'. [LŌHÁ-, HALÁ-]
WPah.ktg. *lhwā̀ḷ* m. 'ploughshare', J. *lohāl* 'an agricultural instrument'; rather < †*LŌHAPHĀLA-.

11165 **lōhita-**: Kho. *lei* 'blood' BKhoT 70, WPah.ktg. *lóu* m., Garh. *loi*, Md. *lei*, *lē*.

11172a **laúha-** [Dial. *au* ~ *ō* (in *lōhá-*) < IE. *ou* T. Burrow BSOAS xxxviii 74]

V

11175 **vaṁśá-** also 'beam' AV., 'backbone' VarBr̥S., 'nasal bone' lex.
WPah.kṭg. *bā̃ś, báĩś, bā̃śśɔ, báĩśɔ* m. 'bamboo', J. *baĩś* m., Garh. *bā̃su*; — Pk. *vaṁsa-* m. 'back part', G. *vā̃sɔ* m. 'back, backbone', M. *vāsā* m. 'backbone, thick nasal bone'.

11180 **vaṁśī-**. — Ext. *-l-*: WPah.poet. *biśuḷe* f., kṭg. *bíśḷı* f. 'small flute', Garh. *bā̃suḷī*.

11188 **vákṣas-:** Sh. and WPah. words wrongly attributed to VÁKṢAS-: see †*BHAṢMA-, †*BHĀṢMA-.

***vagga-** see VRÁJATI.

11191 **vaṅka-**[1]**:** WPah.kṭg. *baṅgɔ* 'crooked', m. 'bend', J. *bāṅgā*; Garh. *bāṅgu* 'curved'; — A. *bẽkā* (phonet. *bɛ̃ka*) 'crooked'.

11192 ***vaṅka-**[2]**:** WPah.kṭg. *baṅgṭɔ* m. 'penis'.

VAC: †AVĀKKÁ-.

11199 **vacaná-:** WPah.kṭg. *bɛ̄ṇ* m. 'utterance, message'.

vacyátē see VÁÑCATI.

11204 **vájra-:** × VIDYÚT- Add[2].

11208 **váñcati.** 1. WPah.poet. *bɔnċa* 'sneaking along' (← H. *bācnā* 'to deceive' Him.I 142).
2. **vacyátē:** S.kcch. *bhacāṇū* 'to rescue', WPah.kṭg. *bɔċṇõ* 'to escape (← H. Him.I 141), Garh. *bacṇu* 'to be saved'; A. *bāciba* (phonet. *-s-*) 'to live' AFD 331. — S.kcch. *bh-* < *b-* represents spirant e.g. *βacāv keṇo* 'to defend' AKŚ xxi, *βacāṇū* (← G. *bacāv karvo, bacāvvũ*?).

11211 **vaṭa-**[1]**:** Garh. *baṛ* 'fig tree'.

11225 **vaḍra-** [Rather extracted from Pk. Ap. *evaḍa-* 'this big', *kevaḍa-* 'how big?', etc.; — *evaḍa-* < MIA. **ēyāvaṁ* (Pk. spel. *ētāvaṁ*) + ext. *-ḍa-* < Sk. †ĒTĀVANT- (rather than, with C. Shackle, *evaḍa-* der. from *vaḍra-*) J.C.W.]
Pk. *vaḍḍa-*, (in cmpd.) *vaḍa-* 'big'; WPah.kṭg. *bɔḍḍɔ* 'big', kc. *bɔṛo*, kṭg. (kc.) *bɔṛɔ* 'much, very', sai. *baḍḍā* 'big', *baṛā* adv., Garh. *baṛū* 'big, elder', A. *bâr* 'large'; — deriv. OP. *baḍapanā* m. 'greatness'.
Ap. *evaḍa-* 'this big', OP. *evaḍu*, P. *eḍā*; — Ap. *tevaḍa-* 'that big', OP. *tevaḍu* (P. *oḍā*); — Ap. *jevaḍa-* 'as big as', OP. *jevaḍu*, P. *jeḍā*; — Pk. *kēvaḍaya-* 'how big?', Ap. *kevaḍa-*, OP. *kevaḍu*, P. *keḍā*.

11233 **vaṇijyā́-:** Garh. *baṇja* 'trade', A. *baniz*.

11235 **vaṇṭa-**[1]**:** WPah.kṭg. (kc.) *bāṇḍ* f. (obl. *-ı*) 'share', kc. *baṇḍo* m., J. *bā̃ḍā* m.

11236 **vaṇṭa-**[2]. 2. **vaṇṭha-**[2]**:** WPah.kṭg. *báṇḍhı* 'barren (of animals and contemptuously of women)'.
3. ***vaṇḍa-:** A. *bāralā* 'bachelor'.

11238 **vā́ṇṭati:** WPah.kṭg. *baṇḍṇõ* 'to share, divide'.

vaṇṭha-[2]**, *vaṇḍa-** see VAṆṬA-[2] Add[2].

11239 **vatsá-**[1]**:** WPah.kṭg. *báċċhu, baċṭu* m. 'calf', — kc. *baśṭu* m. cf. kṭg. *níśṭɔ* < NĪCÁ-, Pk. *ṇicca-* ~ *uċṭɔ* < UCCA- (Him.I 136); Garh. *bācchi* 'heifer'; A. spel. *bāchā*.

11241 **vatsatará-** [With *apravītā trihāyaṇī vatsatarī* 'unimpregnated 3 year old heifer', *garbhiṇī vatsatarī* 'heifer which has calved once' cf. Ir. Seistanī *gastar* 'cow expecting calf', *gástar* '3 year old colt' GM 12.5.69]
WPah.kṭg. (kc.) *bəċhérɔ* m. 'colt', bhal. *bachero* m. 'tiny foal'.

11242 **vatsará-:** A. *basar*, B. *bachar* (both ← Sk.?).

11243 **vatsarūpa-:** Garh. *bāchru* 'calf'.

VAD: †*PRAVĀDYA-.

11250 **vadhū́-:** WPah.kṭg. (kc.) *bɔ́u* f. 'son's wife', J. *bōu* f.; Garh. *bɔ* 'brother's(?) wife'; — Kho. *bok* 'woman, wife' (< **vadhukkā-* rather than *vadhukā-*) BKhoT 66.

11251 **vadhūṭī-:** P. *vauhṭī* f. 'wife', WPah.kṭg. (kc.) *bɔ̃́ṭı*, kua. *bōuṭi* (LSI ix 4, 171), J. *bo'ṭī* 'daughter-in-law'; poet. *bɔ̃ṭu* m. 'husband', LSH 156 *bouṭau*.

11258 **vána-**[1] [Also *vana-* n. 'abode' lex.]: WPah.poet. *bɔṇ* in *ghɔr bɔṇ* m. 'house and household' Him.I 48, kṭg. *bɔ̃ṇ* m. 'uncultivated ground, common pasture, forest where cattle graze', Garh. *baṇ* m. 'forest', (Śrīnagrī dial.) *bɔṇ*, (Salānī dial.) *bɛṇ* < loc. **baṇi*; H.poet. *ban* m. 'house'.
†VANAVĀSA-.

11260 **vánati.** 1. WPah.kṭg. (kc.) *bɔṇṇõ* 'to become, be done'; — Md. *bannanī* (pp. *ban*, absol. *bañde*, verbal noun *banum*) 'builds' prob. like *b°* 'binds' < BANDHATI.
2. **†vānayati**, *vanayati* Dhātup.: WPah.poet. *baṇno* 'to make, prepare', kṭg. (kc.) *bəṇauṇõ* 'to make, cause to be made' (kṭg. *bəṛauṇõ*), Wkc. *bəṇɛuṇo* (*bəṛɛuṇo*); — S.kcch. *bhanāyṇū* 'to prepare, create' ← G. *banāvvũ* (S. *v-* = kcch. *v-*: see VÁÑCATI Add[2]).

11265a **†vanavāsa-** 'dwelling in the forest' R., *vanavāsin-* m. 'anchorite' Mn. [VÁNA-[1], VĀSÁ-[2]]
Pa. *vanavāsin-* 'living in a forest', Pk. *vaṇavāsa-*, *°sin-*; H. *banwās* m. → WPah.kṭg. (kc.) *bənwās* m. 'exile'.

11275 **vandhya-:** WPah.kṭg. *bánjh* 'barren (of women and soil)'; J. *bā̃'jh* f. 'childless woman', Garh. *bā̃jh*; Md. *vañdu* 'useless, unripe'.

11277 **ványa-**: WPah.kṭg. *bān* m. 'oak tree (part of plough is made from it)', J. *bā'n* m. 'oak tree or wood'.

11278 **vanyā́-**: B. *bān* 'flood'.

11282 **vápati**: WPah.kṭg. (kc.) *bɔ̄ṇõ* 'to sow', J. *boṇu*, Garh. *boṇu*; Ko. *vaytā* 'sows, plants'.

11283 ***vapana-**[1]: delete *vápati* 'weaves' Dhātup.

11289 ***vaptra-**: WPah.kṭg. *bāc* f. (obl. *-ı*) 'degree of soil moisture', J. *bā'c* f. 'dampness, wet'.

11300 **váyati**: A. *bâ-* 'to weave' AFD 331; Md. *viyanī* (absol. *viye*).

11309 **vára-**[1]: WPah.poet. *bɔ̄r* m. 'boon'.

11310 **vará-**[2]: OMarw. *varaü* 'husband'.

11317 **varaṇḍa-**: Paš.pach. *varandó* 'bundle of hay' GM 16.6.66.

11320 **varatrā́-**: A. *bâraṭi* (phonet. *bɔroti*) 'strap' AFD 202.

11322 **varayātrā-**: WPah.J. *brāt* f. 'wedding procession', kṭg. *bərāt* f. (obl. *-a*) (← H. Him.I 151), Garh. *barāt*.

varala- see VARŌLA- Add[2].

11330 **varōla-**. 3. **varala-**: A. *baral* also 'hornet' AFD 236.

11331 **várga-**: WPah.poet. *bago* m. 'drainage trench in field'; — ext. *-ḍa-*: sirm. *bāgṛī* 'field', A. *bāgar* 'side' AFD 193.
†*VARGĀNTARA-.

11332a †***vargāntara-** 'intervening space in a field'. [Cf. †*BĪJYĀNTARA-: — VÁRGA-, ÁNTARA-[1]]
WPah.kṭg. *bəgɛndrɔ* m. 'furrow for drainage'.

11338 **várṇa-**[1]: WPah.poet. *bano* m. 'dress, costume' (*-n-* ← H. Him.I 134). — MIA. **vāṇa-*: J. *bāṇā* m. 'disguise'.

11347 ***varta-**[2]: Md. *vař* 'circle' (*vař-hañdu* 'full moon').

11356 **vartáyati**: WPah.kṭg. *baṭṇõ* 'to knead', J. *bāṭṇu*; A. *baṭiba* 'to pound' AFD 333; Md. *vařanī* 'twists, surrounds' (in sense 'rubs on' < ÚDVARTATĒ?).

11357 **vartalōha-**: WPah.kṭg. *bəlṭóɔ* m. 'large brass vessel'.

11359 **vártı-**[1]: S.kcch. *batī*, *bhatī* f. 'lamp, torch' ← H.; WPah.kṭg. *battı*, kc. *baṭe* f. 'wick, lamp, light', J. *bāṭī* f.

11361 **vartikā-** [Dial. *a* ∼ *ā* < IE. non-apophonic *o* (cf. Gk. ὄρτυξ and early EMIA. *vāṭī-* f. 'a kind of bird' Car. < **vārtī-*) T. Burrow BSOAS xxxviii 71]

11362 **vartin-**: OMarw. (Vīsaḷa 44.5) *varaï* 'near to, like'; OG. *vaḍaï(ṁ)* 'with, for' (Dave GujLg 180 wrongly < VAḌRA-) with early *-ṭṭ-* > *-ṭ-* in accessory word, G. *vaṛe* 'by, through'.

11365 **vartula-**: Sh. *bʌḍulīk* 'small metal drinking vessel' (→ Bur. *bʌḍ/rolī* Lorimer BurLg iii 64) < **baṭul-*; Garh. *baṭoḷnu* 'to collect'; A. *bāṭalu* (phonet. *batolu*) 'a round thing' AFD 204.

11366 **vártman-**: WPah.kṭg. *bāṭ*, kc. *bāṭ* f. (obl. *-a*), J. *bā'ṭ* f.; Garh. *bāṭu* 'way'.

11375 **vardhaki-**: WPah.kṭg. *báḍḍhı* m. 'carpenter'; kṭg. *bəṛhɛ̀ı*, *báṛhı*, kc. *baṛhe* ← H. beside genuine *báḍḍhı* Him.I 135), J. *bāḍhi*, Garh. *baṛhai*, A. also *bāṛhai* AFD 94; Md. *vaḍīn*, *vaḍin* pl.
†*VARDHAKIKARMAN-.

11375a †***vardhakikarman-** 'carpentry'. [VARDHAKI-, KÁRMAN-]
Md. *vaḍām* 'carpentry'.

11376 **várdhatē**: WPah.kṭg. *bɔ̀dhṇõ* 'to grow', *bɔ̀ṛhnõ* 'to increase, wax' (← H. *baṛhnā*?); *bɔrdṇõ* '(a god) to advance, proceed', J. *bardṇu* 'to walk, go on' × Sk.? (cf. poet. *bɔrjṇo* 'to grow' < †VARDHYATĒ) Him.I 143.

11382 **vardháyati**[2]: WPah.jaun. *badhṇõ*, *baḍhnõ* 'to fill'; — Md. *vaḍuvanī* 'lays down' (hon.)?

11383 **vardhāpayati**[2]: WPah.kṭg. *bədhàı* f. 'congratulatory gift'; J. *badhāwṇu* 'to enlarge'; Garh. *baḍhɛ* 'drums beaten on some happy event'.

11384 **vardhita-**: WPah.poet. *badhu* (*badu*?) 'additional, more'.

11386a †**vardhyatē** 'is caused to grow' pass. of VARDHÁYATI[2]. [√VṚDH]
WPah.poet. *bɔrjṇo* 'to grow' < **bɔjjh-* or × kṭg. *bɔrdṇõ* 'to advance, proceed', J. *bardṇu* 'to walk, go on' (← Sk. Him.I 143)?

11387 **várdhra-** [< IE. **werdhro-* ∼ *vārdhrī-* f. 'strap' < IE. **wordhrī-* T. Burrow BSOAS xxxviii 65, but rather like *vā́rdhra-* 'fit for strap' Pāṇ., n. 'strap' vṛddhi of *várdhra-*]
Md. *vadu* 'strap'.

11389 **várman-**: WPah.poet. *bamṇo*, *bamhṇo* 'to wear', J. *bāmṇu*.

11391 **varvaṭa-**: A. *bābari* 'a partic. grain'.

11392 **varṣá-**. 2. WPah.kṭg. *bɔ̀rś* f. (obl. *-a*, *-i*), kc. *bɔriś* f. (obl. *-a*) 'year'.

11393 **varṣakāla-**: WPah.kṭg. (kc.) *bərśā̀ḷ* m. 'summer, the rainy season', kṭg. *bərhā̀ḷ*.

11394 **várṣati**: Md. *vehenī* 'rains'.

11405 **válati**. 1. A. *baliba* 'to blow (as wind)' AFD 331?
2. **vallatē**: WPah.kṭg. *balṇõ* 'to comb, arrange the hair' (Him.I 136 also suggests **vālya-*: VĀ́LA-).

11407 **valaya-**: — ext. in Si. *valalu* 'bracelet' (EGS 2360), Md. *uḷā*, *uḷal-*.

11410 ***valayitra-**: WPah.kṭg. *bɔḷcɔ* m. 'grass-rope for fastening yoke to plough', J. *baḷcā* m.

11417 **valká-** and **vālka-** [Dial. *a* ∼ *ā* < IE. *o* (cf. Russ. *volokno* 'fibre') T Burrow BSOAS xxxviii 72]
Md. *vaka* 'bark, bark-rope'.

11418 **valkala-** and **vālkala-** [See VALKÁ- Add²]
Garh. *bakkal* 'bark' ← H.?

11420 **valgā-** and ***vālgā-** [Dial. *a* ~ *ā* < IE. *o* (Lett. *valgs* 'rope, cord') T. Burrow BSOAS xxxviii 72]

11423 **valmī́ka-** [*a* < non-apophonic IE. *o* (cf. Lat. *formīca*) T. Burrow BSOAS xxxviii 69]

11425 **valla-**: †VALLARĪ-.

11425a **vállatē** (read thus instead of **vallati** and transpose) see VÁLATI.

11428a †**vallarī-** 'fenugreek' Bhpr. [VALLA-]
WPah.Wkc *bɛlre* f. 'maize'.
†*VALLARĪPIṢṬA-.

11428b †***vallarīpiṣṭa-** 'maize-flour'. [†VALLARĪ-, PIṢṬÁ-]
WPah.Wkc. *bəlrıṭho* m. 'maize-flour'.

11429 **vallī-**: Md. *veyo*, *veu*, *velek* 'creeper'; — Garh. *bol* 'creeper'?

11430 **váśa-**: WPah.kṭg. *bɔ̄ś* f. (obl. *-a*) 'will, power, control'.

VAS¹ 'clothe': †VĀSÁYATĒ¹.
VAS² 'dwell': add VĀSÁYATĒ².

VAS³ 'shine': †*ATIYUṢATI, †*ATYUṢATI, †*ATYUṢṆA-, †ATYUṢYATĒ, †*ATYŌṢATI, †*ADHYUṢYATĒ.

11435 **vásati**. 1. WPah.kṭg. (kc.) *bɔ́snɔ̃* 'to dwell', J. *basṇu*. — × UPAVIŚATI: J. *baśṇu* 'to settle, dwell'; kc. *bɔśṇo* 'to sit', caus. *bu'śaḷno* 'to seat', hence Wkc. *bośṇo* 'to sit'.
2. **uṣṭa-¹**: WPah.kc. *bʋṭho* (pret. of *bɔśṇo*) cf. G. *vuṭhvũ* 'to reside'; hence WPah.poet. *bɔṭhṇo* 'to sit', kc. *boṭhṇo*, Wkc. pret. *boṭho*.
3. **vāsáyatē²**: WPah.kṭg. *básṇɔ̃* 'to reside', postp. *bássi* 'after' (or < 4. ***vasyatē** Him.I 137).
5. †***vasta-**. (× UṢṬA-¹) Pa. Pk. *vuttha-*; K. *wothᵘ* pp. of *wasun* 'to descend from a boat'.
In line 3 — read °*ti* 'makes remain' RV.

11439 **vasantá-**: Kho. *basán* 'spring' BKhoT 66.

11442 **vasar-**: Kho. *bas* 'day', obl. *baso*, rather than < VĀSÁ-² BKhoT 66.

11443 **vásā-**: WPah.poet. *bɔ̄* f. (obl. *-a*) f. 'fat, grease'.

11446 **vásu-**: †PÚNARVASU-.

†***vasta-**, ***vasyatē** see VÁSATI.

11452 **vaha-**: WPah.kṭg. *bɔ́ı* f. (obl. *-i*) 'burden of grass (carried on back)'; A. *bai* 'a drain' AFD 213.

11453 **váhati**: WPah.kṭg. *bɔ̃ṇɔ̃* 'to flow, stream, blow, advance, rush', J. *bahṇu*; A. 3 sg. *bây* AFD 223.

11460 **vahikā-**: WPah.kṭg. *bɔ́ı* f. (obl. *-i*) 'account book'.

11463 **vahiṣṭha-**: A. *ba'thā* (phonet. *botha*) 'oar'.

11465 **vahyá-**: WPah.kc. *bɔ̄jh* m. 'load' (← H.?), J. *bojhā* m.

11468 **vākya-**: †NIRVĀKYA-.

†**vā́c-** f. 'speech' RV. [√VAC]
VĀ́CĀ-, †AVĀKKÁ-.

11476 **vācyá-**: Garh. *bāc* 'speech'; Md. *vāhaka* 'speech, story'.

11480 **vāṭa-¹** [Perhaps < **vārta-* < IE. **worto-* rather than < *VĀRTRA- T. Burrow BSOAS xxxviii 68]
WPah.kṭg. *bāṛ* m. 'fence, pen for sheep, goats, calves in bottom storey', *baṛɔ* m. 'pen for cattle, grain store, fence', *baṛnɔ̃* 'to fence in, build a nest', *báṛhnɔ̃* 'to become a bar, to force oneself in, be fenced'; poet. *baṛən* f. 'fence, railing', *baṛne* f.
†*PAŚUVĀṬA-, †*BHĒḌRAVĀṬA-, †*VĀSAVĀṬĪ-.

11482 ***vāṭiyāla-**: OB. *bāṛiāla* id.

11484 **vāṇijá-**: WPah.poet. *baṇe*, *baṇia* m. 'shopkeeper'; J. *bāṇiyā* m. 'banker'.

11490 **vā́ṇī-¹**: WPah.kṭg. *baṇı* f. 'speech, language', J. *bāṇī* f.

11491 **vātá-**: WPah.poet. *be* in *lūr-be* m.pl. 'flames'; A. *bāo* 'wind' AFD 89; OMarw. *vāï* 'wind, air'; Md. *vai* 'wind, air', *nē-vā* (*nē* < *nāsikā-*) 'breath'.
†*VĀTODGŪRA-.

11504 **vātula-**: Garh. *bɔḷ* 'mad'.

11504a †***vātōdgūra-** 'whirlwind'. [VĀTÁ-, *UDGŪRA-]
WPah.kṭg. (kc.) *bagur*, *bagər* f. 'wind, air', J. *bāgur* f.; H. *bagūrā*, °*ūlā* m. 'whirlwind' (Him.I 131 cf. *udgurate* 'raises the voice threateningly').

11511 **vādya-**: WPah.Wkc. *bāj*, kc. *bajo* m. 'music, musical instrument', J. *bājā* m., Garh. *bāju*.

11513 **vādyatē**: WPah.kṭg. (kc.) *bajṇɔ̃* 'to sound, chime, be played', J. *bājṇu*; kc. *bajṇo* m. 'musical instrument', *bəjauṇɔ̃* 'to play (an instrument)'; Garh. *bajṇu* 'to sound, be played'.

†**vānayati** see VÁNATI.

11515 **vā́nara-**: WPah.kṭg. *bandər* m. 'monkey' (← H.?), poet. *bandro* 'brown', J. *bāndar* m. 'monkey', poet. *bandrı* f. 'she-monkey', Garh. *bā̃dar* m.

11529 **vāpī́-**: WPah.kṭg. *bā* f. (obl. *-ı*), *baı* f. 'tank, stone-built reservoir fed by a spring, spring', kc. *bau* f. (obl. *babi*), *bauṛe* f., poet. *bɛe* f.; Md. *veu veyo*, *vevu*, *vevek* 'tank'.

11533 **vā́ma-¹**: WPah.poet. *baũo* 'lefthand', J. *bāwā̃*.

11538 **vāmaná-**: WPah.kṭg. *bauṇ*, °*ṇɔ*, °*ṇu* m. 'dwarf', J. *baoṇā* m.

11544 **vāyú-¹**: Md. *vai* 'rheumatism'.

11547 **vāra-²**: S.kcch. *bayyār bolṇū* 'to repeat' (cf. S. *ḇa*, *ḇeī* < DVA-); WPah.poet. *bār* m. 'day', kṭg. *barı* f. 'time, occasion', poet. *bari* 'for ever', J. *bāri* f. 'a turn'.
†ĒKAVĀRAM in Add² supplement, †TRIVĀRAM.

11554 **vārayatē**: WPah.kṭg. (kc.) *barnõ* 'to prevent'.

***vārṇa-**² 'relating to appearance etc.' see VÁRṆA-¹ Add².

11564 **vārtta-** [*vārtā-* < IE. **wortā-* to be distinguished from *vārtta-* adj. and n. vṛddhi from VṚTTÁ- or VṚTTI- T. Burrow BSOAS xxxviii 67]
WPah.kc. *bāt* f. 'talk, matter'; Garh. *bāt* 'news' f.

11565 ***vārtra-** [Attested (instead of **vārta-* posited by T. Burrow BSOAS xxxviii 68) by Wg. Kt.]
Garh. *bāṛ* 'fencing'.

11567 **vārdala-**: WPah.kṭg. (kc.) *badəḷ* m., poet. *badḷe* f. 'cloud', *badḷo* 'cloudy', J. *bādḷi* f. 'clouds', kṭg. *badəḷhnõ* 'to become overcast' (poss. *badḷhuı* < **vārdalabhūta-*).

11568 ***vārdhaka-** [Dial. *a* ~ *ā* < IE. *o* T. Burrow BSOAS xxxviii 73]

11572 **vā́la-**: WPah.kṭg. *bāḷ* m.pl. 'hair', J. *bā'l* m., Garh. *bāḷ*.
†*ĀRKAVĀLA-, †*KARṆAVĀLA-, †*SKANDHAVĀLA-.

11573 **vālaka-**¹: WPah.kṭg. *baḷu* m. 'big nose-ring for women', J. *bāḷū* m.

11580 **vālukā-**: WPah.kṭg. (kc.) *baḷu* m. 'sand', J. *bāḷū* m.

vālka- see VALKÁ- Add².

vālkala- see VALKALA- Add².

***vālgā-** see VALGĀ- Add².

11584 ***vālguḍa-**: Md. *vau*, *vā* (*vālek*) 'bat'.

11588 **vā́śī-**: WPah.kṭg. *bás* f. 'adze', J. *bāss*, jaun. *bāsī* — all ← MIA. (and Sk. lex.) *vāsī-*.

11588a ***vāśuka-** Add. 14800.

11589 **vā́śyatē**: WPah.kṭg. *báśṇõ* 'to sing (of birds)', J. *bāśṇu*.

11591 **vāsá-**²: WPah.kṭg. *bás* m. 'abode, perching (of birds)', poet. *baso* m. 'abode, palace (with surrounding land)'.
†*VĀSAPĀṬĪ-, †*VĀSAVĀṬĪ-; †VANAVĀSA-.

11592 **vāsa-**³: WPah.kṭg. *bás* f. 'fragrance', J. *bāss* f., Garh. *bās*, Md. *vas* (← G. M. *vās*?).

†*vāsapāṭī- 'dwelling storey' [VĀSÁ-², PĀṬA-] see †*VĀSAVĀṬĪ-.

11600 **vāsáyati**¹. 2. **†vāsáyatē**¹ 'puts on or wears clothes' RV. [√VAS¹]
WPah.kc. *bauṇo* 'to wear, put on' Him.I 130.

†vāsáyatē¹ 'wears' see VĀSÁYATI¹.

vāsáyatē² 'lodges' see VÁSATI.

11601a **†*vāsavāṭī-** 'dwelling storey' [VĀSÁ-², VĀṬA-¹] or < †*VĀSAPĀṬĪ-.
WPah.kṭg. (kc.) *báuṛ* f. (obl. -*ı*) 'top storey of house where people live', ga. *bauhaṛ* 'upper storey' LSI ix 4, 792, kṭg. *bɔ̃ṛ* f. (obl. -*ı*) 'floor'?

11603a **vāsasīvana-** Add. 14801.

†vāsī- 'adze' see VĀ́ŚĪ-.

11612 **vāhayati**¹: WPah.kṭg. (kc.) *bā́ṇõ* 'to plough', J. *bāhṇu*, A. *bāiba* 'to row, plough' AFD 333.

11615 **viṁśá-**: A. *bihā* 'a bundle of 20' AFD 213.

11616 **viṁśatí-**: WPah.kṭg. (kc.) *bī̆* '20', f. 'a score', J. *bī*, kc. *bīś*, Garh. *bīs*, Md. *vihi*, in counting *vīs*.

11623 **vikala-**. — < **vikkala-* (after Pk. *ṇikkala-* < NIṢKALA-): WPah.kṭg. *bıkəḷnõ* 'to go mad' Him.I 145, H. *bikal* 'perplexed' (or ← Sk.).

11625 **vikāla-**: WPah.kṭg. *bɛ̄ḷ* f. 'evening', kc. *byāḷ* f., kṭg. (Wkc.) *bɛḷı* f. 'evening, evening meal'; J. *byāḷi* f. 'supper', *byāḷṭi* f. 'evening'; Garh. *vyāḷi* 'yesterday'.

11638 **vikraya-**: A. *bikiba* 'to sell' AFD 337.

11640 ***vikriṇāti**: Md. *vikenī* 'is sold', *vikkanī* 'sells'.

11642 **vikrīyatē**: WPah.kṭg. (kc.) *bıkṇõ* 'to be sold'.

11660 **vikṣōbha-**: A. also *bichoh* (phonet. -*s*-) 'sorrow' AFD 218.

11673 **vighaṭatē**: WPah.kṭg. *bıgəṛnõ* 'to be spoilt' (← H.? Him.I 145).

11676a **†*vighēra-** 'circular movement'. [*GHIR-]
WPah.kṭg. *bhɛ̀rɔ* m. 'round stone used for grinding'?

11678 **vighna-**: †*VIGHNĀPULA-.

11679a **†*vighnāpula-** 'abundance of obstacles'? [VIGHNA-, ĀPULA-¹]
WPah.kṭg. *bəghȭḷ* m. 'obstacle'?

11686 **vícinōti**: WPah.kṭg. (kc.) *bıṇṇõ* 'to pick, select'.

11687 ***vicchaṭ-**: WPah.kṭg. *bıċhəṛnõ* 'to be separated'.

11691 ***vicchādana-**: A. *bichanā* (phonet. *bisɔna*) 'bed' AFD 218.

11692 ***vicchādayati**: WPah.kṭg. (kc.) *bəċháuṇõ* 'to spread (a bed)', J. *bachāṇu*, Garh. *bichɛṇu* 'to spread'.

11701 **víjāyatē**: Md. *vihanī* 'bears', *vihenī* 'is born' ← Ind. (e.g. G. *viāvũ*).

***vijjhāpayati** see *VIJJHĀYATI Add².

11703 ***vijjhāyati**. 2. ***vijjhāpayati**: Md. *vīdanī* 'tears, destroys'?

11706 **vijñapti-**: Garh. *binti* 'request', OAw. (Jāyasī) *binātī* 'representation, intimation'.

11708 ***vijñānin-**: WPah.kṭg. *bənaṇı* m. 'an outcaste village servant'.

11721 **vitasti-:** WPah.kṭg. *biɛth* (obl. *-a*) f. 'span between thumb and little finger'.
†*KANAVITASTI-.

11721a **†*vitāḍa-** 'thought'. [√TAḌ²]
WPah.poet. *bɛ̄ṛ* m. 'brain' Him.I 138 see †*VITĀḌAYATI².

11722a **†*vitāḍayati²** 'ponders', cf. *TĀḌAYATI². [√TAḌ²]
WPah.kṭg. *bɛṛnõ* 'to understand' (rather than, with Him.I 138, < VITĀḌAYATI¹).

11727a **†vitta-²** 'celebrated for', *vittaka-* 'renowned' Daś., esp. *prasādavitta(ka)-* 'high in favour' Kāv. [Same as VITTÁ-¹. — √VID]
Pa. *vitta-* 'happy', *vittaka-* 'becoming rich', Pk. *vitta-* 'famous'; WPah.kṭg. *bıttɔ* 'beautiful, good', sat. *bītau* LSI ix 4, 648 (so Him.I 146 in view of J. *biu* 'good' < †VIDITÁ-¹, but cf. VYÀKTA- 'adorned, beautiful' RV., Pk. *viyatta-* 'wise').

11735a **†viditá-** 'known' AV. [√VID]
Pa. *vidita-* 'known', Pk. *vidiya-*, *viia-*; WPah.J. *biu*, *biyā* 'good' (cf. †VITTA-² Him.I 146); — Md. *viya* 'sums, problems'?

VID: †VITTA-², †VIDITÁ-.

11739 **viddhá-:** Md. *vidu* 'hole'.

11742 **vidyút-:** WPah.kṭg. *bīj* f. (obl. *-a*) 'lightning'; — J. *bīj* m. 'thunderbolt' (× VÁJRA- Him.I 145).

11745 **vidyullatā-:** WPah.kṭg. (kc.) *bıjlı* f. 'lightning, electric light'.

11745a **†vidyōtatē** 'shines' RV. [√DYUT]
Pa. *vijjōtati* 'shines'; Pk. *vijjō(v)ia-* 'resplendent'; Md. *vidanī* 'lightens, sparkles'.

11753 **vidhātṛ́-:** WPah.poet. *bia mata* f. 'the goddess of fate'.

11756a ***vidhūna-** Add. 14805.

11759 **vídhyati:** Md. *videnī* 'inserts itself', *viddanī* 'pokes'.

11764a **†vinadati** 'roars, thunders' MBh., 'fills with cries' Hariv. [√NAD]
Pa. *vinadati* 'cries out, scolds'; A. *bināiba* 'to moan in distress' AFD 337.

11767 **vinayá-:** Pk. *viṇaya-* m. also 'courtesy, conciliation (*anunaya-* PSM)', OP. *binaü* m. 'entreaty'; — OAw. *binaya* 'request' rather than < VINATI-; but poss. × *vinata-* 'modest' Bhaṭṭ. and VINATI-.

11772 **vinā́:** WPah.kc. *bıṇ* 'without', kṭg. *bıṇa* prep. and postp., *biṇi* postp.

11773 ***vināti.** 1. Md. *vinum* 'weaving palm-leaves'.
2. ***vunāti:** WPah.kṭg. (kc.) *buṇṇõ* 'to weave, knit', J. *buṇnu*.

11795 **vipādikā-:** WPah.kṭg. *bɛı* f. 'crack under the foot from cold' Him.I 137.

11798 **vipula-:** WPah.kṭg. (kc.) *bıllɔ* 'broad', *bıḍɔ*.

11807 **vibudhyatē:** WPah.kṭg. *bıʋjhṇõ* 'to wake up (intr.)'; kiũth. *biuñjhṇa* × *BUNDHATI.

†vibhā́- 'bright' RV., f. 'light, brightness' Śiś. [√BHĀ]:
†*VIBHĀNIḤSĀRA-.

11812 **vibhā́ti:** WPah.kṭg. (Wkc.) *bhɛ̃ṇõ* 'to dawn', kc. *bhyāṇo*, *bhyauṇo* 'to await the dawn'.

11813 ***vibhāna-:** WPah.kṭg. *bhɛ̃ṇı* f. 'daybreak', *bhɛ̃ṇi* 'at dawn'; J. *bhyaiṇi* f. 'dawn', Garh. *byāṇi* in *rat-byāṇi* 'dawn'.
†*RĀTRĪVIBHĀNIKĀ-.

11813a **†*vibhāniḥsāra-** 'coming forth of dawn'. [VIBHĀ-, NIḤSĀRA-¹]
WPah.kṭg. (Wkc.) *bhɛ̃nsər* m. 'daybreak', Garh. *bhiṇsari* 'morning'; Ku. *bhiṇsar* 'name of a forest-ridge north of Almora which the sun's rays first catch at dawn'; WPah.J. *bhyānsar* f. 'dawn', Mth. *bhinsar*, Bhoj. *bhinsār* (Him.I 156); H. *bhinsār* m. (old) 'early morning, dawn'.

vibhīṭaka- see VIBHĪDAKA- Add².

11817 **vibhī́daka-.** 2. **vibhīṭaka-:** Garh. *bayeṛu*, *bɛṛu* 'Terminalia bellerica', A. also *bhāïrā* 'a medicinal plant' AFD 214.

11826 ***viyagna-:** Ko. *vegḷo* 'separate', *viṅgaḍa* 'distinct'.

11831 ***viyavasāya-:** A. *behā* (phonet. *bɛha*) 'business' AFD 213, B. *byabsā* (infl. by B. *byabasāyī* ← Sk. VYAVASĀYIN-).

11835 ***viyāpnōti:** OP. *biapaṇu*, *viāpaṇu* 'to attach to, extend, pervade'.

***virāyayati** see *VIRĪYATĒ Add².

11862 ***virīyatē.** 1. Kho. *buruik* 'to melt', absol. *burui* BKhoT 67; Md. *virenī* intr. 'melts'.
2. **virāyayati:** Md. *viruvanī* tr. 'melts'.

11874a **†*virēcyatē:** Kho. *berčik* 'to be left' (*behčik* < *berč-* BKhoT 66) rather than < VÍRICYATĒ.

vila- see BÍLA-¹ Add².

11891 **vilambatē:** OMarw. (Vīsaḷa) caus. 3 sg. pres.pass. *vilaṁbāvijaï* 'is delayed'.

11896a **†vilāpana-** n. 'causing to lament' MBh. [√LAP]
WPah.J. *blāwlā* m. 'condolence' (*-n-* > *-ṇ-* > *-l-* by assimilation to *-l-* which < *-ll-* see VÍLĀPAYATI¹ Add²).

11898 **vílāpayati¹:** WPah.kṭg. *bəlaundɔ* m. 'invitation to a funeral' (*-l-* < *vi-llāp-* with doubling of initial consonant after a preposition, Him.I 152 suggests cmpd. with *ĀMANTRA- as second member, but poss. rather from pres.part.).

11920 **vivāhá-:** WPah.kṭg. *bɛ̄* (obl. *bɛ́a*) m. 'wedding', kc. *byā* m., J. *byā* m., Garh. *byɔ*.

11925 **vivāhin-**. 2. **vivāhinī-:** A. *biyanī* 'daughter's mother-in-law'.

VIŚ: †*PARIVĒŚATI.

11935 **viśākhā-:** Md. *vihā* 'a partic. asterism'.

11936 **viśālá-:** WPah.poet. *bhyāḷ* m. 'centre of house, hall' (Him.I 160 with ?).

11956 **viśrāma-:** WPah.ktg. *bəśɛ̃ũ* m. 'rest, repose', Wkc. *bəśrā̃* m.

11961 ***viślāghatē:** OMarw. *visarāhaï* 'slights'.

11966 **viśvāsa-:** WPah.J. *baśāh* m. 'trust', OMarw. *vesāsa* m.

11967 **viśvāsayati:** WPah.poet. *bəśeśṇo* 'to persuade, soothe'.

11968 **viṣá-:** WPah.ktg. *bɪ́ś*, kc. *bɪ̄ś* m. 'poison', Garh. *bis*.

11982 **viṣuvánt-:** WPah.ktg. *bɪ́śśu* m. 'a festival in the month *bəśɛ̃* (mid April to mid May), a song sung by low-caste people in April'.

11990 **viṣṭhā-:** S.kcch. *bhiṭṭh* f. 'bird droppings, slimy fecal matter'.

11991 **viṣṇu-:** with M. *viṭṭhal* cf. Garh. *biṭhlū* 'belonging to any of the *savarṇa* castes'.

12021 **vismarati:** WPah.ktg. (kc.) *bɪssərnõ* 'to forget', Garh. *bisarnu*, OMarw. *vīsarī* f.sg. pp. 'forgotten'.

12038 **vihvala-:** A. *bibhol* 'confused' AFD 215.

12041a †**vīci-** f. 'interval' lex., *vī́cyā* 'among' RV. [Prob. < **vīcī-* adj.f. ~ **vyañc-*: ˎAÑC]
WPah.ktg. (kc.) *bɪa*, ktg. *bɪɛ* 'at, in the house of, towards', roh. *bīyyā* (LSH 127).

12042 ***vīcya-:** WPah.kiũth. *bɪcɛ* postp. 'in, between', ktg. *bɪ́cɛ* 'in the middle', J. *bīcā*, *bīcī*.

12045 **vīṭā-:** WPah.ktg. (kc.) *bɪṛɔ* m. 'button'.
***vēṇṭa-:** WPah.ktg. *bī̃ṇḍ* m. 'axe-handle'; J. *bī̃ḍ* m. 'handle of sickle or hoe'; Ko. *veṇṭi* 'stalk of arum leaf'.

12051 **vīdhrá-**. 2. **vī́dhrya-:** WPah.ktg. *bɪjjhɔ*, kc. *bɪjho* 'clear (of the sky)'.
3. ***vīdhriya-:** WPah.J. *bidrī* 'clear' (of the sky)'.

***vīdhriya-, vī́dhrya-** see VĪDHRÁ- Add[2].

12056 **vīrá-:** WPah.ktg. *bīr* m. 'hero' (← H. Him.I 146); — Md. *vīru* ← M.?

12061 **vīryà-** see BĪJYA-.

***vunāti** see *VINĀTI Add[2].

VR̥[1]: †ĀVR̥ṆŌTI, †*ĀVRĀṆA-.

12064 **vr̥kká-**. 3. **bukka-[1]:** Md. *buk* 'breast'.

12067 **vr̥kṣá-:** WPah.kc. *bīkh* m. 'tree', jub. *bīkh* (LStH 188); ktg. *brikkh*, *brikś* (prob. ← H. ← Sk. Him.I 154).

VR̥T: line 7 for ĀVARTA- read ĀVARTÁ-.

12069 **vr̥ttá-**. 2. WPah.ktg. *bɪtṇõ* '(time) to pass', kc. *bətauṇo* caus.

12070 **vr̥tti-:** †*KṢĀTRAVR̥TTI-.

VR̥DH: †VARDHYATĒ.

12077a †**vr̥nta-[3]** 'nipple' lex. [Same as VŔ̥NTA-[1]?]
A. *bā̃ṭ* 'teat' AFD 203; — Pa. *avaṇṭa-* (with *thana-*) 'without stalks i.e. plump and rounded' PTSD s.v. *vaṇṭa-*, or poss. 'without teats'.

12080 **vr̥ścáti**. 2. **vraścati:** A. also *bāchiba* (phonet. *-s-*) 'to select' AFD 218.

12081 **vr̥ścika-:** Garh. *bicchū*, °*chī* 'scorpion', A. also *bichā* (phonet. *-s-*) AFD 218.

12093 **vēṇí-[1]:** Ko. *vīṇi* 'braided hair, flower arrangement for braided hair'.

12096 **vēṇú-:** Md. *onu* 'bamboo, reed, reed-pipe'.

12097 **vēta-** [Cf. Ir. Shgh. *wēd* f. 'willow', Yazgh. *wiδǵ* 'vine' EVSh 87]
Dard. and P., like Ir., rather < †*VĒTI-.

12099 **vētasá-:** [T. Burrow BSOAS xxxviii 74 considers this and VAITASÁ- 'made of reeds' TS. to be forms of same word with dial *ē* ~ *ai* < IE. *oi*]

†***vēti-** see VĒTA-.

12100 ***vētyayati:** WPah.ktg. (kc.) *bećṇõ* 'to sell', Garh. *becṇu*.

12106 **vēdanā́-:** Md. *vēn* 'great pain'.

12110 **vēdhya-:** A. *bezi* 'needle' AFD 220.

12115 **vēlā-:** WPah.ktg. (kc.) *bēr* f. (obl. *-a*) 'time, occasion, delay', J. *bẽ'r* f. 'delay'.

12118 ***vēlya-:** WPah.ktg. (kc.) *belɔ* 'at leisure, vain'.

12121 **vēllayati:** WPah.poet. *belər* m. 'braid (of hair)'? Him.I 140.

12123 **vēlli-:** Garh. *bel* 'creeper'.

12129 **vēṣa-[2]:** WPah.ktg. (kc.) *bhéś* m. 'dress, assumed appearance, disguise', H. *bhes* (*bheṣ*, *bhekh*) m., A. *bheś* (*bheṣ*: phonet. *bhex*) AFD 174, 214 — ← Sk.

12130 **vēṣṭá-:** WPah.ktg. *beṛɔ* m. 'palace', J. *beṛā* m. 'id., esp. the female apartments', kul. *beṛā* 'building with a courtyard'; A. also *berā* 'fence, enclosure' AFD 234.

12131 **vēṣṭana-**. — × MĒKHALĀ-: A. *meṭhâni* (phonet. *mɛthɔni*) 'woman's girdle' AFD 206.

12132 **vēṣṭáyati:** Md. *oḷanī* 'rolls up, winds'.

12138 **vaiḍūrya-**. 2. ***vaiḍūriya-:** Md. *billūri* 'glass' ← Ind.

12140 **vaidya-:** Kho. *wez* 'medicine' BKhoT 73?

12149 **vaiśākhá-:** WPah.kc. *bəśā*, ktg. (Wkc.) *bəśɛ̃* m. 'the month mid April to mid May'.

12150a **vaiśyavṛtti-** Add. 14810.

12156 **vyàkta-** see †VITTA-[2].

12158 **vyàṅga-**[1] — in last line read: poss. × VAṄKA-[1], *VIVAṄKA-.

12171a †**vyartha-** 'unavailing, useless' MBh., °*aka-* R. [ÁRTHA-]
A. *bethā* in *buṛhā-bethā* 'old and infirm' AFD 205.

vyavasāya- see *VIYAVASĀYA- Add[2].

12175 **vyavahāraka-:** WPah.poet. *bōro* m. 'member of a caste of bankers' (poss. ← H. Him.I 144).

12177 **vyavahārikā-:** Garh. *bwārī* 'wife, son's wife'.

12186 **vyākṣēpa-:** WPah.poet. *bəkheṛo* m. 'broil, tumult', J. *bakheṛā* m. (← H.? Him.I 149).

12188 **vyākhyāna-:** Garh. *bakhān* 'narration' (*n*? ← H.?).

12193 **vyāghrá-:** WPah.kṭg. *brággh* m., kc. *brāgh*, *bərāgh* 'leopard', J. *brāgg* m., kṭg. *brágghəṇ* f.; Garh. *bāg* 'tiger', Md. *vagu*.
†*VYĀGHRATARA-, †*VYĀGHRABHAYA-.

12193a †***vyāghratara-** 'like a tiger'. [VYĀGHRÁ-]
H. *bagherā* m. 'hyena' HŚS, 'panther' (Rudyard Kipling "*bagheera*" in Jungle Book, A. W. McMillan in Preface to Man-eaters as Neighbours); G. *vagher* m. 'name of a tribe of robbers in Okhamaṇḍal near Dwarka who speak a dialect of Sindhi' (T. N. Dave 24.7.69).

12193b †***vyāghrabhaya-** n. 'fear of a tiger'. [VYĀGHRÁ-, BHAYÁ-]
Garh. *baghɔ* 'nervousness from seeing a tiger' (a common fear in villagers of Garhwal and Kumaon as testified to by J. Corbett in 'Man-eaters in Kumaon' during the first decades of the 20th century).

12202 **vyādhi-:** WPah.kṭg. *baia* f. 'disease, weakness' (doubtful: tone absent, final *-a* unusual Him.I 130).

12205 **vyāpāra-.** 2. ***viyāpāra-:** Ko. *vyāru* 'business'.

12225 **vrájati.** 1. Kho. *be-*[2] 'to go' BKhoT 66 (but see ÁPAITI).
2. ***vrañjati:** S.kcch. *vañjṇū* 'to go'.
3. ***vrajyati:** S.kcch. *vajṇū* 'to go'? (in *gauḍe vajṇū* 'to kick' see *GŌḌḌA-), *gauṇe v°* 'to multiply'; Md. *vannanī* (absol. *vade*, *vede*, pp. *vat*, *van*) 'enters', *vaddanī* 'admits'.
4. ***vagga-:** Kho. *baγ-* 'to go' BKhoT 66; Garh. *bagṇu* 'to float' (*a* or *ā*?).

12226 ***vrajasthāna-:** rather < AVASTHĀNA-.

***vrajyati** see VRÁJATI Add[2].

vraścati see VṚŚCÁTI Add[2].

vrāṇá-[2] see †*ĀVRĀṆA-.

12233 **vrīhi-:** Md. *vī* 'paddy, rice-seed'.

Ś

12235 ***ŚAK**[2]**:** connexion of MIA. NIA. words with such a root is doubtful; traditionally the cmpds. Pa. *nissakka-* m. 'abl. case', *ōsakkati* 'draws back', etc. seem to be associated with √SṚP- poss. correctly. (J.C.W.)

śákaṭa-: †ŚAKAṬIN-.

12236a †**śakaṭin-** m. 'owner of a cart' Kathās. [ŚÁKAṬA-]
S.kcch. *chaṛyo* m. 'passenger'?

12252 **śaknóti:** WPah.kṭg. (kc.) *sɔ́kṇõ* 'to be able' ← H. P., Garh. *sakṇu*.

12254 ***śakyati:** doubtful — MIA. verbs exist only in cmpd.; NIA. perh. conn. *SIKKA-. (J.C.W.)

12258 **śaṅkā-:** Md. *sakku* 'doubt'.

12260 **śaṅkú-** [Shgh. *x̌i/ūng* 'stick' not ← IA. e.g. Kho. *šoṅg* EVSh 102 where ref. to CDIAL is given wrongly as 12262]

12263 **śaṅkhá-**[1] [*a* < non-apophonic IE. *o* (Gk. *κόγχος*) T. Burrow BSOAS xxxviii 69]
WPah.kṭg. *sáṅkkh* m. 'conch' ← H.; Md. *sangu* ← Ind.; A. *sā̃k* (phonet. *x-*) 'bracelet made of shells' AFD 187.

12264 **śaṅkha-**[2]**:** WPah.kṭg. *sáṅgɔ* m. 'throat', *saṅge* f. 'neck, throat'.

ŚAṬ[2]**:** †*ŚAṬṬ-.

12268 **śaṭati**[1]**:** WPah.kṭg. *sɔ́ṛnõ* 'to rot, decompose (of food other than fruit), to feel unrest'; — jaun. for *śaṛānō̃* read *śaṛāṇõ*.

12269 **śaṭati**². 1. WPah.kc. *śɔṛək* f. (obl. *-i*) 'road' (kṭg. *sɔ̄ṛək* ← H.). H. *saṛak* f.
2. †***śaṭṭ-**: G. *saṭvũ* 'to slip away'; — ext. *-kk-* in P. Ku. N. B. H. G. M. (rather than < *SAṬṬ-²: see also †*ŚUṬ-, †*ŚUṬṬ-).

12278 **śatá-**: WPah.kṭg. (kc.) *śɔ̃* (obl. *śɔ́a*) '100', Garh. *sɔ*.

12287 **śadaka-** m. or n. [Cf. v.l. SADAKA-]

12287b †***śanaśana-** 'rustling sound'; WPah.kṭg. *śəṇśəṇāṇõ* 'to resound, rustle'; and see SVANÁ-.

†**śánaiḥ** 'slowly' RV.: †ŚANAIŚCARA-.

12287c †***śanaiścara-** 'slow-moving' Bhartṛ., m. 'Saturn' MBh. [*śani-* m. R. ← Pk.: — *śánaiḥ* 'slowly' RV., CARÁ-¹]
Pk. *saṇicchara-*, *saṇiṁcara-*, *saṇiccara-* m.; — OP. *chanicchara-vāru* m. 'Saturday', P. *chanicchar* (*vār*) m.

12290 **śapátha-**: WPah.kṭg. *sɔ́* m.pl. (obl. *sɔ́a*) 'oath' ← H. Him.I 213; Garh. *sɔ̃* 'swearing'.

12294 **śapva-** [Poss. sanskritized ← MIA. **śappa-* der. fr. ŚÁPYATI]
OP. *sarāpu* m. 'curse' with intrusive *r*, P. *sarāp*.

12300 **śabdayati**: WPah.kṭg. *śádṇõ* 'to call, invite', J. *śādṇu*; caus. kṭg. *śədauṇõ* 'to call, invite, bring'.

ŚAM¹ 'rest': line 2 for ŚĀMAYATI read ŚĀMAYATI¹.

ŚAM² 'perceive': †ŚĀMAYATI².

12301a †**śama-**² m. '*hasta-* (measure of length?)' lex., *catuḥśamī-* f. '4 śama long' Kauś. [Rather than ŚAMĪ-³ which may be extracted from *catuḥśamī-*; cf. also *śaya-* '*hasta-* (also as measure)' VarBṛS.?]
WPah.kṭg. *śɔ̃* (with high level tone) m. 'measure of length from elbow to finger-tips', (+ MUṢṬI-) *mʋṭ-śɔ̃* m. 'measure from fist to elbow', roh. *śɔ̃* '1–2 yards'. ŚÁMYĀ-?

12309 **śamī-**²: A. spel. *chẽi* AFD 216.

12311 **śámba-**: Md. *abu* 'wooden nail'? †*ŚAMBĀKĀRA-.

12315 **śambala-**: Garh. *sāmaḷ* 'baggage'.

12315a †***śambākāra-** 'second ploughing', *śambākṛta-* 'twice ploughed' lex., *śambākṛ-* 'to plough twice or in both directions' Pāṇ., *śamba-* '*anulōmakarṣaṇa-*; partic. measure of length' lex. [ŚÁMBA- 'weapon' RV., 'tiller, rudder' in *śambín-* 'boatman' AV.]
A. *samār* (phonet. *x-*) 'second ploughing crosswise' AFD 122.

12317 **śámyā-** [†ŚAMA-²?]: †*ŚAMYĀKĀṢṬHA-.

12317a †***śamyākāṣṭha-** 'the wood for the yoke pins'. [ŚÁMYĀ-, KĀṢṬHÁ-]
WPah.kṭg. *səméṇṭh* m.pl. 'the pins which join the two bars of the yoke on either side of the ox's neck' Him.I 250.

12321 ***śamyāyuga-**: WPah.kṭg. *səmɛ̄ĩ*, *məśɛ́ɪ* f., kc. *səmɔĩo* m. 'yoke (of the plough)', — rather ext. of *śámyā-* Him.I 205.

12322a †**śayatē** 'lies down' MBh. (*śáyē*, subj. *śáyatē* RV., *śḗtē* AV.). [√ŚĪ]
Pa. *sayati*, *sētē* 'lies down', Pk. *sayaï* 'sleep', Garh. *seṇu*.

12326 **śaraṇá-**². 2. ***śarṇa-**: WPah.kṭg. *śɔ̃nnɪ* f. 'bottom storey of a house in which young of cattle are kept'.

12329 **śarád-**: WPah.kṭg. (kc.) *śɔ̃r* m. 'autumn, harvest', poet. *śɛ̄r* (*śɛri*, *śɛrhi* 'in the autumn').

12336 **śáru-** m. 'thunderbolt of Indra, weapon of Maruts' RV.: WPah.kṭg. *śɔ̃ru* m. 'hailstone', J. *śarū* m.pl. 'hail'.

12337 **śárkarā-**¹ [Prob. same as ŚARKARĀ-² f. 'candied sugar' Hariv. with dial. *a* ~ *ā* in *śārka*(*ka*)- m. 'ground or candied sugar' lex. < IE. apophonic *o*, cf. Gk. κόρκη, κορκάλη 'gravel' IEW 615]
Md. *akiri* 'pebble'; — × SÍKATĀ-: Pk. *sikkarā-* f. 'piece', A. *sikār* (phonet. *x-*) 'potsherd', *śikar* (*x-*) id. AFD 92, 93, 188; — WPah.jaun. *śākrā* m.pl. 'small stones' rather < ŚĀRKARÁ-.

12338 **śarkarā-**² (see ŚÁRKARĀ-¹ Add²): WPah.poet. *śakər* m. 'sugar', Md. *hakuru* 'juggery'.

***śarṇa-** see ŚARAṆÁ-² Add².

ŚAL: †*AVAŚALATI, †*AVAŚĀLA-.

12347 **śalabha-**²: WPah.J. *śaḷō* m.pl. 'locusts'; — kṭg. *sɔ̄ṛɔ* 'moth' ← P. *saḷā* 'spider, locust' Him.I 212; Garh. *saḷɔ* 'locust'.

12351 **śalmalí-** [Dial. *a* ~ *ā* < IE. *o* (cf. OPers. *θarmi-* 'timber' Burrow BSOAS xxxviii 71. — Rejecting Sāyaṇa's connexion with *śimbalá-* (a tree) RV., Kauś., he derives MIA. *simbali-* (WPah. < **śimmali-*) from ablauting **śilmali-*. But der. or × ŚAMĪ-², *śimi-*, ŚIMBA- 'pod' (i.e. OIA. *śim*(*b*)*lá-*, or OMIA. *s̃ammali-* × ŚIMBA-) is more probable than OIA. **śilmali-*. Cf. ŚAMĪ-² 'tree w. leguminous pods', ŚAMĪ-² 'pod' ~ *śimbalá-* 'silk cotton tree w. pea-like seeds', *śimi-*, ŚIMBA- 'pod']
1. **śalmalí-**: Pk. *saṁbali-* f. 'the tree', P. *sambhal*.
2. **śālmali-**: Pk. *sāmali-* m.f. (*sāliya-* adj.), G. *sāmar* m., M. *sā̃var*, *sā̃vrī* f.
3. **śimbalá-** ('the tree' RV.?): Pa. *simbali-* f., Pk. *siṁbali-*, *siṁbhali-* f., P. *simbal*, etc. (A. *śimalu*).
4. ***śaimbala-**: Bhoj. *sēmar*, H. *sẽbal*, *semal* m.; — M. *śẽvrī* f. < MIA. **sēmali-* (< **śailmala-* or × *śālmali-*?).

12352 **śalyá-**¹: A. also *śel* (phonet. *xɛl*) 'dart' AFD 237.

12353 **śályaka-**, f. *śallakī-* 'an "armadillo", Indian scaly ant-eater' Suśr.com. [~ Drav. DED 243]
1. Pk. *sellaga-*, *sallā-* id. (? — com. 'large lizard', N. *sālak*), M.hal. *sāl*; — WPah.kṭg. *śɔ̄lmɔ* m. 'porcupine quill' (*-mɔ-*?).

2. Aś. (Allahabad) *-seyaka-* id.
3. Cf. *sēraka-* m. 'large lizard (?)' Arthaś. K. R. Norman JRAS 1967 29, T. Burrow ib. 40.

12364 **śáṣpa-** [T. Burrow JRAS 1969 < **śapsa-* ~ Ir. **sap-* in Pers. *sabz* 'grass' < **sapačī*, Yid. *səwī* 'vegetable' → Paš. *sawwi* 'grass, green']

12365 **śastá-**: Kho. *čust* 'beautiful' is ← Pers. BKhoT 67.

12371 **śākambharī-** 'name of a lake'. [See SĀMBHARA- 'kind of salt' (from Sāmbhar lake?) lex., prob. ← MIA. (Sk. *ś-* and OMarw. *saï-* may suggest **śacībhṛt-* as the eponym; Sk. ← MIA. **sāïmbhara-* J.C.W.)]
Ku.gng. *śāmar*ⁱ 'salt from Sāmbhar lake', OMarw. *saïṁbhari* 'name of the district, the lake; its fossil salt', *saïṁbharivāḷa* 'person from Sāmbhar'.

12376 **śākhā-**: WPah.kṭg. *śā̃* f. (*śaī̃*) 'branch', jaun. *śā̃h*.

12381 **śāṭa-**[1]. 1. WPah.kṭg. *śāṛı* f. 'border of garment'.
2. †***śāṭha-**: P. *sāṛhā*; S. *sāṛhī*, Or. *sāṛhi*, H. *sāṛhī*.
3. †***śāṭṭa-**: WPah.kṭg. *śāṭṭɔ* m. 'piece of skin or paper', *śāṭṭı* f. 'patch on clothes' Him.I 198.

12383 ***śāṭayati**[1]: Si. *heḷanavā* semant. rather < *ŚĀṬAYATI[2], but more prob. < CHÁRDATI Add[2].

†***śāṭṭa-**, †***śāṭha-** see ŚĀṬA-[1].

12390 **śāntá-**: A. *śā̃t* (phonet. *xā̃t*) 'tranquil' AFD 203.

12391 **śā́nti-**: WPah.kṭg. *śā̃nd* f. (obl. *-ı*) 'a fair and rite held every 12th year', J. *śānt* f. 'religious rite for a deity', kul. *śā̃nd* 'triennial fair of 12 years cycle'.

12393 **śāpa-**: Md. *huvā*, °*vai* 'oath'; *ava* 'spell'?

śāmayati[1] see ŚAMÁYATI.

12395a †**śāmayati**[2] 'perceives' Dhātup. [√ŚAM[2]]
WPah.kṭg. *śā̃ṇõ* 'to see, observe, watch, herd (cattle)' Him.I 199, but poss. rather < NIŚĀMAYATI.

12402 **śāradá-**: WPah.kṭg. *śɛ́rɔ* m. 'autumn, harvest'.

12406 **śāri-**[2] see SĀRI-[1].

12407a †**śārka-**, *śārkaka-* m. 'ground or candied sugar' lex. [See ŚÁRKARĀ-[1]]
WPah.kṭg. *śāk*, *śā̃k* 'food-grains given to servants at harvest'? (cf. J. *śākho* m.pl. 'crops'? Him.I 198); — + *-ṭa-*: poet. *śakṛa* m. 'stone'; — + *-ṭṭa-*; kṭg. *śákṭɔ* m. 'gravel', *śákṭı* f. 'pebble'; but rather *śakṛa*, *śakṭɔ*, °*ṭı* < **śākrā* < ŚĀRKARÁ- or ŚÁRKARĀ-[1] (jaun. *śākrā* m.pl 'small stones').

12408 **śārkará-** 'gravelly' Pāṇ. [*ā* perh. < IE. apophonic *o* in Gk. *κορκάλη* 'gravel, flint stones'; cf. ŚÁRKARĀ-[1]]
L. *śākar* f. 'broken brick'; — poss. WPah.jaun. *śākrā* m.pl. 'small stones' rather than < ŚÁRKARĀ-[1], WPah.poet. *śakṛa* m. 'stone, pebble' Him.I 198 rather than < †ŚĀRKA-; — + *-ṭṭa-*: *śákṭɔ* m. 'gravel', *śákṭı* f. 'pebble' (**śākrṭ-* > *śakṭ-* ~ **sūṅgrṭ-* > *sungṭ-* see SŪKARÁ- Add[2]) Him.I xvii.

12414 **śā́lā-**: †*ĀHANAŚĀLĀ-, †DHARMAŚĀLĀ-.

śālmali- see ŚALMALÍ- Add[2].

12417 **śāva-**: Kmd. *cū̃* 'kid' GM 22.6.71; A. *chāo* (phonet. *s-*) 'child, young one' AFD 89, 216.

12426 **śiṁśumā́ra-**: Kmd. *ċaċə́m* 'large lizard' GM 22.6.71; Ko. *śisari* 'crocodile'.

12427 **śikyà-**. 2. S.kcch. *chako* m. 'sling for suspending things in'; — Kmd. *tiċə* 'skin bag (for flour)', like Kt. *ċċē* prob. not < *śikyà-* (assimilation of *t-ċ* > *ċ-ċ* or differentiation of *ċ-ċ* > *t-ċ* possible) GM 22.6.71; WPah.poet. *chikṛe* f. 'hanging net, basket'.

12430 **śíkṣatē**: Kho. *çiçhik* 'to learn' BKhoT 67, WPah.kṭg. *śikhṇõ* 'to learn, practise'; Garh. *sikhṇu* 'to learn'.

12431 **śikṣayati**: WPah.kṭg. (kc.) *śəkhéuṇõ* 'to teach'.

12432 **śíkṣā-**: WPah.J. *śīkh* f. 'advice', Garh. *sīkh*, OMarw. *sīkha*; A. *sekā* (phonet. *xɛka*) 'good lesson' AFD 188.

12435 **śikharà-**: S. *sihiro* m. 'chaplet worn by bridegroom', P. *sihrā* m. (~ *sehrā* m. < ŚĒKHARA-?), WPah.poet. *śīre* f. 'garland'.

12445 **śimba-**: WPah.kṭg. *śímmı* f. 'pod, legume'.

śimbalá- see ŚALMALÍ- Add[2].

12449 ***śiraādhāna-**: WPah.kṭg. *śərɛ̃ṇ* f. (obl. *-ı*) 'pillow'.

12450 **śiraḥsthāna-**: A. spel. *śitān* AFD 172.

12452 **śiras-**: WPah.kṭg. *śīr* m. 'head', J. *śir* m.

śiri-: read **śiri-** (variant of ŚĪRĪ-).

12456 ***śirōvāla-**: WPah.kṭg. *śərāḷ* m. 'hair (esp. of head but also of body)', (LNH i 31) *śrāḷ*.

12459 **śilā́-**. 2. ***śillā-**: WPah.kṭg. (kc.) *śīl* f. (obl. *-a*) 'stone', J. *śil* f., Md. *hila*.

12461 **śilāpaṭṭa-**: Md. *hilaüḍi* 'mill'.

12466 **śilī-**: Md. *ili* 'wooden nail'.

12467 **śilīndhra-**[1] m. 'the fish' Kāśyapasaṁhitā.

***śillā-** see ŚILĀ́- Add[2].

12475 **śiśira-**: Md. *hihū* (*hihul-*) 'cool'.

ŚĪ: †ŚAYATĒ.

12484 **śīghrá-**: WPah.kṭg. (kc.) *śígghər* 'quick; quickly, immediately', *śíghri* adv.; kiũth. (LSI ix 4, 558) *śīgā* adj., *śīgī* adv.; hence kṭg. (kc.) *śígghər* f. (obl. *-a*) 'hurry', instr. kṭg. *śíghrɛ* 'quickly' (Him.I 203), rather than < ŚAIGHRA- or *śīghrya-* n. 'speed' MW.

12487 **śītalá-**: WPah.kṭg. *śíllɔ* 'cold, cool, damp, shady', J. *śilā* 'not sunny' (these and all other forms with *-l-* or *-lh-* from MIA. *-ll-* or *-lh-* < **śītalla-* or × *ŚAITALYA-).

12493 **śīpāla-**. 2. **śēvāla-**: A. also *śewāl* (phonet. *xɛwal*) 'moss' AFD 222.

12495a †*śīrayati 'breaks'. [Cf. ŚĪRṆÁ-. — √ŚṚ]
Pk. sīria- 'broken'; Si. iranavā 'to split, crack, cut', Md. iranī 'to tear' or < *ČĪRAYATI.

12497 śīrṣá-: A. śīh (phonet. x-) 'head of corn' AFD 226; Md. is 'head', ihu 'firstly'.
*ŚĪRṢARŌGA- Add.

12498a *śīrṣarōga- Add. 14816.

12503 śúka-: WPah.kṭg. śū́ m. (obl. śúa) 'parrot'.

12504 śuktá-. 1. Kt. stə 'vinegar' (< ćt-), Md. rāhut 'vinegar, sauce' (rā- < RÁSA-), hut 'sour, sour juice'.

12505 śukti-: Md. itā̆ 'oyster'.

12506 śukrá-: WPah.kṭg. śúklɔ 'white', jaun. śuklo.

12507 śukravāra-: Garh. sukwār 'Friday'.

12512 śúcyati: WPah.kc. sunćṇo 'to consider, think, ponder' (s for ś by assim. to ć Him.I 216). — In view of n poss., with A. xusāiba id., < †SAMARTHYATĒ; Or. sucāibā, G. sucavvũ, M. sucṇẽ, sucẽ semant. rather < †SŪCYATĒ. (J.C.W.)

12512a †*śuṭ- 'stealth'. 2. †*śuṭṭ- [To replace entry *SUṬṬ-; cf. ŚAṬ[2] and †*ŚAṬṬ-; also ŚŌṬHATI 'limps' Dhātup.?]
1. WPah.kṭg. śúṛək 'stealthy, quiet', N. surukka 'secretly'.
2. P. sūṭ f. 'silence'; N. suṭṭa, sāṭ-suṭ 'secretly', suṭukka 'secretly'; B. suṭ 'stealthiness'; M. suṭakṇẽ 'to disappear'.
†*śuṭṭ- see †*ŚUṬ-.

12515 śuṇṭhī-. 1. Garh. suṇṭhyā 'preparation of dry ginger' ← H.; A. śũṭhi (phonet. xũthi) 'anything dried like cowdung' AFD 206?
2. *śoṇṭhī-: Garh. sõṭh 'dry ginger'.

12516 śuṇḍā-[1] (śuṇḍāra- m. 'young elephant's trunk', śuṇḍāla- m. 'elephant' Yaśast.): Ko. soṇḍāli 'elephant's trunk'.

12520 śuddhá-: B. śudhā 'to clear (debt)', sudhā, sudhana 'to ask' < 'to find out' see ŚÚDHYATI.

12524 *śudhati: WPah.kṭg. śū̃ṇõ with high level tone 'to sweep (the ground for leaves)'.

12528 śuna-. 1. In line 3 delete Kt. (GM 22.6.71).

12531a †*śubati 'bores'. [Cf. Pers. sumb 'hole']
Kmd. ćyū̃-stə (1 sg. ćewe-tnum) 'to bore' GM 28.6.71.

12532 śubha-: OP. suhīā f. 'prostration, woman's greeting to mother-in-law', L.poṭh. sūhī f.; OP. sūhaba f. 'woman dressed in red' (+?).

12544a †śuśrūṣaka- 'attentive' MBh. [√ŚRU]
Pa. sussūsa-, Pk. sussūsaa- id.; WPah.kṭg. śúśkɔ 'having sharp hearing, attentive' Him.I 205.

12548 śúṣka-: WPah.kṭg. śúkkhɔ, kc. śūkho 'dry', A. śukān (phonet. x-).

12552 śuṣkati: WPah.kṭg. śúkhṇõ, kc. śūkhṇo 'to get dry', Garh. sukhṇu; Md. hikkanī 'bales (water)', hikenī 'is dry, is constipated, gets thin', hikkum 'low tide'; — pp. Pa. sukkhita-, Md. hiki 'dry, thin, constipated', hiki diya 'low tide'.

12560 śūka-: †SŪCYATĒ?

12567 śūnyá-: WPah.kṭg. śúnnɔ, kc. śuno 'empty, desolate'; — Md. sun 'zero' (← G.?).

12573 śūrpa-: WPah.kṭg. śúppɔ m. 'winnowing basket'; Garh. suppu.

12575 śūla-: WPah.kṭg. śū́l m. 'sharp stomach pain, colic'; Md. ū (ulek) 'fork, pointed instrument'.

12578 śṛgālá-: WPah.kc. śā́ḷ m.f., śaḷto m. 'jackal, fox', kṭg. śẽ́ḷ m.f. śéḷtɔ m.; Garh. syāḷ 'jackal'.

12579 *śṛṅkhati [Him.I 203 denies this reconstruction from śiṅghati Dhātup., but does not otherwise explain Pk. i ~ u]
WPah.kṭg. (kc.) śíṅghṇõ, more rarely śúṅghṇõ tr. 'to smell', Garh. sũgṇu.

12580 śṛṅkhala-: WPah.kṭg. (kc.) śáṅgəḷ f. (obl. -ɪ) 'chain', J. śā̃gaḷ f., Garh. sā̃gaḷ.

12583 śṛṅga-: WPah.kṭg. (kc.) śī́ṅg m. 'horn', J. śīṅg m., Garh. siṅg.

12588 śṛṅgavēra-: Md. iṅguru 'ginger'.

12590 śṛṅgāṭa-: A. also ciṅgarā (phonet. siṅɔra) 'a water-fruit' AFD 233.

12592 śṛṅgāra-: Garh. sĩgār 'decoration'.

12595 śṛṅgin-: OMarw. (Vīsaḷa) sīṁgī f.adj. 'horned (of cow)'.

12598 śṛṇōti: WPah.kṭg. (kc.) śúṇṇõ 'to hear, listen', śəṇauṇõ 'to cause to be heard'; Garh. suṇnu 'to hear'.

ŚṚ: †*ŚĪRAYATI.

12604 śēkhara-: WPah.J. śehrā m. 'wedding garland'; — poet. śīre f. 'garland', S. sihiro, P. sihrā rather < ŚIKHARÁ-.

12608 śēphālikā-: OB. seālī id.

12609 *śēyyā-: Si. äňda 'bed' EGS 269, Md. eňdu.
†*ŚĒYYĀSANA-.

12609a †*śēyyāsana- 'resting place' (śayyāsana- n.du. 'couch and seat', in cmpd. 'resting place' Mn., śayanāsana- n. 'resting place, cell' Buddh.). [*ŚĒYYĀ-, ĀSANA-[1]]
OP. sihajāsaṇī 'bedridden' cf. P. chehjā < *ŚĒYYĀ-.

12610a †*śēlli- 'cord' see *SĒLLI-.
WPah.kṭg. śéll, kc. śēl m. 'fibre of tree-bark used for making ropes, hemp', J. śēl m., kul. śel 'hemp, fibre'; kṭg. śéllɪ f. 'goat's hair' Him.I 201.

12613 *śaitala-: WPah.kṭg. śéḷɔ m. 'coldness', rarely adj. 'cold', kc. śeḷo adj. 'cold'.

***śaimbala-** see ŚALMALÍ- Add².

***śaimbiya-** see ŚAIMBYA- Add².

12615 **śaimbya-**. 2. ***śaimbiya-**: Garh. *chēmī* 'beans'.

12618 ***śō-²**. 1. **†*śōka-²** 'defective': Kaf. **čoka-* 'orphan'; Md. *hoi* 'hollow cylinder'?
2. **†*śōkka-**: WPah.kṭg. *śókṛɔ* 'toothless'.

†*śōka-², **†*śōkka-** see *ŚŌ-².

12621 **śōcyatē** (cf. ŚÚCYATI): WPah.kṭg. *sócṇõ* 'to consider, think, ponder' (*s* for *ś* by assim. to *c* Him.I 216), Garh. *socṇu* 'to ponder, lament', *soc* 'worry'. — In view of WPah.kc. *suncṇo*, kṭg. *sóṭhṇõ* with same meanings, rather all NIA. *suc-*, *soc-* 'consider, think, ponder, worry' < †SAMARTHYATĒ × NIA. *suc-*, *soc-* 'grieve, lament' < ŚÚCYATI, ŚŌCYATĒ. (J.C.W.)

12622 ***śōṭṭha-²**: WPah.kṭg. *śóṭṭɔ* m. 'big stick, staff', *śóṭṭɪ* f. 'small stick'.

***śōṇṭhī-** see ŚUṆṬHĪ-.

12626 **śóddhum**: WPah.kṭg. *śódhṇõ* 'to cleanse, examine, clean out'; Md. *hōdanī* 'searches for' ← G.

12629 **śōdhana-**: WPah.kṭg. *śṑṇ* (w. high level tone) f. (obl. *-ɪ*) 'broom', J. *śũhṇ* f. (× *ŚUDHATI?).

12631 ***śōdhi-** 'news'. [Cf. ŚUDDHI- 'news', L. (Ju.) *sudh* f.; or MIA. NIA. forms poss. × early MIA. **sūdhi-* < ŚUDDHI- in view of P. *sūh* f. 'news']
Pk. *sōhi* f. 'purity, expiation, consideration (*ālōcanā-* PSM), past, future'; OP. *soi* f. 'news, reputation' (C. Shackle p. 57 suggests < **śrōti-*), P. *sūh* f. 'news, information'.

12651 **śauna-**. 1. Delete Kt. (GM 22.6.71).

12655 **ścōta-**: WPah.kṭg. (kc.) *chó*, J. *chō* m.pl. 'spring of water'.

12658 **śmaśāná-**: S.kcch. *masāṇ* m. 'cemetery'; Garh. *masāṇ* 'cremation-ground'; Md. *mahāna* 'grave' ← Ind.

12659 **śmáśru-**: A. *moch* (phonet. *-s*) 'beard' AFD 218, 231; Md. *matimas* (*mati-* < *masta-*) 'moustache'.

12663 **śyāna-**: WPah.kṭg. *śáṇṇ* m. 'ice' (← Kanaurī *šāṇĕnmig* 'to freeze' intr. Him.I 199).

12664 **śyāmá-**: WPah.kṭg. *śáũɔ* 'blue'.

12665 **śyāmalá-**: Garh. *sɔ̄lu* 'black' (*-l-* < *-ll-*?).

12667 **śyāmā́ka-**: Si. *hämi*, *amu* 'the grain Paspalum scrobiculatum' DSL 545.

12672 **śyāvá-**: WPah.kṭg. *śáuṛɔ* 'dark-complexioned'.

12681 **śrapáyati**. 2. **śrapyátē**: WPah.kṭg. *śápṇõ* 'to reach boiling point'.

śrapyátē see ŚRAPÁYATI Add².

ŚRAMBH: †*ŚRAMBHA-.

12683a **†*śrambha-** 'trust'. [*śrambhatē* 'trusts' Dhātup.: √ŚRAMBH]
Si. *am̆ba* 'trust' DSL 570.

12692 **śrāntá-**: WPah.kc. *śandiṇo* 'to be (get) tired', kṭg. *śándhṇõ*, J. *śāndṇu*.

12696 **śrāva-** [Cf. *śrāvitá-* n. 'call' ŚBr.]

12699 **śrā́vaṇa-²**: WPah.kṭg. (kc.) *śáuṇ* m. 'the month mid July to mid August', Garh. *sɔṇ* 'the 6th month'; Md. *huvan* 'the asterism Śrāvaṇa'.

ŚRI: †AVAŚRAYAṆA-, †*UT-ŚRAYAṆA-.

12703 **śrití-** [Cf. Ir. **sritā-* (cf. *ŚRITRĀ-), Yid. *x̌ad* 'ladder', Psht. *x̌əl* EVSh 101]

12708 **śrī́-**: †ŚRĪPARṆĪ-.

12709 ***śrīdhi-**: WPah.kṭg. *śíṛh* f. (obl. *-ɪ*) 'ladder', *śíṛhɔ* m. 'ladder, big staircase', *śíṛhɪ* f. 'small do.'.

12710a **†śrīparṇī-** f. 'the tree Gmelina arborea' Hcat., °*ṇikā-* f. 'Myristica malabarica and Myrica sapida' Bhpr., °*ṇa-* n. 'Premna spinosa or longifolia' Hcat. [ŚRĪ-, PARṆÁ-]
Pk. *sīvaṇṇī*, *sīvanni-* f. 'a partic. kind of tree'; M. *śivan*, *śivnī* f. 'a partic. timber-tree', *śivaṇ*, *śivṇī* f. 'Gmelina arborea (a timber-tree)', hal. *sivnā* 'a partic. tree' (T. Burrow 18.6.79).

†*śruvā- see *ŚRŪ- Add².

12715 ***śrū-**. 1. Pr. *üčū* 'horn', Tor. *ṣõ* (or < **†*śruvā-** as in Ir. e.g. X. Rosh. *x̌ā̌w*, Sar. *x̌ɛw*, Yid. *x̌ow* EVSh 104).

12716 **śrūyátē**: Md. *ivenī* 'is heard', *ivvanī* 'announces, asks'.

12717 ***śrēḍa-**. 1. WPah.kṭg. *śéṛɔ* 'blind in one eye', kc. *śeṛo* 'blind in one eye, blind'.

12727 ***śrēṣman-**: WPah.kṭg. *śéppɛ* f.pl. 'lather, bubbles'; kc. *śīmbh*, *śīmh*, kṭg. *śīmmh* m. 'snot', *śīmhṇõ* 'to blow the nose'; J. *śīm* 'snot'; A. *sep* (phonet. *xɛp*) 'phlegm' AFD 211.

12732 **ślakṣṇá-** [Cf. Shgh. *nān* 'smooth, even' ← IA. EVSh 73]: Brj. *nãnhau* 'small' (R. S. McGregor 6.4.67).

12734 **ślā́ghatē**: WPah.kṭg. (kc.) *sərā́ṇõ* 'to praise' ← H.

12748 **ślṓka-**: Kho. *šilóy* 'tale' BKhoT 73; Md. *lava* 'song, poem'?

12753 **śváśura-**: WPah.kṭg. (kc.) *śéurɔ* m. 'father-in-law', kṭg. *śɔ̄rɔ* m., Garh. *sasru*, A. also *śahur* (phonet. *xohur*).

12754 ***śvaśuraghara-**, 12755 ***śvaśuraśālā-**, ***śvaśurālaya-**, 12756 ***śvaśurāśaya-**: K. *hŏhawurᵘ*, *hōwurᵘ* rather < †ŚVAŚRŪŚVAŚURA- pl. 'in-laws' Kathās.; L.awāṇ. *saùre* rather pl. of *saùrā* < ŚVÁŚURA-; Ku. *sasurās*, *saurās* rather < **sa(s)ur-hās* (cf. OSi. *suhuru-hus*) replacing *śvaśrūśvaśura-*; — hence Bi. Mth. *sasurār*, H. *susrār* (dissim. N. *sasurāli*, H. *susrāl*) rather < ŚVÁŚURA- with ext. *r*, for which see MĀTULĒYA- in

Add. 14745 and PÍTRIYA- Add[2] (f. gender replacing pl.?). J.C.W.

WPah.kṭg. *sərēḷ* m. 'family, kinship, father-in-law's family' (see *ŚVAŚURAŚĀLĀ-) ← P.?

12759 **śvaśrū́-:** WPah.kṭg. *śáśśu* f. 'mother-in-law', kc. *śaśu* f., J. *śāś* f., Garh. *sāsu*.

†śvaśrūśvaśura- see *ŚVAŚURAGHARA-.

ŚVAS[1]: †ĀŚVĀSITA-.

12766 **śvāvídh-.** 1. WPah.kṭg. (kc.) *śaı* 'porcupine', J. *śāhī, śāī, śāū* m.

2. ***śuvāvidh-:** Kho. *šu*, obl. *šuṓ* 'porcupine' BKhoT 73.

12767 **śvāśurá-:** WPah.kṭg. (kc.) *śáurɔ* m. 'house and family of husband's father'.

12768 **śvā́śuri-:** read thus (-ś-); — in line 3 read *ŚVĀŚURIYA- s.v. *ŚVAŚURIYA-.

12769 **śvāsá-:** WPah.kṭg. *śā́* m. 'breath, life, mind, heart'. J. *śāh* m., Garh. *sās* 'breath' f. — WPah.kṭg. *sás*, kc. *sās* m. 'breath' ← H.

12772 **śvitrá-:** WPah.poet. *ciṭo* 'white', J. *ciṭā* (Him.I 51 < CITRÁ-).

12773 ***śvidyati:** delete 'is cold' ('*śvaitye*' Dhātup.).

12774 **śvētá-:** Md. *heva*, °*vā* 'white (of *kurum̐ba* drinkable coconut)'.

12778 **śvaitra-:** WPah.kc. *śetto* 'white' ← ? Him.I 201.

Ṣ

12796 **ṣáḍviṁśati-:** S.kcch. *chaī* '26', A. also *chābbiś* (phonet. *sabbis*) AFD 213, Md. *sabbīs* ← Ind.

ṣaṇḍa-[2] see SÁṆḌA- Add[2].

12803 **ṣáṣ-.** 3. S.kcch. *cha* '6', WPah.kṭg. (kc.) *ċhɔ́* 'six' (*ċhɔ́uɔ* 'sixth' cf. NiDoc. *ṣodhama*), J. *chau*, Garh. *chɛ*, A. *chây* AFD 216, Md. *ha*.
ṢÁḌVIṀŚATI-.

12804 **ṣaṣṭí-:** WPah.kṭg. *sáṭṭh* '60', kc. *śāṭh*, Garh. *sāṭh*, Md. (old) *haṭṭi*.

12808 **ṣaṣṭhá-:** Garh. *chaṭṭu* '6th'.

12812 **ṣṓḍaśa:** WPah.kṭg. (kc.) *sóḷa* '16', J. *soḷō*, Garh. *soḷa*, Md. *sōḷa* ← M. or G.

S

12815 **sá[1]:** Kho. *se* dem.pron. BKhoT 73; WPah.kṭg. *sɔ́* 'he, she, it', kc. *seo*.

12816 **sa-[2]:** †SÁBALA- in Add[2] supplement.

12817 **saṁkaṭá-:** WPah.kṭg. *sáṅgrɔ* 'narrow', jaun. *sā̃gaṛo*.

12823 **sáṁkirati:** OP. *sakelaṇu* 'to gather, collect (firewood)' (ac. C. Shackle p. 32 der. from *KĒḌA-).

12824 **saṁkucyatē** [Cf. MPers. *ngwč* 'to bend down' EVSh 42]

12832 ***saṁkōcyatē** [Cf. Ir. **ham-kauk-* in Shgh. *angaxs-* 'to get struck by', Khot. *haṁgūjs-* 'to fear' EVSh 14, 42]

12833 ***saṁkōṭayati:** WPah.kṭg. *səkōṛ* f. (obl. -*ı*) 'delivery of child, childbirth' (← some dialect preserving -*ṅk*-? Him.I 217).

12834 **saṁkramá-:** A. *sā̃ko* (phonet. *x*-) 'bridge' AFD 187.

12842 **sáṁkhyāti:** Pk. *saṁhaï, sāhaï, sāhei, saṁghaï, sagghaï* 'says', *uvasāhaï* 'tells', *saṁsāhaṇa-* n. 'conversation' with Kal. Or. M. rather < **saṁhati*, **saṅghati* < IE. **senghw-* (Bloch); Pk. *āsaṁghā-* f. 'wish' formed after Sk. *āśaṁsā-*. (But *saṁhaï, saṁghaï, sāhaï* < *śáṁsati* RV., *saṁsāhaṇa-* < *saṁśaṁsati* Br., *āsaṁghā-* < *āśaṁsā-* Pāṇ., with abnormal dev. in verb of 'saying' ~ ĀKHYĀTI, is a simpler hypothesis. J.C.W.).

12855 **saṁghaṭayati:** A. *sā̃oriba* (phonet. *x-*) 'to yoke together' AFD 333, *sā̃or* (phonet. *x-*) 'yoking together' 223.

12859 **saṁghāṭa-:** Md. *aṅgoḷi* 'junction'?

12868 **sáṁcarati:** A. *sõcariba* (phonet. *xõs-*) 'to pass from one to another (as disease)' AFD 332.

12874 **saṁjñā-:** WPah.J. *sā̃'n* f. 'symbol, sign'; kṭg. *sánku* m. 'hint, wink, coquetry', H. *sankī* f. 'wink', *sankārnā* 'to hint, nod, wink' Him.I 209.

12888 **saṁtāra-:** A. also *sā̃tor* (phonet. *x-*) AFD 203.

12899a **†sáṁdahati** 'burns up' RV. [√DAH]
Md. *aṅdanī, eṅdenī* intr. 'burns', *andanī* tr.; *eṅdum* 'burning'.

12908 **saṁdhā́-:** WPah.kṭg. *sánnh* f. (obl. *-a*) 'evening, dusk', J. *sā̃dṛī* f. 'evening, sunset'.

12918 **saṁdhyā́-:** WPah.J. *sā̃j* f. 'evening'.

12930 **sáṁpatati.** 1. WPah.Wkc. *sɔmərno* 'to be finished (e.g. of a meal)'? Him.I 212.

12957 **saṁbandhin-:** Garh. *samdhi* 'child's father-in-law' (*samdhīṇ*, °*dhyāṇ* 'his wife').

†saṁbādha- see †SÁṀBĀDHATĒ.

12958a **†sáṁbādhatē** 'presses down or together' AV., 'oppresses, torments' R. 2. **†saṁbādhá-** m. 'distress' RV., 'thronging, jostling' Kāv. (also wr. *saṁvādha-*), *saṁbādhanā-* f. 'chafing' Siṁhās. [Spelt *saṁvāhayati* 'rubs' Āpast., *saṁvavāhatuḥ* pf. MBh., *saṁvāha-* m. (MārkP.), *saṁvāhana-* n. (Suśr.) 'shampooing the body'. Cf. EWA ii 428. — √BĀDH]
1. Pa. *sambādhati* 'is crowded', *sambāhati* 'rubs, shampoos', Pk. *saṁbāhaï* 'presses, hurts'; Si. *haṁbanavā, aṁb*° 'to rub, massage' DSL 572.
2. Pk. *saṁvāha-* m. 'massage'.

12959 **saṁbudhyatē:** WPah.kṭg. (kc.) *sɔ́mj̈həṇõ, sɔ́məj̈hṇõ* 'to understand, consider', caus. kṭg. *səmj̈hàuṇõ* 'to make understood', Wkc. *səmj̈hɛuṇo*; Garh. *samajhṇu* 'to understand'; OMarw. (Vīsaḷa) caus. *samajhāi* 'persuades'.

12961 **sáṁbharati.** 1. Si. *haṁbaranavā, aṁb*° 'to suffice' DLS 574; Md. *aṅburanī* 'twists, changes, translates', *eṅburenī* 'revolves', absol. *eṅburi* 'back again'.
2. **saṁbhārayati:** A. *cambhāliba* (phonet. *s-*) 'to take care of' AFD 216. — B. read *sāmlāna* (less prob. < *SAṀVARATI).

12962 ***saṁbhalati.** 1. WPah.kṭg. *sambhəḷnõ*, kc. *sam(b)həḷno* 'to think of, recollect', J. *sambhalṇu* 'to be careful'.
2. **saṁbhālayati:** WPah.kṭg. *səbhàḷnõ* 'to keep ready, make ready', *səbhàḷ* f. (obl. *-a*) 'protection, supervision'; J. *sambhāḷṇu* 'to put in a safe place', *sambhāḷ* f. 'care'; Garh. *sā̃bhāḷnu* 'to keep safe'. — B. read *sāmlāna*.

12963 **saṁbhavá-** 'meeting' Gobh., 'finding room in' MBh. WPah.poet. *səbhɔ(a)* m. 'space to move in, room'.

12965 ***saṁbhāyayati:** Si. *haṁbanavā, aṁb*° 'to drive away, chase'.

saṁbhārayati see SÁṀBHARATI Add[2].

saṁbhālayati see *SAṀBHALATI Add[2].

12967 **saṁbhāvayati:** WPah.kṭg. *səbhàuṇõ* 'to pay respects to, bid farewell ceremoniously'.

12970 **sáṁbhṛta-:** P. *sāmbhṇā* 'to support, take care of'; WPah.kṭg. *sámbhṇõ* (pret. *sámbhɔ*) 'to receive, take charge of', J. *sāmbhṇu*; Si. *haṁbaḷa, aṁb*° 'turned, fled' pp. of *haṁbaranavā* DSL 575.

12974 **saṁmantrayati:** Si. *amatanavā* DSL 525 wrongly < *ĀMANTHATI.

12975 **saṁmāti:** OMarw. *samāi* 'fits into, is contained in'.

12979a **†saṁmārjana-** n. 'wisp for cleaning' TBr., °*nī-* f. 'broom' Kull. [√MṚJ]
Pa. *sammajjanī-*, °*mujj*°, °*muñj*° f. 'broom', Pk. *saṁmajjaṇī-* f., Si. *amadini*.

12982 **saṁmukha-:** A. *camu* (phonet. *somu*) 'straight' AFD 90, 216 (cf. MB. Or. *chāmu* 'in front').

12986 **sáṁyukta-:** Si. *avutu, amutu* 'joined, yoked' or < ĀYUKTA-.

12990 **saṁyōjayati:** OP. *saṁjovaṇu* 'to join, fix'.

12990a **†saṁrakṣati** 'protects, preserves' Mn. [√RAKṢ]
Pa. *saṁrakkhati* 'guards', Pk. *saṁrakkhaṇa-* n. 'guarding together'; WPah.poet. *sõkhṇo* 'to protect, look after' (but *r* is preserved in kṭg. (kc.) *sɔ́rčṇõ* < *SAṀRACYATĒ Him.I 213).

12991 **saṁracayati.** 2. ***saṁracyatē:** S. *sarcaṇu*; WPah.kṭg. (kc.) *sɔ́rčṇõ* 'to come to an understanding, be reconciled' rather than < SAṀRAJYATĒ.

***saṁracyatē** see SAṀRACAYATI Add[2].

12992 **saṁrajyatē:** S. *sarcaṇu*, WPah.kṭg. (kc.) *sɔ́rčṇõ* 'to be reconciled, come to an understanding' rather < *SAṀRACYATĒ.

12999 **saṁlagna-:** Garh. *salgaṇu* 'to be set on fire', *salgɔṇu* 'to kindle'.

13011 **saṁvatsará-:** OSi. *havajara* 'year' (poss. < EMIA. **saṁvāchara-* by metath. < **sāṁvacchara-* < †SĀṀVATSARÁ- 'yearly, lasting a year' ŚrS., *sāṁvatsaraká-* Pāṇ.).

13017 **sáṁvahati.** 3. **saṁvāha-** 'setting in motion' Āp. (for Sk. Pk. *saṁvāha-* m. 'massage' see †SÁṀBĀDHATĒ).

13018 **sáṁvāti:** Si. *hamanavā, am*° 'to blow, to emit a scent' DSL 528.

13042 **saṁstara-:** WPah.kṭg. (kc.) *sáthrɔ* m. 'bed, bedding, bedding of pine-needles for cattle', J. *sāthrā* m. 'bedding' Him.I 208; — rather < SRASTARA-.

13043 **saṁstarati:** Md. *aturanī* 'arranges', *eturenī* 'is spread' — or < ĀSTARATI.

13050 ***saṁsthāti:** OP. *saṇḍhaṇu*, *sāṁḍhaṇu* 'to settle (an account)'.

13050a †**saṁsthāna-** n. 'standing firm in battle' Gaut. [√STHĀ]
Pa. *saṁṭhāna-* n. 'configuration'; Pk. *saṁṭhāṇa-* 'shape, completion of work'; A. *sāṭhan* (phonet. *x-*) 'ability, resources' AFD 178, 206.

†***saṁhati** see SÁṀKHYĀTI Add².

13065a †***saṃhēḍati** 'becomes accustomed to'. [√HIL]
OP. *saheṛaṇu* 'to acquire, experience', P. *saheṛnā*.

13070 **sáktu-:** Garh. *sāttu* 'flour of fried barley'.

sákhi-: †SAKHYÁ-.

13075a †**sakhyá-** n. 'friendship, alliance' RV. [~ SĀKHYÁ-: — SÁKHI-]
WPah.kṭg. *sákkh* m. 'relationship, family', J. *sākh*, *śākh* (*ś* perh. by assoc. with Sk. *śā́khā-*) — or < *SVĀKYA- (× *śā́khā-*?) Him.I 207.

13076 **sagarbhā-:** Paš.pach. *saklāwa* 'with young (of a mare)' GM 9.6.66.

13082 **saṅga-:** WPah.kṭg. (kc.) *sɔ́ṅg* m. 'union, companionship', kṭg. *sɔ́ṅgɛ* 'together (with), simultaneously, with, by' prob. ← H. Him.I 212.

13084 **saṅgin-:** WPah.kṭg. (kc.) *sɔ́ṅgɪ* m. 'friend', kṭg. *sɔ́ṅgəṇ*, kc. *sɔṅgiṇ* f., J. *saṅgī*, *saṅgu* m. (prob. ← H. Him.I 212).

13085 **sájati.** 3. **sañjayati:** Si. *handinavā*, *ań̆d°* 'to put on, wear' DSL 366 wrongly < CHANDAYATI; Md. *annanī* (pp. *an*, absol. *ań̆de*) 'wraps around, puts on'.
4. **sajyáte:** WPah.kc. *chacṇo*, kṭg. *śácṇõ*, Wkc. *śɛcṇo* 'to stick, get stuck, adhere, be in difficulties', Wkc. *śɛcṇo* 'to seize forcibly', J. *śācṇu*; see also SAJJYATĒ.

13086 **sajāta-:** WPah.kṭg. *sáu* m. 'elder or younger sister's husband, relative' — perh. rather < SAHĀYA-.

13088 ***sajāna-:** Pk. *sayāṇa-* 'intelligent'; WPah.kṭg. (kc.) *sɛ́ṇɔ* 'intelligent, old and wise', poet. *sɛṇhno* 'to grow old'; Garh. *sayāṇu* 'wise, headman of village'; deriv. OP. *siāṇapa* f. 'cleverness', P. *siāṇap*.

13090 **sajjana-²:** WPah.kṭg. (kc.) *sā́jəṇ*, poet. *sajṇo* m. 'friend, lover, gentleman'; J. *sājan* m. 'term for a husband' ← H.?

13093 **sajjyatē:** Garh. *sajṇu* 'to be adorned'; see also SAJYÁTĒ.

13094a †***sajñāna-** 'wise'. [JÑĀNA- see *SAJĀNA-]
Garh. *sajāṇ* 'intelligent' (or < Pk. *sayāṇa-* < *SAJĀNA- influenced by verb *jāṇnu*).

13095 **sajya-:** WPah.kṭg. *sā́jḷɔ* 'freshly made (of food and drink)'; Garh. *sāj* 'decoration', *sajilu* 'well-decorated'.

sajyátē see SÁJATI Add².

13096 **sañcaka-** [~ Drav. DED 44]

13100 ***saṭṭ-²** 'slip away': transfer to †*ŚAṬṬ-. [See †*ŚUṬ-, †*ŚUṬṬ-. — √ŚAṬ²]

13106 ***satēra-¹:** WPah.kṭg. *sḗr* m. 'unit of weight (esp. of cereals)', J. *sēr* m.

13112 **satyá-:** WPah.kṭg. *sɔ́ccɔ* 'true' ← H. Him.I 211, Garh. *saccū* ← P., *sac* 'true'.

13116 **sadaka-** [Cf. v.l. ŚADAKA-]

13120 **sadṛśa-.** 2. **sādṛśa-:** WPah.kṭg. *sáyh* 'similar, like'.

13126a **sant-:** — postp. Bhoj. *sante* 'from, by' (< MIA. loc. absolute), Bi.mag. *satī* (× Sk.?), OA. *sante*, A. *hante*, MB. *hā̃te*, *hane* AFD 310; — OP. L.mult. *setī* 'from, with' × Sk.? (C. Shackle p.56 suggests < SAMÁ-¹ + ?).

13127 **santaka-** [Also *asmat-sataka-* 'our' Inscr. ← Pk. inscr. *amha-sa(n)taka-*, etc.]
1. OP. *sandā*, OP. P. *dā* gen.postp., OA. *e-santa* 'this person' (hon.), A. *-hā̃t* pl. suffix (with numerals and human nouns), *ekoṭi-hā̃t* 'definitely one', *ekokhan-hā̃t* 'definitely one piece' AFD 283.

13128 **sanna-¹:** Md. *in* 'sat'.

13134 **sapāda-:** Garh. *sawā* '$1\frac{1}{4}$'.

13139 **saptá:** WPah.kṭg. *sátt* (obl. *-a*) '7', kc. *sāt*, Garh. *sāt*.

13142 **saptácatvāriṁśat-:** Md. (old) *satāḷīs* '47' ← Ind.

13143 **saptatí-:** Md. (old) *hattari* '70'.

13146 **saptádaśa:** WPah. *sɔ́tra* '17', Md. *satāra* ← Ind.

13148 **saptanavati-:** Md. (old) *satānavai* '97' ← Ind.

13151 **saptamá-:** WPah.kṭg. *sáttuɔ*, *sáttiɔ*, kc. *satuo* 'seventh', Garh. *sātɔ̃*.

13157 **saptáviṁśati-:** Md. *satāvīs*, *hatāvīs* ← G.

13160 **saptāśīti-:** Md. (old) *satāhi* '87' ← Ind.

13166a †**sábala-** in Add² supplement.

†**sabhāgya-** 'fortunate' R. [BHĀGYA-¹]
†*ASABHĀGYA-.

13173 **samá-¹** [Cf. Shgh. *ama* 'with' EVSh 13]: Md. *hama* 'laws, right, exact, true, just, simply'? — ext. *-l-*: WPah.poet. *sɔ̄ḷa* 'level, smooth'.

13190 **sámarthayatē** also 'considers, takes for' MBh.
1. WPah.kṭg. *sóṭhṇõ* 'to consider, think, ponder'

(*so-* from *sóc̣ṇõ* in 2. — Him.I 213 expecting **sɔũ-*; but cf. L. N. H. *sũ-* < SAMARPAYATI, SAMĀ̃ṄGA-, *SAMĀJÑĀPTA-).

2. †**samarthyatē** 'is considered', *samarthya-* 'to be judged' Sāh.: WPah.kc. *sunc̣ṇo* 'to consider, think, ponder'; — × ŚÚCYATI (Or. *sucibā, socibā* 'to grieve'): WPah.kṭg. *sóc̣ṇõ* 'to consider, think, ponder' replacing *sóṭhṇõ* id. (collision with ŚÚCYATI poss. also in WPah. by assim. *s* for *ś* before *c̣* Him.I 216); — hence also NIA. *soc-* (A. *xusāiba*) id., Garh. Mth. *soc* 'anxiety', G. *soc* m. 'inquiry, anxiety', rather than directly < ŚÚCYATI, ŚŌCYATĒ? (J.C.W.)

†**samarthyatē** see SÁMARTHAYATĒ.

13192 **sámarpayati**: Garh. *sɔ̃pṇu* 'to entrust'.

13197a †**sámasyati** 'puts together, combines' AV. [√AS²]
Md. *mehenī* 'is united' (or ~ Si. *samahan* 'union' < SAMĀSANA-?).

13200a †**samākṛṣṭa-** 'drawn together' Amar. [√KṚṢ-]
WPah.kṭg. *séṭṭhɛ, séṭṭɛ* adv. and postp. 'near', *séṭṭhɔ, séṭṭɔ* 'close, near' Him.I 211 (loss of *m* as in *sóṭhnõ* < SÁMARTHAYATĒ, *súlṭɔ* < *SAMULLAṬYATĒ).

13222 **samāsana-**: Md. *mehenī* 'is united' or < †SÁMASYATI.

13229a †***samutta-** 'wet'. [Cf. *samunna-* lex., Pa. *samunna-*; — √UD]
Si. *amut* 'wet, damp'.

13237 ***samullaṭyatē**: WPah.kṭg. *súlṭɔ* 'right (opp. left), just, obverse'.

13238 **sámūḍha-**: WPah.kṭg. *súṇḍ* 'share given by villagers to a temple, collection of shares stored in a temple for feeding guests' (semant. cf. *phaṇṭ* < *PHĀṆṬ-)? Him.I 216.

13239a ***samūna-**: Si. *hamuṇanavā, am°* 'to string together, hook, fix on', rather than < *ĀVUNĀTI (DSL wrongly < *āvṛṇōti*); Md. *amunanī* 'strings together', *emunenī* 'is threaded'.

13247a †**saraka-** m.n. 'goblet (esp. for spirits)' R., 'drink of liquor' Kathās.
Pk. *saraya-* m.n. 'liquor (rum, etc.)', OP. *sarā* m.

13250 **sárati**: Garh. *sarnu* 'to spread'.

13252 **saraia-¹**: WPah.poet. *sɔrlo* 'straight' (with *-l-* preserved as in S. after *r*); kṭg. *sɔ́lḍɔ* 'level, horizontal, flat, low' (with *lḍ* < *rlḍ*?).

13253 **sárala-²**: OB. *sarala* id.

13260 ***sarā-²** [*muktāsraj-* f. lex., *mauktikasara-* m. Nalac. are doubtless ← MIA.; but conn. of **sarā-²* etc. with *sráj-* f. 'garland' RV. would account for range of sanskritized forms perh. better than identification with SARÁ-¹ etc. as suggested EWA iii 442]
†*MUKTĀSARIKĀ-.

sariṣapa- see SARṢÁPA-.

13265 **sárūpa-**: WPah.kṭg. *sərũ̄* in *sərũa dı bolṇo* 'to speak pertinently, to the point' (Him.I 219 < SURŪPÁ-) — cf. Pk. also *sarūva-* 'handsome', Pa. *sāruppa-* 'proper'.

13271 **sarpá-**: WPah.kṭg. (kc.) *sā́p* m. 'snake', Garh. *sā̃p*, A. spel. *sāp* AFD 211.

13274 **sarpiṇī-**: WPah.kṭg. *sáppəṇ* f. 'snake'.

13276 **sárva-** [*a* < non-apophonic IE. *o* (Gk. ὅλος) T. Burrow BSOAS xxxviii 69]
WPah.kṭg. (kc.) *sɔ́b* (obl. *-ı*) 'all', Garh. *sab*, A. *sâb* (phonet. *sɔb, xɔb*), OMarw. *sahu* (*saba* ← H.).

13281 **sarṣápa-**, *sariṣapa-* m. lex.: WPah.kṭg. *śérśɔ* m. 'mustard', J. *śerśõ* m. (pl.?).
SĀRṢAPA-.

13284 **sálati**. — Ext. *-kk-*: WPah.kṭg. *səlakṇõ* (*l* < *ll*?) 'to move slowly'.

13286 **salavaṇa-**: WPah.kṭg. *səluṇɔ* 'mixed with salt', m. 'seasoned vegetables' (*-l-*, as in all languages with *-ḷ-* < *-l-*, due to simple *lūṇ* < LAVAṆÁ).

13295 **sasyá-**: A. *śāh* (phonet. *x-*) 'kernel' AFD 226.

SAH: †SĀHATI.

13304 **sáhatē**: WPah.kṭg. (kc.) *sɛ̃́ṇõ*, kc. *sāṇo* 'to suffer, bear' (*ā* < *-aha-* but poss. like Ku. *sāṇo*, M. *sāhṇẽ* < †SĀHATI Him.I 208); kṭg. *səṇɛuṇõ* 'to be tolerable' Him.I 218.

13309 **sahāya-**: WPah.kṭg. *sáu* m. 'elder or younger sister's husband or relative' semant. cf. *mıttər* id. < MITRÁ- Him.I 207 rather than from SVĀSṚKA- despite final *-u*.

13310 **sahita-**: WPah.poet. *se* prep. 'together with', rāmp. (LStH 136) *sīh*.

†**sāṁvatsará-** see SAMVATSARÁ-.

13331 **sāṇḍa-** × ṢAṆḌA-²: WPah.kṭg. *śā́ṇḍ* m. 'bull', Garh. *sā̃ḍ*.

sādṛśa- see SADṚ́ŚA- Add².

SĀDH: †SĀDHAKA-.

13333a †**sādhaka-** 'effective, conclusive' MBh. [√SĀDH]
Pa. *sādhaka-*, Pk. *sāhaga-, sāhaya-* id.; OP. P. H. *sāhā* m. 'wedding day (as fixed by astrol. calculation)'.

13335 **sādháyati** see SĀDHNŌTI Add².

13337 **sādhú-**: A. *sāu* (phonet. *x-*) 'merchant' AFD 96.

sādhnṓti: NIA. < SĀDHÁYATI × *sāddhum* inf., — or prob. ← Sk. *sādháyati*; — delete *sadhnōti* JaimBr. (rejected reading).

13344a †**sābhijñāna-** adj. 'with a token of recognition' Kālid. [SA-², ABHIJÑĀNA-]
H. *sahidān* m., *°nī* f. 'distinguishing feature' < **saihnāṇa-* (cf. G. *ɛdhāṇ* < OMarw. OG. *ahināṇa* < ABHIJÑĀNA-), *sahijānī* f.; OMarw. *sahināṇa*.

13346 **sāmaka-**: WPah.poet. *saũo*, *sɔũo* 'level, plain', J. *saũwā̃* 'level'.

13352 **sāmbhara-** ← MIA. see ŚĀKAMBHARĪ-.

13354 **sāra-**[1]: WPah.kc. *sare* 'as, as soon as, when'; J. *sār* f. 'manner'? Him.I 299.

13355 **sā́ra-**[2]: WPah.kṭg. (kc.) *sárɔ* 'all, whole'; OMarw. *sāra* 'essence, true self'; Si. *araya* (st. *ara-*) 'heart wood'.

13358 **sārayati**: Garh. *sārnu* 'to carry a load'.

13364 **sā́rtha-**. 1. WPah.kc. *sath* m. 'company, being together'.

3. **sārthēna**: WPah.kṭg. *sátthı*, kc. *sathi* 'together (with), at the same time'; J. *sāthī* 'together with'.

sārthika- see *SĀRTHIN- Add[2].

13366 ***sārthin-**. 1. WPah.kṭg. *sátthəṇ*, kc. *sathiṇ* f. 'girl-friend'.

2. **sārthika-**: WPah.kṭg. *sátthı*, kc. *satħi* m. 'companion, friend', J. *sāthī* m.

sārthēna see SĀ́RTHA- Add[2].

13369 **sārdha-**: WPah.kṭg. *sáddhɔ* 'including one half', Garh. *sāṛe*.

13371a †**sārṣapa-** 'made of or derived from mustard' Kauś., n. 'mustard oil' Suśr. [SARṢÁPA-]

Pa. *sāsapa-* (gender?) 'a mustard seed'; Pk. *sāsava-* m. (13281 and DSL 453 wrongly < *sarṣápa-*); Si. *haba*, *aba* 'mustard' (← Pa.?).

13377a †**sāhati** 'overcomes' MBh., *sā́hant-* RV. [√SAH]

Poss. WPah.kc. *sāṇo*, kṭg. *sɛ̄ṇõ* 'to bear', Ku. *sāṇo*, M. *sāhṇẽ*; but rather < SÁHATĒ with *ā* < *aha*.

13381 **sāhāyya-**: WPah.kṭg. (kc.) *sā́jɔ* 'joint, common'; Wkc. *saje* f. 'joint (of property)' (absence of *-h-*?).

13382 ***sāhuḍa-**: OMarw. *saüṛa* 'quilt' (Mewāṛī *soṛ*); H. *saüṛ*, °*ṛā* 'heavy cloth used as a garment'.

13384 **siṁhá-**: WPah.kṭg. *sī̃* m. 'lion, leopard, brave man', *sī̃əṇ*, *sī̃ṇ* (with high level tone) f. 'lioness' (also *sī̃ṇ* Him.I 214 misprint with *ı*?).

13385 **siṁhala-**: †SIṀHALADVĪPA-.

13385a †**siṁhaladvīpa-** 'Ceylon' BHSk. [SIṀHALA-, DVĪPÁ-]

Md. (old) *oḷudū* 'Ceylon'.

13386 **sikatā-**: × ŚARKARĀ-[1] (Pk. *sikkarā-*) Add[2]; poss. also in Pk. *sikayā-*, K. *sēk-*, WPah. *sikk*, *sikkā*.

13387 ***sikka-** 'defective'. [~ Drav. DED 2065, also Tam. *caṅku* 'be dispirited' DED 1882?]

Ku. *sakīṇo* 'to be exhausted, succumb', N. *saknu*, *sakinu* 'to be finished' rather than < *ŚAKYATI? (J.C.W.); — OP. *sikka* f. 'desire, longing', L.mult. *sik* f.?

13393 **sicyátē**: Garh. *sīcṇu* 'to sprinkle' or < SIÑCÁTI.

13394 **siñcáti**: Garh. *sīcṇu* 'to sprinkle' or < SICYÁTĒ.

13401 **siddha-**[2]: WPah.kṭg. *siddhɔ* 'straight'; Si. *idi-karanavā* 'to make, construct' EGS 21.

13408 **sídhyati**[2]: Si. — read EGS 321.

13411 **sindūra-**: WPah.kṭg. *səndūr* m. 'red pigment (vermilion)' prob. ← H. Him.I 218, Garh. *sindūr*.

13419 ***simm-**: cf. OP. *summu* m. 'spring, source of river', P. *sumb* m.

†***siyāla-** see SYĀLÁ-.

13421 **sirā́-**: WPah.kṭg. *sīr* f. (obl. *-a*) 'sinew'.

SIV: †SĒVAYATI.

13428 **sī́tā-**: WPah.kṭg. *sī́* f. (obl. *-a*) 'furrow'; *Sia* 'Sītā' (retention of *-a* due to lw. *Sītā* Him.I 214).

13432 **sī́dati**: Md. *innanī* (pret. *in*, absol. *iňde*) 'sits', *indanī* 'sets, plants', *bēindanī*, *bēn*° 'sets, detains' (*bē-*?).

13435 **sīmán-**: WPah.kṭg. *sīũ* f. 'boundary', J. *sīõ* f., Md. *im* 'boundary', Si. also *ima* EGS 22.

13436 **sīmánta-**: Garh. *syū̃d* 'hair-parting'.

13443 **sīvana-**. 1. WPah.kṭg. (kc.) *síuṇ* f. (obl. *-ı*) 'needle', Garh. *syūṇ* f.

2. **sēvana-**[2], *sēvanī-*: WPah.poet. *seuṇe* 'edging, seam'.

13444 **sī́vyati**. 3. Caus. †**sēvayati** Gr. (cf. SĒVANA-[2]): WPah.kṭg. *sɛ́ũṇõ* 'to sew', kc. *sıũno* (rather than < SĪVAYATI).

13448 **sukumāra-** [Perh. by pop. etym. ← MIA. *suhumā̆la-* < SŪ́KṢMA-[1] with ext. *-la-*]: OP. *suāṁlhiu* (< MIA. *sukhumāla-*) 'lovely', *kuāṁlhiu* (with KU-) 'ugly'.

13451 **sukhá-**. — × DUḤKHA-: WPah.kṭg. (kc.) *súkkh* m. 'pleasure, well-being, liking', J. *sukhṇā* f. 'desire'; kṭg. (kc.) *súkkhi* 'pleasant, happy' (cf. *sukhin-* MBh., *sukhita-* Kāv., Pk. *suhi-*, *suhia-*).

†*SUKHĀYANĀ-.

13452a †***sukhāyanā-** f. 'making pleasant'. [SUKHĀYATĒ: SUKHÁ-]

Aś. *sukhāyanā-* f.; Garh. *swāṇu* 'pleasing'.

13454 **sugandha-**: Md. *huvaňdu* 'scented', A. *sondā* (phonet. *x-*) also adj. 'sweet-smelling' AFD 208, vb. spel. *sondāiba* 337.

13462 ***succhadya-**: delete entry. — L.mult. *sucajjā* 'capable (of woman)', OP. *sucajjā* < MIA. cmpd. (SU-[2] + CARYĀ-; replacing *sucarita-* 'virtuous' Mn., Pk. *suaria-*) C. Shackle.

13466 ***suṭṭ-**: entry replaced by †*ŚUṬ-, †*SUṬṬ-.

13468 **sutthanā-**: WPah.kṭg. *sútthəṇ* (obl. *-a*), kc. *suthəṇ* f. 'pair of trousers'.

13479 **suptá-**: WPah.kṭg. (kc.) *sútṇõ* 'to sleep, fall asleep, lie down', poet. *sutiṇo* 'to fall asleep', caus. kc. *su'tarno, sətarnó* 'to put to sleep'; Md. *ot* 'placed' pp. of *onnanī* (absol. *ove*) 'lies down' < SVÁPATI.

13481 ***supna-**: WPah.poet. *suɪṇo* m. 'dream', kṭg. (kc.) *sṹṇɔ* m. 'dream, (rarely) sleep'; — × MIA. *suppati* (see SUPYATĒ Add²): kṭg. *súpṇɔ* m. 'dream', J. *supnā* m., bhad. *supṇũ* n.

13483 **supyatē**: MIA. *suppati*, Pa. *soppati*, WPah. Si. perh. rather < SVÁPATI, *SUPATI × SVÁPNA-.

13495 ***sumbha-**: Md. *obi* (*obbek*) 'oilpress'?

13496 **sumbhati**: Md. *obanī* 'presses, disappears'.

13512 **sulabha-**: WPah.kṭg. *súllɛ*, kc. *sula* 'quietly, slowly, safely, with low voice' (*ll* and *l* after MIA. *dullaha-* < DURLABHA-: why no aspiration? Him.I 216), J. *sulē* 'slowly'.

13519 **suvárṇa-**. 1. WPah.kṭg. *súnnɔ*, kc. *suno* m. 'gold'.
2. **saúvarṇa-**: Garh. *sonu* 'gold', OMarw. *sonaü* m.

13520 **suvarṇakāra-**: WPah.kṭg. (kc.) *sənār* m. 'goldsmith', Garh. *sunār*; — Md. *sunāru* ← G. M.

13533 **suvitá-**: WPah.kṭg. *súɪ*, kc. *sue* f. 'woman's greeting to men and elder women'.

13535 **suṣirá-**: WPah.kṭg. *śóśśəḷ* m. 'hole in earth, in cloth etc.', adj. 'hollow'; WPah.J. *śōśḷ* f. (assim. of *s*-: Him.I 202 compares Sk. spelling *śuṣirá-*).

SŪ: †SŪTIKĀ-.

***sūṅkara-** see SŪKARÁ-.

13544 **sūkará-**. 1. Md. *suvaru* 'swine' ← G.
2. ***sūṅkara-**: WPah.kṭg. *súṅgər*, kc. *suṅgur* m. 'pig', kṭg. *súṅgṭu* m. 'pig' (*gṭ* < *grṭ* Him.I 215).

13549 **sūcika-**. 2. **saucika-**: WPah.kṭg. *sóɪ* m. 'tailor'.

13551 **sūcí-** [Cf. Ir. **sūčī-* in Shgh. X. Rosh. *sij* f. 'needle' EVSh 73; also Pahl. *sūčan* id.]: deriv. WPah.kṭg. *súɔ* 'large needle'. — In line 2 read v.l. *śūcī-*.

13551a †**sūcyatē** 'is indicated' Kāv., *sūcya-* 'to be communicated' Sāh. [Pass. of *sūcayati* 'indicates' Up., Pk. *suēi, suaï*. — Denom. fr. Pk. *sūā-* f. 'indication', Sk. *sūcā-* f. Buddh. — Poss. < *śūkā-* f. ('sting' Suśr., 'scruple, doubt' lex.) ~ *śūcī-*. — ŚŪKA-?]
M. *sucṇē* 'to come to mind', *sucē* n. 'hint, suggestion', caus. Or. *sucāibā* 'to remind', G. *sucavvũ* 'to hint', rather than < ŚÚCYATI; — WPah.kc. *sunčṇo* 'to consider', A. *xusāiba* rather < †SAMARTHYATĒ? (J.C.W.)

13552 ***sūjji-**. 2. ***sōjji-**: WPah.kṭg. (kc.) *sójɔ* 'of good quality (of rice)'.

13555 **sūtā-**, also †**sūtikā-** f. 'lying-in woman' AV.: WPah.kṭg. *súɪ* f. 'milch-cow', J. *sūī-hundī* (+ pres.part. of vb. 'to be') f. 'one delivered of a child or calf'.

†**sūtikā-** see SŪTĀ-.

13561 **sūtra-**: Pk. *sūa-* m. 'thread'; WPah.kṭg. *súttər*, poet. *sutra* m. 'thread' ← P.; Garh. *sūt*; A. *chutā* (phonet. *s*-) 'pretext' AFD 216.

SṚJ: SṚJÁTI Add.

13578 **sṛṣṭá-**: WPah.poet. *śeṭṇo* 'to cast away', kṭg. (kc.) *śóṭṇõ* 'to throw (away), leave' (Him.I 200 denies possibility of this etymology, but suggests none to replace. — *s*- > *ś*- before *ṣṭ*, and aspiration lost after preceding sibilant ~ ŚÚṢKA- > Pk. *sukka-*).

13580 **sēka-**: †SĒKAPĀTRA-.

13580a †**sēkapātra-** n. 'vessel for holding or pouring water' lex. [SĒKA-, PĀTRA-]
A. *sewat* (phonet. *xɛwɔt*) 'pot for draining off water' AFD 222.

13581 ***sēkk-**: WPah.kṭg. *sékṇõ* 'to bask in the sun'.

13585 **sētu-**: WPah.kṭg. *séu* m. (obl. *-a*) 'bridge'.

13589a †***sēbhu-** 'spittle or snot', *sēhu-* AV. [IE. **seibhu-*, Lat. *sebum* 'tallow' IEW 894, Burrow SternbachVol 806]
SĒHUṆḌA-.

†**sēraka-** m. 'monitor lizard (?)' Arthaś. see ŚÁLYAKA- Add².

13591 ***sēlli-**: WPah.J. kul. kṭg. kc. point to †*ŚĒLLI-.

sēvana-² see SĪVANA-.

†**sēvayati** see SĪVYATI.

13596 **sēvi-**: WPah.kṭg. (kc.) *séu* m. 'apple' (obl. kṭg. *séua*, — kc. *seba* ← P. H.?).

†**sēhu-** see †*SĒBHU-, SĒHUṆḌA-.

13599 **sēhuṇḍa-** [< **sēbhuṁ-da-* with Pk. *ṇḍ* < *nd*: †*SĒBHU-, *da-* 'giving a sticky juice' Burrow SternbachVol p. 809]

13602a **saira-** 'belonging to a plough' Āpast. [SĪRA-]
WPah.kṭg. *sérɪ* f. 'terraced and irrigated field', J. *śēr, śeri* f. 'long field (usu. of rice)', Ku. *sero*; — cf. P. Ku. H. *sīr* m. 'land cultivated by owner' < SĪRA- (Him.I 211 compares SIRĀ- whose sense 'stream' and variant *śirā-* are, however, unconfirmed).

13605 **sōdara-**: WPah.poet. *soro* m., *sore* f. 'blood-relative'; — *śoro* m., *śore* f., Ku.gng. *śwar*.

13606 **sōpāna-**: WPah.kṭg. *swáṇɔ* m. 'stone staircase'.

13610 **sōmavāra-**: WPah.kṭg. (kc.) *swā́r* m. 'Monday', J. *swār* m., Garh. *swā̃r*.

saucika- see SŪCIKA- Add².

13617 **sáubhāgya-**[1]: WPah.kṭg. (kc.) *swā́g* m. 'ornament worn in back hair by woman whose husband is alive', J. *suhāg*; kṭg. *swā́ggəṇ* f. 'woman whose husband is alive'; Garh. *swāg* 'wifehood'.

13618 **saubhāgya-**[2]: Garh. *swāgu* 'borax'.

13623 **sauvarṇika-**: WPah.poet. *suni* m. 'goldsmith' (*u* from *súnnɔ* < SUVÁRṆA- Him.I 216).

13627 **skandhá-**: S.kcch. *kandh* m. 'back of neck', *kandho* m. 'shoulder'; WPah.kṭg. *kannh* m. 'shoulder', kc. *kā̃nh*, jaun. *kā̃nn* m.; kṭg. (kc.) *khándɔ* m. 'big box along the wall of living room for grain'.
†*SKANDHAVĀLA-.

13635a †***skandhavāla-** 'hair to the shoulders'. [SKANDHÁ-, VĀ́LA-]
WPah.kṭg. *kənɔlṭɪ* f. 'long hair to the shoulders' (Him.I 28 suggests kṭg. *kánnh* 'shoulder' as 1st member but doubts VĀ́LA- as second) — more likely than < *KARṆAVĀLA-.

SKAMBH: †SKÁMBHATĒ.

13639 **skambhá-**[1]: Garh. *khambu* 'pillar'.

13641a †**skámbhatē** Dhātup. 'props', *skambháthuḥ* RV. [√SKAMBH]
Pa. *khambhēti* 'props, obstructs'; — Md. *keñbum* 'punting', *kañbanī* 'punts'?

13643 **skámbhana-**: S.kcch. *khā̃mṇo* m. 'bed for plants'.

13645 ***skar-** 'scratch, dig'. [Cf. Ir. **upa-škar-* in Shgh. *bixčār-* 'to ladle, scoop up', **pati-škar-* in Sar. *paxčor-* 'to fill with water' EVSh 64]
WPah.kṭg. *khrā́ṇõ* 'to scratch the earth, dig shallowly'; J. *khrāṛṇu* 'to dig, excavate'.

13647 **skavana-** [Cf. Ir. **skawana-* in Shgh. *sikūnd* 'pitchfork', X. *sekund*, Rosh. *sikūn* EVSh 73]

13648 ***skāndhika-**: S.kcch. *kā̃dhyo* m. 'one who carries corpse or bier to burning ground'.

13656 ***skupyatē**: Md. *koppanī* 'pushes'.

13657 ***skubhyatē**: WPah.kṭg. (kc.) *khúbṇõ* 'to pinch, pierce, prick', kṭg. (Wkc.) caus. *khəbɛuṇõ*.

13661 ***skōṣati**. 1. S.kcch. *khõsṇū* 'to prick, force in' (← G.?), WPah.kṭg. *khóśṇõ* 'to snatch'.
2. ***skuṣṭa-**: cf. OP. *khutthā* pp. 'plucked out, removed', absol. *khussi*.

13666 **stána-**: S.kcch. *thaṇ* m. 'woman's breast'; Garh. *thaṇ* 'teat, udder' (denom. *thaṇyɔṇu* 'to smoothe udders of cow or buffalo').

13675 **stábaka-** [Also spelt *stavaka-*]: A. also *thokā* 'cluster (as of fruit)' AFD 204, OB. *thokara*; B. *tholā*.

13676 **stabdha-**: S.kcch. *thadho* 'cold, cool'; WPah.kṭg. *thā́rɔ* m. 'grasshopper', J. *ṭhāḍā* m. (Him.I 95 with ?); A. *tadhā* 'amazed' AFD 202; — WPah.kṭg. *ṭhāṇḍ* f. (obl. *-a*) 'coldness', *ṭhā́ṇḍɔ* 'cold'; jaun. *ṭhāṛo* 'standing'; Md. *tat* 'thick, sluggish'.

13679 **stabhitá-**: or < STHĀYIN-, STHĀ́MAN-?

13680 ***stabhira-**: WPah.kṭg. *ṭhɛ̄́r* f. 'place of rest, quarter of the horizon', *ṭhɛ̄́rnõ* 'to stop intr., wait'.

13682 **stambha-**: S.kcch. *thambhlo* m. 'pillar', A. *thā̃m*, Md. *tañbu*.

13683 **stámbhatē**: WPah.kṭg. *ṭhɔ́mbhṛu* m. 'jostling, a partic. game' (Him.I 82), *thámbhṇõ* 'to hold, support', J. *thāmbhṇu* 'to hold, catch'; Md. *tibenī* 'waits', *tibbanī* 'places, clips' (absol. *tibbā* 'while being'), *bētibbanī* 'sets, detains' (*bē-*?).

stavaka- see STABAKA-.

13696a †***stīyatē** 'congeals'. [√STYAI]
G. *thījvũ* 'to congeal', M. *thijṇẽ*, rather than < *STHIRYATI.

13710 **stūpa-**: S.kcch. *thūo* m. 'hump' or < *STŪBHA-.

13711 ***stūpya-**. 2. ***stōpya-**: A. *thōpā* 'bunch' AFD 204.

13712 ***stūbha-**: S.kcch. *thūo* m. 'hump' or < STŪ́PA-.

13720 **stōká-**: WPah.kṭg. (kc.) *thórɔ* 'a little, small, short (e.g. of time)'; Garh. *thoṛā* 'little' (← H.?).

13721 **stṓkya-**: Md. *tiki* 'drop, dot'.

***stōpya-** 'tuft' see *STŪPYA- Add[2].

13734 **strī́-**: — also OP. *paratria* f. 'another's wife' (Sk. *parastrī-* Sāh., Pk. *paratthī-*).

STYAI: †*STĪYATĒ.

-stha-: †*AṄGĀRIṢṬHA-.

13737 ***sthakk-**: S.kcch. *thakṇū* 'to feel tired', *thākeṛo* m. 'fatigue'; WPah.kc. *thakṇo* 'to be or become tired', J. *thakṇu*.

13742 ***stharati**[1]. 1. S.kcch. *ṭharṇū* 'to freeze'.

13744 **sthála-**: Garh. *thaḷi* 'place'.

13746 **sthávi-**: S.kcch. *thelo* m. 'large cloth bag'; A. also *thaliyā* 'pouch, bag' AFD 236.

13747 **sthávira-**: A. *therā* 'old' AFD 205.

STHĀ: †STHĀTRÁ-, †STHĀPYA-, †STHU-; †SAṀ-STHĀ́NA-.

13748 **sthāgha-** [Dial. *STHAGHA- ~ *sthāgha-* with *a* ~ *ā* < IE. *o* (Gk. *στόχος* 'butt, target') T. Burrow BSOAS xxxviii 76]

13749 ***sthāghya-**: S.kcch. *tāgh* m. 'the bottom end (of depth)'.

13750 **sthāṇú-**: A. *ṭhāni* (phonet. *th-*) 'branch' AFD 204.

13752a †**sthātrá-** n. 'station, place' RV. [√STHĀ]
1. WPah.kṭg. *thā́c* m. 'open treeless space (esp. on

top of a hill for grazing sheep and goats in summer)' Him.I 95; *tháchṇõ*, kc. *thaciṇo* 'to stop, halt' Him.I 95.

2. Poss. EMIA. **thāta-* < **thātta-* in Ap. *ṭhāya-* 'place', Or. *thā*, H. *thā* m., *thāī* f. etc. rather than < Sk. STHĀYA- (*jalasthāya-* MBh. ← MIA.).

13753 **sthāna-**. 1. S.kcch. *thāṇo* m. 'bed for plants', WPah.poet. *ṭhaṇo* m. 'arrangement, hang (of clothes), police post', kṭg. *ṭháṇı* f. 'platform on which to seat a deity', Md. *tan* 'place, time'.

2. ***sthānya-:** WPah.kṭg. *thā́n* m. 'place, dwelling, police station'; Garh. *thān* 'place'.

†STHĀNAVANT-.

13753a †**sthānavant-** 'well-founded (of doubt)' Nyāyas. [STHĀNA-]

A. *thānuwā* 'well-shaped' (AFD 204)? (or from STHĀNA- with *-uka-*?).

13758a †**sthāpya-** 'to be placed on' Yājñ. — See *ṬHAPP, *THAPP-. [˴ STHĀ]

Pk. *ṭhappa-* 'fit to be set up'; G. *thāpɔ* m. 'thigh, behind' semant. cf. WPah.Wkc. *thau* m. 'thigh, behind' < STHĀMAN-.

13760 **sthāman-:** P. *thauh* m. 'place, estimate', WPah.kiūth. *ṭheũ* 'thing', kṭg. (kc.) *ṭhéu* m. 'knowledge' (Him.I 82 compares STABHITÁ-, *stabhūyánt-* RV., — but cf. P. *ṭhaur* < STHĀVARÁ-, WPah.bhal. *thɛũ* < STHĀMAN-); poet. *ṭhae* f. 'story, mention'; A. *thāi* (phonet. *thāi*, *thai*) 'spot', *thā̃wa* (phonet. *thāwɔ*) 'place' AFD 204; — WPah.kṭg. *tháɔ* m. 'buttocks', *thái* f. 'thigh', Wkc. *thau* m. 'thigh, buttocks' (cf. OM. *thāṁva* m. 'bottom' < STHĀMAN-, G. *thāpɔ* < †STHĀPYA-).

13762 **sthāya-** see †STHĀTRÁ-.

13766 **sthālī-** [*ā* < IE. *o* (OSl. *stolŭ* 'table' ~ OSl. *steljǫ* 'to spread out') T. Burrow BSOAS xxxviii 76]

S.kcch. *thār* m. 'large shallow metal dish', *thārī* f. 'smaller do.'; WPah.kṭg. *thá̄ḷı* f. 'vessel, brass plate', *thá̄ḷṭu* m. 'small do.'; Md. *teli* 'cooking pot'.

13768 **sthitá-:** S.kcch. *thīṇū* 'to become, happen'; WPah. *-thī* in kṭg. *ánthi* '(there) is', J. *ā̃thī* (containing pres.part. kṭg. *ā́ndɔ* < ĀSATE Add[2]?), kc. *asti* (cf. pres.part. poet. *asdo* < ĀSATE Add[2]?); kṭg. *neĩ ánthi* '(there) is not', *neĩ átthi*, *nítthi*; G. *nathī* '(is) not'; WPah.kc. *tho*, *the*, kṭg. *tɔ* pret. of *hoṇo* 'to be, become'. J.C.W.

13771 **sthirá-:** Garh. *thirnu* 'to stop'.

13772 ***sthiryati:** rather < †*STĪYATE.

†**sthu-:** *BHRĀTṚSTHU-. [˴ STHĀ]

13776 **sthūlá-:** S.kcch. *thūlo* m. 'a kind of food prepared from husks of wheat'; Garh. *ṭhullu* 'elder, bigger'.

13780 **sthaurá-**, BHSk. *sthōra-* 'pack-animal'. [Cf. Av. *staora-* 'big animal'; Shgh. *sitůr* 'big horned cattle', X. Rosh. *sitūr*, Yazgh. *stər* 'sheep']

NiDoc. *stora-* 'horse' (← Ir. EWA iii 531).

snapáyati see SNĀPÁYATI.

SNĀ: †SNĀPANA-, †SNĀYATI; †*NIṢṆĀYAYATI.

13786 **snāti**. 1. J. *nahāṇu* intr. 'to bathe, take a bath'.

2. †**snāyati:** S.kcch. *nā̃yṇū* intr., WPah.kc. *naiṇo*, *nhaiṇo*, Wkc. *nɛiṇo*, *nhɛiṇo*, kṭg. *nhɛ̃́ṇõ*; — × SNĀPÁYATI: kṭg. *nhɛ́uṇõ* intr. (pret. *nhɛ́uɔ*); Garh. *nhāeṇu*.

13790a †**snāpana-** n. 'act of bathing' MBh. [˴ SNĀ]

Pa. *nahāpana-* n. 'bathing', P. *nauṇ* m. 'tank', WPah.kṭg. *nauṇ* f. (*-ı*) 'brick-built tank, well', J. *nauṇ* m. 'place for water'.

13791 **snāpáyati**. 2. **snapáyati:** WPah.kṭg. (Wkc.) *nhɛ̀uṇõ* caus. 'to bathe, wash', pret. kṭg. *nhɛ̀uwɔ* (ɛ fr. intr. *nhɛ̃ṇõ*, *nhɛiṇo* < †SNĀYATI?), J. *nahwāṇu*; A. *nowāiba* 'to anoint before ceremonial bath'.

13792 ***snāpitṛ-**. 1. WPah.kṭg. *naı* (obl. *-i*) m., kc. *nai* m. 'barber', Garh. *nāyi*.

†**snāyati** see SNĀTI.

13794 ***snāru-:** Si. *nahara-ya* 'nerve', Si. Md. *nāru* rather < *SNĀVARA-?

13796 ***snāvara-:** Si. *nahara-ya* 'nerve, sinew, artery', *nāru* 'filaments in pulp of some fruits'; Md. *nāru* 'sinew': rather than < *SNĀRU-.

13798 **sníh-:** WPah.kṭg. *sínnhɔ* 'wet'.

13801 **snuṣā́-:** S.kcch. *nõ* f. 'son's wife'.

13802 **snēha-** [In meaning 'snow' preserved in Pk. *siṇēha-* cf. Ir. **snaiga-* in e.g. Shgh. *žinij* EVSh 110]: S.kcch. *nai* m. 'affection'.

13806 **spandatē:** Garh. *phā̃dṇu* 'to leap over'.

13808 ***sparvati:** Garh. *fabṇu* 'to prosper' or < †*PHARV-.

13812 ***spaśyatē:** WPah.kṭg. *phɔ́śṇõ* 'to be entangled, stick', J. *fasṇu* 'to entangle'; kṭg. caus. *phəśáuṇõ* 'to fix (e.g. foot in stirrup)'.

13812a †***spārśu-** 'touchable'. [Derivatives in *-u(ka)-* have *ā* in root syllable; or poss. †*SPRĀŚU-, cf. *asprākṣīt* Br. ~ *aspārkṣīt* Garuḍ.: ˴ SPṚŚ]

Pa. Aś. *phāsu-* 'pleasant', Pk.amg. *phāsuya-*.

13813 **spāśa-:** S.kcch. *phā̃slo* in *phā̃sle me gaṇṇū* 'to trap (an animal etc.)'; WPah.kṭg. *phái* f. 'noose, difficulty' (← P. Him.I 125), *phā̃sı* f. 'execution by hanging' (← H. Him.I 126); Garh. *phā̃su* 'eye of a needle, noose'; A. *phā̃h* 'noose'.

13814 **spāśayati**. 2. ***spāśyatē:** S.kcch. *phasāṇū* 'to entangle, to fix (e.g. foot in stirrup)'.

***spāśyatē** see SPĀŚÁYATI Add[2].

SPṚŚ: †*SPĀRŚU- or †*SPRĀŚU-.

†***sprāśu-** see †*SPĀRŚU-.

13817 **sphāṭati**. 1. Md. *faḷanī* 'shoots up (of plants)'.
2. ***sphaṭyati:** WPah.kṭg. *phɔṭṇõ* 'to be torn, burst', caus. *phəṭauṇõ* 'to cause to crack', J. *faṭāwṇu*.

***sphaṭyati** see SPHĀṬATI Add[2].

SPHAR[2]: †SPHĀRA-.

13819a †**sphara-** n. 'shield', *spharaka-* n. lex. [Cf. PHARA-[3], PHALA-[3]; *(s)phara-* ← Ir. EWA ii 392 in σπαραβάραι Hesiod, MPers. *spar*, NPers. *sipar* 'shield'; Sk. *phara-(ka)-* ← Pk.amg. *pharaya-* n. 'shield']
†*BĀHUṢPHARA-.

13822 **sphalati**. 2. ***sphālayati:** A. *phāliba* 'to split' rather < SPHĀṬAYATI.

13823 ***sphāṭa-:** †*CILLĀSPHĀṬA-.

13825 **sphāṭayati**. 1. S.kcch. *phāṛṇū* 'to tear'; — with intrusive *r* WPah.kṭg. *phrāṛnõ* 'to pierce or burst open'; A. *phāliba* 'to split' rather than < SPHĀLAYATI (but *-l-* < *-ṭ-*?) AFD 333.
2. ***sphāṭyatē:** S.kcch. *phāṭṇū* intr. 'to burst', WPah.kṭg. *pháṭṇõ* 'to be crushed'; Md. *faḷanī* 'chops, rips, unties (sail)', pass. *feḷenī* 'is torn' (*feḷum* 'operation, unfurling of sail').

13826 **sphāṭita-:** S.kcch. *phāṛyo* 'split', *phāṛyā keṇū* 'to split'; — WPah.Wkc. *phaṛo* 'squint-eyed, wall-eyed', kṭg. *phəraṛɔ, phərakkɔ*? (suggested Him.I 126); Md. *faḷi* 'sector, segment'.

***sphāṭyatē** see SPHĀṬAYATI Add[2].

13828 **sphāta-:** †*SPHĀTADUGDHA-.

13828a †***sphātadugdha-** 'curdled milk'? [SPHĀTA-, DUGDHÁ-]
S.kcch. *phodho* m. 'thick curdled milk', G. *phodũ* n. (adj.m. *phodo* 'soft, flabby'?).

13828b †**sphātí-** f. 'fattening (cattle)' RV., 'increase' Śatr. [√SPHĀY]
Pa. *phāti-* f. 'increase', *phātikamma-* n. id. (cf. *sphātiṃkaraṇa-* ĀrṣBr.), Pk. *phāi-* f. (*phāīkaya-* 'diffused'); A. *phāik* 'much, abundance' (ext. *-kk-*) AFD 212.

SPHĀY: †SPHĀTÍ-, †SPHĪTA-.

13834 **sphāla-** (read **sphāla-** m. Vop., *phāla-*[3] m. Vcar.): WPah.kc. *phāḷ* f. 'jump', Garh. *phāḷ*.

***sphālayati** see SPHALATI Add[2].

13835 ***sphāva-:** S.kcch. *phau* m. 'show of position or power'.

13839 ***sphiyá-** [Shgh. Ishk. *fay* 'wooden shovel', Bj. *fiy*, Wj. *fi*; — ext. *-kk-* in Shgh. Wj. *fiyak* 'wooden shovel, shoulderblade'; Ishk. *fayək* 'shoulder', Wkh. *fiak*, Sogd. *βyk*; Chvar. *fyk* 'rudder' — EVSh 34]
S.kcch. *pāvṛī* f. 'small wooden shovel'?

13840a †**sphīta-** 'swollen' Bhpr., 'abundant' MBh. [√SPHĀY]
Pa. *phīta-* 'rich, prosperous, well-populated'; A. *phikiba* 'to swell' AFD 212 (< *phī-akka-* ~ *zikiba* < *jitá-*).

SPHUṬ: †ĀSPHŌṬA-.

13842 **sphuṭáti:** Md. *foḷenī* 'blossoms' or pass. of *foḷanī* < SPHŌṬAYATI.

13845 ***sphuṭyati:** S.kcch. *phūṭṇū* 'to swell (as grain when soaked)', WPah.kṭg. *phúṭṇõ* intr. 'to split, burst', J. *fuṭṇu*.

13849 **sphuráti**[1]: WPah.kṭg. *phúrk* 'pop! hey presto!'; A. *phuriba* 'to walk about' AFD 331.

13854 **sphōṭa-**[2]: S.kcch. *phoṛkī* f. 'small boil'; A. *phorā* 'boil' AFD 233.

13857 **sphōṭayati:** S.kcch. *phoṛnū* tr. 'to split (wood)'; Md. *foḷanī* 'dusts, winnows', pass. *foḷenī* 'blossoms' or < SPHUṬATI.

13871 **syālá-**. 1. WPah.kṭg. *sáḷɔ* m. 'wife's brother', J. *śālā* m.; kṭg. *sāḷı*, poet. *salṭe* f. 'wife's sister'.
3. †***siyāla-:** Garh. *syāḷu* 'wife's younger brother'.

13875 ***syālīvōḍhṛ-:** Ko. *sāḍḍūku* ← Drav. Kan. *saḍḍaga* S. M. Katre.

†**sráj-** f. 'garland' RV. see *SARĀ-[2].

13883 **srastara-:** WPah.kṭg. (kc.) *sáthrɔ* m. 'bed, bedding, bedding of pine needles for cattle', J. *sāthrā* m. 'bedding'; — rather than < SAMSTARA- with Him.I 208.

SRU: †*AVASRAVATI, †AVASRĀVAYATI, †*NIḤSRAVAṆA-, †*NISRAVAṆA-.

13891 ***srōtra-:** A. *sõt* (phonet. *x-*) 'stream' AFD 223.

13896a ***svakya-:** WPah.kṭg. *sɔ́kkɔ* 'consanguineous' prob. ← P. Him.I 211.

13901 **svaná-:** WPah.kṭg. *śəṇsəṇāṇõ* 'to resound, rustle' — perh. *ś* indicates onom. †*ŚANAŚANA- for this and all *sansan-* words under SVANÁ-.

13902 **svápati:** Garh. *soṇu* (*seṇu*?) 'to lie down'; Md. *onnanī* (pp. *ot* < SUPTÁ-, absol. *ove*) 'lies down, remains'.

13919 ***svākya-** see †SAKHYÁ-.

13922 **svātí-:** Md. *hei* 'the asterism *svāti-*'.

13930 **svāmím-:** WPah.poet. *saĩ* m. (obl. *saĩ*) 'friend, lover, paramour'.

13931 **svāminī-:** WPah.poet. *sauṇi* f. 'name of goddess Kālī'; Garh. *swaiṇ* 'wife', Ku. *syaiṇi*.

13932 **svāsṛka-:** WPah.kṭg. *sáu* m. 'elder or younger sister's husband; relative'? — rather < SAHĀYA- Him.I 207 or poss. SAJĀTA- since *-h-* is absent.

SVID: †*PRASVIDATI.

H

13937 **haṁsá-:** WPah.kṭg. *hā̃s-béśśəṇ* m., *hā̃s-béśṇı* f. 'name of a mountain where migrating geese are seen to settle' (+ *upavēśana-*); Md. *rāda as* 'swan' (*rāda* < RĀ́JAN-).
†*PATTIHAṀSA-.

13938 **hakka-:** WPah.kṭg. *hā̀k* f. 'cry, shout'.

13941a †**hañji-** m. 'sneezing' lex. [EWA onom.]
A. *hā̃ci* (phonet. -*s*-) 'sneezing' AFD 217, 225.

13943 ***haṭṭ-**. 1. WPah.kṭg. (kc.) *hɔ̀ṭṇõ* 'to retire, return', kc. caus. *həṭauṇo* 'cause to return, remove'.
3. ***hanṭ-**[1]**:** WPah.kṭg. (kc.) *hàṇḍṇõ* 'to walk', Wkc. caus. *həṇḍɛuṇo*.

13944 **haṭṭa-:** WPah.kṭg. *hā̀ṭ* f., *hàṭṭı* f. 'shop, workshop', J. *hāṭṭī* f.; — cmpd. OP. *haṭatāri* f. (+ TĀḌA-[2] 'bolt') 'closing shops in mourning or protest', P. H. *haṛtāl* f.

13952 **haḍḍa-:** WPah.kṭg. *hàḍḍ* m. 'bone', *hàṛkɔ* m., J. *hāḍkī* f., Garh. *hāḍ*, *hāḍgu* (< **hāḍku*?).

***hanṭ-**[1] 'move' see *HAṬṬ- Add[2].

13960 **hádati**. 3. **hanna-** anal. **hagga-*: WPah.kṭg. (kc.) *hɔ̀gṇõ* 'to defecate'.

13967 **hanūmant-:** WPah.poet. *hɔṇo*, *hɔṇu* m. 'Hanumān'.

hanna- see HÁDATI Add[2].

13980 **hárati:** OP. *harhiāu*, P. *hariāṛ* 'gone astray (of cattle)' (for *h-h* cf. P. *hol*(*h*) < HŌLAKA-); Garh. *harnu* 'to take away'.

13982 **hariṇá-**. 2. WPah.kṭg. *hɔ̀rən-śiṅg*(*ɔ*) 'a kind of musical instrument (formed of or like a buck's horn)', J. *harn* m. 'buck', poet. *hirəṇ* m. 'deer', Ku. *hariṇ*, *hiraṇ* m., *hiraṇ*(*ī*) f.

13985 **hárita-:** WPah.kṭg. (kc.) *hɔ̀rɔ* 'green, blue, fresh'; J. *harā* 'green', Garh. *harī̃*, *haryũ*, H. *harī*.

13988 **haritālī-:** WPah.kṭg. *rhɛ̀ḷı* f. 'a partic. fair in the Rains', J. *rhyāḷi* f. 'fair in the Rains with archery practice'.

13992 **haridrā-**. 1. Garh. *haḷdu* 'turmeric'.
2. **hāridrā-:** A. also *hāladhi* 'tumeric' AFD 236.

13997 **harītaka-:** Garh. *haraṛ*, *harṛu* 'myrobalan', OB. *hariṛā*.

13997a †**harman-** n. 'yawning, gaping' lex.
A. *hāmi* 'yawning' AFD 225, *hāmiyāiba* 'to yawn' 337.

13998 **harmiyá-** [~ *hārmya-* TĀr. — dial. *a* ~ *ā* < IE. *o* T. Burrow BSOAS xxxviii 72]

14000 **halá-**[1]**:** WPah.kṭg. (kc.) *hɔ̀ḷ* m. 'plough', J. *hauḷ* m., Garh. (Śrīnagrī dial.) *hɔḷ*, (Salānī dial.) *hɛḷ*.
†HALABHṚTI-, †HALAVĀHĀ-; †*LŌHAHALA-.

14003 ***halati**. 1. Md. *aḷanī* 'moves' in *turuturu* (see *THAR-) *aḷanī* 'shakes (intr.)' — rather than ~ Md. *hal*(*l*)*anī* < CĀLÁYATI.
2. Caus.: Md. *aḷanī* 'puts on, picks, builds, reaches'? — Md. *aḷanī* 'casts down, pours, spreads' < CHÁRDATI ~ Si. *heḷanavā*?

14005a †**halabhṛti-** f. 'ploughing, agriculture' lex. (*halahati-* f. id. W. ← MIA.). [*halabhṛt-* 'plough-bearer (name of Balarāma)' MBh. — or poss. HALÁ-[1] + BHṚTÍ- 'subsistence']
WPah.kṭg. *ḷái* f. 'drainage furrow' (Him.I 190 < *halahati-*), Bi. *harāi* 'landlord's right to use tenant's plough' (rather than < *HALADĀTI-); WPah.kṭg. *ḷói* m. 'ploughman' (*ṛ* > *u* s.v. BHṚTA-, BHṚTÍ-); with ext. -*ṭa*-: L. *halohiṛ* f. 'ploughed land' (rather than < *HALŌḌHI-); all scarcely < †HALAVĀHĀ-. J.C.W.

14009 ***halavāha-** (cf. *halavāhā-* f. 'a measure of land' lex.): J. *haḷbāī* m. 'ploughman' — see also †HALABHṚTI-.

†**halavāhā-** see †HALABHṚTI-.

14014 **halēṣā-:** WPah.kṭg. *hɔ̀ḷəś*, *hɔ̀ḷś* f. (obl. -*a*) 'pole of plough'.

***HALL** [← Drav. also Schwarzschild JAOS 77, 205]

14018 ***hallati:** WPah.poet. *halṇo* intr. 'to shake, rock'; — Md. *halanī* 'shakes', *hallaṇī* 'vacillates' rather < CĀLÁYATI (~ Si. *hälenavā*).

14021 **hásati:** Kho. also *osik* 'to laugh' BKhoT 71; Garh. *hā̃snu* 'to laugh'.

14024 **hásta-:** WPah.kṭg. *hátth*, kc. *hā̃th* m. 'hand', J. also *hātth*, Garh. *hāth*, *hāt* m.
†*HASTĪKĀRA-.

14027 ***hastakāra-:** perh. rather < †*HASTĪKĀRA- sb. 'taking in hand' cf. *hastīkarōti* 'hands over' Mālatīm.; — *hastēkaraṇa-* n. 'marrying (a woman)' lex., *hastēkarōti* 'takes possession of' MW. poss. with *ē* ← MIA. *hatthiyāra-* by wrong sanskritization.
Pk.mh. *hatthiyāraṁ kar-* 'take up arms'; Garh. *hatyār* 'weapon', Md. *hatiyāru* pl. ← G.; — Pk. *atthāra-* m. 'help' Deśīn. < **hastakāra-* or **hastadhāra-* (*hastadhāraṇā-* f. 'helping' MBh.).

14029 **hastatala-:** WPah.kṭg. *thɛ̃l* m. 'paw (e.g. of a cat)'; — in kc. *hath-naḷe* f. 'palm of hand' (dissim. *th-t* to *th-n* Him.I 221: + TĀ́ḌA-[1]), kṭg. *thənɔḷı* f.

14039 **hastín-**: Garh. *hāttī* m. 'elephant'.

†***hastīkāra-** see *HASTAKĀRA-.

14048 ***hasyatē**: WPah.kṭg. *hásṇõ*, kc. *hɔsṇo*, *hasiṇo* 'to laugh', caus. kṭg. (kc.) *həsáuṇõ*, Wkc. *həsɛuṇo*.

HĀ²: †*UJJIHĪTĒ, †*UJJHĀPAYATI.

14050 ***hāṇḍa-**: WPah.kc. *haṇḍko* m. 'pot', A. also *hā̃ri* 'pot' AFD 225, 234.

14055 **hāni-**: OMarw. *hāṇi* 'loss'.

14058 **hāra-¹**: †BALIHĀRA-.

14059 **hāra-²**: WPah.J. *hā'r* f. 'garland'.

14061 **hārayati**: WPah.kṭg. (kc.) *hàrnõ* 'to fail, lose (esp. at play)', kṭg. caus. *rhauṇõ* 'to defeat', J. *hārṇu*.

14062 **hāri-**: WPah.kṭg. (kc.) *hàr* f. (obl. *-a*) 'defeat, abduction', J. *hā'r* f.

14064 **hārdi-**: for Kho. *deik* in *hardi* (or *yād*) *deik* see DHĀPAYATI Add².

14067 **hālika-**: WPah.kṭg. (kc.) *hàḷı* m. 'ploughman'.

14069 **hāsayati**: Kho. *hosā(w)ur* 'causes to laugh' (*o* from simple *hosik* < HÁSATI) BKhoT 68.

***hāsiya-** see HĀSYA- Add².

14071 **hāsya-**. 2. ***hāsiya-**: WPah.kṭg. *hássı* f. 'laughter', J. *hāsī* f.

14078 ***hiṅga-** 'defective'. 3. ***hōkkha-** (cf. *HŌCCHA-, *ŌCCHA-): WPah.kṭg. *ókkhɔ* 'small'; — *hɔ̀knɔ* 'young, minor' (LNH p. 31 'little'), *hɔ̀kṛɔ* 'a little, less' (Him.I 223)?

14079 **hiṅgú-**: Garh. *hĩg* 'asafoetida'.

14084 ***hijja-²** 'defective'. 5. ***hōccha-**: J. *hochā* 'short', WPah.kṭg. *hòc̃ṭɔ*, *hòc̃ṛɔ* (~ *ókkhɔ* 'small', *hɔ̀kṛɔ* 'a little', both < *HŌKKHA- ~ *HŌCCHA- Him.I 223).

14086 ***hiṭṭ-**: Garh. *hiṭuṇ* 'style of walking'.

HIḌ: see √HĪḌ.

hitá- see †*DHATTA-.

14094 **hindōla-**. 1. Si. also *hidoluvā* 'palanquin' EGS 21.
2. ***hiṇḍōla-**: Garh. *hiḍoḷu* 'swing'.

14096 **himá-**: WPah.kṭg. (kc.) *hìũ* m. 'snow' (kc. obl. *hima*), J. *hyū̃* m.

14097 ***himakartā-**: in view of WPah.kṭg. *həwant* m. 'harmful effect of snow on crops' Him.I 226, L. forms rather also ← Sk. HIMĀNTA-.

***himara-** see BĪJYA- Add².

14106 **himānta-**: L.mult. *hent*, (Ju.) *hint* f. 'snow-drift' (rather than < *HIMAKARTĀ-) and WPah.kṭg. *həwant* m. 'harmful effect of snow on crops' ← Sk. *himānta-*? (Him.I 226).

14108 **hiyás**: WPah.kc. *hīj*, kṭg. *hízz* 'yesterday', J. *hīj*; Md. *iyye*.

14110 **híraṇya-**: Md. *ran* 'gold'; — Garh. *hiraṇ* 'piece of gold put in mouth of the dying' ← Sk.

***HIL** 'be accustomed to': †*SAṀHĒḌATI.

14115 **hiláti¹**: read *ajīhiḍat* AV.; — for Ku. *heṛno* see HĪḌATĒ Add².

14121a †***hiṣṣ-** 'be extinguished, be baffled'. [To replace *HISS-²]
L.poṭh. *hisṇā* 'to be extinguished, be withered'; WPah.kṭg. *híśṇõ* 'to be extinguished, to go out (of fire)', caus. kṭg. (kc.) *śéuṇõ* 'to put out (fire)' Him.I 200; N. *hissinu* 'to be baffled', caus. *hissyāunu*.

***hiss-²** see †*HIṢṢ-.

HĪḌ: — read HĪḌATĒ Add², †HĒḌATI, †HĒḌAYATI; HILÁTI¹, HĒLATĒ².

14123 **hīḍatē** 'is vicious, abuses' (in *áhīḍamāna-* ŚBr. ~ *áhēḷamāna-*, *jihīḷa*, *hīḷitá-* RV., *ajīhiḍat* AV.).
2. †**hēḍati** in *áhēḷant-* RV., *hēlitavya-* MBh.: Ku. *heṛno* 'to trifle with, despise, disregard'; new intr. P. *hiṛnā* 'to be erected (of penis)'.
4. †**hēḍayati** in *áhēḷayant-* RV.: WPah.kṭg. *ṛhèuṇõ* 'to make fun of'.

14135 **huḍa-¹**. 3. †**hulu-** 'ram' lex.: WPah.kṭg. *hɔ̀̃l* m. 'ram for breeding'.

14135a †***huḍa-²** 'bolt or bar': WPah.J. *hūṛ* m. 'bolt above door', *huṛnu* 'to shut in'; kṭg. (kc.) *hɔ̀ṛnõ* 'to bolt (a door)' Him.I 226.
2. †**huḍukka-** 'bolt' lex.: Bi. *hurkā* 'bolt of a lock'.

†**huḍukka-** see †*HUḌA-².

huṇḍa-¹ 'ram' see HUḌA-¹.

†**hulu-** see HUḌA-¹.

†***hulla-** 'heat' see *HŪLUKKA-.

14148 ***hūlukka-**, *hōlāka-* m. 'kind of vapour bath' Car. 2. †***hulla-**: WPah.poet. *hulo* m. 'heat of the sun', bhal. *hɔ̄l* 'heat'.

HṚ: †*NĪHARATI.

14150 ***hṛtka-**: WPah.poet. *hīk* f. 'chest, heart, mind', J. *hīk* f. 'chest, throat, liver'.

14151 ***hṛtkūṭa-**: WPah.kṭg. *hìkkuṛɔ* m., °*ṛı* f. 'chest, heart, mind', kṭg. (kc.) *hìkṛɔ* m., kṭg. (poet.) *hìkṛu* m.

hṛd-: †*DŪHṚD-.

14152 **hṛdaya-**: WPah.kṭg. *hìɔ* m. 'chest, heart, mind', J. *hiyā* in *hiyē lāṇu* 'to embrace'.

14157 **hē**: WPah.kṭg. *hɛ̃̀* interj. (often with vocative) 'ho, look!'.

†**hēḍati**, †**hēḍayati** see HĪḌATĒ.

14159 ***hēḍā-:** OMarw. *heḍa* 'group of horses' Ḍiṁgala Koṣa 212, *heṛāū* 'horse-dealer' (→ *hēḍāvuka-* m. id. Yājñ.com.).

14164 **hēmantá-:** WPah.kṭg. (kc.) *hìund* m. 'winter', J. *hyū̃d* m., Garh. *hyū̃d*.

14165 ***hērati:** WPah.kṭg. (Wkc.) *hèrnõ*, kc. *erno* 'observe'; Garh. *hernu* 'to look'.

***hōkkha-** see *HIṄGA- Add².

***hōccha-** see *HIJJA-² Add².

14174 **hōḍa-:** Md. *oḍi* 'large kind of boat' ← Drav.

14180 **hōlaka-:** P. *hol(h)* m. 'chickpea half-parched in the pod'.

SUPPLEMENTARY LIST OF WORDS FROM THE KACCHĪ DIALECT OF SINDHĪ

S.kcch. words from *r-* to *h-*

268 **adhunā́:** *hāṇe* 'now'.

598 **áraṇa-** see *VAGGAḌA- below.

873 **avasthāna-:** *vathāṇ* m. 'resting place for cattle'.

972 **asáu:** *hū* 'he', *haunn* 'that'.

1589 **iyattaká-:** *hitro* 'this much'.

2073 **udvartman-:** *vāṭ* f. 'anxiety' ← G. *uvāṭ*.

2245 **úpaviśati:** *veṇū* 'to sit', *ve roṇū* 'to sit down'.

2462 **ḗka-:** †ĒKAVĀRAM.

2475a **†ēkavāram:** 'once, at once' Pañcat. [ḖKA-, VĀRA-[2]] Pa. *ēkavāraṁ* 'once'; S.kcch. *hikyār*.

2517 **ēraṇḍa-:** *hiṇḍh* m. 'castor-oil plant'.

2528 **ēvam ēva:** *hĩ* 'that way'?

2530 **ēṣá-[1]:** *hī* 'this'; — *hĩ* 'that way' like S. *ĩē* 'this way' rather same as P. *ivẽ* id. < ĒVAM ĒVA?

6908 **nakulá-:** *vanoryo* m. 'mongoose' (*va-* <?).

7247 **nimbū-:** *līmo* m. 'lemon'.

7563 **nī́la-:** *līlo* 'green'.

9161 **bála-:** †SÁBALA-.

9245 **bíla-[1]**. 3. ***vira-[2]:** *vīrī* f. 'pit in river bed' (← G. *virṛī* f. id).

9416 **bhávati:** *hũṇū* 'to be'.

10551 **rakṣā-[1]:** *rakhāl* f. 'chowky for protected land'.

10560 **raṅga-[1]:** *raṅgh* m. 'colour'.

10563 **raṅga-[5]:** *rāgo* m. 'plaster of white earth etc.'?

10570 ***raṅgayati:** *raṅghṇū* 'to dye'.

10593 ***raṭṭa-**. 5. **raṇḍa-:** *rann* f. 'harlot', *ranol* f. 'widow', *ranāpo* m. 'widowhood'.

10616 **randháyati:** *randhṇū* 'to cook'.

10622 ***rappha-:** *rāph* m. 'anthill, snake's hole'.

10623 ***rabbā-:** *rabb* f. 'gruel'.

10629 ***rampa-:** *rambh* f. 'iron strip edge for weeding tool'.

10630 ***rampati:** *rambhṇū* 'to clear field for planting'.

10637 ***ramyati:** *ramṇū* 'to play'.

10648 **raśmí-:** *rasso* m. 'rope'.

10679 **rā́jan-:** *rā* m. 'king'.

10681 ***rājanī-:** *rāyaṇ*, *ryāṇ* f. 'the tree', *rāyṇ* f. 'the berry'.

10688 **rājika-:** *rāī* f. 'mustard'.

10694 **rājyá-:** *raj keṇū* 'to rule'.

10697 **rāṭi-:** *rāṛ* f. 'shout'.

10709 ***rānti-:** *rāndh* f. 'a play, show', *rā̃dh karāṇī* 'to amuse a baby', *rāndhīko* m. 'toy'; — (+ KĀRA-[1]) *rāndhyār* m. 'showman'.

10735 **ríṅkhati.** 2. ***rikhyati:** *rakhaṛṇū* (G. *rakhaṛvũ*) 'to wander'.

10759 ***rugga-:** *rauggho* adj. 'the whole' (cf. S.). 2. ***ruṅga**- (× Pk. *rujja-* s.v. *RŌDYA-): *rūṅgo* (phonet. *rʋṅgo* AKŚ xxvi) m. 'tear', *rūṅgāro* m. 'act of weeping'.

10779 **rudhyatē:** deriv. *rūj* f. 'healing'.

10783 ***rupati.** 3. **rōpayati[2]:** *royṇū* 'to plant'.

10799 **rūkṣá-:** *raukho* 'dry, unsociable'.

10827 ***rōkk-:** *rokṇū* 'to stop' tr., *rokāṇū* 'to stay' intr.

10840 **rōdati.** 2. **rudáti:** *rūṇū* 'to weep'.

10856 **rōṣa-:** *ros*, *raus* m. 'anger'.

10875 **lakuṭa-**. 2. ***lakkuṭa-:** *lakṛo* m. 'wood', *lakṛī* f. 'stick'.

10877 ***lakka-[1]**. 4. **laṅga-[1]:** *laṅgṛāṇū* 'to limp'.

10881 **lakṣá-:** *lakh* m. '100,000' (*lākh* ← G.).

10882 **lakṣaṇá-:** *lakhaṇ* m. 'sign'.

10895 **lagyati:** *laghṇū* 'to feel', *laghāṇū* 'to attach, put on'.

10903 ***laṅgapaṭṭa-:** *laṅgoṭī* f. 'loincloth'.

10909 **lajjátē:** *lajṇū* 'to be ashamed'.

10910 **lajjā-:** *lajj* f. 'shame'.

10917 **laṭṭa-[1]**. 9. ***laṇḍara-:** *lā̃ḍhar* m. 'a small snake'?

10918 ***laṭṭa-[2]:** *laṭakṇū* 'to cling, hang'.

10926 **laḍḍu-[1]:** *laḍū* m. 'sweetmeat ball'.

10931 ***lattā-:** *latt* f. 'kick'.

10939 ***lappa-[1]:** *lepsṇū* (G. *lapasvũ*) 'to slip'.

10940 ***lappa-[2]:** *lapaṇ* f. 'slap'.

10941 ***lappasikā-:** *lapaī* f. 'the glutinous dish' (cf. *LAPPA-[1] with meanings resembling Eng. *to lap*; cf. also kcch. *lepsṇū* 'to slip').

10943 ***lappha-²**: *lapoṛ-sā̃kh* (term of abuse). 3. ***labba-**: *lābaṛ-caṭo* 'untrue, unreliable'.

10950 **labhyátē**: *labhṇū* 'to find'.

10951 **lamba-¹**: *lamo* 'long'.

10973 ***lallakka-**: *lalkārṇū* (G. *lalkārvũ*) 'to chant loudly'.

10983 **lavaṇita-**: *lūṇī* f. 'a kind of greens with salty taste'.

10991 ***laṣṭi-**: *laṭṭh* m. 'thick stick'.

10992 ***lasa-**: *lasso* 'glossy'.

11010 ***lāṅghaka-**: *lāṅgho* m. 'a fast' (but like S. *lā̃gho* 'ford, fordable' rather < **lāṅghya-* replacing *laṅghya-* 'to be traversed' Kāv., 'made to fast' Suśr.).

11012 ***lāḍa-**: *lāṛak*, *lārak* m. 'best man'.

11013 ***lāḍya-**: *lāḍ* m. 'act of caressing', *lāḍo* m. 'bridegroom', *lāḍī* f. 'bride', *lāḍak* m. 'best man'.

11019 ***lābhana-**: *lāṇ* f. 'distribution of presents'.

11044 ***likka-**: (× LIKṢĀ́-?) *likh* adv. 'a little'.

11045 **likṣā́-**: *likh* f. (phonet. *lɨkh*) 'nit'.

11048 **likháti**. 2. †**likhyatē**: *likhṇū* 'to write', *likhāyṇū* 'to dictate'.

11055 ***liṭṭa-³**. 4. ***lēḍḍa-²**: *liḍḍ* f. 'dung' (see *LIDDA-³).

11056 ***litta-**. 7. ***lēttha-**: *lithaṛṇū* (G. *lathaṛvũ*) 'to stagger'.

11062 **lipsā-**: — *racch* f. 'forced labour' (~ L. *licch* 'rent paid by cultivators'?), also 'net to trap fish'.

11063 ***libba-¹**: *libb* m. 'saliva', *lipph* f. 'babble', *libṛī* f. 'chatter'.

11068 ***lissa-**: *liss* m. 'an attack of cold'.

11072 ***lukka-¹**. 2. ***lugga-**: *lūghṛo* m. 'a cloth'.

11074 **luñcati**, Pk. *lucchaï*: *lūch-lūch keṇī* 'to work in a great hurry'.

11078 ***luṭṭati**: *lū̃ṭṇū* 'to plunder'.

11080 **luḍáti**. 5. **lōḍyatē**: deriv. *loḍo* m. 'swing'.

11083 **lúpyatē**. 3. **lupta-**, Pk. *l(h)ikkaï*: *likkī roṇū* 'to be hid', *likāṇū* (phonet. *lɨk-*) 'to conceal'.

11107 **lḗkhā-**, Pk. *līhā-*: various extt. in *līṅgho* m. 'thick line', *līṭo* m. id. (*līṭā pāṛṇā* 'to scratch'), and in *LĪKKĀ-²?

11108 **lēkhya-**: *lekhṇū* (G. *lekhvũ*) 'to consider'.

11109 **lēṭyáti**: *leṭṇū* 'to wallow'.

11154 **lṓman-**: (ext. *-r-*) *lū̃vārā* m.pl. 'body hair'.

11158 **lōhá-**: *lo* m. 'iron'.

11159 **lōhakāra-**: *loār* (phonet. *lwar* AKŚ xxviii) m. 'blacksmith'.

11175 **vaṁśa-**: *vañjī* f. 'bamboo splinter'.

11190 ***vaggaḍa-**: *vagṛo* m. 'wasteland', (+ ÁRAṆA-) *raṇvagṛo* m. 'barren wasteland'.

11225 **vaḍra-**: *vaḍo* 'big, elder'; *vaḍāī* f. 'greatness'.

11235 **vaṇṭa-¹**: *vaṇḍh* f. 'alms for faqir' or < 2.

11239 **vatsá-**: *vacch* m. 'foal, colt'.

11241 **vatsatará-**: *vachero* m. 'foal, colt'.

11258 **vána-¹**: *vaṇ* m. 'tree'.

11275 **vandhya-**: *vā̃jyo* 'childless'.

11331 **várga-**: deriv. *vagūo* m. 'herdsman of goats and sheep'.

11346 **varta-¹**: *vaṭṭ* m. 'a twist, coil' — poss. with *vaṭṇū* 'to wind' akin to *VIṬṬA-, (G. *vīṭɔ* m. 'roll', *viṭvũ* 'to wind'), as well as *VARTU- (P. *vaṭṭu* m. 'wrinkle') and VARTI- (P. *vaṭṭī* f. 'roll, wick').

11356 **vartáyati**: *vaṭṇū* 'to wind, entwine', *vaṭāṇū* 'to change (money), step over (obstacle), cross'.

11359 **várti-**: *vaṭṭ* f. 'wick'.

11362 **vartin-**: *vaṭā* 'beside', *vaṭe* 'in the possession of, near'.

11366 **vártman-**: *vāṭ* f. 'path', *vāṭāṛū* m. 'wayfarer'.

11375 **vardhaki-**: *vāḍho* m. 'carpenter'.

11376 **várdhatē**: *vadhṇū* 'to grow, excel'; — also '(fire) to consume' intr.: (i.e. to advance destructively, to burn itself out), hence caus. *vadhāyṇū* 'to extinguish' rather than via '*to be fully grown'.

11381 **vardhayati¹**: *vaḍhṇū* 'to reap, harvest'.

11382 **vardháyati²**: *vadhāṇū* 'to increase'.

11383 **vardhāpayati²**: *vadhāyṇū* 'to greet'.

11392 **varṣá-**: *vass* f. 'a shower'. 2. *var* m. 'year'.

11394 **várṣati**: *vasṇū* 'to rain'.

11403 **vala-**: (+?) *varoṇ* m. 'wooden or bamboo roofing materials'.

11405 **válati**: *varṇū* 'to turn around', also in sense 'to abstain, be aloof'; — *va(ḷ)ṇū* 'to return' ← G. 2. **valayati**, *vālayati*: *vāṛṇū* 'to bend, turn' tr.

11417 **valká-**: *vak* m. 'pith, marrow' (< 'inner bark'?).

11427 **vállabha-**: *valo* 'dear'.

11429 **vallī-**: *val* m. 'creeping plant'.

11430 **váśa-**: *vasū* postp. 'on the strength of'.

11460 **vahikā-**: *vaī* f. 'ledger'.

11483 ***vāṇa-²**: *vāṇ* m. 'coir string on bed frame'.

11484 **vāṇijá-**: *vāṇyū* m. 'tradesman'.

11491 **vātá-**: *vā* m. 'wind'.

11501 **vā́ti**: *vāṇū*, *veṇū* '(wind) to blow'.

11513 **vādyatē:** *vajāṇū* 'to play (flute, drum)'.

11515 **vānara-:** *vānro* m. 'monkey'.

11529 **vāpí-:** *vāy* f. 'large well with steps'.

11547 **vāra-²:** †ĒKAVĀRAM.

11564 **vārtta-:** deriv. *vatāṇū* 'to show, point out'.

11567 **vārdala-:** *vāḍar* m. 'cloud'.

11572 **vála-:** *vār* m. 'a hair'.

11625 **vikāla-:** *vīyārū*, *vyārū* m. 'supper'.

11638 **vikrayá-:** deriv. *vakarṇū* 'to sell'.

11691 ***vicchādana-:** *vichāṇ* f. 'bedding, bed'.

11692 ***vicchādayati:** *vichāṇū* 'to spread, set (trap)'.

11699 **vijāta-:** *vīyā* m.pl. 'progeny'.

11700 ***vijātra-:** *vittar*, *vītar* m. 'progeny'.

11742 **vidyút-:** *vijj* f. 'lightning'.

11759 **vídhyati:** *vīndhe vījṇū* 'to pierce' (*vīndho* m. 'hole' der. *VINDHATI); deriv. *vej* m. 'hole'.

11773 ***vināti:** *vaṇṇū* 'to weave', *vaṇī* f. 'a string'.

11842 **virajyati:** caus. *vircāyṇū* 'to harass'.

11881 ***vilagyati:** *vaḷaghṇū*, *vaghṇū* 'to insist' (G. *vaḷagvū* AKŚ).

11899 ***vilābhayati, *virābhayati:** *verāyṇū*, *var°* 'to allot'.

11914 ***vivaṅka-:** *viṅgho* 'crooked, oblique'.

11966 **viśvāsa-:** *vesā* m. 'trust'.

12042 ***vīcya-:** *vicā* 'in the middle', *vic me* 'in between', adj. *viclo* 'middling'.

12043 **vījana-**, Pk. *viṁjaṇa-*: *vañjṇī* f. 'hand fan', vb. *viñjṇū*.

12045 **vīṭā-, vīṇṭa-:** *vīḍho* m. 'nose-ring', *vīḍhī* f. 'ring' (*vīṭṇū* 'to wrap, fold (cloth)' ← G.?).

12081 **vṛ́ścika-:** *vicchī* m. 'scorpion'.

12115 **vélā-:** *verā* f. 'juncture, time'.

12129 **vēṣa-²:** *ves* m. 'disguise', *ve gaṇṇū* 'to act (a part)'.

12137 ***vaiḍava-:** *viṛī* f. 'grassland'.

12188 **vyākhyāna-:** deriv. *vakhāṇṇū* 'to praise'.

12191 **vyāghārayati.** 3. ***vyāghāra-:** *vaghār* m. 'seasonings'.

12290 **śapátha-:** *saũ* m. 'oath'.

12294 **śapva-:** *sarāp ḍeṇū* 'to curse' ← P. or all ← Sk.?

12298 **śábda-:** *saḍ* m. 'call'.

12324 **śará-¹:** *sar* m. 'reed'.

12357 **śaśá-:** *sao* m. 'hare, rabbit'.

12369 **śāka-¹:** *sāg* m. 'teak tree'.

12430 **śikṣatē:** *sikhṇū* 'to learn', caus. *sikhāṇū* 'to teach'.

12458 **śila-:** *siro* m. 'ear of corn'.

12485 **śītá-¹:** *sī* f. 'cold', *sīyo* m. 'malaria'.

12486 **śītakāla-:** *sīyāro* m. 'winter' (phonet. also *syaro*).

12493 **śipāla-.** 2. **śévāla-:** *sear* m. 'the moss'.

12548 **śúṣka-:** *saukko* 'dry'.

12552 ***śuṣkati:** *saukṇū* 'to be dried, wither'.

12567 **śūnyá-:** *sunn* m. 'desolation'.

12568 **śūyatē:** *sujṇū* '(a wound) to swell'.

12573 **śū́rpa-:** *saupp* m. 'winnowing basket'.

12580 **śṛṅkhala-:** *saṅghar* f. 'chain'.

12583 **śṛ́ṅga-:** *siṅgh* m. 'horn'.

12593 ***śṛṅgārayati:** *saṅghārṇū* 'to decorate' (G. *śaṅgārvū* AKŚ) — *-ṇ-*?

12598 **śṛṇóti:** *soṇṇū* 'to listen', caus. *soṇāṇū* 'to describe'.

12753 **śváśura-:** *sauro* m. 'father-in-law'.

12759 **śvaśrū́-:** *sass* f. 'mother-in-law'.

12766 **śvāvídh-.** 4. ***sēḍhā-:** *seṛ* f. 'porcupine', — (× G. *sāvṛī*?) *sevṛo*, *sevro* m. 'hedgehog'.

12767 **śvāśurá-.** 2. *sāvro* m. 'in-law's house'.

12769 **śvāsá-:** *sā* m. 'a breath'.

12815 **sá-¹:** *se* 'that'.

12816 **sa-²:** †SÁBALA-.

12869 **saṁcāra-:** *sañcār* m. 'arranging of roof-tiles'.

12898 **sáṁdadhāti:** *sandhṇū* 'to mend (garment)'.

12966 **saṁbhārá-:** *sambhār gīnṇī* (G. *sābhāḷ levī*) 'to take care of'.

12975 **saṁmāti:** *samāyṇū* 'to find room'.

12999 **saṁlagna-:** *salgāṇū* 'to ignite' tr.

13068 ***sakuṭa-:** *sauṛo* 'narrow'.

13073 **sakthán-:** *satthar* m. 'thigh'.

13112 **satyá-:** *sacco* 'true'.

13119 **sadṛ́kṣa-:** deriv. *sarkhāyṇū* 'to compare'.

13130 **sapátnī-:** *saũkh* f. 'junior co-wife'.

13139 **saptá:** *satt* '7'.

13166a **†sábala-** 'strong' RV. [SA-², BÁLA-]
With anal. *-bb-*: Pk. *sabbala-* 'strong'; S.kcch. *sabro*, G. *sabaḷ*.

13173 **samá-¹:** ext. *savro* 'righthand' (SAVYÁ- 'righthand' Hcar. infl. MIA. **sava-*?). 2. **samaka-:** *saũ̄* 'right, straight'.

13236 **samudrá-:** *samdhar*, *samandhar* m. 'sea' with *-m-* ← Sk. (**-vand-* < *-v̄ũd-?*).

13250 **sárati:** *sare vannū* 'to slide, slip'.

13254 **sáras-:** *sar* m. 'pond'.

13260 ***sarā-[2]:** *sar* f. 'piece of thread'.

13271 **sarpá-:** *sapp* m. 'snake'.

13305 **sahana-:** *seyn keṇū* 'to endure' (*-n*?).

13310 **sahita-:** *se* 'with' (AKŚ xviii).

13331 **sā́ṇḍa-:** *sān* m. 'bull'.

13364 **sā́rtha-:** *sathvāro keṇo* (G. *sathvāro karvo* AKŚ) 'to accompany'.

13384 **siṁhá-:** *sī̃* m. 'lion'.

13401 **siddha-[2]**. 2. *sīdho* m. 'undressed provisions'.

13427 ***sīṭṭa-:** *sīṭī* f. 'whistle'.

13444 **sī́vyati:** *sibṇū* 'to sew' (*b̲*!).

13445 **sī́sa-:** *sīyo* m. 'lead'.

13448 **sukumāra-:** (metath.) *sā̃ūro*, *sā̃ūṛo* 'tender, soft'.

13468 ***sutthanā-:** *sūthaṇ* m. 'trousers'.

13481 ***supna-:** *sauṇo*, *samṇõ* m. 'dream'; — *supno* (and N. *sapanā*) × Sk. rather than directly ← SVÁPNA-?

13561 **sū́tra-:** (+?) *sūteṇī* f. 'thread used in packing or sewing jute bags'.

13871 **syālá-:** *sār* m.f. 'brother-in-law, sister-in-law'.

13875 ***syālīvōḍhṛ-:** *saḍhū* m. 'wife's sister's husband'.

13905 **svapnāyatē:** *sūmṇū* 'to sleep' (S. *sumh-* with *h* from *suh-* s.v. *SUPNA-).

13939 **hakkayati:** *hakal* f. 'call, challenge', *hakalṇū* 'to drive (an animal)'.

13943 ***haṭṭ-:** *haṭṇū* 'to move'.

13944 **haṭṭa-:** *haṭṭ* f. 'shop'.

13952 **haḍḍa-:** *haḍḍ* m., *haḍo* m. 'bone'.

13963 **hánati:** *haṇṇū* 'to strike'.

13972 ***habba-:** *hābaṛ* 'wild'.

13982 **hariṇá-**. 2. *heṇ* m. 'deer'.

13992 **haridrā-[1]:** *haydhar* f. 'turmeric'.

14000 **halá-[1]:** *hār* m. 'plough'.

14014 **halēṣā-:** *halesā ḍeṇā* 'to paddle a canoe'.

14018 ***hallati:** *halṇū* 'to walk', caus. *halāyṇū* 'to shake, stir'.

14024 **hásta-:** *hath* m. 'hand'.

14152 **hṛ́daya-:** *hīyo* m. 'heart'.

14175 ***hōḍḍa-:** *vaudh* f. 'bet' (*dh* × *vadh* f. 'increase' < VṚDDHI-?), *v°* *vajṇū* 'to challenge, wager'.

INDEXES

INDEXES

Numbers refer to the head-words of the dictionary

PALI
(Pa.)

Nagari order: *e* and *ē* *o and ō* together

aṅgārakāsū- 3081a
accuṇha- 226b
ujjaka- 635a
ajjava- 1336a
aṭṭhilla- 955a
adiṇṇa- 6373a
addhita- 270a
adhamma- 247c
adhara- 247b
adharōṭṭha- 247b
anāmanta- 1241
appanā- 683a
appiya- 501a
abbhatta- 9502
amatta- 555a
ambaṭṭhi- 1279
avaṇta- 12077a
āgantu- 1045a
āgantuka- 1045a
ācamati 1064a
āyācana- 1287a
āyussa- 1292a
āyōga- 1294a
ujjhāpēti 1676a
uddēka- 2061
uddēkanika- 2061
upadaṁsēti 2176a
upapacciyamāna- 2188a
ēkavāraṁ Suppl. 2475a
ōsakkati 12235
ossavana- 878a
kappaṭa- 2871
-kāsū- 3081a
kōla- 3358, 3565a
kōlaṭṭhi- 3358a
khambhēti 13641a
cāraṇa- 4758a
jaṇṇu-, jannu- 5195
tandati 5927
tassati 5942
tādin(a)- 5760
tādisa- 5760
naṅguṭṭha- 11009
nahāpana- 13790a
nivatti- 7423a
nissakka- 12235
nīharati 7573b
pajānāti 8509a
patti- 7732a
pabhavati 8704a
pahōti 8704a
pūjākāra- 8317a
phaggava- 9074a
phāti- 13828b
phāsu- 13812a
phīta- 13840a
bhīru- 9516
magga- 10074
maggati 10074
mamaṅkāra(ṇa)- 9859a
mamiṅkāra- 9859a
mucchanā- 10240a
-mujjati 9711
mejjha- 10327a
rūpavant- 10804a
rōdhana- 10844
vanavāsin- 11265a
vijjōtati 11745a
vitta- 11727a
vittaka- 11727a
vidita- 11735a
vinadati 11764a
viyatta- 11727a
vuttha- 11435
saṁṭhāna- 13050a
saṁmajjanī- 12979a
saṁmujjanī- 12979a
saṁmuñjanī- 12979a
saṁrakkhati 12990a
samunna 13229a
sambādhati 12958a
sambāhati 12958a
sayati 12322a
sādhaka- 13333a
sāsapa- 13371a
simbali- 12351
sukkhita- 12552
sussūsa- 12544a
sētē 12322a
soppati 13483

AŚOKAN INSCRIPTIONS
(Aś.)

dakhināye 6251a
dākhināya 6251a
phāsu- 13812a
sukhāyanā- 13452a
-seyaka- 12353

NIYA DOCUMENTS
(NiDoc.)

margidavo 10074
ṣodhama- 12803
stora 13780

PRAKRIT
(Pk.)

akhajja- 48a
accuṇha- 226b
ajjava- 1336a
atthāra- 14027
adiṇa- 6140
adhaïṁ 1235
adhamma- 247c
appaṇa- 683a
appiya- 501a
abbhaya- 687a
amatta- 555a
ahaïṁ 1235
ahaṁnisa, ahaṇṇisa 993a
ahamma- 247c
ahara- 247b
aharuṭṭha- 247b
ahila- 48b
āōga-, āogga- 1294a
āgaṁtu(ga)- 1045a
āgaṁtuya- 1045a
ādahaï 6145
āyamaï 1064a
āsaṁghā- 12842
ulhavaï 855a
ulhāi 855a
uvadaṁsaï 2176a
uvasāhaï 12842
ōculla- 420a
olhavaï 855a
olhāi 855a
ōhatta- 785a
kajjalia- 2624a
kappara- 3831
kammaṇagāri- 3075a
kuppara- 3519, 3831
kurulaï 3347
kēvaḍaya- 11225
kōla- 3358, 3565a
khēḍia- 3734
gōviṁda- 4331
cakki(ya)- 4554a
cakki-sālā- 4554a
casaya- 4726a
cāraṇa- 4758a
cuṇaï 4814
cōḍī 5071
chabba(ga)- 4981
chabbaya- 4981
chalia- 5003a
chāyavēi 5019
chollaï 5073
jaggira- 5174
jaḍaï 5091
jaṇṇu-, jannu- 5195
jammaï 5113
jiṭṭhā-, jeṭ° 5292a
jokkāra- 5300a
jōyaï 10525
jōhāra- 5300a
jōhārijjaï 5300a
jhoṭṭī- 5414a
ṭhappa- 13758a
ṇivatti- 7423a
ṇihōḍiya- 7175
ṇīsāra- 7573a
ṇīharaï 7573b
tacchaṇa- 5619
tamaṁga- 5686a
tēḍaï 5947a
thōhara-, °rī- 6104
dāgha- 6253a
dūmaṇa- 6443
dhaṇia- 6727a
dhaṇiṭṭha- 6722a
dhaṇukka- 6726
dhaṇṇa- 6727a
dhatta- 6713a
dhanna- 6727a
dhammasālā- 6760a
dharagga- 6770
dhāṇukka- 6726
pakka- 7618
pacunniya- 8492a
pacchāmuha- 7996
patti- 7732a
paratthī- 13734
pahavaï 8704a
pahuvaï 8704a
pahuvvaṁta- 8704a
pahūa- 8704a
pāḍa(ya)- 8031
piullaa- 501a
puṁcha- 8249
pujjaï 8319a
puṇavvasu- 8276a
pharaya- 13819a
phāi- 13828b
phāīkaya- 13828b
phāsuya- 13812a
phiṭṭaï 9106a
bhēavva- 9608c
maṁdūra- 9746
magga- 10074
majjhaara- 9817
mamakāra- 9859a
mamayā- 9859a
mammakkā- 9859a
mayagala- 9773a
maru-, marua- 9876a
māmaga-, °aya- 9859a
mijjha- 10327a
mucchaṇā- 10240a
mejjha- 10327a
rūvavaṁta- 10804a
rōhaï 10843a
leṭṭhu- 11157
lēḍhukka- 11157
lōaḍī- 11072
vaṁsa- 11175
vaḍa-, vaḍḍa- 11225
vaṇavāsa-, °sin- 11265a
viia- 11735a
vijjō(v)ia- 11745a
viṇaya- 11767
vitta- 11727a
vidiya- 11735a
vuttha- 11435
saṁghaï 12842
saṁṭhāṇa- 13050a
saṁbali- 12351
saṁbāhaï 12958a
saṁmajjaṇī- 12979a
saṁrakkhaṇa- 12990a
saṁvāha- 12958a
saṁsāhaṇa- 12842
saṁhaï 12842
sagghaï 12842
saṇicc(h)ara- 12287c
saṇiṁcara- 12287c
sabbala- Suppl. 13166a
sayaï 12322a
sayāṇa- 13088, 13093a
saraya- 13247a
sallā- 12353
sāmali- 12351
sāliya- 12351
sāsava- 13371a

sāhaï 12842
sāhaya- 13333a
sāhēi 12842
siṁb(h)ali- 12351
sikayā 13386
sikkarā- 12337
sīria- 12495a
sīvaṇṇī- 12710a
sīvannī- 12710a
suaï, suēi 13551a
sussūsaa- 12544a
sūa- 13561
sūā- 13551a
sellaga- 12353
sōhi 12631
hatthiyāra- 14027
havvaṁ 2528
huṭṭha- 245a
hoṭṭha- 245a

APABHRAṀŚA
(Ap.)

emvahĩ 2528
evaḍa- 11225
ev(v)ahĩ 2528
kevaḍa- 11225
jāuṁ 10474
jevaḍa- 11225
ṭhāya 13752a
ṇāi, ṇāvaï 7614
tihi, tīha 5994
tevaḍa- 11225
balivaṇḍa 9176

GYPSY

Roman alphabetic order: aspirate consonants after non-aspirate; modified consonants after simple forms

EUROPEAN
(Gy.eur.)

asom 977, 9416
čar 4755
čirla, čiro 4824
ham 977
inkalàa 7484
ǰi 5239
khan- 4014
makli 10380
mišo 10258
niglav- 7484
pakó 7621
piri 8166
phus 9100
rom, romni 5570
som 977, 9416
trušil 6058
thardimol 6121
ulo 9552
urnando 1697

ARMENIAN
(Gy.arm.)

lakh- 5574a

PALESTINIAN
(Gy.pal.)

bis 9100
drīrā 6373a
pínǰi 8249

KAFIRI

Arranged in the order of the consonants of the roman alphabet, ignoring difference of vowel; all words with initial vowel take precedence

ASHKUN
(Ash.)

čapā́l 4696

KATI
(Kt.)

čū̃ 4961
čim-dur 4842a
ċċĕ 12427
ǰušəwë 10521a
ǰuṣēwə 10521a
kur 3818
stə 12504
yitə 10479, 10480

KĀMDESHI
(Kmd.)

břiċ-ə̄stə 527a
ċū̃ 12417
ċaċə́m 12426
ċewe-tnum 12531a
ċyū̃-stə 12531a
ǰamō̃ 5139a
ǰamōlos 5139b
kuċ 3539
pċ-ə̄stə 8217
řaċük, řuċik 11045
taċ- 5620
tiċə 12427
taċə̄ři 5619
wuċə̄ř 1857a

WAIGALĪ
(Wg.)

bās 9223
čapā́l 4696

PRASUN
(Pr.)

üčū 12715
duṣā́u 10521a

DAMELI
(Dm.)

brā̃s 9886
thuni, thuṇī 6099

DARDIC

PASHAI
(Paš.)

cak- 1634
phisū 9082
saklāwa 13076
sawwi 12364
varanḍó 11317

WOṬAPŪRĪ
(Woṭ.)

as- 1063

KALASHA
(Kal.)

Dialects of Rumbur (rumb.) and Biri (bir.) and Urtsun (urt.)

brun, brunz- 9886
nā́ṅguš 6914

KHOWAR
(Kho.)

iyó 2463
ahi 250
ā̆r-, āru 2814
as- 977
osik 14021
ispā́ 986
ašrú 919
awā̃ 992
awóγ, 727c
awān 2077
ā̃ž- 1092
ažek 1092
be-[1] 9416
be-[2] 497, 12225
bo 9187
baγ- 12225
behčik 11874a
bok 11250
bil 9245
bim 9513
bum 9557
bir 497
burui 11862
berčik 11874a
buruik 11862
bārā́n 9459
bron 9886
brō̃nsk 9886
briyúman 10383
briyan 10383
bas 11442
basán 11439
čust 12365
čhui 3652
čhinik 5045
ċeq, ċiq 4781
çiçhik 12430
çhuti 3709
di 200
duderi 6495
deik 6783
deš 6547
goī 4121
gikoi 4121
giti 4121
hosā(w)ur 14069
joṣik 5271
kār 3056
kurā 3271
kuri 3271
kórum 2892
kormān 2892
koš 3539
khi 3164
khadur 2715
khātur 2715
lau 11031
lei 11165
leik 10948
loxtik 11156
ḷoḷik 10922
ma 9691
mi 587
maçhi 9989
moš 9828
māyan 9776
nām 7067
nɪsaii 7270
nisik 7270
peċh- 2218b, 7832
poç(ó) 7627
pāleik 8397
prai 8938a
pərečik 7832, 7913
pəričik 7832, 7913
parečhik 7832, 7913
prux 8989
roi 10860
rošti 10763
royan 10860
se 12815
šu, šuṓ 12766
šilóγ 12748
šoṅg 12260
tu 5889
tā̃n 5766
tat 5889
wez 12140

BASHKARĪK
(Bshk.)

ḍōl 6583
kur 3818

TŌRWĀLĪ
(Tor.)

ṣō 12715

MAIYĀ̃
(Mai.)

Including Kanyawālī (ky.)

čišé 5941a

SAVI
(Sv.)

goš, guš 4336

SHINA
(Sh.)

Dialects of Gilgit (gil.), Pales (pales.), Jijelut (jij.), Kōlā (kōl.)

aĩyĕr, aĩyār 910
aźu 2537
bʌḍvlīk 11365
bā̆̄ṣ 9423a
bhā̆ṣ 9423a
dukāo 6376, 6379
dōṇi 6586
jŭk 5399
*yam 10421

KASHMIRI
(K.)

SINDHĪ
(S.)

Nagari order of letters g̱ j̱ ḏ ḇ follow g j ḍ b respectively; ṛ ṛh and ḷ follow ṇ

akamo 9a
akāro 1335a
akero 625a
āīṭhaṇu 1449
āiro 1162
āiso 1157
āī 1202
āīṭhaṇu 1449
āuṭaṇu 1420
āuṭhaṇi 1449
ākāro 1335a
āko 413
ākhaṛu 48
ākho 1020a
khuṇyo 6099
chāba 4981
jhokaṇu 5399
thāpī 6091
bhiti 9502
laṛhī 10991
sarcaṇu 12991
sāṛhī 12381
sihiro 12435, 12604

SINDHĪ
Dialect of Kacch
(kcch.)

akk 625
akh 43
agār 68
agūo 94
ag(h)eṇī 71a
acnū 227
acho 142
ajj 242
aṭo 1338
aṭkā(y)ṇū 182
aṭṭh 941
aḍhaī 651
aṇvar 314a
athro 983
adh 644
adham 247c
ane 399
andhar 357
andho 385
abbh 549
ayṛo 946
araṭ 596
avāṛo 774
aver 900
avro 503
asā̃-, asī̃ 986

āī 997
ā̃dhrā 1182
ā̃bho 1268
ākhāṇī 1043
ākhāṛo 39
ākho 28
āṅghar 135
āṅghūṭho 137
āṅghel 100
āḍī 189
āṇ 1095
āthar[1] 983
āthar[2] 1505
āthāṇū 1515
āthṇū 1515
ādhū 1341
āndhāro 386
āphro 1526
ābh 549
āmbharyo 1280
āmbhrī 1280
āyas 1292a
ār[1] 1313
ār[2] 1352
ārīso 1143
āryo 1366
ārsū 1371
ālarṇū 2368
īmõ 1111
īḷro 946

ū 972
ūgṇū 1954
ūghāṛṇū 1968
ūcũ 1634
ūjavṇū 2053
ūjāro 1673
ūjārṇū 1671
ūṭhīṇū 1907
ūnaī 2411
ūno 2402
ūndhar 2095
ūḷṭī 2368

eglo 68
eghyā 68
eṭṭ 1600
eṇ 252
etro 1589
erak 603

okār 1720
okārṇū 1716
oghrāṇū 1971
ochū̃ 2540
oḍāṇū 2544
oṛakhṇū 2226
otārṇū 1770
othlāṇū 1805
obho 2426
oryā 805
osāyṇū 878b

aukharṇū 1716
aukkhar 2360
aukh 414
aukho 414
aughāmṇū 1956
aughoṇū 1948
aughṇū 1954
aucāṛo 1644
aucõ 1634
aujrī 2417
auṭṭalṇū 2368
auṭṭh 2387
auṭhārī 2388
auṭhīṇū 1907
auṭho 2271
auḍaī 2178
auḍṇū 1697
autāvaṛ 1788
auttarṇū 1770
authāpṇū 1904
authlo 1805
audhaī 2178
audhār 2018
audhārṇū 2009
aunn 2424
aupaṛṇū 1810
aubākī 2337
aubhūṇū 2426
aurṇū 732
aularṇū 2368
ausrī 848

kakro 2820
kakh 2589
kaco 2613
kachī[1] 2588
kachī[2] 2633
kañjarī 2627
kaṭār 2860
kaḍhṇū 2660
kaṇer 2800
kaṇṭho 2680
kaṇḍho 2668
katar 2858
katṇū 2855
kano 2680
kandh 13627
kandho 13627
kandhoyo 3024
kann 2830
kapaṛ 2871
kapā 2877
kapāsyā 2879
kapṇū 2944
kapṛo 2871
kamāyṇū 2897
kamm 2892
kar 2780
karsī 2920
karsyo 2920
kalāl(ī) 2951
kavlī 2750
kā̃dhyo 13648
kācrī 2615
kāṭhī 3120
kāṇī 3019
kāṇḍī 3023
kāṛjo 3103
kāmaṇ 3075
kāro 3083
kālo 2934
kicaḍ 3153
kiṭṭ 3156
kitrāk, °rī 3167
kinno 3451
kippār 2744
kirṇū 3172
kūñjī 3225
kūṇḍāro 3268
kūṇḍho 3264
kūṇbī 3235
kūnnī 3264
keṇū 2814
kerā-pharī 2712
kair 3462
ko 3271
koḍī[1] 2740
koḍī[2] 3503
koḍh 3371
koylo 3484
koro 3526
korṇū 3530
koso 3552
kaūṇī 2757
kaukh 2588
kauṭṭaṇ 3240
kauṭṭṇū 3241
kauto 3275

khakharṇū 3771
khaṅgh, °gharo 3763
khaṭo 3777
khaṭṇū 3779
khaḍḍ 3790
khaṇṇū 3643
khaṛ[1] 3769
khaṛ[2] 3845
khaṛkī 3770
khanṇū 3795
kharo 3834
khallo 3848
khas 3854
khājī 3827
khāṇḍho 3792
khāmṇo 13643
khāyṇū 3865
khār 3680
khārāyṇū 3865
khāro 3674
khibbo 3694
khisṇū 3888
khī̃ 3745
khīr 3696
khūṇo 3504
khūṇḍh 3899
khūndhṇū 3717
khūvo[1] 3539
khūvo[2] 3912
khẽcṇū 3881
-kheṇ 3867
kheṇū 3865
khaicṇū 3881
khaiṇū 3865
khair 3805
khõsṇū 13661
khokho 3927
khotarṇū 3512
khodhṇū 3934
khombhī 3569

kholṇū 3945
khau[1] 3367
khau[2] 3661
khauro 3607

gajaṇ 4047
gajar 4140
gajj 4048
gajṇū 4046
gaḍal, gaḍī 4116
gaḍoṛī 4053
gaḍḍh 3986
gaḍho 4347a
gaḍhpaṇ 4347a
gaṇḍh 4354
gaṇḍho 3997
gaṇṇū 3993
gann 3998
gabhṇī 4062
gayṇo 4075a
galo 4088
gāū 4150
gāḍar 3983
gāḍī 4116
gādhī 4053
gāndhī 4133
gābho 4141
gābhoṛ 4141a
gāyṇū 4135
gārṇū 4144
gāl 4145
giccī 4154
gidho 4233
ginṇū 4236
gū 4225
gū̃thṇū 4205
gūḍo 4272
gūṇgūṇ 4013
gūndho 4199
gūmbhṛo 4217
gẽṇū 4075a
go 4286
goṭh 4336
goṭhī, goṭhyo 4338a
gaū 4147
gauḍo 4272
gauṛ 4182

ghaṭṇū 4416
ghaṇo 4424
ghar 4428
gharaṇ 4364
gharat 4501
ghasṇū 4450
ghā[1] 4460
ghā[2] 4460, 4469
ghā[3] 4471
ghāṇī 4466
ghār 4145
ghāro 4468
ghārṇū 4144, 4469
ghī 4501
ghūṅghaṭ 4484
ghūṅgho 4171
ghūmṭo 4484
ghūmṇū 4485
ghūmrī 4485
ghūvaḍ 4494
ghūsāṇū 4492
ghero 4474
ghõcṇū 4515
ghoṛo 4516
ghor 4209
gholī 4321

cā̃ī 4655
cakk 4538
cakhṇū 4557
caṅgho 4564
caṭṇū 4573
caṇo 4579
caṇḍhāṛ 4740
caṛakdho 4570
caṛāṇū, caṛṇū 4578
catār 4807
candhar 4661
cabṇū 4711
camakṇū 4676
camṛī 4701
camm 4701
cammar 4677
carū 4875
carūo 4692
carṇū 4686
caryo 4720
casko 4730
cā̃dhī 4669
cā̃s 4712
cākaṇ 4554a, 4732
cākī 4554a, 4732
cāḍī 4739
cāndharyo 4662
cāndho 4661
cāyaṇ 4758a
cār 4655
cārāṇī 4758
cāro[1] 4755
cāro[2] 4769
cittar 4803
cittarṇū 4809
cindhā 4816
cipṭo 4818
cibbhaṛ 4826
cīṇo 4842
cīplāṇū 4674
cīro 4843
cukāṇū 4848
cūāk 4948
cūke 4848
cūñj 4569
cūṇḍhṇū 4857
cūṛo 4884
cūyṇū 4898
cūro 4888
cetāyṇū 4908
cai 4796
coṭī 4883
coṇū 4724
coraī 4938
corṇū 4933
caukhā 4918
caupā 4646

cha 12803
chaī 12796
chako 12427
chakk 4956
chaḍṇū 4998
chaṇḍhṇū 4970
chaṛī 4966
chaṛyo 12236a
chatt 4971
chattar 4972
chano 4989
chalṇū 5003
chall 5005
chāṇū 3643
chāṇṇū 3643
chāy 5012
chikk 5032
chuchūndar 5053
chūṭā 3707
cheṇū 3643
choṛṇū 3747
cholṇu 5073

jakh 10395
jagharṇū 5321
jaṅgh 5082
jajo 275
jaṭko, jaṭṇū 5327
jaṇāṇū 5193
jaṇḍ 5334
jaṇṇū 5102
jandhar 10412
jann 5116
jabakṇū 5341
jamāṇū 10428
jar 5152
jalṇū 5352
javāso 10440
jā̃ī 5197
jāṇṇū 5193
jātar 10456
jāme 10428
jār 5206
jārī[1] 5212
jārī[2] 5213
jibbh 5228
jibbhī 5231
jīṭṇū 5224
jīvṇū 5241
jūarī 10485
jūā 6608
jū̃ 10512
jū̃jāro 10502, 10532
jeṭh[1] 5286
jeṭh[2] 5293
jokhṇū 10525
joṛo, joṛṇū 10496
jotarṇū 10524
jyārṇū 5247

ṭakrāṇū 5424
ṭaṅg(h) 5428
ṭiko 5458
ṭipakṇū 5444
ṭipṇo 5465
ṭippar 5446
ṭīṭoṛī 5461
ṭubbī 5469
ṭoṛī 5479
ṭopī 5481

ṭhagg(h) 5489
ṭhagṇū 5489
ṭharṇū 13742
ṭhelṇū 5512
ṭhokṇū 5513

ḍaī 6557
ḍakho 6703
ḍaṅgh 5517
ḍajṇū 6248
ḍandh 6152
ḍandhro 6165
ḍannaṇ 6157
ḍabī, ḍabo 5528
ḍabrī 5528
ḍambh 6121
ḍar[1] 6188
ḍar[2] 6190
ḍarṇū 6216
ḍallo 5537
ḍā̃ṇ 6265
ḍā̃tro 6260
ḍākaṇ 5542
ḍāḍo 6261
ḍāḍḍhar 6297
ḍāṇ 6265
ḍāṇḍhī 5527
ḍāṇḍhyo 5527
ḍāṛ, ḍāṛī 6250
ḍāṛo 6321
ḍātro 6260
ḍābo 5539
ḍāyjo 6285
ḍāytro 6260
ḍār 5546
ḍāro[1] 6295
ḍāro[2] 6309
ḍāryā 6310
ḍālo 5537
ḍisāṇū 6516
ḍī̃ 6333
ḍīyāṇī 6335a
ḍīyārī 6358
ḍīyo 6348
ḍubṇū 5561
ḍūṅghar 5423
ḍūṇḍh 5560
ḍūr 6495
ḍẽṇ 5542
ḍekhā 6507
ḍeḍar 6198
ḍeṇū 6141
ḍeṛko 6198
ḍero 6528
ḍev 6523
ḍevrī 6528
ḍoāy 6592
ḍokār 6470
ḍokhāv 6376a
ḍoṇo 6593
ḍobro 6438
ḍoyṇū 6592
ḍorī 6225
ḍorṇū 6225
ḍovāyo 6592, 6595a
ḍau 6227

ḍhakṇū 5574
ḍhago 5524a
ḍhabū 5580
ḍhiko 5585
ḍhiggh 5585
ḍhẽko 5585
ḍherī 5599
ḍholkī 5608

ta 5753
tāī 5804
takkaṛ 5718
takṛo 5718
tapṇū 5684
tapp 5684
tarak 5717
tarā 5635
tarṇū 5702

tāgh 13749
tāṇṇū 5762
tāṛ 5750
tāṛī 5748
tāṛo 5749
tām(b)o 5779
tārū 5796
tārṇū 5796
tikko 5839
tiṛo 3419
tittar 5809
tūṅgal 3268
tūmī 5868
tūr 5904
tair 5730
toṛṇū 6079
tom 5868
tauṭṇū 6068
trayyār 6051a
trāmo 5779
trāmbhyo 5779
trai 5994

thakṇū 13737
thaṇ 13666
thadho 13676
thambhlo 13682
thākeṛo 13737
thāṇo 13753
thār, thārī 13766
thighṛo 6096
thīṇū 13768
thūo 13710, 13712
thūkṇū 6097
thūlo 13776
thelo 13746

dhakko 6701
dhaṇ 6717
dhabāyṇū 6173
dhamṛī 6622
dharī 6188
dhā̃ī 6778
dhārṇū 6791
dhāvaṇ 6784
dhī 6481
dhīṅgho 5524
dhīj 6818
dhū̃āṛo 6849
dhūṇū 6833
dhūṛ 6835
dhūr 6495
dheṇū 6879
dhokhāṇū 6821
dhokho 6821
dhoṇī 6848
dhoṛṇū 6766
dhotyo 6881
dhauro 6767
dhrajṇū 6863
dhrā 6633
dhrākh 6628
dhrigo 6368
dhrau[1] 6501
dhrau[2] 6890

naũ 6983
nakarṇū 7478
nakk 6909
nacṇū 7583
nath 7031
nabṛo 7356
namṇū 6956
nay 6943
nayõ 6983
narũo 7560
navāy 6994a
nā̃[1] 6906
nā̃[2] 7067
nā̃y 7035
nā̃yṇū 13786
nāṇo 7050
nāṛ 7047
nāṛo 7047
nāyyar 7075
nār 7047
nās 7084
nikkarṇū 7478
niṅghrī, °ro 11044
niṇḍho 6935
niṛī, niḷī 7157a
nindhar 7200
niporṇū 7516
nippaṭ 7521
nipyāyṇū 7511
nimorī 7246
nimṇū 7251
nimm 7245
nimro 7366
nirāṇū 7266, 7269
nirās 7278
nīcorṇū 7449
nīndhar 7200
nīlo 7563
nīsāso 7111
nūgno 7307
nerṇū 7228
nev 7573, 7592
nes 7422
nai 13802
naī 7035
naiṇ 6916
nõ[1] 6914
nõ[2] 6984
nõ[3] 13801
naũtro 7233
naulo 7012
nyārṇū 7228

pāvār 7987
pakarṇū 7619
pakāyṇū 7621
pako 7621
pakh 7627
pakhālī 8455
pakhi 7636
pag, pagī 7766
paghar 8481
pacāṇū 7654
pacāyṇū 7654
pacṇū 7654
pachāṛ 8006
pachāṛṇū 8493
pañj 7655
paṭoro 7704
paṭṭh 8015
paṛāī 7726
paṛgho 8555a
paṛchā̃yyo 8560
pataṅgh 7721
patāyṇū 8945
pattī 8946
padhar 7767, 7780
padhro 7767
panā̃, pano 7918
pandh 7785
pann 7918
parasṇū 7888
parīyẽ 7799*l*
pare, paro 7793
palāṇ 7966
palī 7969
pastāvo 8010
pā̃ 1135
pā̃t 7646
pāg(h) 7644
pāgṛo 7766
pācho 7990
pāṇ 1135
pāṇo 8138
pātar 8055
pātharṇū 8860
pām 8095
pāyaṇ 8138
pāyṇo 8138
pāylo 8056
pār[1] 8041
pār[2] 8100
pārīso 7885
pārevo 8109
pārkho 8116
pāl 7967
pālakh 7964
pālṇū 8120
pāv 8056
pāvṛī 13839
pāso 8118
pigharṇū 8486
piṅghauṛo 8996
pico 8154
piñjaro 7685
piñjā 7682
pittar 8184
pinṇū 8170
pinnaṇ[1] 8160
pinnaṇ[2] 8170
pippar 8205
pippū 8208
piro 8743a, 8747, 8766
pill 8214
pīcho 7990
pīṇū 8209
pīpar 8205
pīyaṇū 8385
pīyo 7747, 7757
pīro 8233
pīsṇū 8142
pucch 8249
puchṇū 8352
pujṇū 8342
puṭṭhā 8371
puttar 8265
pūro 8330
pūrṇū 8335
peṛī 8377
penī 8124
perṇū 7835
pai 7727
po 8312
pokhṇū 9007
poco 8395
poṇū 7722
potyo 8400
potrī 8417
potro 8416
porāṇū 8785
porāyṇū 8631
paũ 7984
paũkh, paukh 9007
paũco 8018
pauc 8716
pauṭhā 8371, 8692
pauḷo 8361
pyārṇū 8209
pyo 7722

phagaṇ 9065
phaṇ, phaṇī 9042
phar 9051
pharāyṇū 9078
phasāṇū 13814
phā̃slo 13813
phāṭṇū 13825
phāṛṇū 13825
phāṛyo 13825
phipphaṛ 9090
phisso 9081
phūkāyṇū 9102
phūṭṇū 13845
phūvaṛ 9105
phephso 9090
pherṇū 9078
phailāyṇū 8651
phoṛkī 13854
phoṛṇū 13857
phodho 13828a
phau 13835
phaull 9092
phaullā, °lo 9092

baghāī 9236
bajṇū 9134, 9206
baṭī 11359
badhṇū 9126
bandh 9136
bayyār 11547
barṇū 6654
bā̃ḍī 9124
bā̃ḍho 9124
bā̃yṇo 6663
bā̃yr 9226
bā̃roto 9219, 9220a
bārṇū 6671
bijj 9261
bujṇū 9279
butth 9273
bū̃ṭo 9268
bū̃ṇḍh 9268
bū̃th 9299
beṛī, beṛo 9308
ber, berī 9125
bokṇū 9311
bokho 9263
boḍhau 9271
boṛo 9268
boṛṇū 9272
bolṇū 9321
bauār, °rī 9188
bauṛo 9268
baurā 9188a, 9193

ḇa 6648
ḇyo 6680

bhaṅg 9354
bhacāṇū 11208
bhajāyṇū 9361
bhaje 9361
bhaṭṭhī 9656
bhaṭṭho 9655

bhaṇṇū 9383
bhaṛ 9588
bhatār 9337, 9337a
bhatī 11359
bhatrīyo 9672
bhadhro 9379, 9447
bhanāyṇū 9139, 11260
bhandho 9207
bharī 9393
bharṇū 9397
bhalo 9408
bhasṇū 9423
bhā 9661
bhā̃t 9331
bhāṇ 9360a, 9436
bhāṇo[1] 9360a, 9436
bhāṇo[2] 9433
bhātray 9672
bhānī 9440
bhijāyṇū 9502
bhiṭṭh 11990
bhitt 9494
bhīṅgāro 9581
bhucchap 9524
bhuṭṭo 9594
bhubho 9283
bhūṇḍhaṇ 9551
bhūdh(o) 9531, 9532
bhūndh 9240
bhūlṇū 9538
bhūsaṇ 9572
bheṭṇū 9490
bherṇū 9490
bhaiṇ 9349
bhog 9627
bhojāī 9660
bhotho 9532
bhau 9390
bhrāmaṇ 9327

ma 9981
maī 9964
mā̃ṭh 9717
makaṇ 9747
makkaṛ 9883
makh 9696
makhaṇ 10378
makhṇū 10379
maṅgṇū 10074
macc 9710
macch 9758
machi 9756
majīṭh 9718
maṭṭ 10085
maṇḍhāṇū 9723
maṇḍhyo 9723
matraī 10024
matho 9926
maṇṇū 9857
mandhar 9852
mandhyāṇī 9842
mandhro 9754
marṇū 9871
masāṇ 12658
mā[1] 9993
mā[2] 10104
mākūṛo 9749
māñjṇū 10080
māṭh 9723
māṇḍhvo 9740
māṛū 10049
māndho 9754
māpṇū 10054
māmū 10055
māytar 10019
mārṇū 10066
micṇū 10118
miñj, miñjā 9804
miñjārā 9817
miṭṭī 10286
mitho 10299
miṛāvo 10133
miṛe 10133
mittar 10124
mīlṇū 10133
maiṇ 9869

ragragto 10583
ratt, ratto 10539
roṇū 10666

va(ñ)jṇū 12225

SINDHĪ
Kacchī words from AKŚ in Add[2] supplement

rakharṇū 10735
rakhāl 10551
raṅgh 10560
raṅghṇū 10570
racch 11062
raj keṇū 10694
raṇ-vagṛo 11190
ranāpo, ranol 10593
randhṇū 10616
rann 10593
rabb 10623
ramṇū 10637
rambh 10629
rambhṇū 10630
rasso 10648
rā 10679
rāī 10688
rā̃dh karāṇī 10709
rāgo 10563
rāṛ 10697
rāndh, °dhīko 10709
rāndhyār 10709
rāph 10622
rāyaṇ, rāyṇ 10681
rūṅgo, °gāro 10759
rūj 10779
rūṇū 10840
roknū, rokāṇū 10827
royṇū 10783
ros 10856
raukho 10799
rauggho 10759
raus 10856
ryāṇ 10681

lakṛī, °ṛo 10875
lakh 10881
lakhaṇ 10882
laghāṇū, laghṇū 10895
laṅgoṭī 10903
laṅgṛāṇū 10877
lajj 10910
lajṇū 10909
laṭakṇū 10918
laṭṭh 10991
laḍū 10926
latt 10931
lapaī 10941
lapaṇ 10940
lapoṛ-sā̃kh 10943
labhṇū 10950
lamo 10951
laḷkārṇū 10973
lasso 10992
lā̃ḍhar 10917
lākh 10881
lāṅgho 11010
lāḍ, lāḍak 11013
lāḍī, lāḍo 11013
lāṇ 11019
lāṛak 11012
lābaṛ-caṭo 10943
lārak 11012
likāṇū, likkī 11083
likh[1] 11044
likh[2] 11045
likhāyṇū, likhṇū 11048
liḍḍ 11055
lithaṛṇū 11056
lipph 11063
libṛī, libb 11063
liss 11068
līṅgho 11107
līṭo 11107
līmo 7247
līlo 7563
lū̃ṭṇū 11078
lū̃vārā 11154
lūghṛo 11072
lūch-lūch 11074
lūṇī 10983
lekhṇū 11108
leṭṇū 11109
lepsṇū 10939
lo 11158
loār 11159
loḍo 11080

vaī 11460
vak 11417
vakarṇū 11638
vakhāṇṇū 12188
vagūo 11331
vagṛo 11190
vaghār 12191
vaghṇū 11881
vacch 11239
vachero 11241
vajāṇū 11513
vañjī 11175
vañjṇī 12043
vaṭā 11362
vaṭāṇū 11356
vaṭe 11362
vaṭṭ[1] 11346
vaṭṭ[2] 11359
vaṭṇū 11356
vaḍar 11567
vaḍāī, vaḍo 11225
vaḍhṇū 11381
vaṇ 11258
vaṇī 11773
vaṇū 11405
vaṇḍh 11235
vaṇṇū 11773
vaḷaghṇū 11881
vaḷṇū 11405
vatāṇū 11564
vathāṇ 873
vadhāṇū 11382
vadhāyṇū[1] 11376
vadhāyṇū[2] 11383
vadhṇū 11376
vanȯryo 6908
var 11392
varāyṇū 11899
varoṇ 11403
varṇū 11405
val 11429
valo 11427
vasū 11430
vasṇū 11394
vass 11392
vā 11491
vāñjyo 11275
vāṭ[1] 2073
vāṭ[2], vāṭāṛū 11366
vāḍar 11567
vāḍho 11375
vāṇ 11483
vāṇū 11501
vāṇyū 11484
vānro 11515
vāy 11529
vār 11572
vārṇū 11405
viṅgho 11914
vicā 12042
vicchī 12081
vic me, viclo 12042
vichāṇ 11691
vichāṇū 11692
vijj 11742
viñjṇū 12043
viṛī 12137
vittar 11700
vircāyṇū 11842
vī̃ṭṇū 12045
vī̃ḍhī, vī̃ḍho 12045
vītar 11700
vīndho 11759
vīyā 11699
vīyārū 11625
vīrī 9245
ve gaṇṇū 12129
vej 11759
veṇū[1] 2245
veṇū[2] 11501
verā 12115
verāyṇū 11899
ve roṇū 2245
ves 12129
vesā 11966
vaudh 14175
vyārū 11625

saū̃ 13173
sao 12357
saṅghar 12580
sacco 13112
sañcār 12869
saḍ 12298
saḍhū 13875
saṅghārṇū 12593
satt 13139
satthar 13073
sathvāro 13364
sandhṇū 12898
sapp 13271
sabro 13166a
samandhar 13236
samāyṇū 12975

samṇõ 13481
samdhar 13236
sambhār 12966
sar[1] 12324
sar[2] 13254
sar[3] 13260
sarāp 12294
sare 13250
sarkhāyṇū 13119
salgāṇū 12999
savro 13173
sass 12759
sā 12769
sāũṛo, sāūro 13448
sāg 12369
sān 13331
sār 13871
sāvro 12767
sikhāṇū, sikhṇū 12430
siṅgh 12583
sib̤ṇū 13444
siro 12458
sī 12485
sī̃ 13384
sīṭī 13427
sīdho 13401
sīyāro 12486
sīyo[1] 12485
sīyo[2] 13445
sujṇū 12568
sunn 12567
supno 13481
sūteṇī 13561
sūthaṇ 13468
sūmṇū 13905
se[1] 12815
se[2] 13310
seār 12493
seṛ 12766
seyn 13305
sevṛo, sevro 12766
soṇāṇū, soṇṇū 12598
saũ 12290
saũkh 13130
saukko 12548
saukṇū 12552
sauṇo 13481
sauṛo 13068
saupp 12573
sauro 12753

hakal, °lṇū 13939
haṭṭ 13944
haṭṇū 13943
haḍo, haḍḍ 13952
haṇṇū 13963
hath 14024
haydhar 13992
har 14000
halāyṇū 14018
halesā 14014
halṇū 14018
hāṇe 268
hābaṛ 13972
hikyār 2475a
hiṇḍh 2517
hitro 1589
hī 2530
hī̃ 2528, 2530
hīyo 14152
hū 972
hū̃ṇū 9416
heṇ 13982
haunn 972

LAHNDĀ (L.)

Dialects of Multān (mult.), Shahpur, Poṭhwār (poṭh.)

kahī 3367
kucajjā 3220, 4710
kuhī 3367
gōraṛ 4523a
chāb 4981
ḍūghā 4223
ḍhaggā, °gī 5524a
tassā 5941a
tirissā 5941a
patrer 8188
parnevā 7827, 7828
pitrer(ā) 8188
pitrorā 8191
maser(ā) 10022a
sik 13387
sucajjā 4710, 13462
sūhī 12532
setī 13126a
saùrā, °re 12754
halohiṛ 14005a
hint 14106
hisṇā 14121a
hent 14106

OLD PANJĀBĪ (OP.)

apiāu 1219a
ahāju 48a
ahinisi 993a
ahilā 48b
āgū 94
āthõ 974
āpāu 1219a
ukkhaṇaṇu 1753
uggaṇi 1948
utāṁhi, uttai 1765
umakaṇu, °kāvaṇu 2110
ulatthā 831
evaḍu 11225
olhā 828
kaüṛattaṇu 2643
kāmaṇiāri 3075a
kuāṁlhiu 13448
kucajjā 3220, 4710
kuṛaṇu 3495
kuralāvaṇu 3347
kuhakaṇu 3390
kevaḍu 11225
koṭhārī 3546
khiṁdholaṛā 2721
khintharī, °thā 2721
khutthā, khussi 13661
gatthu 4350
geṛa 4157
ghaṭṭu 4459
caṁgerā 4564
cajju 4710
cabbaṇu 4711
casā 4726a
cūnaṛī 4889
chanicchara- 12287c
chābā 4981
-chāru 3674
jaṁgoṭā 10903
jāṁgoṭī 10903
jūha 10516
jevaḍu 11225
johārī 5300a
jhimijhimi 5339
jhubbaṇu 5404
ṭhāhaṇu 5499
ṭhimaṇu 5496
ḍhāḍhī 5576
tāṇu 6011
teṛu 6019
tevaḍu 11225
toṭa, toṭi 6065
dā 13127
dāsattaṇu 6319
dugāṇā 4001
dhannu 6727a
dhāṇaku- 6726
navelā 7012
nāṭhiaṛā, °ṭhī 7027
nāli 103
niāiṁ 7614
nikaccu 2613
nikoru 3526
nikhuṭṭaṇu 7497
nitāṇā 6011
nidhāru 7352
nipaṅgu 7505b
nivalu 7157
nihorā 7214
nīṁhi 7592
paüṛī 8075
paṇḍa 8168
paracūnu 8492a
paratria 13734
pāhu 8140
pīḍā 8226
pevakaṛai 8390
pocāraṇu 8248
baḍapanā 11225
balavaṇḍā 9176
balihāraṇu 9178a
biāpaṇu 11835
binaü 11767
bolā 9268
bhaṛathū 9365
bhāṇā, bhānā 9445
bhīti 9502
bhusarī 9545
bholattaṇu 9539
manūru 9754
māṁlīha 11057
mānā 9857
māsahārī 9985
maigalu 9773a
motasarī 10153a
rañca(ka) 10538
ravāla 10642
rīsālu 1616
rūāvaṇu 10840
roḍarī 10769
laüṁ 10893
laṛu 10918
labbu 10943
lavai 10893
lāṭū 10916
lāhaṇi 11035
likhaṇu 11048
lūkī 2362
valli 2234
viāpaṇu 11835
saṁjovaṇu 12990
sakelaṇu 3461, 12823
saṇḍhaṇu 13050
satāṇā 6011
sandā 13127
sarā 13247a
sarāpu 12294
saheṛaṇu 13065a
sāṁḍhaṇu 13050
sāhā 13333a
siāṇapa 13088
sikka 13387
sihajāsaṇī 12609a
suāṁlhiu 13448
sucajjā 4710, 13462
summu 13419
suhīā 12532
sūhaba 12532
setī 13126a
soi 12631
haṭatāri 13944
harhiāu 13980

PANJĀBĪ (P.)

āhulā 420a
utā̃h, utte 1765
umak 2110
usāṇ 860
eḍā 11225
aiṇ 586, 1210a
oḍā 11225
auhlā 420a
kā̃var 3303
kahī 3367
kuṭhālī 3546
kuṛnā 3495
kuṛh 3943
keḍā 11225
khā̃dholā 2721
khā̃ḍū 3790a
kheh 3661
khoṭnā 3512
gañjā 3960
gath 4350
garī 4040
geṛ 4157
ghaṭ 4459
ghor 4522
cā̃gerā 4564
cakkṇā 1634
chanicchar 12287c
challī 5005a
chābā, chābṛī 4981
chābbā, chābbū̃ 4981
chehjā 12609
jātrā 10456
juhṇā 10525
jūṛā 4883, 5258
jūh 10516
jeḍā 11225
johṇā 10525
jhārnā 5328
jhābū 4981
jhiūr 6819
jhim-jhim 5339
jhīur, jhīwar 6819
jhumb, jhumm 5404a
jhokṇā 5399

ṭapkā 5727
ṭabbar 5446a
ṭikkā 5458
ṭhimakṇā, ṭhum° 5496
ṭhekā 5509
ḍaṅgorī 5520
ḍahiṇā 6145
ḍāhṇā 6145
ḍū̃ghā 4223
ḍhāḍhī 5576
tan 5994
te 1765
teṛ 6019
thāp 6091
thauh 13760
dā 13127
dhakkh 5524
dhagaṛ 5524
dhagṛā 5524
dhann 6727a
nāḷ 103
niāī̃ 7614
niul 7157
nināvā̃ 7333
nī̃h 7592
nīviā̃ 7250
nīhaḷ 7540a
nauṇ 13790a
paṇḍ 8168
patiauhrā 8191
patī̃h(a)s 8191
parcūn 8492a
pāh 8140
pīṛhī 8222
puckārnā 8248
peū̃ḍ 8209a
peū̃ḍī 8210a
peuke, peke 8390
peṛ 8377a
pewā̃ḍ 8209a
pewā̃ḍī 8210a
pauṛī 8075
bolā 9268
bhaṛthū̃ 9365
bhā̃ṇā, bhānā 9445
bhittī 9502
bhusrī 9545
bhūr 9293a
bhūhar 9293a
mater 10024
malīh 11057
maser(ā) 10022a
mānõ 9857
ravāl 10642
riṇḍā 10815
retar 10816
laṛ 10918
lab 10943

laṿe 10893
lāṭū 10916
lāhaṇ 11035
likhṇā 11048
lūh 11099
vall 2234
vauhṭī 11251
sambhal 12351
sarāp 12294
saheṛnā 13065a
sā̃ṛhā 12381
sāmbhṇā 12970
sāhā 13333a
siā̃ṇap 13088
simbal 12351
sihrā 12435, 12604
sumb 13419
sūṭ 12512a
sūh 12631
haṛtāl 13944
hariāṛ 13980
hiṛnā 14123
hõṭh 247a
hoṭh 245a
hol(h) 14180

WEST PAHĀṚĪ[1] (WPah.)

Dialects recorded in transcription based on Nagari (Joshi, LNH, LSI, LStH); the following are grouped together: *ā ā’*, *i ɪ*, *u ʋ*, *e ĕ ē ĕ̄*, *ɛ̆̄*, *o ŏ ō ŏ̄*, *ɔ̆̄ ö*, *.j z*, *ph f*, *v w*

akṛnu 1013
anda 377
aṅdroḷ 358a
annal 171
arū 1103

ā̃thī 1480, 13768
āṇḍi 1111
āṛī 189
ānni 1111
āmā 574
āraṇ 252
ārśu 1143
āwaṇu 1200
ā’ś 1456

iji 1351
iṇu 1611
iyyā 1605
iśar 1619

īe 1605

ukhaḷ 2360
uchṭā 1634
uzuṇau, uzṇau 1666a
utarṇu 1770
undā 804

ūc 1634
ūjhe 1666a

aĩśu 2537
ain 1210b
airaṇ 252

okhaṛ 48
ō’g 1294a
olaṇ 2560

auṇau 9416
aurā 492a
auli 420a, 1075
auhṇau 9416

kaṇchā 2735
kaṇṇu 3632
kannā 2732
kanhõr 48
kalewā 3105
kaśī 3367
kaśṇu 2908
kā 2574
kāe 3050
kā̃gaṇo 2597
kā̃gṛu 2598
kā̃ḍā 2668
kākkaṛ 2585
kākṛī 2817
kāch 2588
kāchṛi 2592
kāṭṇu 2854
kāṇā 3019
kā’ḷ 3084
kāti 3070
kā’n 2830
kānn 13627
kāmmaḷ 2771
kāljā 3103
kimu 3440a
kījṇu 3201
kīl 3202
kuā 3400
kū̃ḍ 3264
kukṛā 3208
kuṭṇu 3241
kuṭhār 3550
kudāḷi 3286
kumaḷ, °ḷi 3250
kur-ṛ 3229a
kūkr 3329
kūjõ 3305a
kūb 3301
kūl 3352
keṛi 3419
kail 2750
koṭhā, koṭhī 3546
koṇā 3504
kõṇī 2606
kõṛh 3371
korā 3526
kauṇī 2606
kauwā 3204a
kṭhār 3550
kṛāh 2638
kdiṭhā 3515a
kmhār 3310
kyāṛi 3419

khaṭṇu 3779
khaṛuwṇu 3784
khaḷjā 3845
khanor 48
kharā 3819
khācr 3765
khāṭā 3777
khāḍ 3790
khāḍū 3790a
khāṇi 2705
khāṇu 3865
khā’r 3875
khā’l[1] 3848
khā’l[2] 3849
khicṛi 3880
khuṅgi, °gṇu 3889a
khuṭi 3894
khuṇḍā 3893
khur 3906
khulā 3945
khedṇu 3921
khe’l 3918
khẽh 3661
khõ’j 3929
khoṭā 3931
khoṇu 3651
khõ’ṛ 48
khodṇu 3934
khauṛ 3769
khauś 3853
khrāṛṇu 13645

gaṭi 3965
ga’ṇā 4364
gaṇṇu 3993
gaḷā 4070
gaḷṇu 4074
gap 4022
garī 4040
garkā 4209
gāū̃ 77a
gāgar 4043
gāci 4125
gāṛho 4118
gāḷi 4145
gāḷṇu 4144
gārā 4137
gārṭhā 130a
gāhḍ, gāhṛ 4151
gīū̃ 4287
guṭṭhu 4479
guḷchu 4181
gū 4225
geṭhā 65
gaiṇ, gaiṇī 3950
gõñc 4306
goḷ 4321
gobrauś 4318a
goru 4313
gṛikṇu 4180
grā’ṇu 1967

gharā 4406
ghā 4471
ghāḷṇu 4469
ghiū 4501
ghinṇu 4236
ghuṭṇu 4481
ghumṇu 4485
ghū̃ḍ 4483
gherṇu 4474
gho’l 4523a
ghauṭ 4451
ghyāḷ 103
ghrā’ṭ 4451
ghwāṛnu 1968

cakkar 4538
cakṇu 1634
caṇḍəṛ 5668
caṛhṇu 4578
camār 4698
carṇu 4686
cākurā 4536
cākhṇu 4557
cācā 4734
cāṭṇu 4573
cāṇ 6011
cā’ṇu 4733a
cāṇṇu 6011
cābṇu 4711
cāmbā[1] 4678
cāmbā[2] 5779
cā’l 4722
cālṇu 4721
cāw 4733a

cik 4780
cijā 5912
ciṭā 12772
ciṇnu 4814
ciṛu 4571
ciḷk 4827a
ciṛnu 4844
cilāph 4828a
cīuṛi 4818
cīyā 5912
cīl 4829
ciś 5943
cukṇu 4848
cuṅgṇu 4853
cupar 4865
cubhṇu 4867
culi 4879
cuśṇu 4898
cūṭ 6081a
cokhu 4918
coṛṇu 6079
corwṇu 4933
cōśṇu 226a
caun 5994
caubi 4623

chaṛi 4966
chaṛnu 4965
chaḷ 5001
chapṇu 4994
chā 5012
chākkā 4957
chāṇu 5019
chāṇnu 3643
chāṛṇu 4998
chānde 4983a
chāpar 4976
chā'r 3674
chālli 5005a
chāwṇu 5019
chikṇu 5032
chinnu 5047
chilṇu 5052
chīk 5032
chuṭnu 3707
chũwṇu 5055
chẽoṛi 5067b
cheṛu 5035
cheṛnu 4794
chelā 4963
chaĩ 5027
chõ 12655
chō'ṭī 5071
chau 12803
chwaiṇ 5017

jaa 10409
j̈aṛ 5086
jaḷāwṇu 5306
jandā 10412
jamṇu 5113
jar 5303
jal 5155
zāũ 10474
jā'g 5174
jāgṇu 5175
jāgrā 5174
jāṇu 5195
jāṇnu 5193
jiũ 5239
jitia, jitṇu 5224
jībh 5228
jīwaṇu 5241
juṭhā, juṭhṇu 5255
jū'ṇ 5301
jūṛkā 10496
jūb 6501
jūhṇ 5301
je 10410
jō'c 10523
joṛā, joṛṇu 10496
jō't 10523
joti, j̈ōth 5300
jauṛ 5086
jmhāi 5266

jhaṛ 5329
jhaṛnu 5328
jhamākā 5341
jhā̃wā 5366
jhākhṛ 5323
jhāṇṭo 5334
jhāll 5355
jhiṛ(k)ṇu 5327
jhīśā 6514
jhukhrī 5399
jhuṭṭh 5407
jhulṇu 5406
jhūm 5404a
jhokkū, jhokṇu 5399
jhoṭā 5414a
jhoḷā 5415
jhauḷ 5354

ṭapṛī 5725
ṭāṭā 5439
ṭālṇu 5450
ṭāllī 5452
ṭikṇu 5420
ṭipā 5444
ṭip(u)ṇa 5445, 8165
ṭīkā 5458
ṭukṇā 5466
ṭundā 5468
ṭekṇu 5420
ṭōnwṇā 5418
ṭhāḍā 13676
ṭhāṛo 13676
ṭhīḍ, ṭhīḍṇu 5502
ṭhinḍ 5502
ṭheũ 13760
ṭhē'k 5509

ḍar 6186
ḍāgrā 5520
ḍāḍnu 6136
ḍāk 5521
ḍākṇu 5516
ḍā'g 5541
ḍāṇu 6145
ḍā'ṇu 6896
ḍāṇau 6145
ḍābū 5528
ḍāmṇu 6121, 6182
ḍā'l 5546
ḍāhṇā 6145
ḍiṅgli 5547
ḍibr, ḍībā 5549a
ḍuṅgā 4223
ḍerā 5564
ḍelī 5536
ḍewṇu 5534, 6223a
ḍõru 5531
ḍoḷā 6582
ḍõgai 5524a
ḍō'l 6583

ḍhaḷṇu 5581
ḍhāḷṇu 5581
ḍhāl 5583
ḍhikki 5584
ḍhēr 5599

taa 5753
taṇnu 5659
taḷnu 5736
tar 5695
taṛṇu 5702
tahair 5811
tāu 5767
tākḷu 5717
tātā 5679
tāw 5767
tāwḷā 1788
tittr 5809
tirnu 5821
tīri 5825
tīśā 5941a
tumṛā 5868
tēl 5958
tolṇu, tōl 5980
taur 5695
trāḷ, trār 5706
twāṇā 1785
thakṇu 13737
thapēṛ 6091
thāṭṇu 5743
thāmbhṇu 13683
thecṇu 5511

da 377
daḷṇu 6216
darī 6194
daśṇu 6210
dā̃d 6152
dākkh 6628
dā'g 6253b
dā'ṛ, dāṛī 6250
dādā 6261
dābṇu 6173
dār 6663
dā'r 6298
dāh 6321
dāh- 6145
diũṇu 6344a, 6364
dīwaṇ 6344a, 6366a
dihāṛā 6333
dīwā 6348
dīhṇu 6344a, 6364
dukhṇu 6376
dujā 6402
dudhū 6391
dūr 6495
dūs 6333
dūhṇā 6593
deṇu 6141
dēś 6547
dohṛu 6464
dohrā 6407
daũ 6223

dhakh 5524
dhaṇu 6726
dhandā 6727
dharṇu 6747
dhartī 6750
dhākā 6701
dhāgā 6770
dhācṇū 6773a
dhāṭ(h)u 6707
dhā'n 6778
dhā'r[1] 6788
dhā'r[2] 6793
dhīj, dhījṇu 6818
dhuṇāwṇu 6846
dhuwā̃ 6849
dhūṇūṇõ 6846
dhūḷ 6835
dhūr 6826
dhaiṇ 6739
dhokā 6894
dhauni 6744
naī 6943
nakthrõ 7031
naj 398
naṭṭhɔ 7027
nareḷṭu 7075
naroḷ 358a
nawā 6983
naśṇu 7027
nahāṇu 13786
nahwāṇu 13791
nāī 7062
nā̃ṇī 6968
nā'k 6909
nāṅgā 6926
nāṇõ 7025a, 7027
nāṛī 7047
nātā 5279
nān(ā) 7059
nānī 7059
nīdṇu 7542
nigurā 7311
nimḷā 7366
niś 2411
nīūḷ 7540a
nīḷ 7563
nīhaḷ 7540a
nẽūṛē 7136
nẽol 7540a
neṛē 7136
newul 7540a
nɛś 6914
nokhā 289
nau[1] 6943
nau[2] 6984
nauj 398
nauṇ 13790a
nauṇõ 7068
nauś 6914
nyõdā 7233
nhyairkh 386b
nhwārī 7020a

pacṇu 7654
pajṇu 1814
paṭṭ 7699
paṭṇu 7711
paṇihār 8083
paṇhyair 8083
paṇhyairī 8088
paḷu 7974
patewṇu 8640
parār 7799t
pāoṇā 8973
pā̃gā 8917a
pā̃ḍā, pā̃ḍkā 8108a
pā̃w 8075
pākṇu 7621
pākṛnu 7619

pākharo 8102
pākhḷā 8102
pāg 7644
pāṅkhṛu 7636
pāc 7733
pājā 7770
pāñchī 7636
pāṇi 2302
pāṇu 8053
pāṇḍ 8108a
pāḷā 8959
pāḷi 8041
pātḷā 7736
pāthar 8857
pādro 7767
pāndē 2303
pālā 7970
pighḷṇu 8486
piñjrā 7685
piṭhā 8218
piṭḷ 8184
pipḷī 8205
pirprā 8212, 8212a
piśṇu, pī̃hṇu 8142
pīṭh 8370, 8371
puñjaṛ 8249
puḷā, puḷē 8349
pun 8261
punyā 8340
puhāl 7987
pūṛē 491
pūnõ 8340
pɛuke 8390
pēokā 8390
pē'ṭ 8376
pē'ṛ 8377a
paiṇā 8622
paiṇḍā 7753
pair 7756
pöku 8390
pothaṛ 8399
pothī 8413
pō'r 7907
porśu 7799, 8679a
polā 8398
pau 8681
pauhar 8900
pyū̃ḷā 8233
prāṇā 8283
prāwṇā 8973
prau 8681

faṭāwṇu 13817
faḷā 9053
fanā'r 9043
farkāwṇu 9050
falṭā 9053
faśṇu 13812

phā 8118
fākā 9034
fābṇu 8711a
phāynā 8124
fimfṛi 8201
firi, firṇu 9078
phuāl 7987
fukr 9103
fuṭṇu 13845
fusi 9100
fūru 9091
fūl 9092
pheṭṇū 9106a
fokā 8391

baoṇā 11538
bakheṛā 12186
bachāṇu 11692
bachero 11241
baḍḍā 11225
baḍhnõ 11382
baṛā 11225
baṛchā 9123
baḷcā 11410
badhāwṇu 11383
badhkā 9126
badhṇõ 11382
bardṇu 11376
bald 9176
baśāh 11966
baśṇu 11435
basṇu 11435
bahṇu 11453
bāī̃ḍā 9226
bāih 6672
bā̃'jh 11275
bā̃ḍā 11235
bā̃ḍo 9226
bā̃ḍhṇu 9139
bākṇu 9117
bākrā 9153
bāgur 11504a
bāgṛī 11331
bāṅgā 11191
bā'c 11289
bāj 9235
bājā 11511
bājṇu 11513
bā'ṭ 11366
bāṭī 11359
bāṭṇu 11356
bāḍhi 11375
bāṇā 11338
bāṇiyā 11484
bāṇī 11490
bāḷū[1] 11573
bāḷū[2] 11580
bādḷi 11567

bā'n 11277
bāndar 11515
bāpū, bābū 9209
bāmaṇ 9327
bāmṇu 11389
bāmmaṇ 9327
bār 9460a
bārāśo 9226
bāri 11547
bā'l 11572
bāwā̃ 11533
bāśṇu 11589
bāsī, bạss[1] 11588
bạss[2] 11592
bāhar 9226
bāhṇu 11612
biu 11735a
biuñjhṇa 11807
bɪcɛ 12042
bijandrī 9261a
bidrī 12051
biyā 11735a
bī 11616
bī̃ḍ 12045
bīkh 12067
bīcā, bīcī 12042
bīj[1] 9261
bīj[2] 11742
bītau 11727a
bīyyā 12041a
bīl 9245
buṇnu 11773
burā 9289
beṭā 9238
beṭhṇu 2245
beṛā 12130
beṛī 9308
bē'r 12115
baī̃s 11175
baiṇ 9340
baiṇḍkū 9226
bōu 11250
bŏuṭi 11251
bouṭau 11251
bojhā 11465
bo'ṭī 11251
boṇu 11282
bolṇu 9321
bohit 9190
bauhaṛ 11601a
byā 11920
byāḷi 11625
byālṭi 11625
brāgg 12193
brāt 11322
braiḷi 9237
blāwlā 11896a
bwā'ḷ 2339

bharī 9188a, 9193
bharṇu 9397
bhaś 9423a
bhāithu 9670a
bhā'g 9434
bhāgṇu 9361
bhāṅg 9354
bhāji 9401
bhāṭ 9402
bhāṇjā, °jī 9433
bhā't 9331
bhāṇṇu 9361
bhābi 9453a
bhār 9459
bhāri 9465
bhāś 9479
bhijṇu 9502
bhithkā 9503a
bhīt 9494
bhuī̃ 9557
bhukh 9286
bhujṇu 9583
bheḍ 9606
bhɛśś 9423a
bhaī̃s 9964
bhō'j 9631
bhofar 9233a
bholā 9539
bhaū̃ 9688
bhaurī 9188a, 9193
bhḍār 9442
bhḍāri 9443
bhyāṇsar 11813a
bhyaiṇi 11813
bhrukhṇā 9284
bhryū̃ś 9688

maṅg(u)ṇī 9747
man 9822
manāḷ 10208
marī 9867
mā 10016
māĕcho 10019
mā̃jā 9715
mā̃jṇu 10080
mākhan 10378
mākhī 9696
mākhtā 10376
māṅgṇu 10074
māṭhā, māṭhṛā 9723
māṇu 10049
māṛā 9723
māto 9933
mām, māmā 10055
māś 10097
mās 9982
māsī 10001
māh 10097

micṇi 10118
miṭṇu 9490
miṭhā 10299
minkā 9746
minṇu 9890
mirc 9875
muṭhā 10221
muśā 10258
muśḷ 20223
mū̃ḍ 10247
mēl 10133
moī 9755
moṭo 10187
mō'l 10373
mośṇu 9919, 10296a
maū̃sī 10001
mauh 9784
mhiṭṇu 9490
mhwerā 10167

raḷṇu 10640
rāi 10826
rākhṇu 10547
rāṛ 10697
rātā 10539
rīkh 2445
rukṇu 10827
rukhā 10799
ruṇu 10840
ruṛh 10807a
rudhṇu 10775
rumṇu 10783a
ruśṇu 10794
rūī, rū̃ 10798
rūṛ 10762, 10807a
retā 10816
rai 10826
roṇu 10840
ropā 10849
rośuwṇu 10794
rauṇu 10666
rhyāḷi 13988

laṛṇu 10920
lapeṭṇu 10942
lāṛā 11012
lī̃ḍā 11054
lūṇ 10978
letar 10816
loṅg 10878
loṭā 11133
lohā 11158
lohāl 11160a, 11163a

śaṛāṇõ 12268
śaḷō 12347
śarū 12336
śāī̃, śāū̃ 12766

śā̃gaḷ 12580
śā̃h 12376
śākrā 12337, 12408
śākh 13075a
śākho 12407a
śācṇu 13085
śāṛhī 1474
śādṇu 12300
śānt, śānd 12391
śāndṇu 12692
śālā 13871
śāś 12759
śāh 12769
śāhī 12766
śir 12452
śil 12459
śilā 12487
śīkh 12432
śīgā, śīgī 12484
śīṅg 12583
śīm 12727
śuklo 12506
śū̃hṇ 12524a
śēr 13602a
śeri 13602a
śersõ 13281
śel, śēl 12610a
śehrā 12604
śõ 12301a
śõsḷ 13535
śrāḷ 12456
śwāḷā 1846
śwār 926

sādṛī 12908
saṅgī, saṅgu 13084
sambhalṇu 12962
sambhāḷ 12962
sambhāḷṇu 12962
sā̃gaṛo 12817
sā̃j 12918
sākh 13075a
sājan 13090
sāthī[1] 13364
sāthī[2] 13366
sāthrā 13042, 13883
sā'n 12874
sāmbhṇu 12970
sār 13354
sikk(ā) 13386
sīõ 13435
sīh 13310
sukhṇā 13451
supṇū 13481
supnā 13481
sulē 13512
suhāg 13617
sūī-hundī 13556

sēr 13106
soḷō 12812
saũwā̃ 13346
swār 13610

haḷbāī 14009
harā 13985
harn 13982
halkā 10896
hāṭṭī 13944
hāḍkī 13950
hātth 14024
hā'r[1] 14059
hā'r[2] 14062
hārṇu 14061
hāsī 14071
hichṇu 1556
hiyā 14152
hīk 14150
hīj 14108
huṛnu, hūṛ 14135a
hernu 509a
hõth 247a
hochā 14084
hoṇu 9416
hōr 434
hɔ̄l 14148
hauḷ 14000
hyū̃ 14096
hyū̃d 14164

WEST PAHĀṚĪ[2]

Dialects recorded in a phonetic transcription — Koṭgaṛhī (kṭg.), Kocī (kc.), and poetry (poet.); Devanagari order with vowels in the sequence ə ā̆ ī̆ ı̆ ʊ̆ ū̆ ē̆ ɛ̆ ō̆ ɔ̆; ə = Nagari unstressed *a*; ı ʊ e o = Nagari *i u e o*; a i u ɛ = Nagari *ā ī ū ai*; ɔ = *au* and stressed *a*; ā etc. represent phonetic length = Joshi's ā̆ etc.

ai 997
aũ 992
auḷı 1211a
akkh 43
akkhər 38
akho 43
āg 55, 68
aga 68
agia 97
aggəḷ 629
aggɛ 68
agghuɔ 92
aṅgəṇ 118
aṅgəṛ 114
aṅgśu 111
acch 1044
acho 142
achṇo 1044
ajṇo, ajṇo 1288
aṭṭɔ 1338
aṭṭhiɔ, aṭṭhuɔ 937
aṇe 399
āṇo 1200
aṇḍı 1111
aṇṇõ 1174
arı 189
aḷu 1388
atthi 977, 1480, 13768
addhɔ 644
an 395
anthi 977, 1480, 13768
andəl 171
āndɔ 1480, 13768
andhɔ 385
āp 1135
apṇɔ 1135
app(h)u 1135
abe 2528
amma 574
ārəṇ 252
aru 1103
are, arśa 1295
arśu 1143
allɔ 1340
aś 1456
aśśu[1] 919
aśśu[2] 2537
asti 977, 1480, 13768
asdo 1480, 13768
assa 1480

ıṇo 1611

ia 1605
ī 1605
ije 1351
ida 377
ino 1579a
indra 1572

ʊthṇo 1900
ʊ̄ṇɔ 1886a
ʊrno 1697

ukəlṇō 1716
ukkhəlṇō 1716
ukhḷı 2360
ucṭɔ 1634, 7540
ucṇo 1640
uchṭɔ 1634
ujhiṇo 1666a
unco 1634
uncṇo 1640
uṭhauṇo 1903
uṇī 2411
uṇiś 2411
utarnõ 1770
uttərnõ 1770
ūn 2424
undi 804
ubəlṇō 2339
ub(h)i 2426
ubhṛo 2426
ulṭauṇõ 2368
ulṭṇõ 2368
ēk 2462
eka 1167a
ekiɔ 2492a
eḍı 191
ēṇ 158
etrɔ 1589
ebi, ebe, ebbhi 2528
erno 14165
ɛṇɔ 1611
ɛt(h) 1564
ɛnnɔ 1210b
ɛbbɛ 2528
ɛrəṇ 252
ɛrṇı 252

okkhər 1630
okkhɔ 14078
okhṛu 48
ōg 1294a
ochəlno 848a
ōṭh 2563
oṭhḷu 2563
ōḍ 2549
oṇthe, oṇtho 137
obrı, obro 450
ōr 434
ori, oru, orɛ 805
orśa, orśɛ 805
orhi, orhu(ɛ) 850
ōl 828
oləṇ 2560
olṇõ 828a

ɔkkhər 28
ɔṅkərnõ 1015
ɔṅgəḷ 134
ɔṇthe, ɔṇtho 137
ɔrkəṇ 603
ɔrkṇı 603
ɔrnõ 814a
ɔḷnõ 829
ɔndəḷ 171
ɔnn 395
ɔrɔ 492a

kəceṭı 3007
kəcɔru 2614
kəchɛuṇõ 2592
kəṭauṇõ 2854
kəṭār 2860
kəṭɛurɔ 2863
kəṭhār 3550
kəṭhōr 48
kəṇıəth 2716a
kəṛā 2638
kəṛaı, kəṛau 2638
kəṛarı 3244
kəṛɛṅkho 2641
kəḷaı 2931
kədıṭṭho 3515a
kədrıṭṭhɔ 3515a
kənɔlṭı 2842a, 13635a
kəmauṇõ 2897
kəmhār 3310
kərera 2656
kəlār(ı), kəlēr 3106a
ka 2574
kaiṇ 2705
kau 2993
kauṇı 2606
kauḷɔ[1] 2993
kauḷɔ[2] 3142
kauśəṇ 3113a
kaɛ 3050
kāk 2998
kakkər 2585
kakṛe 2817
kakhṛɔ 2587
kaṅgı 2598
kaṅgnı, °ṇu 2597
kaṅgra 2596
kacɔ 2613
kacch 2588
kacchu 2592
kachḷe 2589a
kajəḷ 2622
kaje 3079
kajḷi 2624a
kajḷu 2622
kanche ɔṇthe 2736
kancho 2735
kaṭṭhı 3120
kaṭṇõ 2854
katho 2978
kāṇı 2705
kaṇɔ 3019
kaṇḍɔ 2668

kaṇḍhı 2681
kāḷ 3084
kāḷı, kāḷiṇo 3142
kaḷɔ 3083
kāḷɔ 3142
kāḷhuɔ 3142a
kāḷhnõ 3142
kati 3070
katṇõ 2855
kattı 3070
kān 2830
kanṛu 2830
kannı 2830
kannh 13627
kānh 13627
kapṛu, kapṛɔ 2871
kab(h)ia 2528
kām 2892
kamo 2892
kamṇı 2768
kamṇõ 2767
kambəl 2771
kambṇõ 2767
kammuɔ 2892
kala 3104
kalo 2949
kalju, kalǰɔ 3103
kallε 3104
kaś 3441
kıṛɔ 3193
kımblı 8201
kiɔ 2814
kikkhəṇ 3418
kiċ, kiċċh 3164
kiǰṇõ 3201
kīl 3202
kiś 3441
kʋı 3305a
kʋkkhı 3213
kʋkrı 3329
kʋkhṛı 3208
kʋṭno 3241
kʋ̄ṇ 2575
kʋṇı 2757
kʋṇe, kʋṇɔ 3504
kʋṇḍh 3264
kʋttı 3275
kʋmbḷı 3250
kui 3305a
kuɔ 3400
kukkər 3329
kukṭu, °ṭe 3206
kukhṛe, °ṛɔ 3208
kuċ, kuċċh 3144
kujjɔ 3305a
kuṭhār 3550
kudaḷe 3286
kudṇõ 3412
kūb 3301
kubṛɔ 3301
kumbı 3306a
kuraḍ 3229a
kurnõ 3530
kull 3352
keṭno, ketti 3167
ketri, ketrɔ 3167
kēr 3419
kε 2574
kεiṇ 2705
kεṭho 3419
kεṛı 3419
kεbε 2528
kε̄l 2750
koi 2967
koilo 3484
koṭṭhı 3546
koṛ 3497
koṛh 3371
koṛhı 3373
koḷəṇ, koḷı 3535
koḷḷh 3340
kodo 3515
kodṭho 3515a
kodrɔ 3515
kōrɔ 3526
kornõ 3530
kollhu 3536
kolho 3340
kośṭɔ 3539
kɔ̃ḷɔ 3523
kɔ̃wər 3303
kɔ̄ṇ 2575
kɔṇṇõ 3632
kɔḷəś 2920
kɔḷe 2934
kɔtthər 2985
kɔthrā, °rı 2985
kɔnnɔ 2732
kɔyh 2476
kɔrnı 2791
kɔrnõ 2814
kɔllı 3105
kɔśṭı, °ṭɔ 3367
kɔśṇõ 2908
kyaḷı 3470
kyār, kyarək 3463
kriśṇõ 3446
krʋṛı 3232
kwago 3204a
kwāḷ 1720
kwaḷı 1720
kwaḷnõ 1716
kwār 3303

khəǰuri 3829
khəṇamiṇe, °iṇo 2689
khəṇēc 3735
khəṇεuṇõ 2689
khəṛarı 3244
khəḷauṇõ 3664
khənõr 48
khəbεuṇõ 13657
khəlauṇo 3865
khace 3649
khaċċər 3765
khanċṇõ 3881, 5659
khaṭṭəḷ 3778a
khaṭṭɔ 3777
khaḍ, khāḍ 3790
khaḍḍu, khaṛu 3790a
khāṇ 3867
khāṇõ 3865
khaṇɔ 3867
khandɔ 13627
khār 3875
khāl 3849
khalṭɔ 3848
khıċrı 3880
khıṛkı 3770
khımblı 8201
khıllı 3202
khinċṇõ 3881, 5659
khinċṛe 3880
khilauṇo 3865
khilṇõ 3882
khisəkṇõ 3888
khʋṭe 3894
khʋṇḍh 3899
khʋṇḍhṇõ 3892, 3899
khʋṛ 3943
khʋndɔ 3893
khuṅg, °gṇõ 3889a
khubṇõ 13657
khūr 3906
khulṇõ 3945
khullɔ 3945
kheu 3919
khēc 3735
kheṛnõ 3734
kheḷɔ 3918
khētti 3735
khētrı 3735
khedṇõ 3921
khēl 3918
khelṇõ 3918
khε̄ 3661
khεuṇõ 3865
khεnċṇõ 3881
khõǰ 3929
khoǰṇo 3929
khōṭ 3931
khoṭɔ 3931
khodṇo 3934
khoṇõ 3651
khoṛ 48
khoṛnõ 3892, 3934
khodṇõ 3934
khobo 3936
kholṇõ 3945
khośṇõ 13661
khɔṭṇõ 3779
khɔṇḍ 3800
khɔ̃ṛ 3769
khɔṛiṇo 3784
khɔṛu 3769
khɔṛɔ 3784
khɔṛhnõ 3784
khɔḷ 3834
khɔḷjo 3845
khɔrı 1895
khɔrɔ 3819
khɔllı 3845
khɔś 3853
khraṇõ 13645
khraḷnõ 3681
khrɔḷnõ 3664
khwaḷnõ 1716

gəṛakṇo 4180
gəmhauṇõ 4485
gərāṭ 4451
gəriśṭu, °ṭɔ 4295a
gəwauṇo 4028
gau 4147
gãwh 77a
gaggər 4043
gaccı 4125
ganǰɔ 3960
gaṭṭhɔ 4348
gāṇ 4130
gāṇõ 4135
gaṇɔ 4130
gaṇṭh 4350
gaṇṭhı 4354
gaṇṭhṇõ 4353
gāṛ[1] 3981
gāṛ[2] 4151
gaṛ(h)nõ 3985
gaṛhɔ 4118
gāḷ 4145
gaḷe 4145
galṇõ 4144
gaddhɔ 4054
gandh 4014
gannɔ 3998
gār 4137
gare, garɔ 4137
garṭhɔ 130a
giũ 4287
ginṇõ, ginnı 4236
gire 4040
gʋṭho 137
gʋ̄ṇ 4275
gʋṇṭhı, gʋnṭhɔ 137
gʋṛku, gʋṛnõ 4180
gʋṛh 4223
gʋ̄ḷ 4182
gʋḷɔ, gʋḷkho 4181
gū 4225
guṅgɔ 4171
guċṭı 4172
gunǰε 4174
guḷċhu 4181
gupph 4204
geṭṭhı, °ṭhɔ 65
gε̄ṇ 3950
gεṇḍɔ 4000
gεnnɔ 60a
gε̄r, gε̄rɔ 4024
gε̄ra 2485
gōḷ 4321
gobbər 4316
gobbəś 4318a
gobbı 4270
gobrəś 4318a
goru 4313
gorɔ 4345
gɔ 10452
gɔī 4009
gɔiṇ 3950
gɔũc 4306
gɔ̃wh 77a
gɔ̃ñc 4306
gɔṭṭɔ 3965
gɔ̃ṇɔ 4364
gɔṇṭhɔ, °ṭhı 137
gɔṇṇõ 3993
gɔ̄ṛ 3968
gɔ̄ḷ, gɔḷɔ 4070
gɔḷnõ 4074
gɔp 4022
gɔmphər 9233a
gɔrı 4040
gɔrkɔ, gɔrtɔ 4209
gɔl 4068
gyāra 2485
graũ 4368
graũı 4377
grāṇo 1967
grɔ̃ṇ 4364
gwauṇõ 4135
gwā̃r 4271
gwaḷɔ 4293
gwār 4271

ghā 4471
ghaṭi, ghaṭṭɔ 4415
ghaṇo 4467
ghaṇṭɔ 4421
ghaṇḍu 4420

ghāṛ 4458
ghaḷnõ 4469
ghas, ghās 4471
ghiu 4501
ghīṇ 4500
ghiṇɔ 4500
ghinnõ, ghinnı 4236
ghiśṇõ 4450
ghʋṭṇõ 4481
ghʋṭno 4479
ghʋṇḍı 4189, 4483
ghʋṇḍe, °ḍo 4479
ghʋṇḍḷɔ 4479
ghʋḷnõ 4488
ghuṇḍu 4483
ghumṇõ 4485
ghurnõ 4487
ghuśṇõ 4450
gherɔ 4474
ghernõ 4474
gheuḷı 4508a
ghoṛu, °ṛɔ 4516
ghoḷnõ 4526
ghõr 4522
ghoraḍ 4523a
ghollh 4523a
ghɔṇɔ 4424
ghɔṛı, °ṛɔ 4406
ghɔmphər 9233a
ghɔr-, ghɔ̃r 4428
ghɔrṭ 4451
ghɔrnu 4428
ghwaṛnõ 1968
ghwāḷ 103

ċəṭauṇõ 4573
ċəmār 4698
ċəmʋḷı 3440
ċəlauṇõ 4721
ċəlapphəṛ 4828a
ċəlɛuṇõ 4721
ċau 4733a
ċakurı 4536
ċakkur, °kər 4536
ċakṇõ 1634
ċakrı 4536
ċakhṇõ 4557
ċagṇõ 1634
ċāċ 4734
ċaċı 4734
ċaṭiṇo, ċaṭṇõ 4573
cāṇ 6011
ċāṇõ 4733a
cāṇḍ 5668
caṇṇõ 6011
ċandı 4669, 4743a
ċandṇı, °ṇo 4745
ċannɔ 4584
ċabṇõ 4711
ċamṛı 4701
cambo 5779
ċambo 4678
ċār[1] 4655
ċār[2] 4755
ċari 4655
ċarnõ 4760
ċāl 4722
ċalṇõ 4721
ċaśiṇo 4727a
ċıʋṛ 4818
ċıṭṭhı 4832
cıṇṇõ 4814
ċıṛı 4571
ċıṛh, ċıṛhnõ 4794
ċıḷək 4827
ċıpəṭṇõ 4819
ciɔ 5912
ċikṭɔ, ċikrɔ 4780
ċikhru 4783
cijo 5912
ċinċuo 4803
ciñjṇõ 4789
ciṭo 12772
ċīt 4799
ċitḷu 4810
cīn 5994
ċiplo 4819
cimmu 3440a
ċirnõ 4844
ċilu 4829
ciś, cīś 5943
ciśo 5941a
ċʋı 4853a
cʋṭṇõ 6065
cʋ̃ṇõ 6067
ċʋṇṇõ, °no 4814
ċʋṛı 4884
ċʋḷɔ 4883, 5258
ċʋrı 4888
ċukṇo 4848
ċuṅgṇõ 4853
ċujhṇõ 10502
ċūnj 4569
ċunjṭı, °ṭe 4569
ċuttar 4860
ċup 4864
ċupku 4820
ċuppɔ 4864
ċubku 4820
ċurɔ 4888
ċūl 4879
cuśṇõ[1] 226a
cuśṇõ[2] 4898
ċekṇo 5064
cẽṇḍ 5668
cõṭ 6081a
coṭe 4883
ċoṛı 4923
coṛnõ 6079
ċodṇõ 4929
ċoppəṛ 4865
ċõr 4931
ċorı 4937
ċoria, °iɛ 4933
ċornõ 4933
ċɔu 4655
ċɔ̃r 4677
ċɔ̃k 4629
ċɔkkar 4538
ċɔṅkṇõ 4676
ċɔṭue 4922
ċɔṇɔ 4579
cɔ̃ṇḍ 5668
ċɔṛe 4571
ċɔṛkı, °ku 4571
cɔṛno 1635
ċɔṛhnõ 4578
ċɔtthɛ, °thɔ 4600
ċɔ̃the, ċɔ̃tho 4600
ċɔda 4605
cɔ̃n 5994
ċɔbi 4623
ċɔre 4595
ċɔrnõ 4686
ċwalno 1642

ċhəṛɛuṇõ 3747
ċhəpauṇõ 4994
chəpɛuṇõ 6084
ċhəpɛuṇõ 4994
ċhəlıṭṭhɔ 5005b
ċhā 5012
ċhaĩ 5027
ċhauṇı 5017
ċhāk 4957
chacṇo 13085
ċhaṭṇõ 4968
ċhāṇo 5019
chāṇṇı 3643
ċharnõ 4998
ċhāḷ 1846, 5002
ċhattı, °te 5014
ċhandɔ 4983a
ċhapo 4994
ċhappər 4976
ċhabṛı, °ṛɔ 4981
ċhār 3674
ċhāl 5005
ċhallı 5005a
ċhiṭṭɔ 4966
chikṛe 12427
ċhiṅkṇõ, ċhīṅk 5032
ċhilkɔ 5052
ċhʋ̃ṇõ 5055
ċhʋṭṇõ 3707
ċhunnõ 3717, 5047
chupṇõ 6068
ċhurɔ 3727
ċheukɔ 5067b
ċheuṛı, °ṛe 5067b
ċheṛu 5035
ċheṛnõ 4794
ċhernõ 5049
ċhelo 4963
ċhɛı 5026
ċhɛ̃, ċhɛĩ 5027
ċheuṇõ, ċhẽṇõ 5019
ċhẽṇ 5017
chendrɔ 275a, 5067a
ċho 12655
ċhõṭı, °ṭu 5071
ċhoṭe, ċhoṭṭɔ 5071
ċhoṛe 5071
chopṇõ 6068
ċhoru 5070
ċholṇõ 5073
ċhɔ, ċhɔuɔ 12803
ċhɔ̃wh 7996
ċhɔṇṭı 4830
ċhɔṛı, °ṛɔ 4966
ċhɔrnõ 4965
ċhɔḷ 5001
ċhɔttər, ċhɔtre 4972
ċhɔləkṇõ 5002
ċhɔlkəṇõ 5002
ċhwauṇõ 5055
ċhwāḷ 848b
ċhwadṇõ 762a

j̈əgauṇõ 5175
j̈əgɛuṇo 5175
j̈əraṇe 5329
j̈əlauṇõ 5306
j̈əmauṇõ 5140
j̈əmhaĩ 5266
j̈əriṭṭhɔ 10434a
j̈əroḷı 10434b
j̈əlriṭṭho 10434a
j̈əlhare, °ro 5406
j̈əlharno, °hɛuṇõ 5406
j̈a 10409
j̈ai 5182
j̈aũ 10474
j̈ao 5182
j̈agərnõ, j̈age 5174
j̈agṇõ 5175
jagrɔ 5174
j̈aṅgal 5177
j̈aṭṭu 5182
j̈aṇu 5195
jāṇõ 10452
j̈āṇõ 5204
j̈aṇṇõ 5193
j̈aḷnõ 5314
j̈atər 10456
j̈anu 5195
j̈andra 275a
jamṇõ 5140
j̈iʋṇ 5243
j̈iʋṇõ 5241
j̈iu 5239
j̈iuṇaiś 5243a
j̈iuto 5240a, 5242
j̈iundɔ 5244
j̈iṭṇõ, j̈iṭṭia 5224
jinśər 5252a
j̈ibbh, j̈ībh 5228
jīś, jiś(o) 6514
jiśẽrı 6514a
jiśśər 5252a
jʋı 6634b
j̈ʋı 10517
j̈ʋṭṭho, j̈ʋṭhṇõ 5255
j̈ʋ̃ṇ 5301
j̈ʋṛkɛ, j̈ʋṛno 10496
jū 10512
jui 10517
juɔ 6608
jugo 10494a
j̈uto 10479
j̈ūn 5301
jūb 6501
jubər, jubṛe 6501
j̈eṭṭh 5293
j̈eṭṭhɔ 5286
j̈ebi, j̈ebbhi 2528
j̈ɛ 10410
j̈ɛı, j̈ɛĩ 10474
j̈euṇõ 5250
jendər, °drɔ, °dra 275a
j̈ɛbbɛ 2528
joggɔ 10528
j̈õc 10523
j̈oṛı, j̈oṛnõ 10496
j̈õḷ 10527a
j̈otth 5300
joddhɔ 10532
j̈ɔ̃ 10431
j̈ɔũ 10422
j̈ɔũ 10474
j̈ɔ̃ 10422
j̈ɔ̃ṭ 5086
j̈ɔ̃ṇ 5301
j̈ɔṇɔ 5098
j̈ɔṛu, j̈ɔṛh 5086
j̈ɔḷno 5090
j̈ɔḷnõ 5306
j̈ɔ̃th 5300
j̈ɔndo, °drɔ 10412
jɔpṇo 5163

j̈ɔmṇõ 5113
j̈ɔr 5303
j̈ɔria, j̈ɔrhṇõ 5304
j̈ɔll 5155
j̈waĩ 5198

j̈hãwɔ 5366
j̈hakkəṛ 5323
j̈hakṛɔ 5323
j̈haṅgṇõ 5081
j̈haṇḍɛ 5334
j̈haṛı 5362
j̈haṛno 5328
j̈hāḷ 5379
j̈haḷṇõ 5382
j̈hapṇõ 6890
j̈hāl, j̈hall 5355
j̈hıṛkṇõ 5327
j̈hıṛno 5327
j̈hikṇõ 5384
j̈hiś 6514
j̈hʋkhṛı 5399
j̈hʋṭṭhɔ 5407
j̈hʋrı 5409
j̈hukhṛɔ 5399
j̈hūm 5404a
j̈humkɔ 5404
j̈hurnõ 5409
j̈hulṇõ 5406
j̈hullən, °*lɔ* 5406
j̈huśśhuɔ 280a
j̈huśhṇõ 280a
j̈heṛı 5362, 5412a
j̈hewaḷ 6819
j̈hɛuṇõ, j̈hɛḷnõ 1676a
j̈hokṭı, °*kṇõ* 5399
j̈hōṭ 5414a
j̈hoṭṭɔ, j̈hoṭṛu 5414a
j̈hollɔ 5415
j̈hɔgṛo 5321
j̈hɔṭ 5327
j̈hɔ̄ḷ 5354
j̈hɔmko 5341
j̈hɔrı, °*re* 5346a
j̈hɔro 5343
j̈hɔlṭu 5355
j̈hwaḷno 1676a

ṭāṅg 5428
ṭaṭo 5439
ṭaḷnõ 5450
ṭapre 5725
ṭabər 5446a
ṭalo, ṭallı 5452
ṭıkkɔ 5458
ṭıṅgṛɔ 5460
ṭıpṇo 5464, 8165
ṭıpṇõ 5464, 8165
ṭıppɔ 5444
ṭıbṛı, ṭıbbɔ 5446
ṭʋkṇõ, ṭʋkṛɔ 5466
ṭʋnj̈ṇo 5851
ṭʋṇḍ, ṭʋṇḍɔ 5468
ṭʋrnõ 5878
ṭekṇõ 5420
ṭēr 5473
ṭēra 6001
ṭewı 5475
ṭɛuṇõ 5475
ṭokru, ṭokrɔ 5477
ṭōṭ 5853
ṭopu, ṭopṛu 5481
ṭoppı, ṭoppɔ 5481
ṭollı 5483
ṭɔĩ 5486
ṭɔṭṭɔ 5439
ṭɔṇɔ 5418
ṭɔḷnõ 5450
ṭɔpkɔ, ṭɔpṇõ 5727

ṭhae 13760
ṭhaṇı, ṭhaṇo 13753
ṭhaṇḍ, ṭhaṇḍɔ 13676
ṭhāra 946
ṭhīk 5503
ṭhīṇḍ 5502
ṭhʋḍṛɔ, ṭhʋlṛɔ 5506
ṭheu 13760
ṭhekɔ 5509
ṭhēr, ṭhērnõ 13680
ṭhokku, ṭhokṇõ 5513
ṭhoṭṭhı, °*ṭhɔ* 5506
ṭhoḍṛɔ 5506
ṭholṛɔ 5506
ṭhɔmbhṛu 13683
ṭhrɔṭṇõ 5743

ḍəkār 5521
ḍəbɛuṇõ 5561
ḍərauṇõ 6190
ḍərɛuṇo 6190
ḍakṇo 5516
ḍāg 5541
ḍāṅg 5520
ḍaṅge 5517
ḍaṅgṛe 5520
ḍaṅgru, °*re*, °*rɔ* 5520
ḍaḍḍhɔ 6302
ḍāṇõ 6145
ḍaṇḍṇõ 6136
ḍāḷ 5546
ḍaḷı, ḍalṭı 5546
ḍabu 5528
ḍamhṇõ 6121, 6182
ḍāl 5536
ḍalṇo 5545
ḍıṅkule 5547
ḍīṅg 5547
ḍıṅgɔ 5547
ḍıbər, ḍıbre 5549a
ḍʋggɔ, ḍʋṅgo 4223
ḍʋbṇõ 5561
ḍūm 5570
ḍeuṇõ 5534, 6223a
ḍerɔ 5564
ḍɛuṇõ 5534, 6223a
ḍēṇ 5542
ḍoa 5534, 6223a
ḍōḷ 6582
ḍoḷɔ 6582
ḍōm 5570
ḍōr 6583
ḍoru 6225
ḍōl[1] 6582
ḍōl[2] 6583
ḍɔggɔ 5524a
ḍɔmru 5531
ḍɔ̄r 6186
ḍɔrnõ 6190
ḍyāno 1697
ḍwauṇo, ḍwāṇo 1697
ḍwār 1988a

ḍhai 651
ḍhauṇo 6896
ḍhakəṛnõ 5574a
ḍhakṇõ 5574a
ḍhaḷnõ 5581
ḍhappı, ḍhabbı 5579
ḍhāl 5583
ḍhıllɔ 5590
ḍhılhṇõ 5590
ḍhʋkṇo 5592
ḍhʋlṇo 5593
ḍhēr 5599
ḍhōk 5603
ḍhoṇo 5610
ḍhōḷ 5536
ḍholṭɔ, °*ṭu* 5536
ḍhōl 5608
ḍholkı, °*kɔ* 5608
ḍhollu 5608
ḍhɔḷnõ 5581

ṇəjogɔ 303a
ṇauṇõ 1174
ṇī 2411
ṇīñj 791a, 7200

ṛauṇõ 1697, 2003
ṛãuṇõ 1174
ṛeuṇõ, ṛēṇõ 1697, 1982a
ṛhɛuṇõ 14123
ḷaı, ḷoı 14005a

təḷwār 5706
tərār 5706
ta 5753
tau[1] 5755
tau[2] 5767
tauḷɔ 1788
takuḷı 5717
takṇõ 5716
takṛɔ 5718
takḷı 5717
taṭı 5990
taṭṭh 5743
taḷı 5801
taḷu 5803
tattɔ 5679
tānd 5660
tambɔ 5779
taru 5794
tarɔ 5798
tallɔ 5731
tıṇṇõ 5659
tır(h)ı 5825
tıllı 5828
tittər 5809
tī-thēr 5810
tinnɔ 5940
tir(h)e, tir(h)ɔ 5825
tʋ̄ḷ 5886
tʋḷı 5904
tʋmṭı 5868
tu, tū 5889
tuāro 10511
tue 5889
tumṭe 5868
tumbɔ 5868
tēṛ 5926
tebi, tebbhi 2528
tēl 5958
tɛṇɔ, tɛṇhiɛ 5760
tɛṇhɔ 5760
tɛbbɛ 2528
tērnõ 5821
topṇõ 5971
tōl 5980
tolṇõ 5980
tɔ 9552
tɔĩ, tɔĩa 5639a
tɔkṛo 5718
tɔnj̈hṇõ 5628
tɔṭo 5631
tɔṇe 5652
tɔṇhuɔ 5658a
tɔṛkɛ 5629a
tɔḷɔ 5731
tɔḷnõ 5736
tɔ̄r 5695
tɔrnõ 5702
tyār 5811
trıkkhṇõ 5839
twaṇɔ 1785

thəċṛā 5511
thəċrāṛ 5511
thənɔḷı 14029
thaı 13760
thau, thaɔ 13760
thakṇo 13737
thāc 13752a
thaciṇo 13752a
thachṇõ 13752a
thaṭo 6089
thaṛɔ 13676
thaḷı 13766
thaḷṭu 13766
thān 13753
thappəṛ 13758a
thambhṇõ 13683
thūk 6097
thukṇõ 6097
thuċuk 5511
thēċ 5511
thēl 14029
thēr 5811
tho 13768
thoṛə 13720
thōttı 5853
thotthəṛ 5853
thobbər 6109
thɔċ 5511
thɔppəṛ 6091

dəkheḷnõ 6507
dəṇhauṇõ 6846
dəṛauṇõ 6624
dəṛɛuṇo 6624
dənharɔ, °*hɛrɔ* 6595
dəbauṇõ 6173
dərār 6193
dəriɔ 6511
dəlauṇõ 6141
dəljeṭı 6195a or b
dā 6321
dākh 6628
dakhṇo 6119
daggh 6253b
dāc 6260
daccı 6260
dacṭı 6260
daṭṭo 6663
dāṇ 6265
daṛh, dāṛh 6250
daṛhı 6250
daḷnõ 6310
dād 6261

daddı 6261
dadhu 6172
dānd 6152
dabṇõ 6173
dām 6184
damno 6797
dār[1] 6298
dār[2] 6663
daljı 6297
dı 377
dıəṇ, dīṇ 6344a, 6366a
dīṇõ 6344a, 6364
diu, diɔ 6348
dinno 6140, 6141
dile 5536
diwɔ 6348
diśṇõ 6516
dū̃ṇo 6476
dui 6648
dukhṇõ 6376
dujjɔ 6402
ḍuddh, dūdh 6391
dudhu, dudhṛe 6391
dudhḷɔ 6399
dunn(h)i, °n(h)iɛ 6648
dūr 6495
dura 6495
dulho 6446
dūs 6333
dusṛu 6333
de 377
deı 6557
deuṭhı, °ṭhu 6527
deuḍh 6698
deuḷ 6559
deurɔ, °rı 6524, 6528
dekhṇõ 6507
dẽṭhu 6527
deḍḍh 6698
dẽḍh 6698
deṇo 6141
dẽṇo 6140
dẽḷ 6559
deś, dẽś 6547
deĩ 6146
dɛuḷı 6358
dɛṇo 6140
dẽṇõ, dɛṇno 6141
dōṛu 6464
dōro 6407
doś 6587
dɔ̃ 6223
dɔ̃ṇõ[1] 6179
dɔ̃ṇõ[2] 6245
dɔrnõ 6624
dɔḷnõ 6216
dɔndualṭe 6157a
dɔre 6194
dɔle 5536
dɔś 6227
dɔśśiɔ, °śuɔ 6233
dɔsṇõ 6210
dyār 6531
driɔ 6511
druṇe 6644
drubaṛ 6501
dwaṭo 6459
dwār 6459
dwarṭɔ 6459

dhaı 6774
dhakkɔ 6701
dhaguḷo 6770
dhaggɔ 6770
dhaglu, °ḷo 6770
dhacṇõ 6773a
dhaṭu 6707
dhaṭṭı 6793
dhaṭṭu, dhaṭhu 6707
dhān 6778
dhandɛ 6727
dhansoɔ 6778
dhār[1] 6788
dhār[2] 6793
dharkɔ 6793
dharcu 6792a
dharṭı 6793
dharna 6788
dharnõ 6791
dhī 6481
dhijṇõ, °jɔ 6818
dhiśṇõ 6516
dhũı 6849
dhuḷɔ 6835
dhū̃ 6849
dhũɔ 6849
dhutrɔ 6865
dhūr 6826
dhurɔ 6826
dhẽṇ 6739
dhɛr(h)i, °rɔ 6333
dhoiṇo 6886
dhokkhɔ 6894
dhõṇõ 6886
dhɔe 6873
dhɔkkh 5524
dhɔkhnı 5524
dhɔgra 5524
dhɔ̃n 6721
dhɔṇı 6722
dhɔ̃ṇɔ 6726
dhɔtrı 6750
dhɔnni 6744
dhɔrtı 6750
dhɔrni 6744
dhɔrno 6747
dhyaṛ(h)i 6333
dhwauṇõ 6886
dhwār 2018
dhwarnõ 2009

nəkammuɔ 7475
nəkammɔ 7475
nəkthʊṇı 7031
nəktholı 7031
nəksasiṇo 7111
nəċauṇõ 7583
nəjogɔ 303a
nəjhɔrlɛ 5346a
nəṅhɛuṇõ 7505a
nənɛuṇı 7333
nəbholp(əṇ)iɛ 9538
nərẽḷ 7075
nərõḷ 358a
nəśɔ̃ṅg 7106
nəsaso 7111
nəsasṇõ 7111
nəsɛuṇõ 7131
na[1] 6906
na[2] 7064
naı[1] 7062
naı[2] 13792
nai 13792
naiṇo 13786
naũ 7067
nauṇ 13790a
nauṇõ 7068
nā̃ 6906
nāk 6909
naṅgɔ 6926
nāċ 7582
naċṇõ 7583
nāj̈ 398
naṭṭı 6980
naṭṭo 6977
nanı 6968
narı 7047
nāḷ, naḷı 7047
nalṭı, °ṭo 7047
nattɔ 5279
nān 7059
nannı 7059
nama 7067
naś 7084
naśṇõ 7027
nĩṇõ 6966
nıṇḍṇõ 7542
nīḷ[1] 7540a
nīḷ[2] 7563
nım(b)ḷɔ 7366
niũe 7250
niundrɔ 7233
niɔ 6966, 7544
nĩsṇõ 7131
nikkəlṇõ 7478
nikkhəḷnõ 1716, 7478
niṅguro 7311
niṅgrɔ 7311
nij̈, niñj 791a, 7200
nitthi 1480, 13768
nim(b)u 7247
niri, niro[1] 7556
niro[2] 7560
nirhi 7556
niśṭɔ 7540
neuḷ 7540a
neutı 7423a
neutie, °iɔ 7423a
neoḷ 7540a
neḍi, neḍḍhi 7136
nɛ̃ 6943
nɛiṇo 13786
nɛũ 7067
nɛuṇo 7068
nɛ̃ṇ 6968
nɛṇe 6968
nɛṛu 7136
nɛtto, nɛtḷo 7188
nɛma 7067
nɛ̃rnõ 7559, 7573b
nɔ̃[1] 6943
nɔ̃[2] 6984
nɔĩ 6983
nɔu 6984
nɔuɔ 7006
nɔuwɔ 6983, 7025
nɔe 6943
nɔkkhɔ 289
nɔbo 7025
nɔś, nɔ̃ś 6914
nyato 7188
nhaiṇo 13786
nheiṇo 13786
nhɛuṇõ[1] 13786
nhɛuṇõ[2] 13791
nhẽṇ 7156
nhẽṇõ 13786
nhɛḷnõ 7228
nhɛrɔ 386
nhyāro 386
nhwarı 7020a

pəgḷɛuṇo 8468
pəcāḷ 7733
pəcaḷna 7733
pəcɛḷna 7733
pəċtau 8010
pəċhaũśɛ 7996
pəċharı 8006
pəċheṇɔ, °ṇnõ 8637
pəċhɔ̃wh 7996
pəċhyaṇno 8637
pəj̈āh 7682
pəjɛuṇõ 8342
pəj̈ɛuṇõ 8319a
pəj̈ɛrı, °rɔ 8317a
pəṭauṇõ 8165
pəṇarṭe 8088
pəṇɛuṇõ 8082
pəṇhare, °hār 8088
pəṇhẽr 8083
pəṇherı 8088
pəṇhyare 8088
pəṛhauṇõ 8037
pəṛhɛuno 8037
pəḷau 7958, 7959, 8349
pəḷɛś 7884
pəḷɛśṇõ 7884a
pəṭɛuṇõ 8640
pəthrɛuṇõ 8857
pərāj̈ 8795a
pəraj̈(h)ṇõ 8795a
pəraṇɔ 8283
pərāt 8055
pərār 7799t
pərero 8212a
pərlĩṅg 11044
pərsinɔ 8897
pəlṭɛuṇo 7968
pəsīṇõ 8894a
pā 8118
paia 8074
paiɔ 8672
pau 8075
pauṇɔ 8973
paulo, °lṭı 7969
pae 8118
pakəṛnõ 7619
pakkɔ 7618, 7621
pakṭe 7700
pakṇõ 7621
pakhulo 8102
pakhṛe 7636
pakhṛo 7627
pakhlɔ 8102
pāg 7644
pagəl 7643
pagg 7644
paṅkh(o) 7627
paṅkhṛu, °ṛe 7636
paṅkhṛɔ 7627
pāṅg, paṅgər 8918
paṅgo, °gra 8917a
pāc 7733
paccı 7733
paċcha, °ċhi 7990
paċchuɔ 8007
paċṇo 7654
paċhu 8007
paj̈o 7770

panċhı 7636
pānj̈, panj̈i 7655
panj̈iɔ, °j̈uɔ 7469
panj̈ṇı 7684a
pāṭ 7699
paṭṭɔ, paṭḷɔ 7699
paḍe 8100
paṇı 8082
pāṇõ 8053
pāṇḍ, paṇḍke 8108a
paṇṇhı 2302
pāṛ, pāṛı 8141
paṛa, paṛɛ 8030
paṛo, paṛ(h)i 8030
paḷɔ 8959
paḷnõ 8129
patḷɔ 7736
patthər 8857
patho 8869
pando 2303
pandra 7662
pannɔ 7777
para, pari 8100
pare, parhi 8100
pallɔ[1] 7952
pallɔ[2] 7970
pıgəḷnõ 8468
pıṅg, pıṅgo 8996
pıṅgṇõ 8997
pınj̈rɔ 7685
pıṭṭh 8370, 8371
pıṭṭhɔ, pıtho 8218
pıṇḍ 8168
pīṭh 8370, 8371
pīṇõ 8209
pıtəḷ 8184
pīn 8168
pınne 8168
pıpəḷ 8205
pıpḷı 8205
pıllı 8168
pıśṇõ 8142
piuḷɔ 8233
piund 8209a
piundı 8210a
piṭṇõ 8165
piṭhṇõ 8165
pʊċhṇõ 8352
pʊṇṇõ 8277
pʊrı 491
pʊṛɔ 8253
pʊḷɔ 8349
pʊḷṛı, °ṛɔ 8349
pujṇõ 8342
puj̈ṇõ 8319a
punj̈həṛ 8249
punj̈hṭa, °ṭı 8249
punj̈hṛı 8249
puttər 8265
punn 8261
punnõ 8340
punya 8340
puraṇo 8283
purɔ 8330
peukɔ 8390
pēṭ 8376
peṭṭı 8376
pēṛ 8377a
peṛo 7727, 8222
peṛɔ 8377
peṛnõ 8686
pernõ 9002
pēṇḍ 7753
pɛṇḍɔ 7753
pēṛı 7752
pɛnnɔ 8622
pēr 7756
pēlɔ 8652
pɛśo 8437
pɛśṇõ 8803
poɔ 8312
pocṭı 8417
pocṭu 8416
pōṭ 8376
poṭkro 8376
potthı, °thu 8413
pollɔ 8398
poś, pōś 8424
pɔila 8652
pɔkəṛno 7619
pɔkhṇõ 7904, 8620
pɔgəḷno 8468
pɔ̄ċṇõ 8716
pɔj̈ɔ, pɔj̈ṇõ 1814
pɔnċṇo 8716
pɔ̄nj̈ɔ 8018
pɔṭṇõ 7711
pɔ̄ṇ[1] 7978
pɔ̄ṇ[2] 8676
pɔ̄ṛe 7752
pɔṛnõ 7722
pɔṛhnõ 7712
pɔḷu 7974
pɔtḷo 7736
pɔdhro 7767
pɔndra 7662
pɔr, pɔri 7793
pɔ̄r[1] 7907
pɔ̄r[2], *pɔ̄rnõ* 8900
pɔre, pɔrla 7793
pɔrśi 7799j, 8679a
pɔrhəj̈ 7799l
pɔrhi 7793
pɔ̄la 8652
pɔlg(ı), °go 7964
pɔlṭ(i)ṇo 7968
pɔśu 7984
pyār 8975
pyaśo 8437
prauṇɔ 8973
prāj̈ 8795a
praj̈(h)ṇõ 8795a
praṇɛ 8928
praṇno 8509a
praśo 8437
prɛṇnõ 8509a
prɛśśɔ 8437
prɔ̄ 8681
prɔ̄ḷ 8633
prɔḷe, °ḷo 8633
pwāṛ 1824a
pwaṛo 1820

phəkār 9104
phəṭauṇõ 13817
phəṭkāṇo 9038
phəṛakṇõ 9038
phəḷɔ̄r 9054a
phərakkɔ 13826
phəraṛɔ 13826
phərēj̈ 7799l
phərɛuṇõ 9078
phərkauṇõ 9050
phəlauṇo 9093
phəlɛuṇo 9093
phəsauṇõ 13812
phaı, phāsı 13813
phakkɔ 9034
phāg 9062
phaguṇ, °ggəṇ 9075
phaṭṇõ 13825
phaṇṭ 9071
phaṛo 13826
phāḷ 13834
phabṇõ 8711a
phıkkɔ 9037
phīnċ, phınċɔ 9081
phımpərı 8201
phır(ı), phıri 9078
phırnõ, °rhi 9078
phʊśṭi 9100
phʊssı 9100
phukərnõ 9103
phukṇõ 9082
phukhrɔ 8391
phuṭṇõ 13845
phuru 9091
phurk 13849
phūl 9092
phuḷṇõ 9093
phuḷṛu 9092
phullhuı 9095a
phulhṇõ 9093
pheṭ 9106a
pherɔ 9078
phernõ[1] 8486
phernõ[2] 9078
phɛṅkṇõ 9106
phɛnı, °no 8124
phɛḷnõ 8486, 8651
phɔṭṭa-phɔṭṭa 9038
phɔṭṇõ 13817
phɔṇ 9042
phɔṇər, °ṇir 9043
phɔṛ 7989a
phɔḷ 9051
phɔḷnõ 9057
phɔtəṛ 8399
phɔbṇõ 8704a
phɔrəj̈ 7799l
phɔrı 9053
phɔlṭɔ 9053
phɔśṇõ 13812
phraṛnõ 13825
phrıśśəḷnõ 9080
phwāl 7987

bəkheṛo 12186
bəgɛndrɔ 11332a
bəghauṇõ 9361
bəghōḷ 11679a
bəċhauṇõ 11692
bəċherɔ 11241
bəj̈auṇõ 11513
bəj̈hāṇı 9279
bəjhiur 9261
bəj̈hɛuṇõ 9502
bəḍhaḷɔ 9608
bəḍhār 9442
bəḍharı 9443
bəṇauṇõ 11260
bəṇɛuṇo 11260
bəṛaḷɔ 9608
bəṛhāḷ 9608a
bəṛhɛı 11375
bəṛhɛuṇõ 9490
bəṛhēḷ 9608a
bəḷauṇõ 6671
bətauṇo 12069
bədhaı 11383
bənaṇı 11708
bənāḷ, bənaḷı 10208
bənyāḷ 10208
bənwās 11265a
bərāgh 12193
bəraḷe 9237
bərāt 11322
bərɛḷı, °ḷɔ 9237
bərśāḷ 11393
bərhaṛo 9608a
bərhāḷ 11393
bərhıḷɔ 9690
bəlaundɔ 11898
bəlṭoɔ 11357
bəlrıṭho 11428b
bəśā, bəśɛ̄ 12149
bəśɛū̃ 11956
bəśɛḷnõ 2245
bəśɛśṇo 11967
bəśrā̃ 11956
bā̃[1] 9229
bā̃[2] 11529
baı[1] 9229
baı[2] 11529
baia 12202
baı̃ś, baı̃śɔ 11175
bau 11529
baũo 11533
bauṇ, bauṇu 11538
bauṇo 11600
bauṇɔ 11538
bauṛ 11601a
bauṛe 11529
bā̃ś, bā̃śśɔ 11175
bakṇõ 9117
bakrı, °ru, °rɔ 9153
bagər, bagur 11504a
bago 11331
baṅgɔ 11191
baṅgṭɔ 11192
bāc 11289
bacṭu, bacċhu 11239
bāj 9235
bāj̈ 11511
baj̈o 11511
baj̈ṇo, °ṇõ 11513
banj̈h 11275
bāṭ 11366
baṭe 11359
baṭṇõ 11356
baḍḍhı 11375
bāṇ 9203
baṇı 11490
baniā 11484
baṇe 11484
bāṇõ 11612
bāṇḍ, baṇḍo 11235
banḍṇõ 11238
baṇḍhı 11236
baṇno 11260
bāṛ, baṛən 11480
baṛɔ, baṛne 11480
baṛⁿõ 11480
baṛhı 11375
baṛhnõ 11480
bāḷ[1] 9216
bāḷ[2] 11572
baḷı 9216
baḷu[1] 11573
baḷu[2] 11580

baḷɔ 9216
bāt[1] 11366
bāt[2] 11564
battɪ 11359
badəḷ 11567
badəḷhnõ 11567
badḷe, °ḷo 11567
baddhɔ 9126
badhu 11384
bāṇ 11277
bano 11338
bandər, °drɪ 11515
bandro 11515
bandh, °dhɔ 9136
banhṇõ 9139
bāp, bapu 9209
bāb 9209
babi 11529
babu 9209
bamṇɪ 9327
bamṇo 11389
bamməṇ 9327
bamhṇo 11389
bayh 6672
bār 11547
bāra[1] 6658
bāra[2] 9226
barɪ, bari 11547
bārɔ 9226
barnõ 11554
bārśa, bārhuɔ 9226
baḷṇõ 11405
baśi 2176a
baśtu 7540, 11239
baśṇõ 11589
bas[1] 11588
bas[2] 11591
bas[3] 11592
baso 11591
basṇõ, bassi 11435
bɪ, bī[1] 485
bī[2] 11616
bɪa 12041a
bɪʊjhṇõ 11807
bɪɛ 12041a
bɪɛth 11721
bɪkaḷnõ 11623
bɪkṇõ 11642
bīkh 12067
bɪgəṛnõ 11673
bɪčɛ 12042
bɪčhərnõ 11687
bīj 9261
bīj[1] 9235
bīj[2] 9261
bīj[3] 11742
bīja 9235
bɪ(j)jhɔ 12051
bɪjḷɪ 11745
bɪṇ 11772
bīṇḍ[1] 9238
bīṇḍ[2] 12045
bɪṇnõ 11686
bɪṛɔ 12045
bɪtṇõ 12069
bɪttɔ 11727a
bɪndɔ 9238
bīr 12056
bīl 9245
bɪḷdɔ, bɪllɔ 11798
bɪś 11968
bīś[1] 11616
bīś[2] 11968
bɪśḷɪ 11180
bɪśśu 11982
bɪssərnõ 12021
bia mata 11753
biṇi 11772
biśuḷe 11180
bʊɪ 9282
bʊjhṇɪ 9279
būṭ 9297
bʊṭṭɪ, bʊṭre 9297
bʊṭho 11435
bʊḍḍhɔ 9271
bʊḍhḷɔ 9271
bʊṇnõ 11773
bʊṛɔ 9271
bʊddhɪ 9277
bujhṇõ 9279
bunāḷ 10208
bubu 9283
buṛɔ 9289
buś 9296
buśaḷno 11435
-be 11491
bečṇõ 12100
bejɔ 9309
beṭṭɪ, °ṭɔ 9238
beṛe 9308
beṛɔ 12130
bēr 12115
belər 12121
belɔ 12118
beśṇõ, beśśɔ 2245
bɛ̄ 11920
bɛɪ 11795
bɛe 11529
beṭhṇa 2245
bɛ̄ṇ[1] 9349
bɛ̄ṇ[2] 11199
bɛ̄ṛ 11721a
bɛṛnõ 11722a
bɛ̄ḷ 11625
bɛḷɪ 11625
bɛḷṇõ 9175
bɛlre 11428a
bɛlhuɔ 9175
bōk 9263
bōjh 11465
boṭho, boṭhṇo 11435
borɪ 9320
bōro 12175
bōl 9321
bolṇõ, bollɪ 9321
bośṇo 11435
bɔ̄ 11443
bɔɪ[1] 11452
bɔɪ[2] 11460
bɔīś 9964
bɔiṇ 9349
bɔu 11250
bɔṅge 9226
bɔčɔ 424
bɔčṇõ 11208
bɔnča 11208
bɔ̄ṭɪ, bɔ̄ṭu 11251
bɔṭhṇo 11435
bɔḍḍɔ 11225
bɔṇ 11258
bɔ̄ṇ 11258
bɔ̄ṇõ[1] 11282
bɔ̄ṇõ[2] 11453
bɔṇnõ 11260
bɔ̄ṛ 11601a
bɔṛo, bɔṛɔ 11225
bɔṛhnõ 11376
bɔḷəd 9176
bɔḷcɔ 11410
bɔḷd 9176
bɔḷnõ[1] 6654
bɔḷnõ[2] 9170
bɔ̄to 9190
bɔdhṇõ 11376
bɔ̄r 11309
bɔriś 11392
bɔrčho 9123
bɔrjṇo 11386a
bɔrdṇõ 11376
bɔrś 11392
bɔś 11430
bɔśṇo, bɔsṇõ 11435
byā 11920
byāḷ 11625
braggh, °ghəṇ 12193
brāgh 12193
brāra 9661
brikkh 12067
brikś 12067
bwauṇõ 2069
bwāḷ, bwalṇõ 2339

bhai 9661
bhau[1] 9475
bhau[2] 9661
bhaũ 9688
bhāg 9434
bhagṇõ 9361
bhāṅg 9354
bhajɪ 9401
bhajṇo, °ṇõ 9361
bhāṭ[1] 9366
bhāṭ[2] 9402
bhāṭiṇ, °ṭṭəṇ 9366
bhaṇəj 9433
bhaṇjɪ, °jɔ 9433
bhaṇḍɪ 9371
bhaṇḍɔ 9440
bhāt 9331
bhadro 9447
bhanṇo 9361
bhabbɪ 9453a
bhār 9459
bhari 9465
bharo 9460a
bhāś 9479
bhaśṇõ 9478
bhī 485
bhɪjṇõ 9502
bhɪṭṭɪ, bhɪṭhṇõ 9516a
bhɪṇḍɪ 9491
bhɪrṭɪ, °ṭhṇõ 9516a
bhiṭṭiṇo 9516a
bhirnõ 9490
bhīt 9494
bhita, °te 9503a
bhittər, bhitra 9504
bhitriɔ 9506
bhirṭiṇo 9516a
bhʊī 9557
bhukkh 9286
bhukkhɔ 9284
bhukṇo 9265
bhukhṇõ 9285
bhujṇõ 9583
bhunju 9631
bhutrɔ 6865, 9552
bhūl, bhulṇõ 9538
bheu 9610
bhejṇõ 9603
bheṛ 9606
bheṛən 9605a
bheṛɪ 9606
bheṛio 9608b
bhelle 9618
bheś 12129
bhɛ̄ 9390
bhɛ̄ṇ 9349
bhɛṇɪ, bheṇi 11813
bhɛ̄ṇõ 11812
bhɛṇsər 11813a
bhɛtthu 9670a
bhɛrɔ 11676a
bhōkh 9286
bhokho 9284
bhoga, bhogṇo 9627
bhoḷɔ 9539
bhomphər 9233a
bhɔiṇ 9349
bhɔũ 9688
bhɔ̄r(u), bhɔ̄rɔ 9651
bhɔcṛu 9664
bhɔjo 9447
bhɔddər 9446
bhɔmphər 9233a
bhɔrɪ 9188a, 9193
bhɔri 9188a, 9397
bhɔrnõ 9397
bhɔlɔ 9408
bhɔś 9423a
bhyauṇo, bhyāṇo 11812
bhyāḷ 11936
bhraũ 9688
bhrauj 9660
bhrɪnde 9491
bhriũ 9688
bhreũ, bhrɔ̃̄ 9688
bhwau 2041a

məkauṇõ 10157
məgauṇõ 10074
məčhauṇõ 10241
məṭhɛɪ 10299
mə(ṇ)ḍēr 10192
məḷaɪ 10088a
məṛauṇõ 10066
məṛɛuṇo 10066
məlauṇõ 10133
məśɛɪ 12321
məśṛɛ̄ 10260a
ma 9981
mā 10016
maɪ 10016
maī 10058
maũ 10055
mauṛe 10016
mauḷɔ 10009
maẽ[1] 9804
maẽ[2] 10016
mã̄ 9804
māssɪ 10001
makkhəṇ 10378
makkhɪ, °khɔ 9696
makṛɪ 9882
makhtɔ 10376
maṅkhɪ, °khɔ 9696
maṅgṇɪ 9747
maṅgṇõ 10074
maččhɪ 9756
mačṇõ 10032

maċhḷɪ, °ḷu 9756
manjɔ̄ 9715
manjṭhɛ 7819a
manjṇõ 10080
manjh, manjhi 9804
manjhuo 9810
manjhe 9804
maṭo, maṭṭɔ 10286
maṭṭhɔ 9723
maṭhərḍɔ, maṭhrɔ 9723
maṇu 10049
maṇ(ə)ch 10049
manchennh 10049a
manṭhɔ, °ṭhrɔ 9723
manḍṇõ 9890
manḍhṇõ 9890
maṛɔ 9723
maḷa, maḷaɪ 10088a
māto, matta 9950
matthɔ 9926
matha, mathi 9926
manṇõ 9857
mām 10055
mama, mamɪ 10055
marnõ 10066
maś 10097
maśṇõ 9897
maśṇɔ 9897a
mas, mās[1] 9982
mās[2] 10104
mɪcṇõ 10118
mīnj, mɪnjɔ 9712
mɪṭṭhɔ 10299
mɪṭhṇõ 9490
mīṇ 10086
mīṇɔ 10129
mɪṇḍkɔ 9746
mɪttər 10124
mīl 10133
mɪlṇõ 10133
mɪll 10140a
mʊṅgḷɪ 10199
mʊṭkhrɔ 10221a
mʊṭṭhɪ 10221
mʊṭ-śɔ̃ 12301a
mʊḍəkhru 10221a
mʊ̄ṇḍ 10247
mʊṇḍəṇ 10193
mʊṇḍɪ, °ḍke 10247
mʊṇḍlu 10247
mʊ̄ṛh 10232
mʊ̄ḷ[1] 10223
mʊ̄ḷ[2] 10250
muəḷ 10223
muɔ 10278
mũ 9691
mū̃ 10158
mukkɔ 10157
mukkhiɔ 10174
mukṇõ 10157
mūc 10234
mucṇõ 10238
muċhṇõ 10241
munċhṇɪ 10240a
munjɪ 10184
mūrɔ 10167
muśḷe 10223
muśśəṇ, °śɔ 10258
meṭṇõ 9490
meṭhṇõ 9490
meṛhnõ 10332
meḷɔ 10331
meḷnõ 2129
mɛ̄̃ 9755
mɛ̃ṅgɔ 9954
mɛccɪ, mɛccɔ 10019
mɛ̄ḷ, mɛḷɔ 9904
mokhṇo 10346
moċɪ 10349
moṭṭɔ 10187
mōṇo 10362
mōṛ 10186
moṛnõ 10186
mōṛh 10232
mote 10365
mōr 9865
mōro 10167
mōl 10373
mɔ̃ 9784
mɔaḷɔ 9791a
mɔīś 9964
mɔiḷa 9904
mɔū 10055
mɔgrɔ 9701
mɔ̄ṅgo 9954
mɔṅgṇo 10074
mɔṛɔ 10279
mɔn 9822
mɔru 9876a
mɔre 9867
mɔrċɪ 9875
mɔrnõ 9871, 10278
mɔ̄l 10373
mɔlṇõ 9870
mhīṇ 10086
mhɛś, mhɛśśɔ 9964
mhōṛ 9727, 10334a

rəgauṇõ 10739
rəcauṇõ 10704a
rəċauṇõ 10574
rəcārɪ 10704b
rəjhauṇõ 10708a
rəṇwās 10693
rəśauṇõ 1615
rəsoɪ 10656
rauṛ 10676
rae[1] 10679
rae[2] 10688
rakś 10672
raks, rāks 10672
ragiś 10672
rāc 10702
raciṇo 10702, 10704a
rachṇõ 10702, 10704a
rāj 10694
rajhṇõ 10708a
raṇɪ 10692
rāṇḍ, raṇḍɪ 10593
raṇḍo 10593
rāṛ, raṛɪ 10697
raṛnõ 10590
ratɔ 10539
ramṛo 10636
rɪṭṭh 10747
rīṇ 2451
rɪṇḍ, rɪṇḍɔ 10815
rikkh, °khəṇ 2445
rīkh 2445
riṅgṇõ 10739
rittɔ 10729
riś, rīś 1615
riśhṇõ 1615
rʊɪ[1] 10762
rʊɪ[2] 10798
rʊ̄ṛ[1] 10762
rʊ̄ṛ[2] 10802
rū 10762
rukṇõ 10827
rukho 10799
rudhṇo 10775
rupu 10805
rupṛe 10849
ruppɔ 10849
rumbṇõ 10783
ruśhṇõ 10794
rē 10808
rēt 10816
rɛ̄ 10826
rɛ̄c 10702
rɛccɪ 10700a
roṭɪ 10837
rōṇõ[1] 10840
rōṇõ[2] 10844
ropo 10849
roś, rośśɪ 10856
rośhṇõ 10857
rɔe 10826
rɔkhe 10551
rɔkhṇõ 10547
rɔ̄ṇõ 10666
rɔḷɔ 10641
rɔḷnõ 10640
rɔśṭɔ, rɔśśɔ 10648
rwauṇõ 10840
rwaḷɪ 829
rhauṇõ 14061
rhɛuṇõ 10666
rhɛḷɪ 13988

ləkauṇõ 11083
ləkɛuṇõ 11083
ləgharo 10904a
ləṛhauṇõ 11079
ləpeṭṇõ 10942
la 10893
lakkh 10881
lakrɔ 10875
lakhi, lakhɔ 11003
lagṇõ 10895
laṅgrɔ 10877
laċchi 10944
laṭɔ 10917
laṭṭh 10991
laḍu 10927
laḍḍu 10926
lāṇo 10948
lāṇõ 11004
laṇṭh, lāṇḍ 10917
laṛɪ 11012
laṛu 10927
laṛɔ 11012
lāt 10928
lādṇõ 10966
lamṛɔ, lambɔ 10951
līṇo 11048
lɪṇḍo 11054
lɪpəṭṇo 11061
lɪpṇõ 11061
lɪmo 7247
līd 11057
lʊṭhrɔ 11076
lʊ̄ṇ 10978
lʊṇḍa 11076
lukṇõ 11083
lumbṭu, °ṭuo 11088
lūrbe 11099
luś-phuśśɔ 11091
leuṇõ 11112
leuḷɛ 11063
lɛ 10893
lɛ̄ṇõ 10948
loɪ 11072
lou 11165
loɔ 11158
loṭa 11133
loṭṇõ 11156
loṇe 10987
loṛno, loṛnõ 11080
lobhṇõ 11152
lɔṅg 10878
lɔṅghṇõ 10905
lɔ̄ṇõ 10986
lɔṛto 10921
lɔṛdɔ 10915b
lɔṛnõ 10920
lɔḷto 10921
lɔḷdɔ 10915b
lɔmbo 10951
lɔmbṛe 11153
lhwāḷ 11160a, 11163a
lhwār, lhwarɪ 11159

wās 1432

śəkheuṇõ 12431
śəṇauṇõ 12598
śəṇśəṇāṇõ 12287b, 13901
śədauṇõ 12300
śəmɛī 12321
śəmɛṇṭh 12317a
śəmɔīo 12321
śərāḷ 12456
śərɛ̄ṇ 12449
śā 12769
śaɪ 12766
śaūɔ 12664
śauṇ 12698
śauṛɔ 12672
śaurɔ 12767
śā̃ 12376
śak, śāk 12407a
śakər 12338
śakṭɪ 12407a, 12408
śakṭɔ 12407a, 12408
śakṛa 12407a, 12408
śaṅkkh 12263
śaṅgəḷ 12580
śaṅge, śaṅgɔ 12264
śacṇõ 13085
śaṭṭɪ[1] 1474
śaṭṭɪ[2], °ṭɔ 12381
śaṭṭh 12804
śāṭh 12804
śāṇõ 7434, 12395a
śāṇḍ 13331
śaṇṇ 12663
śaṛɪ 12381
śaṛe, śaṛɔ 1474
śaṛṭɪ 1474
śaṛh, śāṛh 1473
śāḷ, śaḷto 12578
śadṇõ 12300
śānd 12391
śandiṇo 12692
śandhṇõ 12692
śapṇõ 12681
śapṛɔ 7948
śaś(ś)u 12759

śɪṛh(ɪ), °hɔ 12709
śɪmmɪ 12445
śīmbh, sɪmmh 12727
śīmh, śɪmhṇõ 12727
śīr 12452
śikhṇõ 12430
śigghər, śighri 12484
śīṅg 12583
śiṅghṇõ 12579
śīre 12435, 12604
śīl 12459
śillɔ 12487
śʊ̃ṇ 12629
śʊ̃ṇõ 12524
śʊṇṇõ 12598
śʊṛək 12512a
śʊ̄ḷ 12575
śū 12503
śukkhɔ 12548
śuklɔ 12506
śūkho 12548
śūkhṇo 12552
śukhṇõ 12552
śuṅghṇõ 12579
śuno, śunnɔ 12567
śuppɔ 12573
śuśkɔ 12544a
śeurɔ 12753
śeṭno 13578
śeṛo, śeṛɔ 12717
śeḷɔ 12613
śetto 12778
śeppɛ 12727
śerśɔ 13281
śēl, śell 12610a
śellɪ 12610a
śɛ̃, śɛɪ 1471a
śɛuṇõ 14121a
śɛcṇo 13085
śɛ̄ḷ, śɛḷṭɔ 12578
śɛ̄r, śɛri 12329
śɛrɔ 12402
śɛrhi 12329
śokṛɔ 12618
śoṭṭɪ, śoṭṭo 12622
śoṭṇõ 13578
śodhṇõ 12626
śore, śoro 13605
śośśəḷ 13535
śɔ̃ 12278
śɔe 1471a
śɔ̃̄ 12301a
śɔṛək 12269
śɔṛnõ 12268
śɔnnɪ 12326
śɔ̄r 12329
śɔru 12336
śɔ̄rɔ 12753
śɔlmɔ 12353
śwaɪ 1868
śwauṇõ 1866
śwāṇõ 1867
śwaḷɔ 1846
śwārɪ 926
səkōṛ 12833
səṇɛuṇõ 13304
sətarno 13479
sənār 13520
səndūr 13411
səbhauṇõ 12967
səbhaḷ, °ḷnõ 12962
səbhɔ(a) 12963
səmjhauṇõ 12959
səmjhɛuṇo 12959
sərāṇõ 12734
sərū̃ 13265
sərɛ̄ḷ 12754
səlakṇõ 13284
səluṇɔ 13286
saī 13930
sau 13086, 13309, 13932
saũ 13346
sauṇi 13931
sakkh 13075a
sag 963a
saṅgṛɔ 12817
sajəṇ 13090
saje, sajɔ 13381
sajṇo 13090
sajḷɔ 13095
saḍḍhɔ 13369
sāṇo 13304, 13377a
saḷɪ, saḷɔ 13871
saḷṭe 13871
sāt 13139
satuo 13151
satt 13139
sattiɔ, °tuɔ 13151
satthəṇ 13366
satthɪ[1] 13364
satthɪ[2] 13366
sāth 13364
sathi[1] 13364
sathi[2], sathiṇ 13366
sathrɔ 13042, 13883
sanku 12874
sannh 12908
sāp 13271
sappəṇ 13274
sambhəlnõ 12962
sambhṇõ 12970
samhəḷno 12962
sayh 13120
sare 13354
sarɔ 13355
sas 12769
sɪʊ̃ṇo 13444
sɪʊṇ 13443
sɪ̄[1] 13384
sɪ̄[2], sia 13428
siũ 13435
sīəṇ 13384
sīṇ 13384
siddhɔ 13401
sinnhɔ 13798
sīr 13421
sʊɪ[1] 13533
sʊɪ[2] 13555
sʊɪṇo 13481
sʊ̃ṇɔ 13481
sʊṇḍ 13238
sʊpṇɔ 13481
suɔ 13551
sukkh, °khi 13451
suṅgər, °gur 13544
suṅgṭu 13544
sunċṇo 12512, 13190
suṭarno 13479
sutiṇo, sutṇõ 13479
suttər 13561
sutthəṇ 13468
sutra 13561
suthəṇ 13468
suni 13623
suno 13519
sunnɔ 13519
supṇɔ 13481
sula 13512
sulṭɔ 13237
sullɛ 13512
se[1] 1480
se[2] 13310
seu[1] 13585
seu[2] 13596
seuṇe 13443
seo 12815
sekṇõ 13581
seṭṭ(h)ɛ 13200a
seṭṭ(h)ɔ 13200a
seba 13596
sēr 13106
serɪ 13602a
sɛũṇõ 13444
sɛg 963a
sɛ̄ṇõ 13304, 13377a
sɛṇɔ 13088
sɛṇhno 13088
sõ 12290
soɪ 13549
sõkhṇo 12990a
soċṇõ 12621, 13190
sojɔ 13552
soṭhṇõ 13190
soḷa 12812
sore, soro 13605
sɔ 12815
sɔũo 13346
sɔ̃ḷa 13173
sɔkkɔ 13896a
sɔkṇõ 12252
sɔṅg 13082
sɔṅgəṇ, °gɪ 13084
sɔṅgiṇ 13084
sɔṅgɛ 13082
sɔċċɔ 13112
sɔṛək 12269
sɔṛɔ 12347
sɔtra 13146
sɔb 13276
sɔməǰhṇõ 12959
sɔmərno 12930
sɔmjhəṇõ 12959
sɔrċṇõ 12991
sɔrlo 13253
sɔlḍɔ 13253
swāg 13617
swaggəṇ 13617
swaṇɔ 13606
swār 13610
swasṇõ 1866

həṭauṇo 13943
həṇḍɛuṇo 13943
həwant 14106
həsauṇõ 14048
həsɛuṇo 14048
haũ 992
hās-beśśəṇ 13937
hāk 13938
haċċhɔ 142
hāṭ 13944
haṭṭɪ 13944
haḍḍ 13952
haṇḍko 14050
haṇḍṇõ 13943
haṛkɔ 13952
haḷɪ 14067
hatth 14024
hāth 14024
hath-naḷe 14029
hār[1] 434
hār[2] 14062
harnõ 14061
halṇo 14018
hasiṇo, hasṇõ 14048
hassɪ 14071
hiũ 14096
hiund 14164
hiɔ 14152
hīk 14150
hikkuṛɪ, °ṛɔ 14151
hikṛu, °ṛɔ 14151
hiċhṇõ 1556
hīǰ, hizz 14108
hima 14096
hirəṇ 13982
hiśṇõ 14121a
hʊrnõ 14135a
hʊ̄ḷ 14135
huɔ 9416, 9552
hū̃ 992
hujhṇõ 1666a
hundi, hundɔ[1] 804
hundɔ[2] 9416
hundhi, °dhɔ 804
hubbhi 2426
hulo 14148
he 9416
heṛɪ 1038
heṛɔ 1037
heṛno 509a
hernõ 14165
hɛ̃ 14157
hõ 9416
hou, hoe 9416
hoċṭɔ, hoċṛɔ 14084
hoṭṭh, hoṭṛu 2563
hotṇõ 785a
hōr 434
hɔkṛɔ, hɔkno 14078
hɔgṇõ 13960
hɔṭṇõ 13943
hɔṇu, hɔṇo 13967
hɔ̃ṇõ 9416, 9552
hɔ̄ḷ 14000
hɔḷəś 14014
hɔḷkɔ 10896
hɔḷś 14014
hɔndɔ 9416
hɔrən-śiṅg(ɔ) 13982
hɔrɔ 13985
hɔsṇo 14048

GAṚHWĀLĪ
(Garh.)

Nagari order of letters

ãgoṭhu 137
ãgryɔṇu 109
ãdhyāru 386
akhāḷnu 1024
akhoṛ 48
agethī 65
aglu 68
acchū 142
ajūḷ 171
aṇsāḷ 1539a
anāṛī 160

apṇu 1135
ayāṇū 157
asāṛ 1473

ā̃khu 43
ā̃gaṇ 118
ā̃gṛī 114
ā̃gru 109
ā̃c 635
ā̃caḷ 168
ā̃ju 172
ā̃jṇu 169
ā̃dṛu 1182
ākhar 38
āg 55
āchri 502
āj 242
āṭhɔ̃ 937
ādu 1341
ām 1268
āl 1340
ās 1456

ī̃ṭ 1600

ũgṇu 1632
ukaḷnu 1716
ugṇu 1954
ughāṛnu 1968
ucaṛnu 1635
uccu 1634
uchāh 1882
ujaṛnu 1661
ujāḷnu 1671
ujḷū 1670
utarnu 1770
utār 1791
upāṛnu 1809
upjaṇu 1814

ūcu 1634
ūṭh 2387
ūn 2424

ēk 2462
ēkās 2486
ekū 2533

ɛ̃su 2537
ɛṇ 1210a

oḍ 2549

ɔ̃s 565
ɔ̃tū 490
aur 434

kaṅgaṇ 2597
kaṭṇu 2854
kaṇāṇu 3632
kaṛu 2641
kaṛɛ 2650
kapūr 2880
kabāsū 2877
karnu 2814
kawar 3303
kā̃ṭhu 2680
kā̃ḍu 2668
kā̃pṇu 2767
kāj 3078
kājal 2622
kāṭṇu 2854
kāṭh 3120
kāṛu 3639
kāḷ 3084
kān 2830
kām 2892
kāmī 2900
kāmḷu 2771
killu 3202
kisāṇ 3447
kīṛu, °*ṛo* 3193
kukhṛu 3208
kuṭṇu 3241
kuṛu 3232
kudṇu 3412
kupṇu 3299
kūkur 3329
kūṭī 3275
kūl 3352
kɛ̃ḷu 2712
kɛli 2756a
ko 2574
kokh 3556
koṭhu 3546
koṇū 3504
koḷ, koli 3607
kos 3611
kosṇu 3612
kaũl 2764
kyāri 3463
kwīṇu 2757

khaṇnu 3811
khaṛi 3773
khambu 13639
khāju 3872
khāṭ 3781
khāṇu 3865
khāḷ 3849
khāṭṛu 2721
khār 3875
khāru 3674
khijṇu 3695, 3884
khīr 3696

khuṭu 3894
khuṇḍū 3899
khud 3598
khur[1] 3727
khur[2] 3906
kheḷnu 3918
khet 3735

gaṇnu 3993
gaḷu 4070
gaḷnu 4074
gadṛu, gadhā 4054
gayo 4008
garaṇ 4364
gā̃ṭhu 4350
gā̃ṭhṇu 4353
gāgar 4043
gājṇu 4046
gāṇu 4135
gāṛu 4118
gāḷ 4145
gāt 4124
gābhṇi 4062
gijṇu 4232
gusɛ̃ 4342
gūjṇu 4175
gūl 3352
geru 4254
gewũ 4287
gɛṇ 4364
gɛbṇī 4062
gɛru 4024
gaiṇū 4364
goṭh 4336
got 4279
gopṇu 4297
goru 4313
gorū 4345
gauṛī 4147

ghaṇu 4424
ghaṇeru 4426
ghaṇṭā 4421
ghaṛu, ghaṛo 4406
ghasṇu 4450
ghām 4445
ghās 4471
ghiu 4501
ghīṇ 4500
ghumṇu 4485
ghusṇu 4450
ghɛr 4428
ghoṛū 4516
ghɔ 4460
ghɔr 4428

cādowā 4670
caṇḍāḷ 4740

caṛ 4570
caḷnu 4715
camār 4698
carnu 4686
calaṇ 4721
cā̃d 4661
cāk 4538
cāḷis 4656
cām 4701
cār 4655
cārnu 4760
ciṇnu 4814
ciṛnu 4794
cit 4812
cinṇu 4836
cīrnu 4844
cūṇu 4948
cūnu 4889
cetṇu 4908
cɛt 4915
cɔ̃c 4569
cornu 4933
cɔ̃r 4747
cɔk 4629
cɔgṇu 4599
cɔthu 4600
cɔdda 4605
cɔbis 4623
cɔmāsu 4616
cauk 4629

chaṭṭu 12808
chaṛ 4966
chaḷyū 5003a
chā̃c 5012
chāṇu 5019
chāḷnu 3681
chān 4989
chār 3674
churī 3727
chedṇu 5043
chẽmī 12615
chɛ 12803
chɛlu[1] 5006
chɛlu[2] 5027

jā̃dyo 10399
jaṇnu 5102
jaṛ 5086
jaḷɔṇu 5314
jaḷnu 5306
jandā 10412
japṇu 5163
jamṇu 5113
jar 5303
jareṇu 5304
jawaĩ 5198
jas 10443

jā̃gṛu 5082
jāgṇu 5175
jāḍḍu 5180
jāṇu 10452
jāṇnu 5193
jāḷu 5213
jāmṇu[1] 5136
jāmṇu[2] 5265
jiṭhāṇ 5286
jī 5224, 5252
jīb(h) 5228
juā 10482
juwā[1] 6608
juwā[2] 10482
jū̃ 10512
jūn 5301
jeṭh[1] 5286
jeṭh[2] 5293
jeṭhu 5286
jɛ 5141
jo 10401
joṛi 10496
jotṇu 10524
jon 5301
jɔ̃ 10431
jyu 5239

jhaṇu 5098
jhaṛnu 5328
jhāḷ 5379
jhaiḷ 5354

ṭaḷnu 5450
ṭamoṭu 5781
ṭā̃ḍā 5441
ṭuṭṇu 6065
ṭokṇu 5476

ṭhagṇu 5489
ṭhākur 5488
ṭhullu 13776
ṭhokṇu 5513

ḍāsṇū 6111
ḍarnu 6190
ḍasṇu 6111
ḍā̃ḍ 6128
ḍā̃ḍū 6129
ḍāḷū 6298
ḍumāṇu 5572
ḍeḍ 6698
ḍɛṇ 5542
ḍom 5570
ḍɔ̃ru 5531

ḍhakṇu 5574
ḍhāi 651

ḍhā̃gu 5524a
ḍhīṭ 6875

taṇnu 5659
tapɔṇu 5684
tapṇu 5684
tarnu 5702
tā̃bu 5779
tākuḷi 5717
tākṇu 5716
tātū 5679
tāmu 5779
tārā 5798
tārnu 5796
tal 5731
tiṅku 5906
tīn 5994
tīs 5943
tu 5889
tɛttis 6000
tera 6001
tel 5958
toṛnu 6079
tol 5980
tolṇu 5979
trīs 6015

thaṇ 13666
thaṇyɔṇu 13666
thaḷi 13744
thān 13753
thirnu 13771
thoṛā 13720
thobṛu 6109

dādāḷu 6160
daḷnu 6216
das 6227
dasɔ̃ 6233
dā̃ḍū 6129
dā̃t 6152
dāḷimu 6254
dām 6622
dāl 6309
diu 6348
dilɔṇu 6141
dukhɔṇu 6375
dudhāḷ 6391
dund 6649
dubḷu 6438
dublu 6501
dūṇu[1] 6390
dūṇu[2] 6476
dūd 6391
dūr 6495
dei 6545
deṇu 6141
deḷ 6559

dɛ 6146
dɛju 6290
doṇ 6641
dɔṛnu 6624
dyūr, dyūrāṇ 6546
dyɔḍhu 6698
dwār 6459
dwi 6648

dhakkaṛ 5524
dhāṇ 6775
dhān 6778
dhāmī 6798
dhiyā 6481
dhuṅnu 6846
dhuwā̃ 6849
dhūṛu 6835
dhūḷū 6835
dhɔḷi 6768a
dhyāṇu 6812

naryāḷ 7075
nawān 7019
nawɔ̃ 7006
nā̃gu 6926
nāk 6909
nāc 7582
nācṇu 7583
nāj 398
nāṭ 6935
nāṛi 7047
nāḷ 7047
nāḷi 7048
nāttī 6955b
nāyi 13792
nicoṛnu 7449
niṭhūr 7505
nind 7200
nipūtu 7519
nibhɔ̃ 7397
nibhṇu 7397
nimāṇu 7371
nimbu 7247
nisāṇ 7432
nɔ 6984
nɔ̃ 7067
nɔṇi 7003
nɔni 6926, 7059
nɔrāttu 7011
naunī, °no 6993a
nhāeṇu 13786

pā̃dra 7662
pakṇu, pakyū̃ 7621
pakhāṇu 8463
pacās 7682
paccis 7672
pachtɔ 8010

paṛnu[1] 7712
paṛnu[2] 7722
panyārī 8088
par 7793
parakhṇu 7904
parār 7799t
parsyõ 7799j
pasarnu 8825
pasārnu 8838
pāis 8099
pā̃gu 7645
pā̃c 7655
pā̃cɔ̃ 7669
pā̃ḍe 7718
pā̃t 7646
pākhu 7627
pākhṛu 7627
pāch 7999
pāṇī 8082
pāṛ 8141
pāḷ 8041, 8125
pāt 7733
pāṭhṇu 8607, 8870
pāl 8125
piṭnu 8165
piṛā 8227
pilɔṇu 8209
pisṇu 8142
pīṭh 8370, 8371
pīphaḷ 8205
puchṛu 8249
puṇnu 8277
pū̃ḍu 8259
pūc 8249
pūchṇu 8352
pūjṇu 8319a
pūṭhu 8371
pūt 8265
pūrnu 8335
pūs 8306
peṭ 8376
peṇu 8209
pɛrnu 7835
pɛlu 8652
põjṇu 9011
pokhru 8425
poṭgu 8376
pōthī 8413
posṇu 8410
pɔ̃chṇu 8716
pɔṇ 7978
pɔṇu[1] 7765
pɔṇu[2] 8943
pɔṇu[3] 8973
pyār 8975

phaṇ 9042
phaḷnu 9057

fabṇu 9050a, 13808
phā̃ḍnu 13806
phā̃su 13813
phāguṇ 9075
phāḷ 13834
phukṇu 9102
phūk 9102

bakkal 11418
bakhān 12188
bagṇu 12225
baghɔ 12193b
bacṇu 11208
bajṇu 11513
baṭolnu 11365
baḍhɛ 11383
baṇ 11258
baṇja 11233
baṛ 11211
baṛū 11225
baṛhai 11375
baḷda 9176
battīs 6657
bayeṛu 11817
barāt 11322
bā̃jh 11275
bā̃d 9135
bā̃dar 11515
bā̃dh 9136
bā̃dhṇu 9139
bā̃su 11175
bā̃suḷī 11180
bākhrī, °ru 9153
bāg 12193
bāṅgu 11191
bāc 11476
bācchi 11239
bāchru 11243
bāju 11511
bāṭu 11366
bāṛ 11565
bāḷ 11592
bāt 11564
bāmaṇ 9327
bāra 6658
bās 11592
bicchī 12081
bicchū 12081
bichɛṇu 11692
biṭhlū 11991
binti 11706
birāḷī 9237
bis 11968
bisarnu 12021
bīj 9261
bīs 11616
bujhɔṇu 9279

bujhṇu 9279
buḍḍyā 9271
buṛāpu 9271
bund 9240
buru 9289
becṇu 12100
ber 9125
bel[1] 9310
bel[2] 12123
bɛṭhṇu 2245
bɛṇ[1] 9340
bɛṇ[2] 11258
bɛṛu 11817
bɛru 9130
bokṇu 9311
boṇu 11282
bol 11429
bɔ 11250
bɔṇ 11258
bɔḷ 11504
-byāṇi 11813
byɔ 11920
bwārī 12177

bhā̃ḍāri 9443
bhaṇḍār 9442
bhatiju 9672
bharnu 9397
bhalu 9408
bhāi 9661
bhā̃gru 9581a
bhā̃ḍī, bhā̃ḍu 9440
bhāg 9434
bhāṭ 9366
bhāṅju 9433
bhāt 9331
bhāp 9223
bhāru 9459
bhāllu 9415
bhikhārī 9486
bhijṇu 9502
bhiṇsari 11813a
bhitra 9504
bhipyār 9305
bhīkh 9485
bhulṇu 9538
bhūk 9286
bhẽṭṇu 9490
bhẽsu 9964
bhɛṛ 9588
bhɛr 9226
bhoḷ 9634
bhɔ̃kṇu 9265
bhɔ̃r 9651
bhɔṛ 9588
bhɔt 9190

māgsīr 10076
makhnyā 10378
maṭhṇu 10299
maṇsa 9828
maṛu 10279
maḷnu 9870
mathṇu 9771
marnu 9871
masāṇ 12658
masūr 9924
mā̃ 10016
mākhi 9696
māchu 9758
māṭū 10286
māṇī 10041
māthu 9926
māṇṇu 9857
māri 9788
mārnu 10066
māsu 9982
miṭṭhu 10299
mūgru 10199
muṭṭhi 10221
muṇḍ 10247
mutṇu 10238
muyāli 10278
mussu 10258
mū̃g 10198
mū̃ḍṇu 10194
mūn 10247
mūsu 10258
meḷāk, meḷu 10331
mɛl 9904
mol 10373
mɔ 9993

rakhṇu 10547
racṇu 10574
rat-byāṇi 10703a
rathyāṇī 10703a
ramṇu 10637
rāj 10694
rāḍ 10593
rāṇī 10692
rāt 10702
rāb 10623
rās[1] 10648
rās[2] 10720
rikka 2445
rittu 10729
rīṇ 2451
rīs 1615
rusai 10656
russṇu 10794
rɛṭhū 610
roṭ 10837
ropṇu 10783
rɔḷā 10641

laṛnu 10920
lā̃ghṇu 10905
lāj 10910
lāḷ 11027
lāt 10928
likkhu 11045
lipṇu 11061
luṭṇu 11078
leṇu 10948
loi 11165
loṇ 10978
loṛu 11157
loho 11158
lɔṇu 10986
lwār 11159

vyāḷi 11625

sābhāḷnu 12962
sakṇu 12252
sac 13112
saccū 13112
sajāṇ 13094a
sajilu 13095
sajṇu 13093
saḷɔ 12347
sab 13276
samajhṇu 12959
samdhi, °dhīṇ 12957
samdhyāṇ 12957
sayāṇu 13088
sarnu 13250
salgaṇu 12999
salgɔṇu 12999
sawā 13134
sasru 12753
sā̃gaḷ 12580
sā̃ḍ 13331
sā̃p 13271
sāj 13095
sāṭh 12804
sāṛe 13369
sāt 13139
sātɔ̃ 13151
sāttu 13070
sāmaḷ 12315
sārnu 13358
sās 12769
sāsu 12759
sīgār 12592
sikhṇu 12430
siṅg 12583
sindūr 13411
sīkh 12432
sīcṇu 13393, 13394
sūgṇu 12579
sukwār 12507
sukhṇu 12552

suṇnu 12598
suṇṭhyā 12515
sunār 13520
suppu 12573
sūt 13561
seṇu 12322a
sõṭh 12515
soc 12621, 13190
socṇu 12621, 13190
soṇu 13902
soḷa 12812
sonu 13519
sɔ 12278
sɔ̃ 12290
sɔ̃lu 12665
sɔ̃pṇu 13192
sɔṇ 12699
syāḷ 12578
syāḷu 13871
syū̃d 13436
syūṇ 13442
swā̃r 13610
swāg 13617
swāgu 13618
swāṇu 13452a
swaiṇ 13931

hāsṇu 14021
haḷdu 13992
hatyār 14027
ham 986
hamārū 988
haraṛ 13997
harī̃ 13985
harṛu 13997
harnu 13980
haryū 13985
hā̃ 1235
hāḍ, hāḍgu 13952
hāt 14024
hāttī 14039
hāth 14024
hiṭuṇ 14086
hiḍoḷu 14094
hiraṇ 14110
hī̃g 14079
hernu 14165
hɛḷ 14000
hõṭ 2563
hoṭh 2563
hoṇu 9416
hɔḷ 14000
hyū̃d 14164

KUMAUNĪ
(Ku.)

ū̃ṭh 247a
ūc 1634
õ̃ṭh 247a
au 1235
aur 434
kiśāṇ 3447
kuṭiyā 3275
gayo 4008
gwāl 4293
ghorar 4523a
callā 4571
ciśṇo 226a
celī, celo 4911
jo 10401
ṭāṛo 5441
ḍhākaṇ 5574
ḍholko 5608
taṛā 5441
par 7793
birāḷu 9237
bhalo 9408
bhiṇsar 11813a
marṇu 9871
śāmar[i] 12371
śwar 13605
sakīṇo 13387
sasurās 12754
sāṇo 13304, 13377a
sero 13602a
saurās 12754
syaiṇi 13931
hariṇ 13082
hiraṇ(ī) 13082
herṇo 14123

NEPĀLĪ
(N.)

kāuni 2606
ghoral 4523a
jhok 5399
nepṭo 4818
nainu 6968
māṽal, °li 10009
mused-bhāi 10001
rujhanu 10779
sak(i)nu 13387
sasurāli 12754
sāṭsuṭ 12512a
sālak 12353
suṭukka 12512a
suṭṭa 12512a
surukka 12512a
hissinu 14121a
hissyāunu 14121a

ASSAMESE
(A.)
Including Old Assamese

Nagari order of letters with a â a' together; x (graphic ś ṣ s) and z (graphic j jh) follow after s (graphic c ch)

âthāi 981

ā̃ṭhi 955
āṅuṭhi 138
āṅul 134
ātā 1135
āthāntar 874
āthe-bethe 976a
ādah 672
ādh 644
ān 1222
āpā 1135
āpon 1135
āmaṭhi, °ṭhu 1279
āmi 986
āri, āriba 1140
ālam 1363
ālā-cāul 1340
ālāndhu 693a
āwe 2528
āsahuwā 223
āsābhuwā 223
āsõiba 1064a

ukaliba 1716
ukā 2362
ughāliba 1968
uṭhiba 1900
ubhiba 2426
urāh 1981
ural 2360
urahiba 1985
ulāh 2375
uwāh 1868
usalā 1634
usiṅarā 1645a
uxāh 1868
uzalā 1670
uh 1868

e- 2462
ebho 2528
elāh 1371
ewe 2528
esāriba 204a

õṭh 247a
okāliba 1716

opasiba 1810
opaziba 1814
ophandiba 1909
ophariba 1910

kā̃piba 2767
kaṭhuwā 2978
kar 2710a
karaṅgan 2784
kari 2740
kal 2927
kalizā 3103
kawāri 2963a
kah 3634
kahāiba 2974
kā̃iṭ 2668
kā̃riba 2686
kā̃si 3016
kā̃siba 3432
kā̃h 2576, 2987
kāṭhi 3120
kāṛhiba 2660
kāndiba 3574
kāmi 2774
kāsa 2619
kāsiba 2621a
kāsuṭi 2590
kāzalī 2624a
kiya, kiha 2574
kū̃wā 3298a
kū̃siba 3224
kū̃siyā 3217
kū̃zā 3300
kukuhā 3212
kudiba 3412
kuwali 3386
kẽthā 2721
kẽserā 2615
keṭār 3156
keṇā 3477a
kõṭh 3500
kolaṭhi 3358a

khapiba 3655
khazuli 3827
khāṭ 3781
khāṭiba 3772
khāndiba 3811
khābṭā 3832
khīrāiba 3696
kheliba 3918
khezur 3828
khõpā 3724
khob 3936

ga 4363
gāthā 4350
gamiba 4033
gasā 3949
gahīn 4024
gāṅ 3952
gādha 4054
gāb 4055
gābhīn 4062
gārha 4118
gāzani 4047
gũrā 4193
gusiba 4393a
goṭāiba 4279

-gharā 4411
ghāi 4464
ghāmasi 4446
ghumaṭi 4485
ghẽhu 4287
ghenāiba 4236
ghõṭiba 4417
ghop 4296a
ghol 4524

jāwe 2528
jebe, jewe 2528

ṭakalā 5616a
ṭaṅ, ṭâṅi 5686a
ṭākurī 5717
ṭānī 5428
ṭāniba 5762
ṭāb 5728a
ṭāru 5723
ṭuṭiba 6065
ṭekelā 5459a
ṭeṅā 5808
ṭepā 5947b
ṭerā 5474
ṭon 5898

ṭhākur 5488
ṭhāni 13750
ṭhilā 955a
ṭhõt 5853

ḍāriba 6136
ḍaṭh 6250
ḍar 6186
ḍā̃kiba 5517
ḍāb 6206
ḍāl 5546
ḍālim 6254
ḍeuri 6559
ḍol 6225

ḍhākiba 5574
ḍhimā 6814
ḍhukāiba 6821

tãwāl 5690
tadhā 13676
tapinā 5241a
tar 5629
tāiba 5771
tāo 5767
tāwe 2528
titiba 5812
timak 5808
tiyā̃iba 5841a
tīyā 5912
tui 5889
teoz- 6049
tebe, tewe 2528

thaliyā 13746
thā̃i 13760
thā̃wa 13760
thānuwā 13753a
thām 13682
therā 13747
thõpā 13711
thokā 13675

daṛhāi 6508
dā̃r 6250
dāduri 6198
dāpon 6201
dābāsā 6203
diṭhak 6518
dip-lip 6363
dibā 6365
diyā 6691
dubalā 6438
deo- 5534
dõwāy 6179
doṇ 6641

dhahiba 6896
dhumuhā 6861a
dhuwā 6892
dhūtūrā 6714
dhūnā 6848

nânī 7003
nāc 7582
nāhi 7089
nikaṭāiba 7490
nikāiba 7150
nibokā 7397a, 9263
nim 7245
niyāh 7111
nivāku 7397a
nisalā 7452
nihâni 7535a
nihāli 7573a
nīrāiba 7542
nūrā 11077
neõtā 7233
newālī 7600
nowāiba 13791

pakā 7621
paṭhāiba 8607
pânaru 7954
pârali 7694
pârahi 7799j, 7799l
palam 8752
pā̃siba 8925a
pākarī 9022
pāg 7644
pāgul 8475
pāti 7732a
pātihā̃h 7732b
pārā 7780, 8031
pālaṭ 7968
pālaṭiba 7968
pālā 7937
pāleṇ 7964
pāsan 8924
pipārā 8201
pipali 8205
pimparā 8201
pis 8151
pūrā 8259
puwā 8707
pūi 8325
pūz 8328
põsiba 9011
pondhara 7662

phar 9054
phalā 9053
phāik 13828b
phā̃h 13813
phāliba 13822, 13825
phikiba 13840
phiṅā 9578
phisā 8151
phuriba 13849
phẽsā 8375
phẽhu 8241
phopolā 8405
phorā 13854

ba- 11300
bāralā 11236
bakiba 9263
baṭiba 11356
ba'ṭhā 11463
baniz 11233
bandūli 9146
bay 11453
bar 11225
bâraṭi 11320
baral 11330
baliba 11405
basar 11242
bāiba 11612
bāu 9229
bāo 11491
bā̃ṭ 12077a
bāgar 11331
bāṭalu 11365
bāṛhai 11375
bāndha 9208
bābari 11391
bāsiba[1] 11208
bāsiba[2] 12080
bikiba 11638
bināiba 11764a
bibhol 12038
biyani 11925
bisanā 11691
bisā 12081
bisoh 11660
bihā 11615
bẽkā 11191
bethā 12171a
berā 12130
bezi 12110
behā 11831
bai 11452

bhâīrā 11817
bhaṅ 9353
bhacahu 9425
bhatarā 9402
bhā̃p 9223
bhāgar 9361
bhāṭi 9655
bhāthi 9424
bhāda 9447
bhẽṭā, °ṭi 9491
bhebuwā 9608c
bhel 9308
bhex 12129
bhokiba 9265

mādār 9849
mathā 10226
maliba 9870
mazā 9712
maziba 9711
māgur 9781
māthiba 10299
māpiba 10054
māriba 9890
miṭhā 10299
mūrā 10187
mug 10198
muṭh 10221
muṛha 10232

murā 10233
muziba 9711
muhudi 10168
mūdh 10247
meṭhâni 12131
mer 10310
mez 10326
mezi 10327a
mehun 9924
mos 12659
mose 10241

raïba 10666
ra'd 10872
raziba 10584
rah- 10650
rāhak 10720
ruṭhā 10791
reh 10810

lāṅgal 11006
lāṭhuwā 10915a
lāph 10939
lāru 10926
lāhatī 11042a
lāhā 11002
lũrā 11077
lẽz 10915
leṛhuwā 11157
leruwā 11157
lehukā 11068
lõs, los 11074

saṭā 5743
sa'thā 4600
-santa 13127
sante 13126a
sab 13276
samu 12982
sambhāliba 12961
say 12803
sariyā 4692
salu 4875
sah 4712
sāiba 4752a
sāo 12417
sāi 3671
sāsiba 5620
sāṭiba 4874a
sāniba 4989
sānda 4661
sāpar 4696
sābbis 12796
sāriba 4760
sāli 5005
sāliba 4772
sīsā 4790
sikā[1] 4779
sikā[2] 4781
siṅgarā 12590
siṭā 5035
sitā 4804
sinā 3690
siriba 5049
sīsā 4790
suṭi 5071
sutā 13561
supi 4865
seo 3738
sepeṭā 4818
selā 4827a
sai 4980
sõ 4981
sopiba 4864
sobā 4711
sol 4875
sos 6087
saurāṅgi 4596

xamār 12315a
xahur 12753
xāu 13337
xāk 12263
xāko 12834
xāt 12390
xātor 12888
xāṅor 12855
xāṅoriba 12855
xāṭhan 13050a
xāh 13295
xikār 12337
xīh 12497
xũṭhi 12515
xukān 12548
xusāiba 13190
xekā 12432
xet-kaparā 3735a
xep 12727
xel 12352
xewat 13580a
xewāl 12493
xõt 13891
xõsariba 12868
xondā 13454

zaṛi 5329
zari 5086
zariba 5346
zalāh 5160
zāo 5366
zāṭhi 10444
zāṛ 5180
zit 5224
zui 6606
zuriba 5414
zūti 10517
zo 5093
zonāk 5301
zau 5093

-hāt 13127
hante 13126a
hay 9416
hāri 14050
hāsi 13941a
hāmi 13997a
hāmiyāiba 13997a
hāladhi 13992

OLD BENGALI
(OB.)
Including Middle Bengali

āara 434
āntauḍī 347a
āra 434
oāra 777
cākuli 4540
cāmbalī 4680
chāliyā 4963
thokara 13675
nāmbilī 10954
pākaṛī 9022
bāṛiāla 11482
bhāda 9447
māiā 10016
lāmbilī 10954
sarala 13253
hāte, hane 13126a
hariṛā 13997

BENGALI
(B.)

abāk 882a
ātuṛ 347a
ulṭāna 2368
ulṭo 2368
-er 8390
kabe 2528
kũṛe 3232
guchana, gochāna 4172
ghumāna 4485
cāmeli 4680
chele 4963
tabe 2528
tholā 13675
deul 6559
dauṛāna 6624
dhak 6703
paũchāna 8716
bachar 11242
bān 11278
byabsā 11831
bhebā, bhyābā 9608c
muṛana 10194
meye 10016
melā 2129
lukāna 11083
lekhā 11048
sāmlāna 12961, 12962
suṭ 12512a
śudhā, sudhā 12520
sudhana 12520
seālī 12608

OṚIYĀ
(Or.)

koḷā, koḷi 3565a
thā 13752a
dhaka 6703
puturā 8188
bhuiā, bhuĩā 9626
bhoi 9626
bhoda 9447
moṛhā, °hi 10232
sāṛhi 12381
sucāibā 13551a

BIHĀRĪ
(Bi.)

kāun 2606
"*kewat*" 3469
satī 13126a
sasurār 12754
harāi 14005a
hurkā 14135a

MAITHILĪ
(Mth.)

ji(b)helā 5228
jihlā 5228
johab 10525
bhinsar 11813a
sasurār 12754

BHOJPURĪ
(Bhoj.)

ḍabarā 5528
dāhin 6251a
bhinsār 11813a
sante 13126a
semar 12351
soc 13190

OLD AWADHĪ
(OAw.)

johaï 10525
binaya 11767
bināti 11706
sāṛhi 12381

AWADHĪ
(Aw.)
Dialect of Lakhīmpur
(Lakh.)

mahatiyā 9950
hõṭh 247a

HINDĪ
(H.)

aernā 133
ãkor 103
ãkorī 103
akosnā 1019
aṭhwāṛā 940
ab(hī) 2528
āṭhõ, -ẽ 937
utarhā 1774
ulāhan 2229, 2313
ol 828
ausaṇ 860
kab(hī) 2528
-kā 8390
kicṛā 3153
kīc(aṛ) 3153
kuṭhārī 3546
kheh 3661
gath 4350
gaṛī 4040
gartī 4209
gujreṭī 4210a
gyāras 2486
caus 4586a
chabṛā, °ṛī 4981
chāl 1846
jab(hī) 2528
jugnī, jugnū 5298
jūhar 5300a
johār 5300a
johnā 10525
jauhar 5300a
jhiṛaknā 5327

jhīwar 6819
ṭābar 5446a
ṭhaṭnā 5743
ṭhoṭhrā 5506
ḍabrī 5528
ḍhābā 5579
tab(hī) 2528
tairnā 5821
taisā 5760
thā, thāī 13752a
thūhar 6104
dāgh 6253b
dhagṛā 5524
dhānak 6726
narsõ 403
nahī̃ 7035
nāī̃ 7614
niāī̃ 7614
nihorā 7214
parcūn 8492a
pal 7952
pāh 8140
piṇḍlī 8168
pīṛhī 8222
puckārnā 8248
pujerī 8317a
pū̃ch 8249
pūc 8248
peṛ 8377a
pyāū 1219a
phillī 8168
phailnā 8486, 8651
bā̃cnā 11208
bagū̃rā, °ūlā 11504a
bagherā 12193a
ban 11258
banwās 11265a
bikal 11623
bail 9175
bhābhī 9453a
bhinsār 11813a
bheṛiyā 9608b
bhes 12129
mahtā 9950
maulas 10010
mauserā 10022a
lambar 11153
lave 10893
lāhan 11035
likhnā 11048
lūk 2362
lūhar 11099
loī 11072
saṛak 12269
sankārnā 12874
sankī 12874
sahijānī 13344a
sahidān(ī) 13344a
sā̃ṛhī 12381
sāhā 13333a
susrār, °āl 12754
sẽbal 12351
semal 12351
saū̃ṛ, saū̃rā 13382
haṛtāl 13944
harī 13985
hõṭh 247a
hoṭh 245a

BRAJBHĀṢĀ
(Brj.)

ā̃teur 350
aneū 304
anero 400
anhwāno 1524
alā̃wno 1376
ahaï 1031
āī 1292, 1292a
ā̃gurī 135
ā̃car 168
āgaun 1046
āghu 630
āwanī 1198
īkh 1550
ujer(o) 1668
uṛhṇā̃ 2547
utarho 1774
uthapno 1904
udd 1693
upāno 1814
upānno 1814
upnāno 1814
onawno 788
onā(w)no 788
auṭno 452
kaï 2644
kānī̃ 2705
kāran 3057
kiyārī 3463
kī̃c(aṛ) 3153
kīṛī, kīṛo 3193
kuī̃ 3305
kuṛh 3598
kuṛhno 3598
kudakno 3412
kudlāno 3412
kumhṛo 3374
kū̃ṛī, kū̃ṛo 3264
kū̃dno 3412
kūr 3602
kūro 3392
kūrpan 3602a
kūlho 3607
kewaṭ 3469
kõhṛo 3374
khā̃j 3872
khā̃w 3862
khewaṭ 3469
gā̃wār(ū) 4271
gaw 4093
gawan 4027
gawā̃no 4028
gahro 4024
gī̃w, gīw 4387
guo 4219
gujreṭo 4210a
guwo 4219
gerū 4254
gõṛo 4331
goṭh 4336
gaukh(o) 4098
gauno 4027
gwār(o) 4293
ghaṛi 4406
ghariār, °āl 4413
ghiā̃ṛo 4503
ghīn 4500
ghoṛī, °ṛo 4516
ghorī 4516
ghorū 4108
ghoro 4516
cā̃ger(ī) 4565
cā̃gelī 4565
cano 4579
cabāro 4611
cā̃d 4661
cā̃war, °al 4749
cān 4661
cānan 4658
cāwar, °al 4749
ciuṛo, ciuro 4818
cumbo 4868
cumbno 4870
cummo 4868
cullū 4875
cuwo 4641
cūmo 4868
cūmno 4870
cūlho 4879
cerī, cero 4902
celī, celo 4911
coj 4930
coṭṭo 4922
caubār(o) 4611
caus 4586a
cauhaṭ(ṭo) 4626
chajjo 5023
chāī̃, chāū̃ 5027
chā̃ṛno 4998
chā̃h 5027
chā̃j(o) 5023
chā̃ṛno 4998
chī̃do 5043
chew, cheh 5064
chail(o) 5006
jā̃jar, °al 5154
jā̃bhāno 5265
jam(u)hāno 5265
juār(ī) 6609
jū̃o 6608
jū̃ṭh, jūṭh(o) 5255
joisī 5302
jõdhaiyā 5301
jonh(āī) 5301
josī 5302
jhā̃warno 5369
jhā̃wo, jhāmo 5366
ṭaksārī, °ālī 5434
ṭūṭhno 5895
ḍā̃sṇo, ḍasṇo 6111
ḍehrī 6559
ḍaurū̃ 5531
ḍhahrī 6559
ḍhī̃ṭh(o) 6875
tā̃t 5660
tinaür 5906a
teur(ī) 6020
terus 6049
taū̃s(o) 5676
taū̃sṇo 5675
tausṇo 5675
tyūraṣ 6049
tyorus 6049
dā̃tāro 6160
dā̃tāl 6160
dawan 6620
dahino 6251
dahiyo, °hī 6146
dā̃u 6283
dā̃tī 6260
dā̃d 6649
dā̃wrī 6285'
dā̃dho 6121
dā̃no 6265
dā̃hin 6251
duwan 6443
dū̃d 6649
dauno 6620
dhamsārī 6760a
nandeū, °doī 6947
narõ 403
nākh- 6912
nā̃nhau 12732
nai 6943
naihar 5278
pai 8540
laüṁ 10893

OLD MĀRWĀṚĪ
(OMarw.)

aṁcaḷa 168
ahara 247b
āṁṇa 1095
āka 625
ākaraü 1014
ākuḷaü 1012
āgaḷi 68
ulaṁbhaṛaü 2314
usasāi 1866
ūcaraï 1641
ūchaḷaï 1843
ūdharaü 2009
ūḷaga 2227
ūḷagaï 2227
kaṁcū 2626
kaṛuvaü 2641
kaḷi 2933
karaha 2797
kaviḷī 2750
kūkasa 3212
kūṛaï 3227
kūpaḷa 3250
kūlhaṛaï 3354
koki 3390
kharaü 3819
khāi 3865
gaïla 4009
gayaü 4008
gahilī 4366
gāi 4147
gāḍyā 3970
gāhijaï 4383
giṇaï 3993
giḷaüṁ 4159a
ghaṭyaü 4418
ghaṛī 4407
caraï 4686
cā̃ṁpyā 4674
cita- 4799
chaṁḍi 4998
chehalaü 5064
choḍaï 3747
jaḷa 5155
juhāra 5300a
joisī 5302
ṭhelijaï 5512
ḍhoḷisuṁ 5593
taṁbāḷū 5776
taḷaï 5731
turī 5877
tūṭhaï 5895
teṛuṁ 5947a
dava 6223
dādhaü 6121

dāsi 6316
dikhāṛaï 6507
diva 6348
devaḷa 6524
devara 6546
dhaṇa, °*ṇi*[1] 6721
dhaṇi[2], °*ṇī* 6722
navaü 6983
nāḷera 7075
nāha 7051
nipāī 7511
nilāṛi 10970
nīkaḷaï 7478
paṁḍyā 7718
paga 7766
pachitāi 8010
paṭoḷī 7704
patījaï 8640
palaṭaï 7968
pātharī 8857
pāmijaï 8947
pālhavaï 7971
piḍāra 8172
piṇi 8273
pūtaḷī 8269
baïsāryaü 2245
bāṁḍī 9135
buḍaï 9272
bhaïṁsa, °*si* 9964
bhāra 9459
bheṭi 9490
bhoḷī 9539
mailā 9904
manāvaï 9857
māna 9859a, 10040
māma 9859a
māsa 10104
muṁdha, °*dhi* 10175
muhaṛaü 10158
melhī 10333
mohijaï 10362
rahaï 10666
lakha, *lākha* 10881
lovaṛī 11072
vaṛaï 11362
varaü 11310
vāi 11491
vilaṁbāvijaï 11891
visarāhaï 11961
vīsarī 12023
vesāsa 11966
saïṁbhari 12371
saüṛa 13382
saba 13276
samajhāi 12959
samāi 12975
sahināṇa 13344a
sahu 13276
sāra 13355
sīṁgī 12595
sīkha 12432
sumīṭha 10299
sonaü 13519
hāṇi 14055
hiva 2528
heḍa 14159
heṛaū 14159

MĀRWĀṚĪ
(Marw.)

Including Hāḍautī (hād.), Jaipurī, Mewāṛī

jauhar 5300a
lūgrī 11072
soṛ 13382

OLD GUJARĀTĪ
(OG.)

aüḷavaï 444a
aṇuṁara 314a
ābhiḍaï 1230
khājahalaüṁ 3872a
cāṁdriṇuṁ 4745
jānāvāsaü 5119
jānutra 5118
tranṇi 5994
nesāla 11105
pījahalaüṁ 8380a
phūihāīu 9089
lesāla 11105
vaḍaï(ṁ) 11362
hava(ï), *havaḍā̃* 2528
hiva(ï), *hivaḍā̃* 2528
hivaṇā̃ 2528

GUJARĀTĪ
(G.)

agharṇī 71a
aṭhvāḍiyū̃ 940
aṇvar 314a
adīṭh, °*ṭhū̃* 238
adhar 270a
adhrū̃ 270a
abhṛāvvū̃ 1230
avḷū̃ 503
ā̃kelɔ 100
āthvū̃ 1515
ābharvū̃ 1230
utrāhū̃ 1774
ū̃n 2424
ɛraṇ[i] 252
occhav 1876
oḷavvū̃ 444a
olavvū̃ 855a
olo 420a
osā̆vvū̃ 878b
kā̃ṭhāḷ 2682a
kahār 3011
kīdrū̃ 3298
killū̃ 3193
kuṛlī 3227
keṭlāk, °*lī* 3167
koṭhārī 3551
khājvāḷvū̃ 3827
khatarvaṭ 3667a
khasvū̃ 3888
khoḷɔ 3607
gaḷṇū̃ 4075a
gūdī 4199
goṭhiyɔ 4338a
ghā̃ṭī, °*ṭɔ* 4451
ghā̃ṭɔ 4451
ghaḍpaṇ 4347a
gharḍū̃ 4347a
gharḍerū̃ 4347a
capṭɔ 4818
cāraṇ 4758a
-cārɔ 4755
cārṇī 4758a
cās 4712
citār 4807
cibhṛī 4826
cībhṛū̃ 4826
cīrɔ 4843
coṛī 5071
cɔmag 4615a
chāb, *chābṛī* 4981
janāvū̃ 5193
jānī-vāsɔ 5116
jānotar 5118
jevrī 5227
jovū̃ 10525
jauhar 5300a
jhabakvū̃ 5341
jhīl 5392
jhoṭ 5414a
ṭakrāvū̃ 5424
ṭīp 5465
ḍābrī, °*rū̃* 5528
ḍhaglo 5585
ḍhākvū̃ 5574
tāravvū̃ 5796
thāpɔ 13758a
thījvū̃ 13696a
dahāṛɔ 6321
dādar 6196
dādrɔ 6196
dādh 6121
dāliyā 6310
dukhāvɔ 6376a
dorvū̃ 6225
dharav[1] 6501
dharav[2] 6890
dhū̆ṇvū̃ 6846
ṇathī 13768
navāi 6994a
patāvvū̃ 8945
patvū̃ 8945
pīṭhū̃ 8123a, 8371
ptrāi, °*āyū̃* 8188
pılāvū̃ 4674, 8149
phiyāi 9089
phdū̃, *phodo* 13828a
bāṇū̃ 6663
būlakū̃ 9293a
boḷ 9268
bhā̃yaḷ, °*goḷ* 9527a
bhān 9404a
bhū̆caḷ 9527a
masāi 10022a
masiyeṇ 10022a
māv(i)tar 10019
rāvṇiyɔ 10676, 10686
rāvḷiyɔ 10676, 10686
retaṛrī 10816
lā̃jɔ 10915a
lū̃ṭhū̃ 11076
vagher 12193a
vaṛe 2304, 11362
vatī, *vate* 2304
vā̃sɔ 11175
saṭvū̃ 12269
sāmar 12351
sucavvū̃ 13551a
suṭukṇē̃ 12512a
soc 13190
hoṭh 245a
hol 420a
holavvū̃ 855a
holo 420a

GUJARĀTĪ
Words from AKŚ cited in Add[2] supplement

rakhaṛvū̃ 10735
lathaṛvū̃ 11056
lapasvū̃ 10939
lalkārvū̃ 10973
lekhvū̃ 11108
vaḷagvū̃ 11881
śaṅgārvū̃ 12593
sathvārɔ 13364
sabaḷ 13166a

MARĀṬHĪ
(M.)

Including Old Marāṭhī and Halabī dialect (hal.)

avaḍṇē̃ 1050, 1193
ahiraṇ 252
aheraṇ 252
āṭhavḍā 940
uḷiga 2227
usavṇē̃ 1858
airaṇ, *airṇī* 252
õṭh 247a
kā̃jḷī 2624a
ċāraṇ 4758a
ċārṇī 4755
chabḍī 4981
j̈ānavsā 5116
j̈ānivsā 5116
jāmbhaī 5266
j̈āv 5200
j̈ohār 5300a
jhirapṇē̃ 5390
ḍhākṇē̃ 5574
tāṭh 5631
thāpā 6091
thijṇē̃ 13696a
dākhavaṇē̃
dē̃ṭ 5527
pandravḍā 940
pāḍā 8031
pārkhā 8102
puccī 9266
putṇī, °*ṇyā* 8189
phaṇī 10251
buccī 9266
bhusē̃ 9293a
vāsā 11175
viṭṭhal 11991
śivaṇ, *śivan* 12710a
śivṇī, *śivnī* 12710a
śē̃vrī 12351
sābḷī 4981
sā̃var, *sā̃vrī* 12351
sāl 12353
sāhṇē̃ 13304, 13377a
sivṇā 12710a
sucē̃, *sucṇē̃* 13551a
suṭakṇē̃ 12512a
haraṇ 252
hoṭ 245a

KOṄKAṆĪ
(Ko.)

karo 2782
kāti 3426

kiċkiċu 3153
kuṛko 3237
kuḷāra 3339
kuppi 3402
kusḍo 3281
kūḍa 3251
kottambari 3380
khaḷu 3783
khatkhati 3803
khombtā 3522
gā̃yḍaḷu 4007
guṇguṇtā 4013
gūḷi, gūḷo 4321
gōṭu 4271
ghāri, ghāryo 4470
ċamkatā 4676
ċāka 4538
ċākkaḷa 4548
ċāḍi 4737
cīkāru 4839
ciṭṭo, °ṭyā 4804
ċeḍi 4902
ċovati 4600
j̈aḷāra, j̈āḷa 5312
j̈āmbhai 5266
j̈āva 5200
j̈hagj̈hagi 5318
j̈hāṅki 5316
tāṭa 5631
tāmṭi 5781
turturi 5874
toptā 6084
dantu 5110
dāṇḍāro 6128
dāntẽ 10412
divṭigā 6349
dēṇṭu 5527
dhaggu 6704
dhagdhagu 6704
nāṅkūṭa 6814
nikkaḷtā 7478
parmaḷa, °ḷtā 7854
pāul 8075
pātlāytā 8860
pāna 7918
pālkāti 7964
pāvṭi, pāvli 8075
piċċaḍa 3153, 8150
piṇso 8237
puttoṇyo 8189
põvtā 9024
phaṭiṅgu 9039
phaṭṭi 9039
phāṭi 8370
phoṇo 10251
bikkūṇu 9747
bimbūla 9244
buro 9289
maḍḍu 9735
marḍuytā 10186
mhāraga 9954
rak-raki 10583
raggaḍtā 10558
ragḍo 10558
vaytā 11282
viṅgaḍa 11826
vīṇi 12093
vegḷo 11826
veṇṭi 12045
vyāru 12205
śisari 12426
savraga 9954
sāḍḍūku 13875
suṅgaṭa 4786
soṇḍāli 12516

SINHALESE
(Si.)

Including Old Sinhaese

Nagari order with n̆ m̆ treated as ṁ, ä after ā, ē after e, ō after o

an̆dinavā 13085
an̆dura 1336a
an̆duru 2249a
am̆ba 12683a
*am̆baḷa*¹ 1275
*am̆baḷa*² 12970
*am̆banavā*¹ 12958a
*am̆banavā*² 12965
am̆baranavā 12961
adura 1336a
aduru 2449a
apila 501a
apuṇa 683a
apula 501a
apoḷa 1531a
*aba*¹ 687a
*aba*² 13371a
amat 555a
amatanavā 1242a, 12974
amatavanavā 1242a
amatun 1242
*amadini*¹ 71a, 5103
*amadini*² 12979a
amanavā 13018
amit 566
amiyanavā 1263a
amila 570
*amu*¹ 1259
*amu*² 12667
amuṇa 1451a
amuṇanavā 13239a
*mut*¹ 1045a
*mut*² 1260
*mut*³ 13229a
*mutu*¹ 1045a
*mutu*² 1290, 12986
yadan-a 1287a
yaha 588
yā 588
aram̆banavā 1307
arakinavā 1298
aradu 1305
aranavā 1326, 1335
araya 13355
arayanavā 1305
arava 1319
aravanavā 1335
*aru*¹ 1332
*aru*² 1333
aruṇu 1326
aruva 1331a
arova 1332
alatu 695
avuṇa 1451a
avutu 1290, 12986
än̆da 12609
äṭa- 982
äṭaya 955
äväta 1195
idi-karanavā 13401
ima 13435
iranavā 4844, 12495a
ireṇavā 2063, 4844, 12495a
iruṇā 2063, 4844, 12495a
uyana 2052
elenavā 527b
ellanavā 527b
koli 3565a
gal 4161
ḍādiya 6321
tiraya 5825
dādiya 6321
deṭa 5292a
nahara-ya 13796
nāru 13796
niyapotu 6914
pulu 7974
han̆dinavā 13085
ham̆baḷa 12970
*ham̆banavā*¹ 12958a
*ham̆banavā*² 12965
ham̆baranavā 12961
haba 13371a
hamanavā 13018
hamuṇanavā 13239a
havajara 13011
hämi 12667
hidoluvā 14094
heḷanavā 4998, 12383

MALDIVIAN
(Md.)

ř after ḍ, f after p

an̆gun 114
an̆guru 125
an̆gulek 134
an̆gū 134
an̆goṭi 138
an̆goḷi 12859
an̆danī 12899a
an̆de 13085
an̆bi 574
an̆bu 1268
an̆buranī 12961
akiri 12337
akmas 9758
aḍḍana 190
ař 941
*aḷanī*¹ 4998
*aḷanī*² 14003
aturanī 1507, 13043
ada 1343
adu 242
an 13085
anek 399
andanī 12899a
*annanī*¹ 13085
*annanī*² 1044
anmas 9758
abu 12311
amā 574
amunanī 1439, 13239a
amma 574
ammas 9758
aranī 1326
aruvanī 1326
ala 1388
alui 1388
aluvi 1388
ava 12393
avař 1418
as 13937
*assanī*¹ 1460
*assanī*² 1468
assavanī 1460
ahanī 1460
ā 1044
ān̆ 1235
āhi 911
in̆gili 135
in̆guru 12588
in̆de 13432
in̆ba 10511
itā̆ 12505
ituru 211
in 13128, 13432
indanī 13432
innanī 13432
iba 10511
im 13435
iyye 14108
iranī 4844, 12495a
ili 12466
ivenī 12716
ivvanī 12716
is 12497
ihi 1558
ihu 12497
īṭ 1600
ukanī 1718
ukuḷu 1703
ukuranī 1751a
ukdan̆ḍi 1550
ugenenī 1964
uḍutila 2432
uḍḍun 2432
uḷal-, uḷā 11407
uḷi 4883
uturu 1767
uturenī 1770
uda 2422, 2541
udanī 2188a
udali 1991
ufaddanī 1814
ufan 1814
ufuranī 1809, 1913a
uful(l)anī 1834
ufedenī 1814
uranī 2199a
uru 2420
uruvanī 2063a
ulek 12575
us 1634
ussakuru 1550
ussanī 1861, 1864
uhul(l)anī 1834
uhedeni 1814
ū 12575
e 2530
en̆du 12609
en̆dum, en̆denī 12899a
en̆buri, °renī 12961
ek 2462
ekāḷīs 2464
ekānavai 2471

ekāvanna 2472
ekāvīs 2476
ekāhaṭṭi 2478
ekāhattari 2479
ekāhi 2491
ektirīs 2469
ekfaharu 8900
egāra 2485
etifaharu 8906
eturenī 1507, 13043
etere 357
eduru 1072
edenī 1287
em 1256
emunenī 13239a
erenī 1326
eluvanī 528a
elenī 527b, 833

ai, ais 1044

aum 1044

oḍalek, oḍā 1991
oḍi 14174
*oř*¹ 955
*oř*² 2387
oḷanī 12132
oḷudū 13385a
ot 13479
ona- 2494
onu 12096
onnanī 13902
obanī 13496
obi, obbek 13495
olañbu 826
ove 13902
ossanī 878b
ossenī 878b
ohenī 878a
ohoranī 862

kañḍanī 3795
kañdurā 2730
kañbanī 13641a
kañburu 2898
kak 2588
kakkanī 8451
kaři 2668
kaḷu 3083
katuru 2858
kaduru 3828
kan- 2830
kanī 3865
kanu 3019
kanfat 2837
kanbaḷi 2771
kan-huḷi 2830, 4883
kafa 2877
kafanī 2944
kam 2892
kas 2621, 3854
kassanī 3856
kahañbu 2619
*kahanī*¹ 2621, 3854
*kahanī*² 3856
kāḷu 2993
kiek 3164
kiñbulek 3317
kiñbū 3317
kitak 3167
kiyanī 2703
kiyavanī 2703
kiranī 3172
kiru 9828
kihili 2588
kī 2703, 2707
kīk 3164
kuñbu 3401
kukuḷu 3208
kujjā 3712
*kuḍa*¹ 3712
*kuḍa*² 3897
kuř 3931
kuḷa 2814
kuḷi 2641
kuḷenī 3592
kudi 3712
kuranī, kurā 2814
kulunu 2811
keim 3867
keoḷu-kam 3469
keñḍenī 3795
keñdenī 3574
keñbum 13641a
ket 3668
keti 3427
keyo 2712
kevenī 3865
kes 3471
kessanī 3135
kehenī 3856
keheri 3474
kē 3865
kēm 3867
kēlu 2712
kairu 3806
koṭari 3546
koḍi 3546
kor 2814
kořanī 3241
kořāru 3550
kořī 3546
koḷu 3497
kotañbiri 3380
kotaru 2754
kon 2575
konnanī 3811
koppanī 13656
koru 3941
kolu 2755
kolek 2755
koveli 3483
kō 2755
kauḷu 2993

*gañḍu*¹ 3997
*gañḍu*² 3998
gañbanī 4029
gaṭari 4354
gařanī 4417
gaḷuvanī 4407
gat 4236, 4509
gatanī 4353
gane 4236
gannanī 4236
gamāru 4371
galu 4161
gavi 4150
gā 4161
gānanī 4450
gi-teu 4501
gina 4424
giranī 4474
giri 4161
gui 4225
guñguru 4489
guguranī 4489
guḷa 4181
guḷanī 4407
guḷi 4406
guḷenī 4407
guna 4191a
gunanī 4191
-gunu 4274
ge 4251
geñburu 4031
geḷenī 4407
getum 4353
gen 4236
genḍā 4000
gē 4251
gēnum 4450
goñbi 4217
gor 4354
godan 4287, 6778
gov(v)anī 4529
gos 3955
gōni 4275
gau 4161

jahanī 4450, 7700
jehum 4450, 7700
ṭukuri 5477
ṭekum 5489

ta 5889
tañḍi 5527
tañbu 13682
taḷanī 5752
taḷu 5749
tat 13676
tan 13753
tari 5798
tala, tali 5803
tavā 5672
tāruk 5752a
tiki 13721
tin 5994
tina 5906
tibenī 13683
tibbanī, °bā 13683
timan 5983
timara 4842a
timā 5983
tirīs 6015
tilafat 5886, 8055
tuñḍi 5853
tun 5853
tuni 5654
tunfat 5853
tufuren 10511′
turuturu 6092
tula 5886
tuvvanī 5863a
tūnu 5839
teāhi 6086
teu 5958
teḷenī 5752
tet 5812
tettirīs 6000
temenī 5820
teyāḷīs 5998
teyānavai 6003
teyo 5958
tere 357
teli 13766
telu 5958
tēra 6001
tēri 5744
tēvanna 5995
tēvīs 6004
tēhaṭṭi 5996
tēhattari 5997
tofi 5481

da 590
dañḍi 6128
dañbidari 5198
dañbu 5131
dakkanī 6507
*dat*¹ 5273
*dat*² 6152
daturu 10456
dadu 6142
-dan 6778
danī 10452
dane 5193
dantura 10412
dannanī 5193
dannavanī 5193
dafat 590
dabu 6206
dam 10467
damanī 6179
daranī 6791
dari 6294
daru 6298
dalu 6321
dalek 5213
davanī 6324
dahi 6321
*dā*¹ 5213
*dā*² 6321
*dā*³ 6333
dān 10452
dāra 6793
digu 6368
din 6140, 6141
dinařa 6722a
dinum 6140
diya 1921
diyum 10452
diyaum 10452
diri 5234
diruvanī, direnī 5236
dillanī, °lenī 5306
diha 6227
dī 6141
dui-satta 6648
duř, duřīm 6518
dutturā, °rau 6475
duni 6726
dum 6849
duru 6495
dulu, dulek 5228
duvanī 6624, 6766, 6802
duvas 6333
duvālu 6334
duvek 6691
duvenī 6624, 6766, 6802
duvvanī 6624, 6766, 6802
*dū*¹ 5228
*dū*² 6691
de 6648
dekunu 6119
dekenī 6507
dekkum 6507

den 1567
dena 5193
denī 6141
dene 5193
dennevum 5193
denme 1567
demenī 6179
derum 6791
devanī 6141
devenī 6141
dē[1], *dēn* 6141
dē[2] 10452
dořa 5292a
doři[1], *dořī* 5286
doři[2] 10444
doḷas 6658
doḷi 6250
doḷu 256
donaḷa 10434
donnanī 6886
dorāṛi 6666
doru 6459
dorōṛi 6666
dove 6886
dos 10521
dau[1] 5213
dau[2] 6321

na- 6906
nakat 6913
naganī 10905
nagili 11009
nagul-, *nagū* 11009
nanganī 10905
nařanī 7583
nam 7067
navek 7081
navai 6995
nā 7081
nāři 7075
nāḷi 7048
nāru 13796
nikam 7475
nikameti 7475
nikut 7492
nikunnanī 7492
nidanī 7201
nidi 7200
nindanī 7201
nimenī 7369
nimmanī 7369
niyafati 6914
niyami 7253
niyā 7614
niyemi 7253
niyau 7614
niroḷu 7075
nivalek 7416
nivā, *nivai* 7416
nu- 6906
nukut 7492
nukunnanī 7492
nukume 7492
nura 332
nurakkā, °*kau* 10551
nulē 7563
nuva 6984
nū 7563
ne- 6906
nengevum 10905
neřum 7583
net, *netī* 7091
neruvanī 7559, 7573b
nerenī 7393, 7559, 7573b
nevi 7082
nē-vā 11491
nora 332
nau 7081

fañdu 8051
fakkā 7621
faguḍi 7644
fankā 7627
faṭṭanī 8607, 8609
fař 7700
fařanī 8607, 8609
fařān 8607, 8609
fařu(v)i 7700
faḷanī[1] 13817
faḷanī[2] 13825
faḷi 13826
fat 7733
fati 7646
faturuvanī 8860
fan 7918
fanara 7662
fanas 7682
fani[1] 8532
fani[2] 8929
fansayāḷīs 7659
fansayānavai 7665
fansavīs 7672
fansās 7682
falañgu 7964
fali 9052, 9073
fas[1] 7655
fas[2] 3497, 7990
fas[3] 8019
fassanī 7990
fassihi 7672
fahat 7990
fahanī 7990
faharu 8900
fahu 7990
fahek 7655
fāḷu 8428
fāddanī 8833
fiñdu 8379
fit 8181
fiyan 8196
firukenī 9078
fihanī 7654
fui 8321
fuř 8218
fuḷā, *fuḷau* 8361
fut(u) 8265
fun, *funi* 8339
funōs 8276a
fufenī 8305
fura 8344a
furanī[1] 8279
furanī[2] 8335
furahaḷa 8347
furi 8335
furuk 8314a
furoḷu, °*ḷanī* 9078
fuvak 8315
fus 8306
fussanī 9011
fuhe, *fuhenī* 9011
feṭṭevum 8607, 8609
feřum 8607, 8609
feřenī 8607, 8609
feḷum, *feḷenī* 13825
feturi[1] 8860
feturi[2] 8864
feturenī 8860
fen 8082
fenuvvanī 8516
fennanī 8516
fēdenī 8833
faisā 7761
foi 2242
fok 9022
fořā 7700
foḷanī 13857
foḷenī 13842, 13857
fot 8413
foni 8532
fonu 9108
fonuvanī 8526
fonuvālum 8526
foruvanī 8962
fohenī 9011
fō 2242
fōk 8315
fōdenī 8789
fōranī 8335, 8691a

bañḍaha 9441
bañḍiyā, °*ḍu* 9440
bañḍeri 9443
bañde 9139, 11260
bakari 9153
baḍaha, °*hal-* 9441
bari 9369
baḷu 9407
bat 9331
battirīs 6657
bade 9126, 9139
baddanī 9126, 9139
ban 9139, 11260
banum 11260
banḍāra 9442
bandu 9136
bannanī 9139, 11260
bappa, *bafā* 9209
bayāḷīs 6656
bayānavai 6683
baru 9459
barōsā 9398
balanī 9474
bahuruva 9479a
bāāhi 6699
bāra 6658
bāvanna 6661
bāvīs 6672
bāhaṭṭi 6673
bāhattari 6674
biñde, °*denī* 9496
bit 9494
bindanī 9496
binnanī 9496
bim 9557
biru 9516
billūri 12138
buk 12064
buḍu 9280
buḍugañḍu 9280
buḷal-, *buḷā* 9237
buḷi 9123
buḷau 9237
buddi 9277
bunanī 9383
buma 9688
bumaru 9650
bura 9459
burunu 9396
bei 9661
beirař 9226
bede, *bedenī* 9126, 9139
beru 9615
belum 9474
bē 9661
bēindanī 13432
bētibbanī 13683
bēndanī 13432
bērař, *bēru* 9226
bai 9430
baivaru 9188a
bonī, *bo(y)i* 8209
bolē 9194
bovanī 8209
bovenī, *bō*[1] 8209
bō[2] 9194

ma 9691
makunu 9747
magu 10071
maccař 9926
mařař 9691
mařanī 10299
maḷanī 10290
mati 9926
matimas 12659
matī 9926
manu 10041
maranī 10066
maru 10063
malek 10092
mas 10104
-mas 9758
mahāna 12658
mahāradun 9951
mā 10092
mā- 10016
mārāmārī 10063
māmui 9784
mi 587
min, *minanī* 10132
mini- 9828
miya danī 10383
milanī 10387
miñgunu 4274, 9964
mijje 10383
mīru 9793
mīs, *mīhā* 9828
mugu 10198
muguranī, °*ru* 10199
muř 10221
muři[1] 10221
muři[2] 10286
muḷi 9727
mula 10254
mulek 10250
mū[1] 10234
mū[2] 10250
-me 2528
meřum 10299
medu 9804
merenī 9871, 10066
mehenī 13197a, 13222
mai 10016
moḍenī 9890
moya 10231
mōlek, *mō* 10223
mau 10092

raňga 10560
raňḍu 10593
rakkā, °*kau* 10551
rař 10721
rařvehi 10723
ratu-lō 10539
radun 10679
ran 14110
rani-bēkaňbalek 10692
raha, *rā* 10650
rāhut 10650, 12504
riveti 10803, 10804a
risseni 10749
riheni 10749
rī 10743, 10751, 10753
rīti 10803, 10804a
ruim 10840
ruk 5752a, 8314a, 10757
ruḷi 10793, 10807a
russanī 10765
ruhenī 10765
rū 10803
rei 10702
ressi 10672
rē 10702
roi 10840
rořī 10837
ronī 10840
rō[1] 10833
rō[2], *rōn* 10840
rōnā 10704
rōnu 10864

laňbanī 10956
lakunu 10882
lakka 10881
lagganī 10895
laḷi 10991
ladu 10910
lanī 11004
lava 12748
lavvanī 10895, 11004
lavvum 11004
las 708, 1371
lā, *lān* 11004
libenī 10950
libbanī 10950
liyanī, *liyum* 11048
lī 11048
lui 10896
luňbō 7247
lum 11004
lussanī 11074
luhe, *luhenī* 11074
lei 11165
leňbenī 10956
levvum 11004
lē 11165
lai, *laigen* 11004
loňḍu 11076
loḷanī 11080
lol-, *lō*[1] 11136
lō[2] 11158

vaňdu 11275
vaka 11417
vagu 12193
vaḍām 11375a
vaḍin, *vaḍīn* 11375
vaḍuvanī 11382
vař 11347
vařanī[1] 2071
vařanī[2] 11356
vař-haňdu 11347
vaḷu 774
vat 12225
vadu 11387
vade 12225
vaddanī 12225
van 12225
vanī 9416
vannanī 12225
varanī 814
vas 11592
vā 11584
-vā 11491
vān 9416
vālek 11584
vāhaka 11476
vi 9552
vikenī 11640
vikkanī 11640
vidanī 11745a
vidu 11739
videnī 11759
viddanī 11759
vinum 11773
vinna 11300
viya 11735a
viyanī, *viye* 11300
viruvanī 11862
virenī 11862
vilu 9245
vihanī 11701
vihā 11935
vihi 11616
vihenī 11701
vī[1] 9420
vī[2] 12233
vīdanī 11703
vīru 12056
vīs 11616
vum, *ve* 9416
veu[1] 11429
veu[2] 11529
vede 12225
veyo[1] 11429
veyo[2] 11529
veri 2218a
verikam 2218a
verirař 2218a, 10721
verum 814
velek 11429
vevu, *vevek* 11529
vehenī 11394
vēn 12106
vai[1] 11491
vai[2] 11544
vau 11584

sakku 12258
sangu 12263
satāḷīs 13142
satānavai 13148
satāra 13146
satāvīs 13157
satāhi 13160
sabbīs 12796
sāda 4605
sunāru 13520
sum 12567
suvaru 13544
sōḷa 12812
sauda 4605
saurayānavai 4614
saurayāḷīs 4628
sauvīs 4623

ha 12803
haňdu 4661
hakuru 12338
haṭṭi 12804
hataru 4655
hatāvīs 13157
hatiyāru 14027
hattari 13143
ham 4701
hama 13173
halanī 4772, 14018
haluvi 10896
hallanī 4772, 14018
hiki, *hikenī* 12552
hikkanī, °*kum* 12552
hit 4799
hita 4812
hitanī 4799, 4815
hila 12459
hilauḍi 12461
hihul-, *hihū* 12475
huḷi, *huḷu* 4883
hut 12504
huvaňdu 13454
huvan 12699
huvā, *huvai* 12393
hus 5850
hūnu 2389
hei[1] 4907
hei[2] 13922
hevā̆ 12774
hē 4907
hoi 12618
hōdanī 12626

HITTITE
(Hit.)

Roman alphabetic order in Hittite and all Indo-european lists

nekumant- 6926
palḫiš 8030
paršina 8124

INDO-EUROPEAN
(IE.)

**amatro-* 555a
**bhatlo-* 9409
**bhelseti* 9478
**bholsā-* 9478
**bhondo-* 9440
dēk̑- 6250
**dhorgo-* 6770
**dhorti-* 6772
**dhroghsā-* 6628
**dhugHter-* 6481
**dhwoṅkso-* 6903
**elteni-* 175
**endro-* 1111
**gholtā-* 4459
**kolstho-* 3120
**kondo-* 3023
**koṅkī-* 3015
**koṅksā-* 3002
**k*ʷ*orsi-* 2909
**loṅgulo-* 11009
**lowo-* 10945
**matlo-* 9909
**mereĝ-* 9886
**morg*ʷ*o-* 10071
**morto-* 9887
**nog*ʷ*no-* 6926
**nok̑trā-* 7029
**n̥sto-* 973
**oltnī-* 175
**ondó-* 1111
**ontro-* 1182
**ordró-* 1340
**persnā-* 8124
**petlawos* 7969
**polHto-* 8030
**pondu-* 8051
**porsni-* 8124
**rik̑s-* 11045
**seibhu-* 13589a
**seṅgh*ʷ*-* 12842
**(s)kerp-* 2876, 3831
**(s)nē-* 7589
**tomró-* 5779
**werdhro-* 11387
**wolo-* 9216
**wordhrī-* 11387
**wortā-* 11564
**worto-* 11480
**yéteti* 5091

IRANIAN
(Ir.)

**abi-ris-* 527a
**apa-škr̥nta-* 3432
**awa-haya-* 860
**barwa-* 9690
**dānā-* 6777
**dāti-* 6772
**dramna-* 6620
**drunā-* 6636
**fra-yaugana-* 8734
**fruš-*, **fruši-* 9029
**gari-* 4161
**ham-kauk-* 12832
**kāmaya-* 1719
**kam(r)aka-* 2776
**kapauta-* 2753
**kartā-* 2851
**kartyā-* 2866
**kr̥du-* 3254
**kuta-* 3275
**kuwarana-* 3107
**niš-hwāpaya-* 7468
**pačya-* 7654
**paridastya-* 7900
**pariwaiča-* 7882
**pariwaya-* 7869
**pati-škar-* 13645
**skawana-* 13647
**skr̥ntati* 1896
**snaiga-* 13802
**sritā-* 12703
**sūčī-* 13551
**θraxša-* 5617
**ud-gr̥fsa-* 1964
**upa-škar-* 13645
**us-fan-* 1836
**us-kr̥š-* 1732
**us-pārnaya-* 1830
**uz-hauša-* 1855

*uz-hušta- 1855
*xaratara- 3820

AVESTAN
(Av.)

ā-bar- 1225
āpat- 1193
karšivant- 2909
karšū- 3081a
kuta(ka)- 3895
paršuya- 8989
staora- 13780

OLD PERSIAN
(OPers.)

σπαραβάραι 13819a
θarmi 12351

MIDDLE PERSIAN
(MPers.)
Including Chvarezmian (Chvar.), Pahlavi (Pahl.), Parthian (Parth.)

fyk 13839
ngwč 12824
pym'dg 10030
spar 13819a
sūčan 13551

PERSIAN
(Pers.)

būr 9690
darz 6770
darzmān 6770
kank 2602
kul 3254
marz 9886
rišk 11045
sabz 12364
sipar 13819a
sumb 12531a

KHOTANESE
(Khot.)

haṁgūjs- 12832
khaḍara 3820a
tanka 5426
ttandäka- 5426

SOGDIAN
(Sogd.)

βyk 13839
'βš'h 14711
γatark 3820a
prw'y- 7869
pwδ'y 8294a
zγrwβs 1964

ISHKĀSHMĪ
(Ishk.)

dēd 6772
fay 13839
fayək 13839
mid 10030
pərēšt 7900

MUNJ̌Ī
(Mj.)

fᵊrīga 9029
vūr 9690

ŌRMUṚĪ
(Orm.)

ṣ̌rak 9029

OSSETIC
(Oss.)

qadir 3820a

PARACHI
(Par.)

pâšp 8118
ruč 9029

PASHTO
(Psht.)

γar 4161
riča 11045
wrəγa 9029
wrēšəl 527a
x̌əl 12703

SANGLECHI
(Sang.)

kəmay- 1719
kuṭ 3895

SARĪKOLĪ
(Sar.)

čomǰ 2776
ċex̌ 5647
dewr 3157
kid 3275
kūd 3275
parδist 7900
parwεy- 7869
pax̌čor- 13645
sikax̌t 1732
spon-d 1830
x̌εw 12715

SEISTANĪ

gastar 11241

SHUGHNĪ
(Shgh.)
Including Bajui (Bj.), Bartangi (Brt.), Roshani (Rosh.), Wanji (Wj.), and Khufi (X.)

abōx 413
ama 13173
angaxs- 12832
away- 860
ax̌ay- 1468
bad- 1193
bawεy- 2237
bix̌čār- 13645
bix̌čūnd 3432
čād 3069
čǟd 2866
čāg-dil 2851
čaṅg 2602
čēmb- 1719
čibůd 2753
čindōn 4842a
čipōs 2877
čomb- 1719
čůmč 2776
čuṅg 2602
čūrδ 3254
ċan 6636
ċəgag 4781
ċəl-dūr 4911
ċāx̌ 5617
ċeg 4781
ċīw 6623
ċīx̌ 5617
ċōw 6623
ċōx̌ 5647
ċū 6623
ċūδm 6620
dūr 3157
δǟd 6772
δīx̌n 6517
δōn 6777
δūn 6777
faryēmč 8469
fay, fi 13839
firāp- 8947
firůγn 8734
fiy 13839
fiyak 13839
fräγj 14711
ǰūg 10512
kād 3384
kat 3895
kid 3275
kirǟx̌t 2908
kirēx̌t 2908
kud 3275
kūp 3301
kut 3895
moδ 10030
nān 12732
nay- 7545
nid 7545
nix̌āb- 7468
parδēs 7900
parδist 7900
parwēǰ- 7882
parwīzd 7882
pinǰ 8976
pirx̌ 8989
pis- 7654
punǰev 8976
purx- 8984
sekund 13647
sifan- 1836
sifēn-t 1836
siǰ 13551
sikix̌-t 1732
sikūn(d) 13647
sipēn-t 1830
sitůr 13780
sitūr 13780
vār- 1225
vůr 9690
wēd 12097
xǖrn 3107
x̌ǟw 12715
x̌ičand- 1896
x̌ičux̌t 1896
x̌iṅg 12260
x̌it-x̌ō(y)g 48
x̌ūng 12260
ziγůyd 1855
ziγux̌t 1855
žiniǰ 13802
žīr 4161

WAKHI
(Wkh.)

fiak 13839
kəmi- 1719
kuṭ 3895
rεγūm 8469

YAGHNOBI
(Yghn.)

don 6777
vur 9690

YAZGHULAMI
(Yazgh.)

away- 860a
fərəš 9029
γar 4161
k̊əbes 2877
k̊iδ 3254
pərδast 7900
pərwiǰ- 7882
stər 13780
wiδǵ 12097

YIDGHA
(Yid.)

frīgo 9029
kəč 3275
kʷod 3275
səwī 12364
x̌ad 12703
x̌ow 12715
xʷorn 3107

OTHER INDO-EUROPEAN LANGUAGES

TOCHARIAN
(Toch.)

yatwe, yā̌t- 5091, 10455

OLD SLAVONIC
(OSlav.)
Including Russian (Russ.)

jędro 1111
lomiti 11021
lovŭ 10945
morkov 10070
moždanŭ 9712
ǫtrĭ 1182
steljǫ, stolŭ 13766
voloknó 11417
volŭ 9216

LETTISH
(Lett.)

valgs 11420

GREEK
(Gk.)

ἀμορβός 10071
δέδηγμαι 6250
δήξομαι 6111, 6250
ἔθορον 6772
ἔντερα 1182
ζητέω 10455
θρώσκω 6772
κόγχος 12263
κόνδος 3023
κονδύλος 3023
κορκάλη, κόρκη 12337
μορτός 9887
ὄλος 13276
ὀμόργνυμι 10080
ὄρτυξ 11361
ὀστέον 982
πέος 8381
πέταλον 7969
πτίλλος 8214a
πτίλος 8214a
σάκος 6087
στόχος 13748

LATIN
(Lat.)

coxa 2588
cucumela 3724
formīca 11423
fundus 9440
matula 9909
oculus 43
sebum 13589a
vapor 9223

PORTUGUESE
(Port.)

cogomelo 3724

FRENCH
(Fr.)

coucoumelle 3724

GOTHIC
(Goth.)

ams 6
malma 10090
marka 9886

SWEDISH
(Swed.)

malm 10090

OLD ENGLISH
(OEng.)

mealm 10090

ENGLISH
(Eng.)

cooly 3535

OLD HIGH GERMAN
(OHG.)

lam 11021

DRAVIDIAN
(Drav.)
Nagari order of letters

GONDI
(Go.)

pōī 9625a

KANARESE
(Kan.)

g(h)ārige 4470
cāḍi 4737
dīvaṭige 6349
mañcaṭige 9718
mañjāḍi, °jeṭṭi 9718
maḍḍi, °ḍu 9735
saḍḍaga 13875

MALAYĀḶAM
(Mal.)

bōyi 9625a

TAMIL
(Tam.)

kal 4161
tirai 5825
maṇṭi 9735

TELUGU
(Tel.)

tokka 6087

TUḶU
(Tu.)

bōyi 9625a

OTHER NON-INDO-EUROPEAN LANGUAGES
Roman alphabetic order

KANAURĪ

indrŏmöṅ 1579a
gorḍ 4523a
šāṇĕnmig 12663

BURUSHASKI
(Bur.)

a(i)yʌš 1008
ʌŋyer 910
bʌḍolīk, bʌro° 11365
yom 10421, 10493

TURKISH
(Turk.)

qatir 3820a

PHONETIC ANALYSIS

SOUND-UNITS AND WORD-LISTS

Sound-units are arranged in Nagari order. Some terminations and suffixes (e.g. ~aka-, ~ayati, ~ikā-) are listed separately. In such cases, cross-references are given under *open* ~a~, ~k~, etc. The following signs are used:
  ~ before or after a vowel indicates that it is preceded or followed by one or more consonants; before or after a consonant indicates that it is preceded or followed by a vowel.
  ~ following a vowel preceded by the word 'open' indicates that the vowel is followed by only one consonant.
  ≈ after a vowel indicates that it is followed by two or more consonants.
No initial sound-units have been set out, being readily available from the Dictionary itself.

open ~a~	*uparika-	tanūbhūta-	prapūrayati	vallarī-
	*upalābhana-	tamaṅga-	prábhavati	*vallarīpiṣṭa-
akarmán-	ēkavāram	*tāḍarukṣa-	*prabhāvyatē	*vāsapāṭī-
*agrajanī-	*kakṣakakula-	tṛṇakūṭa-	*prarōka-	*vāsavāṭī-
*agramukha-	kajjalita-	dantapāli-	*pravādya-	vinadati
ádhara-	kaṭa-[5]	*daridrakēṭṭa-	*phālgava-	*vyāghratara-
*anidrōdgata-	kadara-	*daridrabēṭṭa-	*phullabhūta-	*vyāghrabhaya-
*aniryōdgata-	*kanavitasti-	dávati	balihārá-	śakaṭin-
anukará-	*kapilla-	davayati	bahutara-	*śanaśana-
anucará-	*kaphila-	divasādāna-	*bālapōtta-	śánaiḥ
*antarakula-	*karṇavāla-	*duḥkhabhāva-	*bāhusphara-	śanaiścara-
*andhakārapakṣa-	kavārī-	*dōhapātra-	bhārata-	śama-[2]
*apacullī-	*kārmaṇakārin-	dhániṣṭha-	*bhāṣārava-	śayatē
apalapati	*kāśakuna-	dharmaśālā-	*bhujārgalā-	śāmayati[2]
*abhikarōti	*kāhalabhūta-	dhavalī-	*bhēḍravāṭa-	sáṃdahati
*abhilagati	*kuvalāṣṭi-	*dhārayitru-	madakala-	sábala-
*arkatala-	*kōdravapiṣṭa-	*navajña-	*madhupāla-	sabhāgya-
*avadhatta-	kaucapaka-	navatā-	mámat	samarthyatē
*avanidrā-	*kṣātravṛtti-	*navāhāra-	marú-	sámasyati
avarūḍha-	kṣētraparpaṭa-	náśati	mātṛsvasēya-	samākṛṣṭa-
*avalayati	*khaṭṭatala-	*niḥsravaṇa-	*mānuṣagandha-	*samutta-
*avaśalati	*kharatara-	*nigaḍa-[2]	*māhiṣalēdha-	saraka-
*avaśāla-	*khādyaphala-	*nisravaṇa-	*muktāsarikā-	sárṣapa-
*avaślapayati	galana-	*nīcaghala-	muṣṭigraha-	siṃhaladvīpa-
*avasravati	*gārbhakūṭa-	*nīcatala-	*mūṣadēhī-	*sukhāyana-
*aśari-	*gurjarakēṭṭa-	*nīharati	*mēṣakuṭī-	sēkapātra-
*asabhāgya-	*gōrvararāśi-	parivēṣati	*mēṣamaṭha-	*skandhavāla-
*ākṣata-	*ghōraḍa-	*paluva-	yátatē	sthānavant-
ācamati	*catuḥkṛṣya-	*paśupāṭa-	yavapiṣṭa-	sphara-
*ārkavāla-	*caturmārga-	*paśuvāṭa-	*yavarōṭikā-	*sphātadugdha-
ārjava-	caṣaka-	*pānīyadhāraka-[1]	rūpavant-	srāj-
*āhanaśālā-	caṣati[2]	*piratara-	*laṅghakāra-	harman-
indramaha-	*chalita-	púnarvasu-	*laṭa-[2]	halabhṛti-
ucciṅgaṭa-	*jambhāpalasa-	*pūgarukṣa-	*laḍu-	halavāhā-
*ut-śrayaṇa-	*jīvacitta-	*pēyaphala-	lava-[3]	see ~aka-
*ut-spharati[1]	*jīvanāyuṣya-	*praghilyatē	*lāsavantikā-	~akā-
*uddayati	*ṭiṅkaṭa-	*pracūrṇa-	*lōhaphāla-	~aṇa-
upadarśayati	takmán-	prájānāti	*lōhahala-	~ati
*upapacati	taṭati	*pratighōṣa-	vanavāsa-	~atē
úpabharatē	tatō 'pi	*praparaśvas	*vardhakikarman-	~ana-

~ayati
~ayatē
~ara-
~ala-

~a~

akarmán-
*aticchardati
ádharma-
*adhyantara-
*antaḥkuṭī-
*andhakārapakṣa-
ámatra-
alaṁdhūma-
*avacchardati
*avadhatta-
avaśrayaṇa-
*avaślapayati
*avaślāpayati
*avasravati
avasrāvayati
astavyasta-
aharniśam
āgantu-
*āmantra-
āmanthati
*utpatyatē
upadarśayati
ētāvant-
*kakṣakakula-
*kacyatē
kajjalita-
kaṇṭhāla-
*karṇavāla-
*krūratvana-
kṣētraparpaṭa-
*khaṭṭatala-
*khaṭyatē
*khaḍḍu-
kharpa-
*graḍḍha-
cakrin-
candrā-
*chattrayati
*challī-
*challīpiṣṭa-
*janyāvāsa-
*jambhāpa-
*jambhāpalasa-
*ṭabbara-
*ḍagga-[3]
*ḍabbara-[2]
*ḍhakk-[2]
*ḍhagga-[2]
*ḍhabb-
takmán-
*taṇḍa-
tamaṅga-
tarbati
talpana-
dantapāli-
*dhakkha-
*dhagga-
*dhaṭṭa-
*dhatta-
dhánya-
*dharga-
dharmaśālā-
navajña-
niṣpaṅka-
*pañjana-
pattí-
*pattihaṁsa-
*padya-[2]
*palla-[4]
*pādakṣāra-
púnarvasu-
*praparaśvas
*prasvidati
*pharv-
*bhaktāhāra-
bharma-
*bhaṣma-
*bhiyanta-
bhētavya-
makkaṇa-
maṇḍūra-[2]
marga-
marśana-
*mānuṣagandha-
rūpavant-
*laṅghakāra-
láñjati
*lāsavantikā-
*vargāntara-
*vardhakikarman-
vardhyatē
vallarī-
*vallarīpiṣṭa-
*vasta-
vyartha-
*śaṭṭ-
*śambākāra-
*śamyākāṣṭha-
*śrambha-
śrīparṇī-
sáṁdahati
saṁbādhá-
sáṁbādhatē
saṁmārjana-
saṁrakṣati
saṁsthāna-
*saṁhati
*saṁhēḍati
sakhyá-
*sajñāna-
samarthyatē
sámasyati
sāṁvatsará-
siṁhaladvīpa-
*skandhavāla-
skámbhatē
sthānavant-
hañji-
harman-
*hastīkāra-

~a-

jña-[2]

~aō~

*adhaōṣṭha-

~aka~

*kakṣakakula-
madakala-
śakaṭin-

~aka-

*apūraka-
kaucapaka-
caṣaka-
*tr̥ṣyaka-
*pānīyadhāraka-[1]
rātraka-
śuśrūṣaka-
saraka-
sādhaka-

~akā~

*andhakārapakṣa-
*kārmaṇakārin-
*laṅghakāra-

~akā-

ávakā-
cillakā-
mālakā-

~aki~

*vardhakikarman-

~aku~

*antarakula-
*kakṣakakula-
*kāśakuna-
*mēṣakuṭī-

~akū~

*gārbhakūṭa-
tr̥ṇakūṭa-

~akē~

*gurjarakēṭṭa-
*daridrakēṭṭa-

~aga~

*abhilagati
*mānuṣagandha-

~agha~

*nīcaghala-

~aghi~

*praghilyatē

~aca~

*upapacati

~aci~

*jīvacitta-

~acu~

*apacullī-

~acū~

*pracūrṇa-

~aja~

*agrajanī-

~ajā~

prájānāti

~aṇa-

árpaṇa-
avaśrayaṇa-
*ut-śrayaṇa-
cāraṇa-[2]
*niḥsravaṇa-
*nisravaṇa-
makkaṇa-

~ata~

*arkatala-
*khaṭṭatala-
*kharatara-
*nīcatala-
*piratara-
yátatē
*vyāghratara-

~ata-

*anidrōdgata-
*aniryōdgata-
*ākṣata-
bhārata-

~atā-

navatā-

~ati~

*pratighōṣa-

~ati

*aticchardati
*atiyuṣati
*atyuṣati
*atyōṣati
apalapati
*abhiriśati

*abhilagati	*khaṭyate	~an-	~api~	~abhū~
*avacchardati	ṭikyate			
*avalayati	pūjyate	akarmán-	*kapilla-	*kāhalabhūta-
*avaśalati	*praghilyate	takmán-	*kōdravapiṣṭa-	*phullabhūta-
*avasravati	*prabhāvyate	*vardhakikarman-	yavapiṣṭa-	
ācamati	yátate	harman-		
āmanthati	rádhyate			~abhṛ~
*utkṣurati	*lāṭyate		~apū~	
*ut-spharati[1]	likhyate	~ana-		halabhṛti-
*uddayati	vardhyate		prapūrayati	
*udrupati	vídyōtate	*āyācana-		
*upapacati	*virécyate	*upalābhana-		
*gilati[1]	śayate	*krūratvana-	~apō~	~am
*grucyati	sámbādhate	galana-		
caṣati[2]	samarthyate	talpana-	*bālapōtta-	ēkavāram
cáyati	sūcyate	*dīyana-		trivāram
*jhōkkati	skámbhate	dhānvana-		
taṭati	*stīyate	*pañjana-	~apha~	
tarbati		marśana-		~ama~
*tupati		mūrchana-	*khādyaphala-	
*tēḍati	~atō~	vilāpana-	*pēyaphala-	ācamati
dávati		*śanaśana-		indramaha-
*dihati	tatō 'pi	*śēyyāsana-		tamaṅga-
náśati		sammā́rjana-	~aphā~	mámat
*nīharati		snāpana-		*mēṣamaṭha-
*parivēśati	~ada~		*lōhaphala-	samarthyate
prábhavati				sámasyati
*prasvidati	upadarśayati	~ant-		
*prāñcati	kadara-		~aphi~	
*rumpati	madakala-	ētā́vant-		
rōdhati	vinadati	rūpavant-	*kaphila-	~ama-
láñjati		sthānavant-		
vinadati				śama-[2]
*śubati	~adu~		~aba~	
sáṁdahati		~apa~		
saṁrakṣati	*sphātadugdha-		sábala-	~amā~
*saṁhati		*andhakārapakṣa-		
*saṁhēḍati		apalapati		samākṛṣṭa-
sámasyati		*avaślapayati		
sāhati	~adē~	*upapacati	~abē~	
snāyati		kaucapaka-		
hēḍati	*mūṣadēhī-	kṣētraparpaṭa-	*daridrabēṭṭa-	~amu~
		*paraparaśvas		
				*agramukha-
~atu~	~adha~		~abha~	*samutta-
*catuḥkṛṣya-	*avadhatta-	~apa-	úpabharate	
*caturmārga-			prábhavati	~aya~
		sā́rṣapa-	*vyāghrabhaya-	
~atē	~adhā~			avaśrayaṇa-
				*ut-śrayaṇa-
*atyuṣyate	*pānīyadhāraka-[1]	~apā~	~abhā~	śayate
*adhyuṣyate				
*utpatyate		dantapāli-	*asabhāgya-	
úpabharate	~adhu~	*dōhapātra-	*duḥkhabhāva-	~aya-
*kacyate		*vāsapāṭi-	*prabhāvyate	
*kṛntyate	*madhupāla-	sēkapātra-	sabhāgya-	*vyāghrabhaya-

~ayati

*abhilāgayati
*avalayati
*avaślapayati
*avaślāpayati
avasrāvayati
*ujjhāpayati
*uddayati
*uddāpayati
upadarśayati
*chattrayati
*ḍāpayati
davayati
*niṣṇāyayati
prapūrayati
*rāṭayati
*rātryāpayati
vānayati
*vitāḍayati[2]
śāmayati[2]
*śīrayati
sēvayati
hēḍayati

~ayatē

vāsáyatē[2]

~ayi~

*dhārayitru-

~ara-

ádhara-
*adhyantara-
anukará-
anucará-
*āsthānāntara-
*āsthāntara-
*ṛjutara-
kadara-
*kharatara-
*chēdāntara-
jīvitēśvara-
*jhīvara-
*ṭabbara-
*ḍabbara-[2]
*ḍibbara-
*piratara-
bahutara-
*bāhuṣphara-
*bījyāntara-
*vargāntara-
*vyāghratara-
śanaiścara-
sāṁvatsará-
sphara-

~ari~

*uparika-
*daridrakēṭṭa-
*daridrabēṭṭa-
*muktāsarikā-
see initial pari~

~arī~

*vallarīpiṣṭa-

~arī-

vallarī-

~ala-

*arkatala-
kuṭala-
kauvala-
*khaṭṭatala-
*khādyaphala-
*nīcaghala-
*nīcatala-
*pēyaphala-
madakala-
*yōgala-
*lōhahala-
sábala-

~ali~

kajjalita-
*chalita-
balihárá-

~ava~

*avasravati
*kōdravapiṣṭa-
dávati
davayati
dhavalī-
*navajña-
navatā-
*niḥsravaṇa-
*nisravaṇa-
prábhavati
yavapiṣṭa-
*yavarōṭikā-
rūpavant-
*lāsavantikā-
sthānavant-

~ava-

ārjava-
*phālgava-
*bhāṣārava-
lava-[3]

~avā~

*ārkavāla-
ēkavāram
*karṇavāla-
kavārí-
*navāhāra-
*pravādya-
*bhēḍravāṭa-
vanavāsa-
*vāsavāṭī-
*skandhavāla-
halavāhā-

~avi~

*kanavitasti-

~avṛ~

*kṣātravṛtti-

~aśu~

*paśupāṭa-
*paśuvāṭa-

~asē~

mātṛṣvasēya-

~aha~

*lōhahala-
sáṁdahati

~aha-

muṣṭigraha-

~ahu~

bahutara-

open ~ā~

*agrāmukha-
*aṅgāriṣṭha-
*andhakārapakṣa-
*abhilāgayati
*avaśāla-
*avaślāpayati
avasrāvayati
*asthāgiya-
āpyāya-
*āyācana-
*ārkavāla-
*āvrāṇa-
āśvāsita-
*āsthānāntara-
*āhanaśālā-
*ujjhāpayati
*utpāhāḍa-
*uddāpayati
*uddāra-
udbhāva-
*upalābhana-
ēkavāram
ētāvant-
kaṇṭhāla-
*karṇavāla-
kavārí-
*kāgunī-
*kārmaṇakārin-
*kālyāhāra-
*kāśakuna-
*kāhalabhūta-
*kukāka-
*gōrvararāśi-
*ghṛtāpula-
cāyati
cāraṇa-[2]
*cillāsphāta-
*janyāvāsa-
*jambhāpa-
*jambhāpalasa-
*jīvanāyuṣya-
jyōtkāra-
*ḍāpayati
*ḍōmbādhāna-
*tāḍarukṣa-
trivāram
dantapāli-
dāgha-
*dālu-
*divasādāna-
*duḥkhabhāva-
*dṛśīkāhāra-
*dyōḥkāra-
dharmaśālā-
*dhārayitru-
dhūmrābha-
*navāhāra-
*niṣṇāyayati
nīśāra-
*paśupāṭa-
*paśuvāṭa-
*pādakṣāra-
*pānīyadhāraka-[1]
*pāranta-
*pūjākāra-
*pūruvāṣāḍhā-
prájānāti
prādāt
phāla-[3]
balihārá-
*bālapōtta-
*bāhuṣphara-
*bhaktāhāra-
bhārata-
*bhāṣārava-
*bhāṣārāva-
*bhāṣālāpa-
*bhēḍravāṭa-
*bhrātṛsthu-
*madhupāla-
mātṛṣvasēya-
*mānuṣagandha-
mālaka-
*māhiṣalēdha-
*muktāsarikā-
*yūṣāpa-
*rāṭayati
*rātrīvibhānikā-
*rātryāpayati
*rātryāhāra-
*laṅghakāra-
lāva-[2]
*lāsavantikā-
*lōhaphāla-
vanavāsa-
vāc-
*vātōdgūra-
vānayati
*vāsapāṭī-
vāsáyatē[2]
*vāsavāṭī-
vāsī-
*vighnāpula-
*vitāḍa-

ā				ā
*vitāḍayati²	nirvākya-	~āka-	~ātṛ~	~āpu~
*vibhāniḥsāra-	*pārānta-			
vilāpana-	*pārṣṭha-	*kukāka-	*bhrātṛsthu-	*ghṛtāpula-
*śambākāra-	*prabhāvyatē		mātṛsvaseya-	*vighnāpula-
*śamyākāṣṭha-	*pravādya-			
*śāṭha-	*prāṅka-	~ākā~		
śāmayati²	*prāñcati		~ātō~	~ābha~
*śēyyāsana-	*phālgava-	*pūjākāra-		
sambādhá-	*bījyāntara-	*śambākāra-	*vātōdgūra-	*upalābhana-
sámbādhatē	*bhābbha-	*śamyākāṣṭha-		
saṃsthāna-	*bhāṣma-			
*sajñāna-	*bhujārgalā-		~āda~	~ābha~
samākṛṣṭa-	rātraka-	~ākṛ~		
sādhaka-	*rātrīvibhānikā-		*pādakṣāra-	dhūmrābha-
sābhijñāna-	*rātryāpayati	samākṛṣṭa-		
sāhati	*rātryāhāra-			
*siyāla-	rādhyatē		~ādā~	~ābhi~
*sukhāyanā-	*lāṭyatē	~āga~		
*skandhavāla-	vargāntara-		*divasādāna-	sābhijñāna-
sthānavant-	*vyāghratara-	*abhilāgayati	prādāt	
snāpana-	*vyāghrabhaya-			
snāyati	*śamyākāṣṭha-			~āma~
*sprāśu-	*śāṭṭa-	~āgi~	~ādha~	
*sphāṭadugdha-	śārka-			śāmayati²
sphāti-	sammárjana-	*asthāgiya-	sámbādhatē	
halavāhā-	sabhāgya-		sādhaka-	
*hastīkāra-	sāṃvatsará-			~āmu~
	sárṣapa-			
	sēkapātra-	~āgu~		*agrāmukha-
~ā~	sthātrá-	*kāgunī-	~ādha-	
	sthāpya-			
akhādya-	*spārśu-		sambādhá-	~āya~
*agnidhānya-				
avākká-	~ā-	~āgha-		cáyati
*asabhāgya-			~ādhā~	*niṣṇāyayati
*āsthānāntara-	*avanidrā-	dāgha-		*sukhāyanā-
*āsthāntara-	asṭhīlā-			snāyati
*kārmaṇakārin-	*āhanaśālā-		*ḍōmbādhāna-	
*kārṣū-	candrā-	~āca~		
*kālyāhāra-	jyēṣṭhā-			~āya-
*kuvalāṣṭi-	*trōṭyā-	*āyācana-	~āpa~	
*kṣātravṛtti-	*dākṣiṇā-			āpyāya-
*khādyaphala-	dharmaśālā-		*avaślāpayati	
*gārbhakūṭa-	dhrākṣā-		*ujjhāpayati	
*caturmārga-	navatā-	~āta~	*uddāpayati	~āyu~
*cāṇḍikā-	nāṣṭrá-		*jambhāpalasa-	
*cillāsphāṭa-	pūruvā-	*sphāṭadugdha-	ḍāpayati	*jīvanāyuṣya-
*chēdāntara-	*pūruvāṣāḍhā-		*rātryāpayati	
*dōhapātra-	pūrvā-		vilāpana-	
*dākṣiṇā-	*bhujārgalā-		snāpana-	~āri~
*dāghya-	*mihlā-	~āti-		
*dāṣṭra-	*rikṣā-			*aṅgāriṣṭha-
dhātra-	vibhā-	sphāti-		*kārmaṇakārin-
dhānvana-	*śruvā-		~āpa-	
*dhārga-	*sukhāyanā-			~āva~
*dhārti-	halavāhā-	~āti	*jambhāpa-	
dhrākṣā-	see ~akā-		*bhāṣālāpa-	avasrāvayati
nāṣṭrá-	~ikā-	prájānāti	*yūṣāpa-	ētávant-

~āva-

udbhāva-
*duḥkhabhāva-
*bhāṣārāva-
lāva-[2]

~āvā~

*janyāvāsa-

~āsi~

āśvāsita-

~āha~

*kāhalabhūta-
sāhati

~āhā~

*utpāhāḍa-
*kālyāhāra-
*dṛśīkāhāra-
*navāhāra-
*bhaktāhāra-
*rātryāhāra-

~āhi~

*māhiṣalēdha-

~āhu~

*bāhuṣphara-

open ~i~

akhila-
ápriya-
*abhikarōti
*abhikṛta-
*abhiriśati
*abhilagati
*abhilāgayati
aharniśam
ujjihītē
ēkin-
*kanavitasti-
*kārmaṇakārin-
*gilati[1]
cakrin-
*cila-
jīvitēśvara-
*jhiṭ-
trivāram
*dākṣiṇā-
*divasādāna-
*dihati
*nigaḍa-[2]
nivṛtti-
*pattihaṁsa-
*parivēśati
*piratara-
*pratighōṣa-
*prasvidati
balihārá-
*bhiyanta-
*māhiṣalēdha-
*rātrīvibhānikā-
*vardhakikarman-
*vighēra-
*vitāḍa-
*vitāḍayati[2]
viditá-
vinadati
vibhā́-
*vibhāniḥsāra-
*virēcyatē
vilāpana-
śakaṭin-
*siyāla-
see ~ika-
~ikā-
~ita-
~iya-
~ila-

~i≈

*aṅgāriṣṭha-
*anidrōdgata-
*aniryōdgata-
*avanidrā-
ādhikya-
indramaha-
ucciṅgaṭa-
*kapilla-
*kōdravapiṣṭa-
*ciñca-
cillakā-
*cillāsphāta-
*challīpiṣṭa-
*jīvacitta-
ṭikyatē
*ṭiṅkaṭa-
*ṭippa-[3]
*ḍibba-[3]
*ḍibbara-
*daridrakēṭṭa-
*dinta-
dhániṣṭha-
*dhārayitru-
*niḥsravaṇa-
nirvākya-
*niṣṇāyayati
niṣpaṅka-
*nisravaṇa-
pilla-[2]
*praghilyatē
*phiñca-
*binta-
*bhiṇṭa-
*mihlā-
muṣṭigraha-
yavapiṣṭa-
*rikṣā-
*riṇṭa-
likhyatē
*vallarīpiṣṭa-
*vighnāpula-
vitta-[2]
vídyōtatē
*vibhāniḥsāra-
sābhijñāna-
siṁhaladvīpa-

~i-

*aśari-
*kanavitasti-
kavārí-
*kuvalāṣṭi-
*kṣātravṛtti-
*gōrvararāśi-
dantapāli-
*dhārti-
nivṛtti-
patti-
*rūṣṭi-
vīci-
*vēti-
*śēlli-
sphāti-
hañji-
halabhṛti-

~i

tatō 'pi
see ~ati
~ayati
~āti
~ōti

~ika~

*abhikarōti
*vardhakikarman-

~ika-

*uparika-
gōṣṭhika-

~ikā-

*cāndikā-
*muktāsarikā-
*yavarōṭikā-
*yūtthikā-
*rātrīvibhānikā-
*lāsavantikā-
sūtikā-

~ikṛ~

*abhikṛta-

~iga~

*nigaḍa-[2]

~ita~

*kanavitasti-

~ita-

āśvāsita-
kajjalita-
*chalita-
*pibandhita-
viditá-

~itā~

*vitāḍa-
*vitāḍayati[2]

~ida~

*prasvidati

~idi~

viditá-

~idhā~

*agnidhānya-

~in-

ēkin-
*kārmaṇakārin-
cakrin-
śakaṭin-

~ibhā~

*rātrīvibhānikā-
*vibhāniḥsāra-

~iya~

*bhiyanta-

~iya-

ápriya-
*asthāgiya-
*āyuṣiya-
*bhēḍriya-

~iyā~

*siyāla-

~iyu~

*atiyuṣati

~ila-

akhila-
*kaphila-
*cila-

~iva~

*divasādāna-

~ivā~

trivāram

~ivṛ~

nivṛtti-

~ivē~

*parivēśati

~iha~

*dihati
*pattihaṁsa-

~ihā~

balihārá-

~ihī~

*ujjihītē

open ~ī~

aṣṭhīlā-
āpīna-
ujjihītē
gōpurīṣa-
*challīpiṣṭa-
*jīvacitta-
*jīvanāyuṣya-
jīvitēśvara-
*jhīvara-
*dīyana-
*dṛśīkāhāra-
*nīcaghala-
*nīcatala-
nīśāra-
*nīharati
*pānīyadhāraka-[1]
bhīru-[2]
*rātrīvibhānikā-
*vallarīpiṣṭa-
vīci-
*śīrayati
śrīparṇī-
siṁhaladvīpa-
*stīyatē
sphīta-
*hastīkāra-

~ī≈

*āpīnya-
*bījyāntara-

~ī-

*agrajanī-
*antaḥkuṭī-
*apacullī-
ártnī-
*kāgunī-
kumudī-
*challī-
dhavalī-
*mūṣadēhī-
*mēṣakuṭī-
vallarī-
*vāsapāṭī-
*vāsavāṭī-
vāsī-
śrīparṇī-

~īkā~

*dṛśīkāhāra-
*hastīkāra-

~īca~

*nīcaghala-
*nīcatala-

~īta-

sphīta-

~ītē

*ujjihītē

~īpa~

śrīparṇī-

~īpa-

siṁhaladvīpa-

~īpi~

*challīpiṣṭa-
*vallarīpiṣṭa-

~īya~

*dīyana-
*pānīyadhāraka-[1]
*stīyatē

~īva~

*jīvacitta-
*jīvanāyuṣya-
*jhīvara-

~īvi~

jīvitēśvara-
*rātrīvibhānikā-

~īha~

*nīharati

open ~u~

*agramukha-
*agrāmukha-
*atiyuṣati
*atyuṣati
anukará-
anucará-
*antaḥkuṭī-
*antarakula-
*āpula-[2]
*āyuṣiya-
*utkṣurati
*udrupati
*ṛjutara-
*kakṣakakula-
*kāgunī-
*kāśakuna-
*kukāka-
kuṭala-
*kupūta-
kumudī-
*kumudya-
*kuvalāṣṭi-
gōpurīṣa-
*ghṛtāpula-
*tupati
*paluva-
*paśupāṭa-
*paśuvāṭa-
púnarvasu-
pula-[1]
*pūruvā-
*pūruvāṣāḍhā-
bahutara-
busá-[2]
*bhujārgalā-
madhupāla-
*mānuṣagandha-
*mēṣakuṭī-
*vighnāpula-
*śuṭ-
*śubati
*śruvā-
*sukhāyanā-
*huḍa-[2]
huḍukka-
hulu-
see ~uka-

~u≈

*atyuṣṇa-
*atyuṣyatē
*adhyuṣyatē
*apacullī-
āyuṣyà-
*utsupna-
*kumudya-
*kumpa-[3]
*khuṅk-
*gurjarakēṭṭa-
*grucyati
*catuḥkṛṣya-
*caturmārga-
*cuṭṭa-
*jīvanāyuṣya-
*jhumba-
*ṭhuḍḍa-[2]
*tāḍarukṣa-
*duḥkhabhāva-
*puñcha-
*pūgarukṣa-
*phullabhūta-
*bāhuṣphara-
bhujyú-
*muktāsarikā-
muṣṭigraha-
yugya-
*rumpati
*śuṭṭ-
śuśrūṣaka-
*samutta-
*sphātadugdha-
huḍukka-
*hulla-

~u-

āgantu-
kṛdhú-
*khaḍḍu-
*chēdu-
*dālu-
*dhārayitru-
púnarvasu-
bhīru-[2]
bhujyú-
*bhrātṛsthu-
marú-
*laḍu-
sēbhu-
sḗhu-
sthu-
*spārśu-
*sprāśu-
hulu-

~uka~

anukará-

~uka-

*kṛmbuka-
dhainuka-

~ukā~

*kukāka-

~ukha-

*agramukha-
*agrāmukha-

~ukhā~

*sukhāyanā-

~uca~

anucará-

u			161		ō
~ujā~	avarūḍha-	~ūpa~	*pēḍa-²	~ēdu-	
	*kāhalabhūta-		*pēyaphala-		
*bhujārgalā-	*kupūta-	rūpavant-	*bhēḍa-⁴	*chēdu-	
	*krūratvana-		bhētavya-		
	*gārbhakūṭa-		mātr̥svasēya-		
~uta~	cūḍa-³	~ūma~	*māhiṣalēdha-	~ēdha-	
	tanūbhūta-		*mūṣadēhī-		
*r̥jutara-	tr̥ṇakūṭa-	alaṁdhūma-	*mēṣakuṭī-	*māhiṣalēdha-	
bahutara-	*dūhr̥d-		*mēṣamaṭha-	*lēdha-	
	*pūgarukṣa-		*lēdha-		
	*pūjākāra-	open ~r̥~	*vighēra-		
~upa~	*pūruvā-		*vēti-	~ēya~	
	*pūruvāṣāḍhā-	ádhr̥ta-	*saṁhēḍati		
*udrupati	prapūrayati	*abhikr̥ta-	sēkapātra-	*pēyaphala-	
*tupati	*phullabhūta-	āvr̥ṇōti	sēbhu-		
	maṇḍūra-²	kr̥dhú-	sēvayati		
	*mūṣadēhī-	*ghr̥tāpula-	séhu-	~ēya-	
~upā~	*yūṣāpa-	tr̥ṇakūṭa-	hēḍati		
	rūpavant-	*dūhr̥d-	hēḍayati	mātr̥svasēya-	
*paśupāṭa-	*vātōdgūra-	*dr̥śīkāhāra-			
*madhupāla-	śuśrūṣaka-	halabhr̥ti-			
	sūtikā-			~ēva~	
		~r̥≈	kṣētraparpaṭa-	sēvayati	
~upū~		*kr̥ntyatē	*gurjarakēṭṭa-		
*kupūta-	~ū≈	*kr̥mbuka-	jīvitēśvara-		
		*kṣātravr̥tti-	jyēṣṭhā-	~ēhī-	
	dhūmrābha-	*catuḥkr̥ṣya-	*tēpya-		
~uba~	pūjyatē	*tr̥ṣyaka-	*daridrakēṭṭa-	*mūṣadēhī-	
	pūrvā-	nivr̥tti-	*daridrabēṭṭa-		
*śubati	*pracūrṇa-	*bhrātr̥sthu-	*phēṭṭ-		
	mūrchana-	mātr̥svasēya-	*bhēḍravāṭa-	open ~ai~	
	*yūtthikā-	vr̥nta-³	*bhēḍriya-		
~umu~	*rūṣṭi-	samākr̥ṣṭa-	mēdhya-	*kaina-	
	sūcyatē		*śēyyāsana-	dhainuká-	
kumudī-			*śēlli-	śánaiḥ	
*kumudya-	~ū-	~r̥ta-			
		ádhr̥ta-			
	*kārṣū-	*abhikr̥ta-	~ē	~ai≈	
~uva~			*ujjihītē	śanaiścara-	
*kuvalāṣṭi-		~r̥tā~	see ~atē		
	~ūga~	*ghr̥tāpula-	~ayatē		
~uva-	*pūgarukṣa-			open ~ō~	
*paluva-		~r̥ti-	~ēka~	*atyōṣati	
	~ūta-	halabhr̥ti-	sēkapātra-	*abhikarōti	
~uvā~				ārōpa-	
	*kāhalabhūta-			āvr̥ṇōti	
*paśuvāṭa-	*kupūta-	open ~ē~	~ēta~	āsphōṭa-	
*pūruvāṣāḍhā-	tanūbhūta-			gōpuriṣa-	
	*phullabhūta-	*chēṭ-	bhētavya-	*ghōraḍa-	
		*chēdāntara-		*cōṭa-²	
open ~ū~		*chēdu-		*chōṭa-	
	~ūti~	*jhēṭa-	~ēdā~	*ṭōṭa-	
*apūraka-		*tēḍati		*ṭhōḍa-	
alaṁdhūma-	sūtikā-	*parivēṣati	*chēdāntara-	*ḍhōla-²	
				tatō 'pi	

*dōhapātra-
*pratighōṣa-
*prarōka-
*yavarōṭikā-
*yōgala-
rōdhati
*lōhaphāla-
*lōhahala-
vídyōtatē
*śōka-[2]

~ō≈

*adhaōṣṭha-
*anidrōdgata-
*aniryōdgata-
*āyōgya-
*kōdravapiṣṭa-
kṣōdya-
gōpya-
*gōrvararāśi-
gōṣṭhika-
jyōtkāra-
*jhōkkati
*jhōṭṭa-[3]
*ḍōmbādhāna-
*trōṭyā-
*thōcc-
*dyōḥkāra-
*bālapōtta-
*rōḍḍa-[2]
*lōṇḍa-
*vātōdgūra-
*śōkka-

~ōka-

*prarōka-
*śōka-[2]

~ōga~

*yōgala-

~ōta~

vídyōtatē

~ōti

*abhikarōti
āvṛṇōti

~ōdha~

rōdhati

~ōpa-

ārōpa-

~ōpi

tatō 'pi

~ōha~

*dōhapātra-
*lōhaphāla-
*lōhahala-

open ~au~

kaucapaka-
kauvala-

~au≈

*adhamauṣṭha-

~auva~

kauvala-

~ṁd~

sáṁdahati

~ṁdh~

alaṁdhūma-

~ṁb~

saṁbādhá-
sáṁbādhatē

~ṁm~

saṁmārjana-

~ṁr~

saṁrakṣati

~ṁv~

sāṁvatsará-

~ṁs~

*pattihaṁsa-

~ṁsth~

saṁsthāna-

~ṁh~

*saṁhati
*saṁhēḍati
siṁhaladvīpa-

~ḥ

śánaiḥ
see ~s

~ḥk~

*antaḥkuṭī-
*catuḥkṛṣya-
*dyōḥkāra-

~ḥkh~

*duḥkhabhāva-

~ḥs~

*vibhāniḥsāra-

~ḥsr~

*niḥsravaṇa-

~k~

akarmán-
anukará-
*antarakula-
*andhakārapakṣa-
*abhikarōti
*abhikṛta-
ēkavāram
ēkin-
*kakṣakakula-
*kārmaṇakārin-
*kāśakuna-
*kukāka-
*gārbhakūṭa-
*gurjarakēṭṭa-
tṛṇakūṭa-
*daridrakēṭṭa-
*dṛśīkāhāra-
*pūjākāra-
*prarōka-
madakala-
*mēṣakuṭī-
*laṅghakāra-
*vardhakikarman-
śakaṭin-
*śambākāra-
*śamyākāṣṭha-
*śōka-[2]
samākṛṣṭa-
sēkapātra-
*hastīkāra-
see ~aka-
~akā-
~ika-
~ikā-
~uka-

~kk~

avākká-
*jhōkkati
makkaṇa-
*śōkka-
huḍukka-

~kk-

*ḍhakk-[2]

~kkh~

*dhakkha-

~kt~

*bhaktāhāra-
*muktāsarikā-

~km~

takmán-

~ky~

ādhikya-
ṭikyatē
nirvākya-

~kr~

cakrin-

~kṣ~

*andhakārapakṣa-
*ākṣata-
*ṛkṣá-[2]
*kakṣakakula-
*tāḍarukṣa-
*dākṣiṇā-
dhrākṣā-
*pādakṣāra-
*pūgarukṣa-
*rikṣā-
saṁrakṣati
see ~tkṣ~

see ~ḥk~ ~ṅk~
~ṅk- ~tk~
~rk~

~kh~

akhādya-
akhila-
*agramukha-
*agrāmukha-
*sukhāyanā-

~khy~

aukhya-
likhyatē
sakhyá-

see ~ḥkh~ ~kkh~

~g~	~ghn~	~c~	~jjh~	*cōṭa-²
*abhilagati	*vighnāpula-	vác-	*ujjhāpayati	*chōṭa-
*abhilāgayati				*jhēṭa-
*asthāgiya-				*ṭiṅkaṭa-
āgantu-	~ghy~	~cc~	~jñ~	*ṭōṭa-
*kāgunī-				taṭati
*nigaḍa-²	*dāghya-	ucciṅgaṭa-	*navajña-	tṛṇakūṭa-
*pūgarukṣa-			*sajñāna-	*paśupāṭa-
*mānuṣagandha-			sābhijñāna-	*paśuvāṭa-
*yōgala-	~ghr~	~cc-		*bhēdravāṭa-
				*mēṣakuṭī-
				*yavarōṭikā-
	*vyāghratara-	*thōcc-	~jy~	*rāṭayati
~gg~	*vyāghrabhaya-			*laṭa-²
			pūjyatē	*vāsapāṭī-
*ḍagga-³		~cch~	*bījyāntara-	*vāsavāṭī-
*ḍhagga-²	see ~ṅgh~		bhujyú-	śakaṭin-
*dhagga-		*aticchardati		
		*avacchardati		
	~ṅk~		see ~ñj~ ~rj~	~ṭ-
~gdh~				
	*ṭiṅkaṭa-	~cy~		*chēṭ-
*sphātadugdha-	niṣpaṅka-		~jh~	*jhiṭ-
	*prāṅka-	*kacyatē		*śuṭ-
		*grucyati	see ~jjh~	
~gn~		*virēcyatē		
		sūcyatē		~ṭṭ~
*agnidhānya-	~ṅk-		~ñc~	
				*khaṭṭatala-
	*khuṅk-	see ~ñc~ ~śc~	*ciñca-	*gurjarakēṭṭa-
~gy~			*prāñcati	*cuṭṭa-
			*phiñca-	*jhōṭṭa-³
*asabhāgya-	~ṅg~			*daridrakēṭṭa-
*āyōgya-		~ch~		*daridrabēṭṭa-
yugya-	*aṅgāriṣṭha-		~ñch~	*dhaṭṭa-
sabhāgya-	ucciṅgaṭa-	see ~cch~ ~ñch~		*śāṭṭa-
	tamaṅga-	~rch~	*puñcha-	
~gr~				~ṭṭ-
	~ṅgh~	~j~	~ñj~	
*agrajanī-				*phēṭṭ-
*agramukha-	*laṅghakāra-	*agrajanī-	*pañjana-	*śaṭṭ-
*agrāmukha-		*ṛjutara-	lāñjati	*śuṭṭ-
muṣṭigraha-		*pūjākāra-	hañji-	
	~c~	prájānāti		~ṭy~
see ~ṅg~ ~dg~		*bhujārgalā-	see ~jñ~	
~rg~ ~lg~	anucará-			*khaṭyatē
	*apacullī-			*trōṭyā-
	ācamati		~ṭ~	*lāṭyatē
	*āyācana-	~j-		
~gh~	*upapacati		*antaḥkuṭī-	
	kaucapaka-	sráj-	āsphōṭa-	~ṭr~
dāgha-	*jīvacitta-		ucciṅgaṭa-	
*nīcaghala-	*nīcaghala-	~jj~	kaṭa-⁵	see ~ṣṭr~
*praghilyatē	*nīcatala-		kuṭala-	
*pratighōṣa-	*pracūrṇa-	*ujjihītē	kṣētraparpaṭa-	
*vighēra-	vīci-	kajjalita-	*gārbhakūṭa-	see ~ṇṭ~ ~ṣṭ~

~ṭh~

*mēṣamaṭha-
*śāṭha-

see ~ṇṭh~ ~ṣṭh~
~rṣṭh~

~ḍ~

*utpāhāḍa-
*ghōraḍa-
cūḍa-[3]
*ṭhōḍa-
*tāḍarukṣa-
*tēḍati
*nigaḍa-[2]
*pēḍa-[2]
*bhēḍa-[4]
*laḍu-
*vitāḍa-
*vitāḍayati[2]
*saṁhēḍati
*huḍa-[2]
huḍukka-
hēḍati
hēḍayati

~ḍḍ~

*khaḍḍu-
*ṭhuḍḍa-[2]
*rōḍḍa-[2]

~ḍḍh~

*graḍḍha-

~ḍr~

*bhēḍravāṭa-
*bhēḍriya-

see ~ṇḍ~

~ḍh~

avarūḍha-
*pūruvāṣāḍhā-

see ~ḍḍh~

~ṇ~

árpaṇa-
avaśrayaṇa-
āvṛṇōti
*āvrāṇa-
*ut-śrayaṇa-
*kārmaṇakārin-
cāraṇa-[2]
tṛṇakūṭa-
*dākṣiṇā-
*niḥsravaṇa-
*nisravaṇa-
makkaṇa-

~ṇṭ~

*diṇṭa-
*bhiṇṭa-
*riṇṭa-

~ṇṭh~

kaṇṭhāla-

~ṇḍ~

*taṇḍa-
maṇḍūra-[2]
*lōṇḍa-

see ~rṇ~ ~ṣṇ~

~t~

ádhṛta-
*anidrōdgata-
*aniryōdgata-
*abhikṛta-
*arkatala-
*ākṣata-
*ṛjutara-
ētā́vant-
*kanavitasti-
*kāhalabhūta-
*kupūta-
*khaṭṭatala-
*kharatara-
*ghṛtāpula-
*catuḥkṛṣya-
*caturmārga-
*cillāsphāta-
jīvitēśvara-
tatō 'pi
tanūbhūta-
navatā-
*nīcatala-
*piratara-
*phullabhūta-
bahutara-
bhārata-
bhētavya-
*bhrātṛsthu-
mātṛṣvasēya-
yátatē
*vātōdgūra-
*vitāḍa-
vídyōtatē
*vēti-
*vyāghratara-
sū́tikā-
*sphātadugdha-
sphāti-
sphīta-
halabhṛti-
see initial ati~
initial prati~
~ati
~atē
~ayati
~ayatē
~āti
~ita-
~ītē
~ōti

~t

prā́dāt
mámat

~tk~

jyōtkāra-

~tkṣ~

*utkṣurati

~tt~

*avadhatta-
*kṣātravṛtti-
*jīvacitta-
*dhatta-
pattí-
*pattihaṁsa-
*bālapōtta-
vitta-[2]
*samutta-

~ttr~

*chattrayati

~tth~

*yūtthikā-

~tn~

see ~rtn~

~tp~

*utpatyatē
*utpāhāḍa-

~ty~

*atyuṣati
*atyuṣṇa-
*atyuṣyatē
*atyōṣati
*utpatyatē
see ~nty~

~tr~

ámatra-
*kṣātravṛtti-
kṣētraparpaṭa-
*dōhapātra-
dhātra-
*dhārayitru-
rātraka-
*rātrīvibhānikā-
sēkapātra-
sthātrá-
see ~ntr~
~str~

~try~

*rātryāpayati
*rātryāhāra-

~tv~

*krūratvana-

~t-śr~

*ut-śrayaṇa-

~ts~

*utsupna-
sāṁvatsará-

~t-sph~

*ut-spharati[1]

see ~kt~ ~nt~
~nt- ~rt~
~st~

~thy~

see ~rthy~

see ~ṁsth~ ~tth~
~nth~ ~sth~

~d~

upadarśayati
kadara-
kumudī-
*chēdāntara-
*chēdu-
*divasādāna-
*pādakṣāra-
*prasvidati
prā́dāt
madakala-
*mūṣadēhī-
viditá-
vinadati
*sphātadugdha-

~d-

*dūhṛd-

~dg~

*anidrōdgata-
*aniryōdgata-
*vātōdgūra-

~dd~

*uddayati
*uddāpayati
*uddāra-

~dbh~

udbhāva-

~dy~

akhādya-
*kumudya-
kṣōdya-
*khādyaphala-
*padya-[2]
*pravādya-
vidyōtatē

~dr~

*anidrōdgata-
*avanidrā-
*udrupati
*kōdravapiṣṭa-
*daridrakēṭṭa-
see ~ndr~

~dv~

siṁhaladvīpa-

see ~ṁd~ ~nd~
~rd~

~dh~

*agnidhānya-
*adhaōṣṭha-
*adhamauṣṭha-
ádhara-
ádharma-
ádhṛta-
*avadhatta-
ādhikya-
kṛdhú-
*ḍōmbādhāna-
*pānīyadhāraka-[1]
*madhupāla-
*māhiṣalēdha-
rōdhati
*lēdha-
saṁbādhá-
saṁbādhatē
sādhaka-

~dhy~

*adhyantara-
*adhyuṣyatē
mēdhya-
rádhyatē
see ~rdhy~

see ~ṁdh~ ~gdh~
~ndh~ ~rdh~

~n~

*agrajanī-
*anidrōdgata-
*aniryōdgata-
*avanidrā-
āpīna-
*āyācana-
*āsthānāntara-
*āhanaśālā-
*upalābhana-
*kanavitasti-
*kāgunī-
*kāśakuna-
*kaina-
*krūratvana-
galana-
*jīvanāyuṣya-
*ḍōmbādhāna-
tanūbhūta-
talpana-
*divasādāna-
*dīyana-
dhániṣṭha-
dhānvana-
dhainuká-
*pañjana-
*pānīyadhāraka-[1]
púnarvasu-
prájānāti
marśana-
*mānuṣagandha-
mūrchana-
*rātrīvibhānikā-
vanavāsa-
vānayati
vinadati
*vibhāniḥsāra-
vilāpana-
*śanaśana-
śánaiḥ
śanaiścara-
*śēyyāsana-
saṁmārjana-
saṁsthāna-
*sajñāna-
sābhijñāna-
*sukhāyanā-
sthānavant-
see initial anu~

~n-

see ~an-
~in-

~nt~

*adhyantara-
*antaḥkuṭī-
*antarakula-
āgantu-
*āsthānāntara-
*āsthāntara-
*chēdāntara-
dantapāli-
*pārānta-
*binta-
*bījyāntara-
*bhiyanta-
*lāsavantikā-
*vargāntara-
vṛnta-[3]

~nt-

ētávant-
rūpavant-
sthānavant-

~nty~

*kṛntyatē

~ntr~

*āmantra-

~ṇth~

āmanthati

~nd~

ānda-
*cāndikā-

~ndr~

indramaha-
candrā-

~ndh~

*andhakārapakṣa-
*mānuṣagandha-
*skandhavāla-

~ny~

*agnidhānya-
*āpīnya-
*janyāvāsa-
dhánya-

~nv~

dhānvana-

see ~gn~ ~ghn~
~pn~ ~rtn~
~rn~

~p~

*andhakārapakṣa-
apalapati
apūraka-
*avaślapayati
*avaślāpayati
āpīna-
*āpīnya-
*āpula-[2]
ārōpa-
*ujjhāpayati
*uddāpayati
*udrupati
*upapacati
*kapilla-
*kupūta-
*kōdravapiṣṭa-
kṣētraparpaṭa-
gōpurīṣa-
*ghṛtāpula-
*challīpiṣṭa-
*jambhāpa-
*jambhāpalasa-
*ḍāpayati
tatō 'pi
*tupati
dantapāli-
*dōhapātra-
*paśupāṭa-
*praparaśvas
prapūrayati
*bālapōtta-
*bhāṣālāpa-
*madhupāla-
yavapiṣṭa-
*yūṣāpa-
*rātryāpayati
rūpavant-
*vallarīpiṣṭa-
*vāsapāṭī-
*vighnāpula-
vilāpana-
śrīparṇī-
sārṣapa-
siṁhaladvīpa-
sēkapātra-
snāpana-
see initial apa~
initial upa~

~pn~

*utsupna-

~pp~

*ṭippa-[3]

~py~

āpyāya-
gōpya-
*tēpya-
sthāpya-

~pr~

ápriya-

see ~tp~ ~mp~
~rp~ ~lp~
~ṣp~

~ph~

*kaphila-
*khādyaphala-
*lōhaphāla-

see ~t-sph~ ~ṣph~
~sph~

~b~

*daridrabēṭṭa-
*lēba-
*śubati
sábala-

~bb~

*ṭabbara-
*ḍabbara-[2]
*ḍibba-[3]
*ḍibbara-

~bb-

*ḍhabb-

~bbh~

*bhābbha-

see ~ṁb~ ~mb~
~rb~

~bh~

*asabhāgya-
úpabharatē
*upalābhana-
*kāhalabhūta-
tanūbhūta-
*duḥkhabhāva-
dhūmrābha-
prábhavati
*prabhāvyatē
*phullabhūta-
*rātrīvibhānikā-
'vibhā́-
*vibhāniḥsāra-
*vyāghrabhaya-
sabhāgya-
sābhijñāna-
sēbhu-
halabhṛti-
see initial abhi~

see ~dbh~ ~bbh~
~mbh~ ~rbh~

~m~

*agramukha-
*agrāmukha-
*adhamauṣṭha-
ámatra-
alaṁdhūma-
ācamati
*āmantra-
āmanthati
indramaha-
kumudī-
*kumudya-
tamaṅga-
mámat
mēṣamaṭha-
śama-[2]
śāmayati[2]
samarthyatē
sámasyati
samākṛṣṭa-
*samutta-

~m

aharniśam

~mp~

*kumpa-[3]
*rumpati

~mb~

*kṛmbuka-
*jhumba-
*ḍōmbādhāna-
*śambākāra-

~mbh~

*jambhāpa-
*jambhāpalasa-
*śrambha-
skámbhatē

~my~

*śamyākāṣṭha-

~mr~

dhūmrābha-

see ~ṁm~ ~km~
~rm~

~y~

*atiyuṣati
ápriya-
*avalayati
avaśrayaṇa-
āpyāya-
*āyācana-
āyuṣyà-
*āyōgya-
*ut-śrayaṇa-
cáyati
*jīvanāyuṣya-
*dīyana-
*dhārayitru-
*niṣṇāyayati
*pānīyadhāraka-[1]
*pēyaphala-
*bhiyānta-
mātṛṣvasēya-
*vyāghrabhaya-
śayatē
*siyāla-
*sukhāyanā-
*stīyatē
snāyati
see ~āyati
~ayatē
~iya-
~yy~

*śēyyāsana-

see ~ky~ ~khy~
~gy~ ~ghy~
~cy~ ~jy~
~ṭy~ ~ty~
~try~ ~dy~
~dhy~ ~nty~
~ny~ ~py~
~my~ ~rthy~
~rdhy~ ~ry~
~ly~ ~vy~
~ṣy~ ~sy~

~r~

*aṅgāriṣṭha-
ádhara-
*adhyantara-
anukará-
anucará-
*antarakula-
*andhakārapakṣa-
*apūraka-
*abhikarōti
*abhiriśati
avarūḍha-
*aśari-
ārōpa-
*āsthānāntara-
*āsthāntara-
*utkṣurati
*ut-spharati[1]
*uddāra-
úpabharatē
*uparika-
*ṛjutara-
ēkavāram
kadara-
kavārí-
*kārmaṇakārin-
*kālyāhāra-
*krūratvana-
*kharatara-
*gurjarakēṭṭa-
gōpurīṣa-
*gōrvararāśi-
*ghōraḍa-
cāraṇa-
*chēdāntara-
jīvitēśvara-
jyōtkāra-
*jhīvara-
*ṭabbara-
*ḍabbara-[2]
*ḍibbara-
*tāḍarukṣa-
trivāram
*daridrakēṭṭa-
*daridrabēṭṭa-
*dṛśīkāhāra-
*dyōḥkāra-
*dhārayitru-
*navāhāra-
nīśāra-
nīharati
*pādakṣāra-
*pānīyadhāraka-[1]
*pārānta-
*piratara-
*pūgarukṣa-
*pūjākāra-
*pūruvā-
*pūruvāṣāḍhā-
*praparaśvas
prapūrayati
*prarōka-
balihārá-
bahutara-
*bāhuṣphara-
*bījyāntara-
*bhaktāhāra-
bhārata-
*bhāṣārava-
*bhāṣārāva-
bhīru-[2]
maṇḍūra-[2]
marú-
*muktāsarikā-
*yavarōṭikā-
*rātryāhāra-
*laṅghakāra-
*vargāntara-
vallarī-
*vallarīpiṣṭa-
*vātōdgūra-
*vighēra-
*vibhāniḥsāra-
*virēcyatē
*vyāghratara-
śanaiścara-
*śambākāra-
*śīrayati
saraka-
sāṁvatsará-
sphara-
*hastīkāra-
see initial pari~

~rk~

*arkatala-

*ārkavāla-
śārka-

~rg~

*caturmārga-
*dharga-
*dhārga-
*bhujārgalā-
marga-
*vargāntara-

~rch~

mūrchana-

~rj~

ārjava-
*gurjarakēṭṭa-
saṁmārjana-

~rṇ~

*karṇavāla-
*pracūrṇa-
śrīparṇī-

~rt~

*dhārti-

~rtn~

ártnī-

~rth~

vyartha-

~rthy~

samarthyatē

~rd~

*aticchardati
*avacchardati

~rdh~

*vardhakikarman-

~rdhy~

vardhyatē

~rn~

aharniśam

~rp~

árpaṇa-
kṣētraparpaṭa-
kharpa-

~rb~

tarbati

~rbh~

árbha-
*gārbhakūṭa-

~rm~

akarmán-
ádharma-
*kārmaṇakārin-
*caturmārga-
dharmaśālā-
bharma-
*vardhakikarman-
harman-

~ry~

*aniryōdgata-
see ~try~

~rv~

*gōrvararāśi-
nirvākya-
púnarvasu-
pūrvā-

~rv-

*pharv-

~rś~

upadarśayati
marśana-
*spārśu-

~rṣ~

*kārṣū-
sárṣapa-

~rṣṭh~

*pārṣṭha-

see ~ṁr~ ~ḥsr~
~kr~ ~gr~
~ghr~ ~ḍr~
~ttr~ ~tr~
~t-śr~ ~dr~
~ntr~ ~ndr~
~pr~ ~mr~
~śr~ ~ṣṭr~
~str~ ~sr~

~l~

akhila-
*antarakula-
apalapati
*abhilagati
*abhilāgayati
alaṁdhūma-
*avalayati
*avaśalati
*avaśāla-
aṣṭhīlā-
*āpula-[2]
*ārkavāla-
*āhanaśālā-
*upalābhana-
*kakṣakakula-
kajjalita-
kaṇṭhāla-
*kaphila-
*karṇavāla-
*kāhalabhūta-
kuṭala-
*kuvalāṣṭi-

*kauvala-
*khaṭṭatala-
*khādyaphala-
galana-
*gilati[1]
*ghṛtāpula-
*cila-
*chalita-
*jambhāpalasa-
*ḍhōla-[2]
dantapāli-
*dālu-
dharmaśālā-
dhavalī-
*nīcaghala-
*nīcatala-
*paluva-
pula-[1]
*pēyaphala-
phāla-[3]
balihārá-
*bālapōtta-
*bhāṣālāpa-
*bhujārgalā-
madakala-
*madhupāla-
mālakā-
*māhiṣalēdha-
*yōgala-
*lōhaphāla-
*lōhahala-
*vighnāpula-
vilāpana-
siṁhaladvīpa-
*siyāla-
sábala-
*skandhavāla-
halabhṛti-
halavāhā-
hulu-

~lg~

*phālgava-

~lp~

talpana-

~ly~

*kālyāhāra-
*praghilyatē

~ll~

*apacullī-
*ālla-
*kapilla-
cillakā-
*cillāsphāta-
*challī-
*challīpiṣṭa-
*palla-[4]
pilla-[2]
*phullabhūta-
vallarī-
*vallarīpiṣṭa-
*śēlli-
*hulla-

see ~śl~ ~hl~

~v~

ávakā-
*avasravati
avasrāvayati
avākká-
*ārkavāla-
āvṛṇōti
udbhāva-
ēkavāram
ētávant-
*kanavitasti-
*karṇavāla-
kavārí-
*kuvalāṣṭi-
*kōdravapiṣṭa-
kauvala-
*kṣātravṛtti-
*janyāvāsa-
*jīvacitta-
*jīvanāyuṣya-
jīvitēśvara-
*jhīvara-
trivāram
ḍávati
davayati
*divasādāna-
*duḥkhabhāva-
dhavalī-
*navajña-
navatā-
*navāhāra-
*niḥsravaṇa-
nivṛtti-
*nisravaṇa-
*parivēśati
*paluva-

*paśuvāṭa-
*pūruvā-
*pūruvāṣāḍhā-
prábhavati
*pravādya-
*phālgava-
*bhāṣārava-
*bhāṣārāva-
*bhēḍravāṭa-
yavapiṣṭa-
*yavarōṭikā-
*rātrīvibhānikā-
rūpavant-
lava-³
lāva-²
*lāsavantikā-
vanavāsa-
*vāsavāṭī-
*śruvā-
sēvayati
sthānavant-
halavāhā-
see initial ava~

~vy~

astavyasta-
*prabhāvyatē
bhētavya-

~vr~

*āvrāṇa-

see ~ṁv~ ~tv~
~dv~ ~nv~
~rv~ ~rv-
~śv~ ~ṣv~
~sv~

~ś~

*abhiriśati
*avaśalati
*avaśāla-
*aśari-
aharniśam
*āhanaśālā-
*kāśakuna-
*gōrvararāśi-
*dṛśīkāhāra-
dharmaśālā-
náśati

nīśāra-
*parivēśati
*paśupāṭa-
*paśuvāṭa-
*śanaśana-
*sprāśu-

~śc~

śanaiścara-

~śr~

avaśrayaṇa-
śuśrūṣaka-
see ~t-śr~

~śl~

*avaślapayati
*avaślāpayati

~śv~

āśvāsita-
jīvitēśvara-
*praparaśvas

see ~rś~

~ṣ~

*atiyuṣati
*atyuṣati
*atyōṣati
*āyuṣiya-
gōpurīṣa-
caṣaka-
caṣati²
*pūruvāṣāḍhā-
*pratighōṣa-
*bhāṣārava-
*bhāṣārāva-
*bhāṣālāpa-
*mānuṣagandha-
*māhiṣalēdha-
*mūṣadēhī-
*mēṣakuṭī-
*meṣamaṭha-
*yūṣāpa-
śuśrūṣaka-

~ṣṭ~

*kuvalāṣṭi-
*kōdravapiṣṭa-
*challīpiṣṭa-
muṣṭigraha-
yavapiṣṭa-
*rūṣṭi-
*vallarīpiṣṭa-
samākṛṣṭa-

~ṣṭr~

*dāṣṭra-
nāṣṭrā-

~ṣṭh~

*aṅgāriṣṭha-
*adhaōṣṭha-
*adhamauṣṭha-
aṣṭhīlā-
gōṣṭhika-
jyēṣṭhā-
dhániṣṭha-
*śamyākāṣṭha-
see ~rṣṭh~

~ṣṇ~

*atyuṣṇa-
*niṣṇāyayati

~ṣp~

niṣpaṅka-

~ṣph~

*bāhuṣphara-

~ṣm~

*bhaṣma-
*bhāṣma-

~ṣy~

*atyuṣyatē
*adhyuṣyatē
āyuṣyà-
*catuḥkṛṣya-
*jīvanāyuṣya-
*tṛṣyaka-

~ṣv~

mātṛṣvasēya-

see ~kṣ~ ~tkṣ~
~rṣ~

~s~

*asabhāgya-
āśvāsita-
*janyāvāsa-
*jambhāpalasa-
*divasādāna-
púnarvasu-
busá-²
mātṛṣvasēya-
*muktāsarikā-
*lāsavantikā-
vanavāsa-
*vāsapāṭī-
vāsáyatē²
*vāsavāṭī-
vāsī-
*śēyyāsana-

~s

*praparaśvas
see ~ḥ

~st~

astavyasta-
*kanavitasti-
*vasta-
*hastīkāra-

~sth~

*asthāgiya-
*āsthānāntara-
*āsthāntara-
*bhrātṛsthu-
see ~ṁsth~

~sph~

āsphōṭa-
*cillāsphāṭa-
see ~t-sph~

~sy~

sámasyati

~sr~

*avasravati
avasrāvayati
*nisravaṇa-
see ~ḥsr~

~sv~

*prasvidati

see ~ṁs~ ~ḥs~
~ts~

~h~

aharniśam
*āhanaśālā-
indramaha-
*ujjihītē
*utpāhāḍa-
*kālyāhāra-
*kāhalabhūta-
*dihati
*dūhṛd-
*dṛśīkāhāra-
*dōhapātra-
*navāhāra-
*nīharati
*pattihaṁsa-
balihārá-
bahutara-
*bāhuṣphara-
*bhaktāhāra-
*māhiṣalēdha-
muṣṭigraha-
*mūṣadēhī-
*rātryāhāra-
*lōhaphāla-
*lōhahala-
sáṁdahati
sāhati
sēhu-
halavāhā-

~hl~

*mihlā-

see ~ṁh~